暨南大学产业经济研究院
"产业转型升级"丛书

丛书主编：胡军

中国劳动力市场
性别差异研究

张　红◎著

暨南大学出版社
JINAN UNIVERSITY PRESS

中国·广州

图书在版编目（CIP）数据

中国劳动力市场性别差异研究/张红著．—广州：暨南大学出版社，2021.6
（暨南大学产业经济研究院"产业转型升级"丛书／胡军总主编）
ISBN 978－7－5668－3154－5

Ⅰ．①中…　Ⅱ．①张…　Ⅲ．①劳动力市场—性别差异—研究—中国　Ⅳ．①F249.212

中国版本图书馆 CIP 数据核字（2021）第 093914 号

中国劳动力市场性别差异研究
ZHONGGUO LAODONGLI SHICHANG XINGBIE CHAYI YANJIU
著　者：张　红

- -

出 版 人：张晋升
责任编辑：詹建林　方思倩
责任校对：林　琼　孙劭贤　苏　洁
责任印制：周一丹　郑玉婷

出版发行：暨南大学出版社（510630）
电　　话：总编室（8620）85221601
　　　　　营销部（8620）85225284　85228291　85228292　85226712
传　　真：（8620）85221583（办公室）　85223774（营销部）
网　　址：http：//www.jnupress.com
排　　版：广州市天河星辰文化发展部照排中心
印　　刷：广州市穗彩印务有限公司
开　　本：787mm×1092mm　1/16
印　　张：17
字　　数：411 千
版　　次：2021 年 6 月第 1 版
印　　次：2021 年 6 月第 1 次
定　　价：69.80 元

总　序

在全球经济传统治理框架下，发达国家的跨国公司凭借雄厚的资本实力、领先的技术和卓越的品牌控制着价值链的关键环节，同时还利用海外直接投资、离岸外包、战略联盟和研发合作等组织架构，在全球范围内扩展和延伸其战略资源的边界，保持着全球价值链治理者和利益分配者的地位。然而，发展中国家或地区的企业往往处于弱势地位，收益被压榨，特别是在发展中国家高端工业化的进程中，广泛地出现了被"俘获"和被"锁定"的现象。

改革开放以来，我国东南沿海地区，特别是长三角、珠三角和环渤海三个经济圈，通过大规模承接国际产业转移，使得"中国制造"在全球价值链的参与度不断加深。目前东南沿海地区已集中了全国80%左右的加工制造业。然而，近年来这一地区发展面临土地空间限制、能源资源短缺、人口膨胀压力、环境承载力有限"四个难以为继"的制约，经济发展的瓶颈问题日益凸显，引起国家决策层的高度重视。我国东南沿海地区作为全球第三次产业转移的主要承接地，既是我国当前产业转型升级形势最为严峻的区域，也仍将是发达国家跨国公司进行产业中高端领域投资的重要区域，在产业链全球布局调整中仍将担当重要的角色，也是我国未来推进经济结构调整的主战场。在新一轮产业革命促使全球产业链再配置加速的背景下，我国经济发达地区产业发展进入重要转型期，其能否及时、顺利地克服结构性风险加大、产业发展后劲不足、自主创新能力亟待增强、能源和环境压力加大等一系列难题，关系到我国推进经济结构战略性调整能否顺利实现。

当前全球正处于百年未有之大变局，新冠肺炎疫情尚未得到有效遏制，全球化思潮急剧演进，中美关系持续紧张，推动全球产业链深度重构和国际技术保护主义趋势加剧，严重挤压了我国现代产业体系建设的空间。不稳定性、不确定性增加的国际形势，迫切要求我国危中寻机增强产业体系韧性、突破国际技术封锁、强化产业链及供应链的稳定性和安全性。同时，以互联网、人工智能和新材料、新能源为先锋的新一轮科技革命，使得生产、生活方式发生深刻变化，产业链全球化延伸和再配置过程加速。为抢占新一轮经济科技竞争制高点，各先行国家纷纷推出以重构国家价值链为主要内容的产业振兴计划，试图进一步增强其国家竞争优势和调整国际分工格局。在此背景下，发展中国家参与全球竞争、向技术链和产业链高端环节攀升的难度加大，推进产业转型升级的空间被进一步挤压。进入新发展阶段，我们迫切需要贯彻新发展理念，通过加快构建以国内大循环为主体、国内国际双循环相互促进的新发展格局，探索建设以我为主、兼具包容性的全球产业链治理模式与国际产业共生体系。

我们应该清楚地认识到，我国经济已经进入新发展阶段，向形态更高级、分工更复杂、结构更合理阶段演化。为此，我们迫切需要从理论和实践上进行深入的研究和探索。近年来，我们团队承担了国家自然科学基金重点项目"推动经济发达地区产业转型升级的机制与政策研究"、国家社科基金重大项目"共生理论视角下中国与'一带一路'国家间产业转移模式与路径研究""粤港澳大湾区产业融合发展的机制与政策研究""粤港澳大湾区构建具有国际竞争力的现代产业体系研究"。以这些重大科研项目为依托，本着"有限目标、重点突破"和"从局部到整体"的原则，立足于我国经济转型的制度背景，深入研究我国推进产业转型升级的内在机理、战略、模式、路径和政策。我们的团队运用多学科交叉的理论与方法，综合"阶段—要素—制度—功能"多维分析视角和"环境—战略—政策—行为—过程—结果"的一体化逻辑，重点研究"产业转型升级的相关概念与分析模型""产业转型升级的影响因素及运行机制""典型国家产业转型升级的演进模式与机制""中国经济发达地区产业转型升级的演进模式、水平及其影响的分析和评价""推动中国经济发达地区产业转型升级的战略分析与政策研究"等重要专题和方向。

产业经济学科在暨南大学有着悠久的发展历史和厚实的学术根基。该学科源于1963年我国著名工业经济学家黄德鸿教授领衔建立的工业经济专业，1981年获硕士学位授予权，1986年获博士学位授予权，是华南地区最早的经济类博士点，1996年被评为广东省A类重点学科，是国家计委批复立项的暨南大学"211工程"重点建设项目之一。2002年本学科被批准为国家重点建设学科并延续至今。为了进一步加强产业经济学国家重点学科的建设，我校于2006年成立了产业经济研究院（以下简称"产研院"）。2014年产研院牵头组建的"广东产业转型升级协同创新中心"入选广东省首批国家级"2011计划"协同创新中心。2015年该学科入选广东省高水平建设大学重点建设项目。

产研院秉承"顶天立地"的学术传统，坚持"产业精英培养、学科交叉研究、新型智库建设"三位一体，致力于建成全国产业经济学领域的顶尖学术单位、人才基地和卓越智库。本学科长期聚焦中国经济的转型升级，主要研究方向包括产业结构与经济增长、产业组织与企业理论、产业布局与区域创新体系、产业政策与政府规制等。建院15年来，产业经济学科团队先后承担了国家自然科学基金重点项目、教育部重大攻关课题、国家社会科学基金重大项目等国家级重大重点项目，以及国家级一般项目和其他省部级以上纵向项目 80 多项。相关科研成果主要发表在《经济研究》《管理世界》等国内权威期刊以及 SSCI 等收录的知名国际期刊。此外，深度服务地方产业转型升级也是产研院的重要使命，近年来，产研院在产业竞争力、产业发展规划、产业政策与企业发展战略等领域承担各类横向课题 150 多项，相关研究成果成为地方政府决策的重要依据。

我校产业经济学科长期致力于进一步推进和丰富符合我国国情的产业经济理论体系。我国是一个发展中的大国，我国东南沿海地区的产业发展既有与其他国家先行地区的相似之处，又在发展任务、发展机制、发展路径和模式等方面具有鲜明的中国特色。以我国经济发达地区产业转型升级的机制与政策为研究对象，直面资源约束趋紧、环境污染严重、生态系统退化的严峻形势，在"产业发展"与"资源集约利用""环境保护""体制机制创新"等有效融合的基础上，构建区域产业和产业链演化的宏观机制模型、微观机制模型和转型绩效评估模型等理论模型，对于在产业技术理论、产业结构理论、产业组织理论和产业区域布局理论、产业发展与生态环境互动理论等方面融入"中国元素"，丰富中国特色的产业经济理论具有重要的理论创新价值。

为了更好地展示这些研究成果，贡献于国家和广东的产业转型升级的理论创新和实践探索，我们决定筛选部分成果以"产业转型升级"丛书的形式出版。希冀此套丛书能与读者产生共鸣，并推动相关领域更深层次的探讨。由于各方面原因，此套丛书难免存在不足之处，恳请读者朋友们批评指正！

胡 军

2021 年 3 月 18 日于暨南园

前　言

1949 年中华人民共和国的成立，标志着中国女性千百年来受压迫、受严重且普遍性别歧视历史的结束，也意味着中国女性迎来了新时代。中国共产党从诞生之日起就把实现妇女解放、促进男女平等写在奋斗的旗帜上。因此，中华人民共和国成立以来，我国政府一直鼓励女性参与到劳动市场中，为自己争取经济权利，也为我国建设与发展贡献力量。数据显示，20 世纪 70 年代，我国已婚女性劳动参与率超过 90%（Zuo and Bian，2001）。

尽管政策一直致力于促进性别平等，且随着中国经济持续增长与社会全面进步，我国女性地位发生了巨大变化，但是劳动力市场中的性别差异仍然显著且普遍存在。这不仅体现在男女性的劳动参与率上，还体现在工资收入、管理层比例等方面。女性劳动参与率在我国开始市场化改革后有所下降，从 1990 年的 90% 下降到 2010 年的 76%（Wu and Zhou，2015）。工资收入方面，Gustafsson 和 Li（2000）用 10 个省份的调查数据表明 1995 年我国劳动力市场上女性工资仅为男性工资的 82.5%，Zhang 等（2008）则用中国城镇住户调查数据证实 1988—2004 年我国劳动力市场上女性工资与男性工资比值从 86.3% 下降至 76.2%。管理岗位方面，国泰安数据库（CSMAR）上市公司高管数据显示，虽然我国上市公司高级管理层中女性平均比例在上升，但直至 2016 年也只有 15.4%；不仅如此，某知名国际会计咨询公司发布的 2016 年国际商业调查报告数据也表明，我国企业中仅 30% 的高管职位由女性担任。

这种显著且普遍存在的劳动力市场性别差异不仅仅出现在中国，世界各国均有证据。Blau 和 Kahn（2000）发现美国劳动力市场上女性工资与男性工资之比在 1970 年至 1999 年期间虽不断上升但差距始终显著存在。Blau 和 Kahn（2006）则用美国调查数据表明，与 20 世纪 80 年代相比，90 年代工资性别差异的缩小速度有所减缓。Shurchkov 和 Eckel（2017）指出 2016 年《财富》500 强公司中 CEO 岗位女性仅占 4%，2015 年标准普尔 500 指数公司高管中女性仅占 14%。Mohanty 等（2014）证实在印度劳动力市场上女性工资仅为男性工资的 75%；Aláez-Aller 等（2011）指出在欧盟国家也存在显著的工资性别差异。Gallen 等（2019）证实即使在性别平等状况已经很好的丹麦，工资性别差异在 2010 年依然还有 20.2%。

　　劳动力市场性别差异一直受到学界的重点关注，主要原因在于劳动力市场性别差异可能是工作和经济方面性别不平等的体现，而性别不平等直接关系世界近一半人口的公平与效率问题。我国2021年人口普查数据显示，女性占14.1亿总人口的48.76%，可见如若女性在劳动力市场遭受性别不平等待遇，将直接影响我国经济效率与发展。因此，促进劳动力市场中的性别平等，不仅对中国的发展有着重要意义，而且对人类的进步也有着特殊影响。事实上，劳动力市场性别平等的推进，不仅需要政府政策的推力，也需要劳动力市场所有参与者甚至更广泛的社会群众力量。但就目前而言，我国社会群众对劳动力市场性别差异现状的认知往往存在偏误。这种偏误可能源于信息传播者对劳动力市场女性困境的夸张渲染、自媒体为吸引流量的焦虑贩卖，也可能源于新闻选材过程中样本选择带来的矛盾升级。因此，笔者在本书中试图通过人口普查数据与具有代表性的全国抽样调查数据给读者展示真实的中国劳动力市场性别差异，希望能够为促进我国劳动力市场性别平等尽绵薄之力。这一目标，当然也有着笔者的私心，希望大环境得到进一步改善，从而能让女性朋友们在职业生涯与家庭生活中少些烦恼与委曲求全，多些理解、恣意与公平。

　　与此同时，笔者想强调的是导致劳动力市场性别差异的因素很多，性别不平等甚至性别歧视只是众多原因之一。性别平等并不意味着不同性别趋于相同，存在性别差异也并不意味着性别不平等。因此，了解性别差异产生的原因也很重要。众所周知，家庭分工与教育差异均是造成劳动力市场性别差异的重要原因。那么，是什么造成了家庭分工中的家庭生活由女性承担主力呢？为什么媒体采访职场女性最喜欢问如何平衡家庭与工作，而访问职场男性时大都只关注职场呢？又是什么因素导致女性平均受教育程度低于男性？女性与男性在生理与心理偏好上的差异如何影响劳动力市场性别差异？心理偏好上的性别差异源于先天差异还是后天差异？这些相关问题在现有经济学与社会学前沿研究中有什么发现，在我国事实数据中又有何种体现，正是本书想展示的另一个重要方面。

　　具体而言，本书将在第一部分对书中用到的数据进行简要介绍，第二部分至第五部分探讨我国劳动力市场中性别差异在劳动参与率、劳动收入、职位分布、性别隔离等方面的体现，第六部分与第七部分讨论造成性别差异的因素，第八部分紧跟时事简要解析新冠肺炎疫情对劳动力市场性别差异的影响。

张　红

2021 年 5 月

CONTENTS 目录

1 数据介绍

本书用到的数据主要有三个,分别是全国人口抽样数据、中国家庭追踪调查数据和中国综合社会调查数据。全国人口抽样数据是目前我国抽样数据中最具代表性的微观数据,在本书中主要用于讨论劳动参与率性别差异与职业/行业性别隔离等;考虑到人口抽样数据里并没有关于工资收入与晋升的变量,我们将用中国家庭追踪调查数据补充这部分讨论;中国综合社会调查数据的特点在于其关于社会价值观的调查,因此在本书中该数据主要用于讨论因素分析中性别观念影响部分。具体数据情况,我们将分节详细介绍。

1.1 全国人口抽样数据

该数据由暨南大学社会调查中心提供,包含两类数据,一类是每十年一次的全国人口普查全样本的随机抽样样本(2000 年和 2010 年),另一类是两次人口普查之间开展的 1% 人口抽样调查全样本的随机抽样样本(2005 年和 2015 年)。具体来说,2000 年为第五次全国人口普查数据全样本的 0.95% 随机抽样样本,样本规模为 11 804 344 人;2005 年为全国 1% 人口抽样调查数据全样本的 15% 随机抽样样本,样本规模为 2 585 481 人;2010 年为第六次全国人口普查数据全样本的 0.35% 随机抽样样本,样本规模为 4 640 891 人;2015 年为全国 1% 人口抽样调查数据全样本的 9.50% 随机抽样样本,样本规模为 2 003 563 人。

本书重点关注劳动力市场,所以笔者将该数据样本限制在 18—60 岁。除年龄和性别外,使用到的变量还有:①户口类型,其中 2015 年问卷中没有调查户口类型,笔者根据是否有农村土地承包权间接判断其户口类型;②是否有正式工作,该变量用于测算劳动参与率。为准确测算劳动参与率,笔者删除了未工作原因为在校学习和丧失工作能力的样本;③受教育程度变量;④行业与职业变量,该变量笔者均采用 2 位标准代码分类;⑤被调查地所在省份;⑥工作通勤时间,该变量仅采用 2015 年数据。

图 1-1 为该数据在各年份的性别分布情况。数据显示,虽然随年龄、调查年份的不同,女性占比有所波动,但是波动非常微小,该比例皆接近 50%。表 1-1 是以 2015 年全国 1% 人口抽样调查数据全样本的 9.5% 随机抽样样本为例的变量描述性统计。数据显示,符合本书样本条件,即 18—60 岁的观测样本量为 1 321 248 人。在这些劳动力中,男性占比 51.04%,61.79% 的人是农村户口,平均年龄为 38.65 岁;受教育程度方面,未上学的人占比 2.26%,小学学历占比 15.92%,初中学历占比 46.38%,高中及同等学力占比 19.20%(其中高中学历比例为 14.33%),大学学历占比 16.23%(专科 8.66%,本科 6.94%,研究生 0.63%);工作方面,总体劳动参与率为 74.82%,有工作的人中平均单程通勤时间为 19.42 分钟。

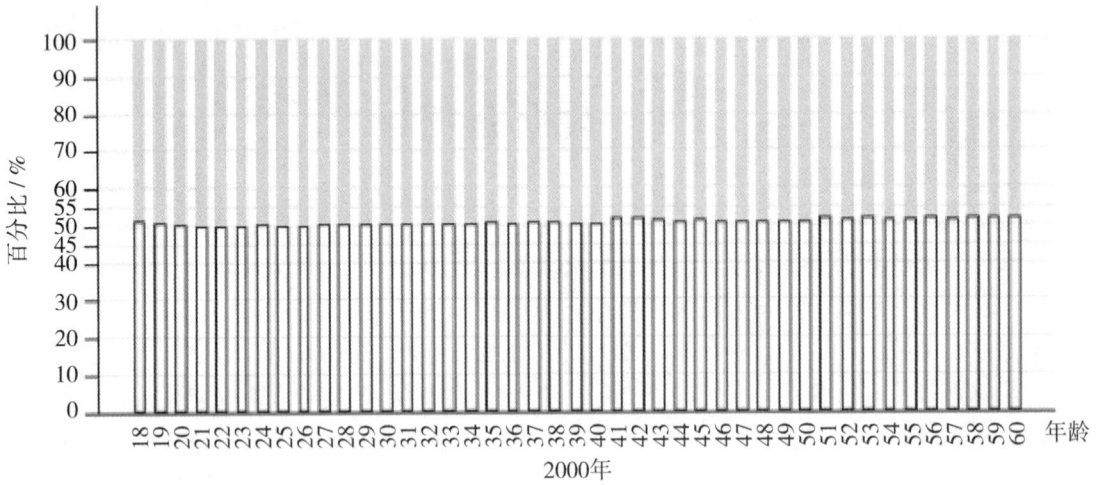

2000年

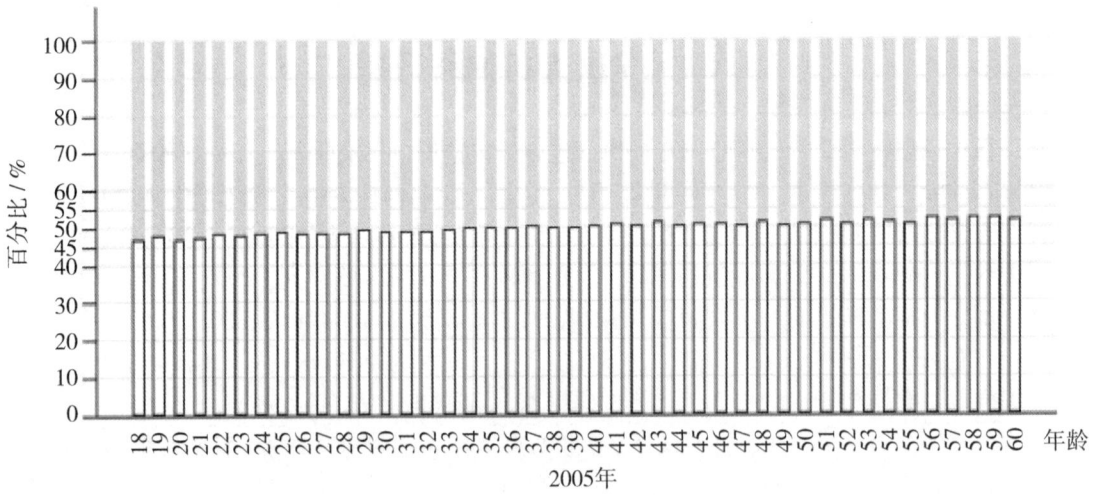

2005年

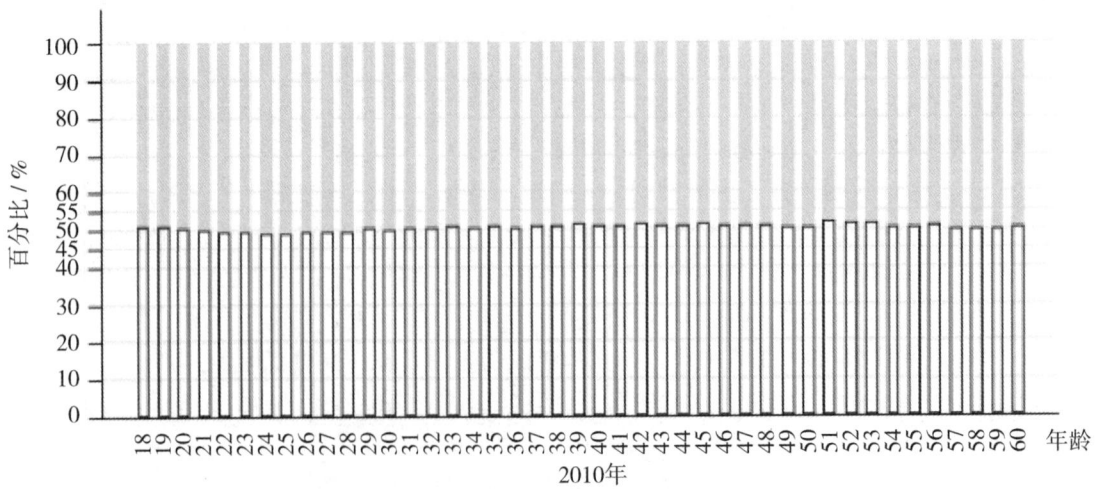

2010年

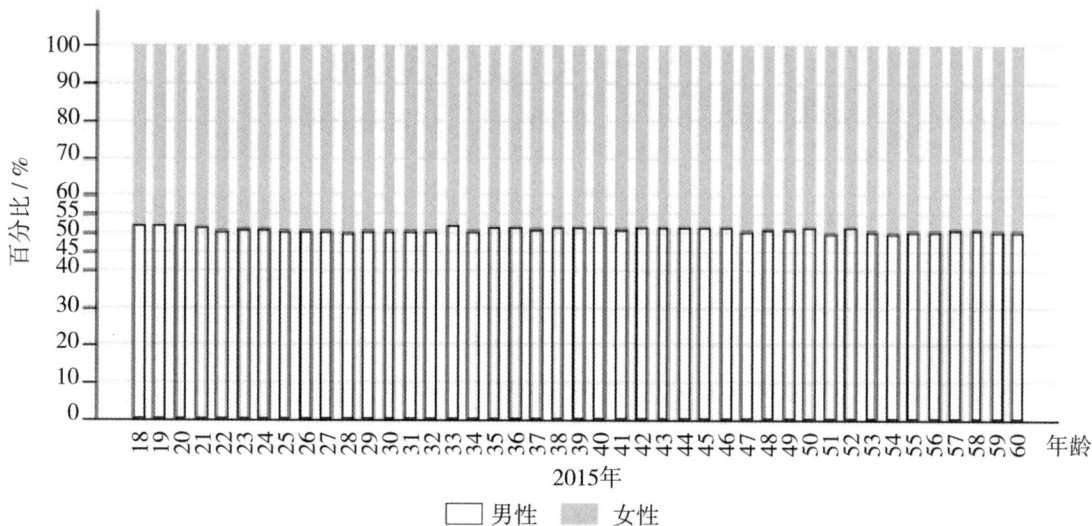

图 1 – 1 全国人口普查抽样样本性别分布

表 1 – 1 2015 年全国人口随机抽样调查样本描述性统计

	样本量	均值	标准差	最小值	最大值
男性	1 321 248	0.510 4	0.499 9	0	1
农村户口	1 321 248	0.617 9	0.485 9	0	1
年龄	1 321 248	38.647 0	11.819 4	18	60
未上学	1 321 248	0.022 6	0.148 7	0	1
小学	1 321 248	0.159 2	0.365 8	0	1
初中	1 321 248	0.463 8	0.498 7	0	1
普通高中	1 321 248	0.143 3	0.350 4	0	1
中职	1 321 248	0.048 7	0.215 3	0	1
大学专科	1 321 248	0.086 6	0.281 3	0	1
大学本科	1 321 248	0.069 4	0.254 2	0	1
研究生	1 321 248	0.006 3	0.079 1	0	1
有工作	1 254 483①	0.748 2	0.434 0	0	1
工作通勤时间（分钟）	869 944	19.421 1	28.569 1	0	300

① 该变量存在缺失项，因此比其他变量样本量少。

1.2　中国家庭追踪调查数据

中国家庭追踪调查（China Family Panel Studies，CFPS）是一个由北京大学中国社会科学调查中心（ISSS）实施，旨在通过跟踪收集个体、家庭、社区三个层次，反映中国社会、经济、人口、教育和健康的变迁，重点关注中国居民的经济与非经济福利，以及经济活动、教育成果、家庭关系与家庭动态、人口迁移、健康等诸多主题，全国性、大规模、多学科的社会跟踪调查项目数据。CFPS 样本覆盖 25 个省/市/自治区，目标样本规模为16 000 户，调查对象包含样本家户中的全部家庭成员。CFPS 于 2010 年正式开展访问，经2010 年基线调查界定出来的所有基线家庭成员及其今后的血缘/领养子女将作为 CFPS 的基因成员，成为永久追踪对象。CFPS 调查问卷共有社区问卷、家庭问卷、成人问卷和少儿问卷四种主体问卷类型。

本书主要用到的数据来源于 CFPS 的成人问卷，并将样本锁定在 18—60 岁的被调查者，包含 2010、2012、2014、2016 和 2018 年调查数据。关注的变量有：①个人特征变量，比如性别、年龄、受教育程度、健康情况（BMI 指数、自报健康状况和调查者评估健康状况）；②工作变量，工资收入、行业、是否有下属、下属有多少人、晋升情况；③时间分配变量，包括工作日平均家务时间、平均照顾家人时间和平均工作时间，仅 2010 年问卷有时间分配变量；④所在地变量，所在省份、基于国家统计局资料的城乡分类变量。

表 1-2 是 CFPS 变量描述性统计。表中数据显示，在 CFPS 2010—2018 年数据中，城市样本占比 44%，男性样本占比 49%，平均年龄为 39.84 岁。从性别与年龄来看，与全国人口调查数据相比，CFPS 样本平均年龄偏大，女性偏多。自报健康状态变量为一个离散变量，最大值 5 代表非常健康，最小值 1 代表非常不健康，数据显示样本均值为 2.66，处于中间位置；调查者评估健康状态也是一个离散变量，最大值 7 代表非常健康，最小值1 代表非常不健康，数据显示样本均值为 5.55，位于中间偏上的位置；相比而言，自报健康状态会低于他人评估健康状态。对此有两种可能的解释，一是因为身体健康信息对他人而言也有一定的信息不对称性，调查者仅凭借问卷时间内对被调查者精神面貌做出的评估可能有偏误；二是被调查者对于自身健康状况可能表现得更加悲观。BMI 指数是身体质量指数，测算方法是用体重（千克）除以身高（米）的平方，它是目前国际常用来衡量人体胖瘦程度以及是否健康的标准。数据显示，我国 18—60 岁人群 BMI 指数平均值为22.70，属于健康范围。工作变量方面，在劳动力市场参与者中，15% 的人有下属（即位于管理岗）且平均有 29.60 个下属，晋升概率为 12%。时间分配方面，工作日平均家务时间为 1.61 个小时，平均照顾家人时间为 1.01 个小时，平均工作时间为 8.03 个小时。其中工作时间最长的高达每天 20 个小时。

表 1 - 2　CFPS 2010—2018 年变量描述性统计

	样本量	均值	标准差	最小值	最大值
城市	128 026	0.44	0.50	0	1
男性	128 994	0.49	0.50	0	1
年龄	128 994	39.84	12.07	18	60
自报健康状态	126 629	2.66	1.24	1	5
调查者评估健康状态	110 128	5.55	1.19	1	7
BMI 指数	102 338	22.70	3.41	7.11	90.91
log（工资收入）	43 167	9.97	1.00	0.00	16.15
有下属	50 665	0.15	0.36	0	1
下属人数	7 739	29.60	244.05	1	10 000
晋升	31 652	0.12	0.32	0	1
工作日平均家务时间（小时）	26 095	1.61	1.65	0	15
工作日平均照顾家人时间（小时）	26 087	1.01	1.80	0	15
工作日平均工作时间（小时）	17 766	8.03	2.50	0.20	20

1.3　中国综合社会调查数据

中国综合社会调查（Chinese General Social Survey，CGSS）由中国人民大学中国调查与数据中心执行，系统、全面地收集社会、社区、家庭、个人多个层次的数据，总结社会变迁的趋势，探讨具有重大科学和现实意义的议题，推动国内科学研究的开放与共享，为国际比较研究提供数据资料，充当多学科的经济与社会数据采集平台。该调查始于 2003 年，理论上每隔两年调查一次，其中 2010—2015 年调查数据已公开。

在 CGSS 数据中，本书主要关注性别观念与劳动力市场性别差异的联系，只用到了 CGSS 2015 年 18—60 岁的调查数据。在此数据中，我们用到的变量有性别、受教育程度、年龄、工资收入、农村地区、省份、性别观念。其中性别观念衡量由五个问题的答案组成，它们分别是：①您是否同意男人以事业为重，女人以家庭为重？②您是否同意男性能力天生比女性强？③您是否同意干得好不如嫁得好？④您是否同意经济不景气时应该先解雇女性员工？⑤您是否同意夫妻不应等分家务？最小值 1 代表完全不同意，最大值 5 代表完全同意，数值越大说明被调查者的性别观念越不平等。

表 1 - 3 是 CGSS 2015 年的变量描述性统计。表中数据显示，城市样本占比 61%，男性比例为 47%，平均年龄为 41.72 岁。与全国人口调查数据相比，CGSS 2015 年数据中男性样本偏少、年龄偏大；与 CFPS 相比，城市样本偏多、年龄偏大，工资分布相似（均值与标准差均无太大差异）。除此之外，从表 1 - 3 五个性别观念衡量变量的统计性描述中我们看到：关于能力（性别观念 2）、失业（性别观念 4）与家务分工（性别观念 5），均值在 3 以下，说明大部分人是不同意这些观点的；但是关于事业（性别观念 1）和结婚（性

别观念3），均值在3以上，说明依然有大部分人觉得男性与女性在事业与家庭之间应该有明确的性别分工，男性应该以事业为重，女性应该以家庭为重（数据显示同意这一观点的比例高达56.73%），甚至觉得女性干得好不如嫁得好（数据显示同意这一观点的比例为43.82%）。其中，女性被调查者同意女性干得好不如嫁得好的比例高达45.79%，甚至高于男性被调查者的40.61%；女性被调查者觉得女性应该以家庭为重的比例是50.04%，略低于男性被调查者的59.44%。

表1-3　CGSS 2015年变量描述性统计

	样本量	均值	标准差	最小值	最大值
城市	7 639	0.61	0.49	0	1
男性	7 639	0.47	0.50	0	1
年龄	7 639	41.72	11.77	18	60
log（工资收入）	5 428	9.98	1.12	4.61	15.42
性别观念1	7 614	3.31	1.19	1	5
性别观念2	7 606	2.95	1.18	1	5
性别观念3	7 562	3.08	1.15	1	5
性别观念4	7 471	2.15	0.98	1	5
性别观念5	7 598	2.19	1.00	1	5

可见，尽管我国个人收入实现了迅速增长，社会也得到了全面进步，但是社会性别平等观念依然有许多进步的空间，劳动力市场女性参与者依然面临着非常不利的舆论处境，在劳动力市场竞争中相较于男性会有更多的阻碍，性别平等道阻且长。

2 劳动参与率

劳动力市场性别差异首先体现在劳动参与率的性别差异方面。劳动参与率是指参与生产活动人口占劳动年龄人口的比率，其计算公式可以表示为（就业人口＋失业人口）/成年人口。劳动参与率是与劳动供给相关的重要概念，它常用于衡量适龄劳动人口在社会经济活动中的参与程度。劳动参与率的性别差异可以体现出男性和女性劳动供给宏观趋势的变化，进而反映劳动力市场发展格局。我国劳动参与率的性别差异一定程度上反映我国经济制度的实施情况，有助于我们对未来劳动力供给进行准确预判，从而制定合理的就业政策、人口政策和社会保障政策。

随着我国市场经济的快速发展，国有和集体经济改革加速，民营和个体经济快速发展，人口在制度变迁的过程中呈现出不同特征的劳动参与程度，劳动参与率的性别差异也愈加显著。我国劳动参与率受到经济发展程度、市场开放水平、城镇农村二元分割、受教育程度不均等多方面因素的影响。男性劳动参与率显著高于女性劳动参与率，劳动参与率性别比反映出在劳动力市场中男性占据多数。但是，不同地区、不同户籍、不同受教育程度、不同年龄等的人口劳动参与率及其性别差异有着各自特点。劳动参与程度的不同对劳动力市场甚至经济发展格局有着重要影响。女性的就业意愿如何，在劳动力市场上扮演何种角色，是否处于弱势？应如何改进现状？这一系列问题的解答都可以从劳动参与率上探知方向。因此，本章将从多角度对我国劳动参与率性别差异的情况进行详细解读。

本章将从五个部分介绍我国劳动参与率性别差异：第一部分为文献回顾，归纳总结目前学界对我国劳动参与率性别差异的研究现状；第二部分多角度详细解读全国劳动参与率性别差异概况；第三部分对我国各省劳动参与率性别差异进行描述和分析；第四部分阐述劳动参与率性别差异与经济的关系；第五部分为本章小结。

2.1 文献回顾

当前，已有研究从多方面探究我国劳动参与率性别差异及其影响因素，其中影响因素主要包括经济、社会、家庭、教育等。

2.1.1 经济因素

经济状况是影响劳动参与率性别差异的重要因素之一。费孝通早在《江村经济》中就描述了 20 世纪我国太湖东南岸开弦弓村的女性参与市场劳动的情况。书中提到在开弦弓村这样水土丰饶的地方也存在着劳动力过剩的现象。在乡镇企业发展起来时，开弦弓村的女性积极进厂务工，每月可以拿到令人满意的工资。这不仅补贴了家用，更提高了女性的家庭地位和社会地位。实际上，从资源开发的角度来看，第一产业因可开发资源极为有限，对劳动力的吸收能力已大大下降，而资源的再开发能够吸收大量的剩余劳动力。第二、三产业的迅速发展为我国劳动人口参与市场提供了契机。从男女体力差别来看，在第一产业中，贡献家庭经济来源的主力往往是男性，女性则多从事一些对体力要求较低的家务劳动，在工作量大的农忙时节等则辅助男性。但是，第二、三产业对男女的体力要求并没有显著的差异。男女劳动者均在工厂里从事程式化、机械化的劳动，现代企业的管理方式也较为合理地安排了工人的作息，这对女性参与就业产生了巨大的吸引力。在我国目前的就业结构中，第二产业女性的就业人数维持在较高水平，第三产业女性的就业人数持续攀升。一些学者在研究过程中也证实了这一点，他们发现在社会变迁的过程中，产业和就业结构不断升级，第二、三产业对劳动力的吸纳能力大大解决了剩余劳动力的就业问题。但是，第一产业存在着明显的就业挤出效应（王欢等，2014；周潇君等，2016），且第二、三产业在长期雇用率上也存在显著的性别差异。陈贵富（2016）在利用中国健康与营养调查（CHNS）数据进行研究后发现，男性的长期雇用率高于女性1.3%以上，且产业结构的变化对长期雇用率有不同影响。

劳动力市场的市场化进程对劳动参与率性别差异也存在着重要影响。随着我国市场化程度的加深，劳动参与率的性别差异呈现相应的变化。而不同地区因市场化程度的不同，也呈现出不同的劳动参与率及性别差异。杨波和徐伟（2007）研究发现，我国劳动参与率存在显著的地区差异，东部沿海地区劳动参与率最高，西部地区较高，中部地区最低。其中，东部劳动参与率较高的省份大部分为第二、三产业较发达的省份，如江苏、浙江等。他们发现，第二产业能够促进就业，工业化进程影响着一个地区的就业结构和失业水平。一个地区的市场化水平越高，传统产业的比重相对较低，束缚在土地上的劳动力也就越少。在市场开放程度较高的地区，第二、三产业较为发达，这不仅为女性劳动者提供了更多的就业机会，也促进了人们的思想解放，传统文化中"男主外，女主内"的思想观念发生了巨大的改变。解放了思想的劳动者更愿意加入市场中参与竞争，实现个人价值。总的来说，劳动力市场的市场化进程促进了劳动参与率性别差异的结构性改善。

贸易开放对劳动参与率性别差异的影响有着更加复杂的情况。目前学术界已有不少学者针对贸易自由化对劳动参与率性别差异产生的影响进行研究，然而却对两者关系有着不同看法。席艳乐等（2014）采用中国家庭收入调查数据库（CHIP）2002—2007年的城镇调查数据进行研究，发现了贸易开放可以促进劳动参与率，但对两性就业的影响存在异质性。其中，中间品贸易和最终品贸易对男性和女性劳动者均呈现正向影响，但对男性劳动参与的影响大于女性。席艳乐和陈小鸿（2014）在进一步研究中发现，贸易开放对高技能两性劳动力具有明显的促进就业的效应，对低技能劳动力就业的影响较小，甚至为负。雷文妮和张山（2016）通过对全球196个国家的数据研究发现贸易开放提高了女性相对于男性的劳动参与率，他们支持了Becker（1957）的观点，认为企业面对贸易开放会降低性别歧视的程度，因为企业难以承受性别歧视所带来的巨大成本。然而，冯其云和朱彤（2013）采用2001—2011年中国31个省区的数据，研究发现贸易开放对中国女性劳动参与率具有显著且稳健的负向影响。他们认为，贸易开放主要是激发我国劳动力密集型产业的发展，这些产业对劳动者体能和精力的要求较高。相对而言，男性劳动者更加符合雇用者预期，女性优势较弱。再者，受到中国传统观念的影响，男性劳动者接受的教育投资较多，较高的受教育程度更加有利于男性应对贸易开放带来的知识和技能提升的挑战。这一发现与席艳乐和陈小鸿（2014）的研究结论相互印证。赵宁和李永杰（2015）在对跨国数据进行研究时也发现贸易全球化对女性劳动参与率呈现负面影响，并且相对于出口贸易，进口贸易的抑制作用更为明显。

2.1.2　社会因素

随着我国第二、三产业的快速发展，大量农村剩余劳动力进城务工，加速了我国城镇化进程。进城务工的人员往往以男性为主，多从事体力劳动，而女性往往留在农村照料家庭，很少参与市场劳动。若举家迁往城市工作生活，男性主要从事市场劳动，女性虽也一同迁移，但大部分以照料家庭为主，参与市场劳动为辅。我国人口流动规模逐渐扩大，迁移人口对劳动参与率性别差异带来的影响引起学界的关注。张世伟等（2011）研究发现，在城市中的农村迁移人口劳动参与率高，男女劳动参与率、工作时间受到学历、健康水平、工作经验等因素的影响。李勇辉等（2018）认为家庭化迁移能够降低随迁子女对女性劳动者时间精力的耗费，易于缓解流而不工和迁而再守的不利局面。然而，卢海阳等（2013）通过对浙江省农民工的调查发现，家庭式迁移反而会加重女性劳动者的负担，女性劳动者既要从事市场劳动又要承担家务活动，这对女性劳动供给造成负面影响，并且若子女或老人随迁会显著降低女性劳动参与率。齐海源（2014）从家庭结构上分析农民工劳动参与率时也发现，多代同堂的家庭结构抑制了新生代农民工的劳动参与，且这种抑制作用对女性劳动参与率的影响大于男性。

2.1.3　家庭因素

劳动可以分为家庭劳动和市场劳动。我国传统观念中的"男主外，女主内"就大致划分了不同性别的劳动范畴，即男性主要从事市场劳动，女性主要从事家庭劳动。参与市场劳动往往能够带来直接的经济效益，而从事家务活动则除维持家庭运转外，似乎难以被观察到可见的收益。因此，在传统婚姻生活中，掌握着家庭收入来源的男性往往地位较高，女性话语权较弱。然而，从事家务劳动就轻松吗？没有赚取工资，就耗费了更少的时间和精力了吗？实际不然。费孝通的《江村经济》描述了未外出工作的女性在家庭中需要照料老人、抚养子女、准备饭菜、打扫卫生等，而这些家务劳动已然占用了女性一天中的绝大部分时间。而男性则一般早晨外出工作或种地，下午或晚上回来，吃完饭也并不从事家务劳动。男性若从事家务，即便可能只是做些很轻松的家务，仍然会遭到其他人（包括其他女性）的歧视，认为其家庭地位低。这种根深蒂固的思想观念使得女性承担的家务活动十分繁重。那么，在当今社会这种情况有根本性的改变吗？其实也没有较大改变。即使社会和家庭都需要女性参与市场劳动，但是家务活动的主要承担者仍然是女性。因此，家务劳动占用了女性大部分时间和精力，使其在劳动力市场上的竞争力相较于男性偏弱。

家庭因素对劳动参与率性别差异有着重要影响，现有研究主要从照料家庭成员、生育、婚姻状况等方面对劳动参与率性别差异进行探究。在照料家庭成员上，主要分为照料老人或儿童。在照料老人方面，马焱和李龙（2014）在对城镇已婚中青年女性群体的调查中发现，相比于非照料者，提供老年照料的女性较难进入劳动力市场，劳动参与率较低，家庭照料的重任阻碍了女性参与市场劳动。然而，这种现象并未在男性照料提供者中发现，因为其他家庭成员往往会分担男性照料提供者的家务工作，男性就业几乎不受照料责任的影响。陈璐等（2016）则更为具体地探究了女性照料提供者的工作，他们发现照料责任显著降低了女性每周的劳动时间且减少劳动收入。黄枫（2012）从家庭劳动强度的角度上探究发现，高强度照料老人的活动显著降低了女性的劳动参与率。吴燕华等（2017）在对农村女性和城镇女性进行对比研究的过程中发现，农村女性更容易受到家庭老人照料的影响，与父母（公婆）同住会显著降低女性的劳动参与率。

儿童照料则与我国的生育政策有着不可分割的关系，两者共同影响着劳动参与率的性别差异。在生育方面，现有研究主要从低生育率以及二孩政策对劳动参与率性别差异产生的影响进行研究。郝娟（2015）研究女性劳动参与水平时发现，在低生育背景下，我国女性劳动力数量增长减缓，并且女性的劳动参与人数增长减缓、结构老化趋势等问题都较男性突出。王玥等（2016）发现生育率随着女性收入的提高而降低，且受到"男主外，女主内"传统观念的影响，女性劳动参与率和受教育程度均与生育率呈负向关系。蒙克（2017）通过发达国家的经验证据发现采用何种家庭政策提高生育率主要受到劳动参与率和总和生育率的影响。随着低生育率对劳动供给产生了不可忽视的影响，我国出台了放开二孩的政策。学者们研究发现二孩政策对劳动参与率性别差异的影响总体上降低了女性劳动参与率，提高了男性劳动参与率。张鹏飞（2019）在对四种总和生育率方案进行测算后发现，二孩政策虽能够增加我国劳动力供给，但是已然无法扭转我国劳动力规模下降的局面，不过随着总和生育率的提高，男性劳动力的供给结构占比下降，我国劳动力供给结构得到了优化。并且，张抗私和谷晶双（2020）进一步研究发现，对于高学历女性和城镇女性而言，二孩政策的负面效应更强。很多已有研究都发现二孩政策对女性劳动参与的负面影响，二孩政策很大程度会加剧已有的劳动参与率性别差异。

儿童照料问题是造成这种劳动参与率性别差异的主要原因之一。儿童幼时对母亲十分依赖，需要母亲的关怀，而这会占用女性（母亲）劳动者大量的时间和精力，于是这些女性参与市场劳动的时间被大大缩短，甚至难以抽身加入劳动力市场。并且，年龄越小的儿童对女性劳动者精力消耗越多。罗俊峰和苗迎春（2018）发现养育学龄前儿童的女性劳动者更容易放弃全职工作，甚至退出劳动力市场，全心从事家庭事务。儿童照料的责任其实并不应单纯由家庭承担。家庭将子女抚养成人，使他们有能力参与社会劳动，这实际上也是在为建设社会做贡献。张海峰（2018）认为我国应该增加公共财政支出以支持儿童照料，从而促进女性参与市场劳动。在女性劳动参与率被抑制的情况下，男性劳动参与率却受到了积极影响。王静文（2019）研究发现，面对抚育照料儿童所需的支出增加，男性劳动者更加积极地工作以赚取更多的收入。面对儿童照料的压力，隔代照料可以大大缓解家庭活动对女性劳动参与率的负面影响。祖父母，尤其是祖母，代替母亲照料儿童会大大减轻女性（母亲）劳动者的家务活动压力，在维持女性劳动参与率上起到重要作用（杜凤莲等，2018）。隔代照料在提高农业户口青年女性劳动参与率上效果非常显著，为其从事非农就业提供了支持。

已有研究也关注婚姻状况对女性的劳动参与率产生的影响（王临风等，2018；刘翔英、陆明涛，2020）。2011 年，我国《关于适用〈中华人民共和国婚姻法〉若干问题的解释（三）》[以下简称《婚姻法司法解释（三）》] 出台，对于夫妻双方婚后共同财产做出界定，这使得婚姻更加侧重物质公平、财产分配。王靖雯和魏思琦（2016）通过研究该制度对房屋产权的影响发现，《婚姻法司法解释（三）》的实施提高了女性劳动参与率，尤其是对名下没有房产的女性影响更大。谢佳慧（2019）在研究家庭住房时发现，住房对于女性劳动参与率的影响显著，住房资产越多，女性劳动参与率越低；而住房负债越多，女性劳动参与率越高；而男性劳动参与率受住房影响不大。同时，配偶收入对女性劳动参与率也存在影响。赵婷（2019）研究发现，随着配偶收入的增加，女性劳动参与率会呈现出先快速上升后变缓，再到影响不显著的趋势。

由此可见，家庭对女性参与劳动主要呈现负面影响。在人们的观念里，女性似乎天生就是为家庭服务的。家庭对于女性的重要性不言而喻，女性劳动者的大部分精力往往主动或被动地分配给配偶、孩子、老人以及其他家庭成员。就业单位在考虑这些因素时，也通常对女性就业提出延迟生育、生育即辞退等苛刻的要求，极大地阻碍了女性正常参与劳动。然而，这些困扰在男性劳动者身上几乎不存在，这就进一步增大了劳动力市场性别差异。

2.1.4　教育因素

受中国传统观念的影响，家庭对女性接受教育的诉求不高。有的家庭经济条件较差，或者有多个兄弟姐妹时，父母受到"重男轻女"等思想观念的影响，甚至反对女性接受较高水平的教育，把受教育的机会留给男性。长期以来，性别上的受教育差异对女性就业产生了消极而深远的影响。随着我国市场经济的快速发展，产业结构的逐步转型，越来越多的工作要求劳动者掌握熟练的技能和较高水平的知识文化。同时，受到计划生育政策的影响，许多家庭只有一个子女，"重男轻女"的思想观念逐渐减弱，男女平等成为许多人的共识。再者，随着收入水平的提高，在满足了基本生活要求之后，人们逐渐关注精神领域的建设，重视教育成为社会的潮流。

在劳动力市场中，较高的受教育程度往往能够缓冲许多其他不利因素对女性劳动参与的影响。姚先国和谭岚（2005）研究发现，受教育年数对女性劳动参与率的影响越来越大，我国女性劳动参与率下降主要发生在学历不高的女性群体中。这实际上符合市场对劳动者技能和知识水平的一般要求。女性接受教育越多，越能够摆脱对体能要求较高的工作选择，而这些工作却有利于男性发挥自己的体能优势。女性从事对知识水平要求较高的工作，不仅能够降低自身的可替代性，实现个人价值，更能对市场的劳动参与率做出贡献。郑美琴和王雅鹏（2006）发现，在男女劳动者其他条件没有显著差别时，可以通过受教育程度来预测女性就业。他们认为，女性在接受了多年的教育后，其人力资本存量较大，薪资议价能力较强，若轻易离职可能会对其自身造成较大的损失，因此受教育程度较高的女性更加倾向从事全职工作。再者，接受教育较多的女性在精神层面上更加成熟，自我意识较强，更愿意通过劳动与竞争实现自我价值，从而其劳动参与率也就越高。

但也有学者研究发现，教育也可能会降低女性的劳动参与率。例如，郑美琴和王雅鹏（2006）在文章中指出，教育的确能够增加女性的收入，提高女性劳动参与率。但是，这也会带来一个副作用，即女性在婚姻中的议价能力提高。他们发现，受教育程度较高的女性在婚姻生活中地位较高，这激发了女性享受家庭生活的意愿，从而对参与市场劳动的诉求降低。即便如此，受教育程度仍然是提高女性劳动参与率的重要因素。

2.2 全国情况

本节对全国人口劳动参与率性别差异进行数据描述和分析，并将按户口类型、受教育程度、年龄等分类查看异质性，数据来源为 2000 年、2005 年、2010 年和 2015 年全国人口抽样数据。

2.2.1 全国人口劳动参与率性别差异

图 2-1 为 2000—2015 年我国劳动参与率的变化情况。从图中可见，我国劳动参与率总体呈现平稳下降的趋势，男性劳动参与率始终大于女性劳动参与率，且呈现差距逐渐扩大的趋势。详细来看，2000—2005 年，我国劳动参与率男女两性都呈下降趋势，男性劳动参与率下降程度较低，从 93.29% 下降至约 90.00%；女性劳动参与率下降幅度较大，从 80.85% 下降至 73.42%。这段时期，劳动参与率普遍下降主要是受我国经济体制改革的影响，国有企业大量倒闭产生大批下岗职工，真实失业率猛然上升。2005—2010 年，男女两性的劳动参与率均有小幅上涨，其中，男性劳动参与率从 90.00% 上涨至 91.82%，女性劳动参与率从 73.42% 上涨至 76.46%，女性劳动参与率的上涨幅度略高于全国平均水平。我国自加入世界贸易组织（WTO）以来，贸易自由化为劳动者提供了大量的就业机会，女性劳动者亦得益于贸易自由化，其劳动参与率得到一定程度的提高。然而，2010—2015 年，我国劳动参与率大幅下降，男性劳动参与率从 91.82% 下降至 84.60%，下降了 7.22 个百分点；女性劳动参与率从 76.46% 下降至 65.81%，下降了 10.65 个百分点。受到 2008 年金融危机滞后作用的影响，我国经济发展处在恢复期，国际贸易受到严重影响，就业形势严峻。

图 2-2 为 2000—2015 年我国劳动参与率性别差异。由图可见，我国劳动参与率性别比整体上呈现折线下降的趋势，女性劳动参与率始终小于男性劳动参与率，并且差距逐渐拉大。2000 年，我国劳动参与率性别比最高，达到 86.66%。到了 2005 年，劳动参与率性别比从 86.66% 下降至 81.60%，下降约 5 个百分点。2010 年，劳动参与率性别比从 81.60% 上涨至 83.27%，仅上涨 1.67 个百分点，虽有所上涨，但并未超过 2000 年的占比程度。2015 年，我国劳动参与率性别比是从 83.27% 猛然下降至 77.78%，下降了 5.49 个百分点。据此，2015 年与 2000 年相比，劳动参与率性别比下降了 8.88 个百分点。我国女性劳动参与率本来就相对较低，15 年间下降幅度更是超过男性，女性劳动力资源待开发程度较高。

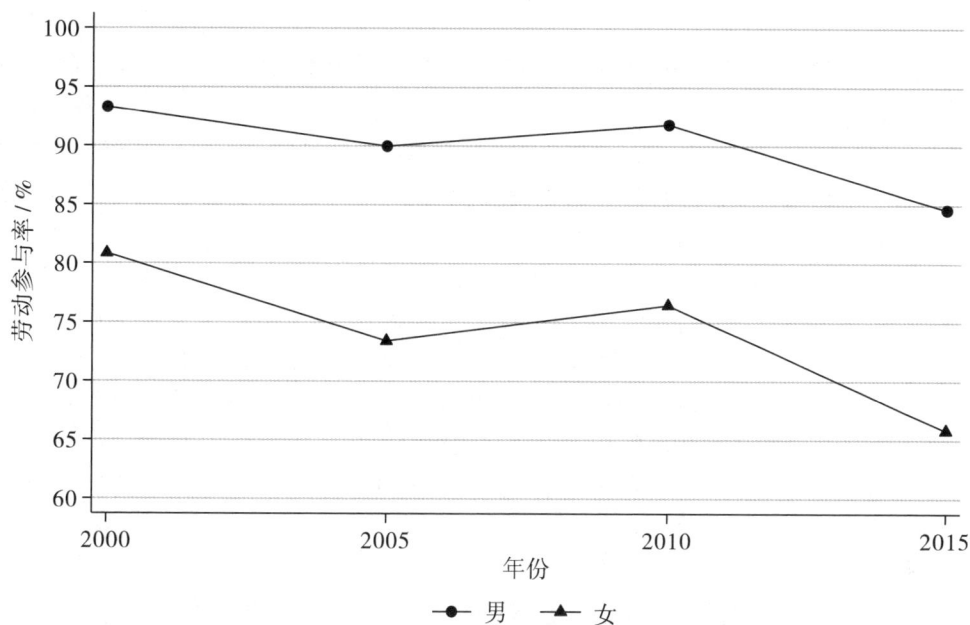

图 2-1　2000—2015 年劳动参与率

数据来源：2000、2005、2010、2015 年全国人口抽样数据。

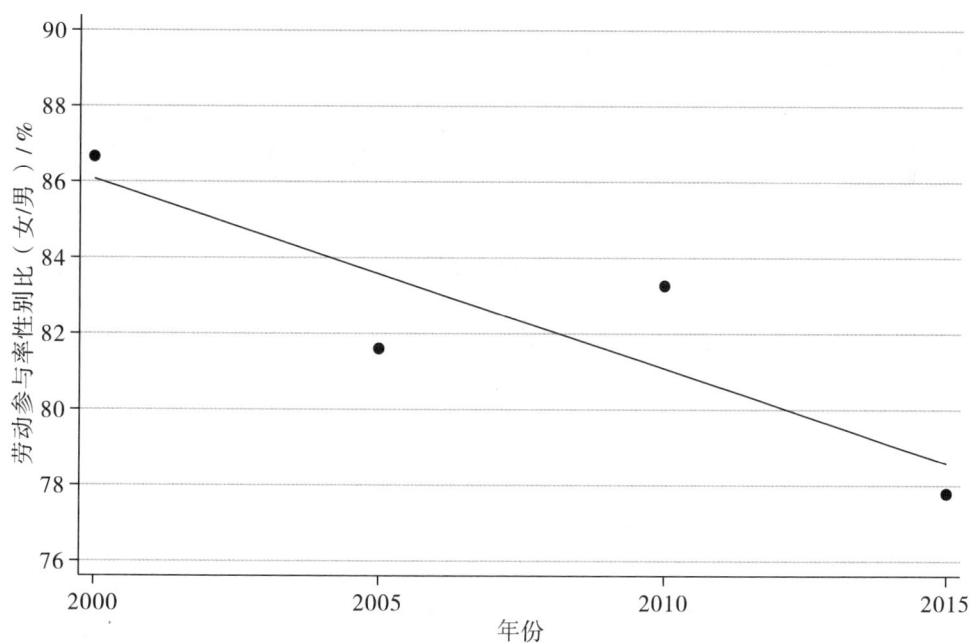

图 2-2　2000—2015 年劳动参与率性别比

注：图中黑色直线为时间趋势线性拟合线，下同；数据来源为 2000、2005、2010、2015 年全国人口抽样数据。

2.2.2 以户口类型分类的劳动参与率性别差异

图 2-3 展现的是根据户口类型划分的我国劳动参与率的情况。户口类型分为农业户口和非农业户口两类。农业户口中,男性劳动参与率与女性劳动参与率整体水平都较高,且均呈下降趋势,其中女性劳动参与率下降幅度较大。细分来看,2000 年男性劳动参与率高达 97.62%,为全时段四类人口中劳动参与率最高,女性劳动参与率也高达 87.21%。直到 2010 年,农业户口的男性和女性劳动参与率仍分别保持在 95% 以上和 80% 以上。但是,到了 2015 年,农业户口的男性和女性劳动参与率均有所下降,分别降至 88.30% 和71.61%,其中农业户口的女性劳动参与率降幅相对较大,下降幅度高达 10.54 个百分点。可能的原因是,随着市场化程度的加深以及互联网的逐渐普及,农业户口的男性和女性劳动者更多地摆脱了土地,加入市场化竞争,家庭收入也有所增加,预算约束有所松弛的情况下,家庭劳动参与率可能会下降。

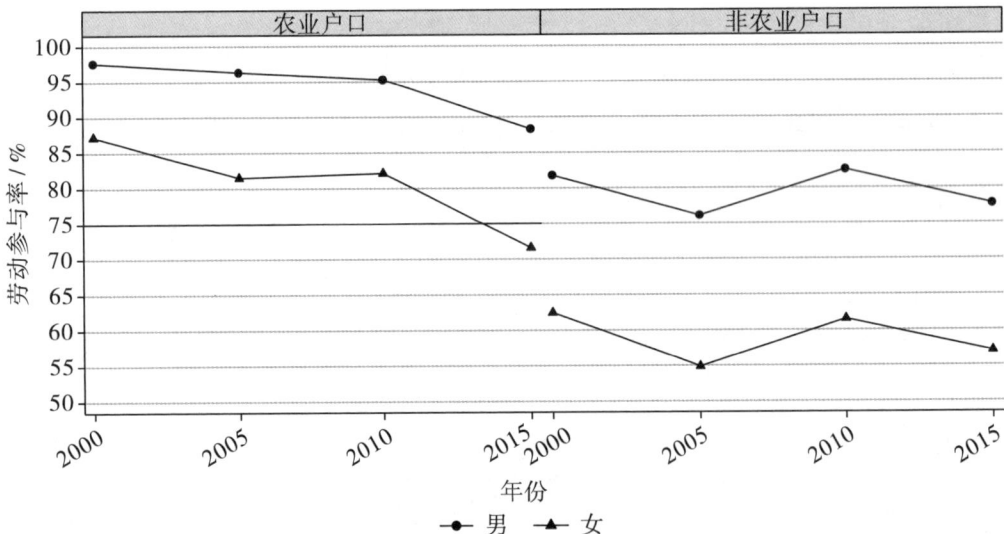

图 2-3 2000—2015 年劳动参与率与户口类型

数据来源:2000、2005、2010、2015 年全国人口抽样数据。

而非农业户口的男性和女性的劳动参与率则保持着高度一致的变动。这说明在城镇中,没有土地资源依赖的男性和女性劳动参与者们早已将自己放在市场竞争中,个人就业受到经济、社会、政策,甚至国际贸易等多因素的影响。同时,男性劳动参与率始终高于女性劳动参与率,且差距保持在 20 个百分点左右。非农业户口男性的劳动参与率从 2000年的 81.78% 降至 2015 年的 77.75%,非农业户口女性的劳动参与率从 2000 年的 62.48%降至 2015 年的 57.03%。这期间,不论是非农业户口的男性还是女性,劳动参与率变化均相对较为稳定,变化幅度分别在 5 个百分点和 7 个百分点以内。但是,值得注意的是,非农业户口女性的劳动参与率自始至终为四类人口中最低,甚至 2005 年和 2015 年的非农业户口女性劳动参与率仅略高于 50%。

　　农业户口和非农业户口的劳动参与率相比，不论是男性还是女性，农业户口的劳动参与率均比非农业户口的劳动参与率高出很多。从同性别对比来看，农业户口的男性劳动参与率比非农业户口的男性劳动参与率高 10 个到 20 个百分点，农业户口女性劳动参与率比非农业户口的女性劳动参与率高 14 个到 26 个百分点。但不论是男性还是女性，到 2015 年农业与非农业户口的劳动参与率差距均有不同程度的缩小，其中主要原因是农业户口劳动参与率下降。

　　图 2-4 表示农业户口和非农业户口的劳动参与率性别比。其中，农业户口劳动参与率性别比显著下降，从 2000 年的 89.34% 下降至 2015 年的 81.10%，下降约 8 个百分点；非农业户口劳动参与率性别比虽有下降但变化幅度不大，保持在 75% 左右。农业户口比非农业户口的劳动参与率性别比要大，这意味着虽然农业户口的女性比非农业户口的女性更可能参与劳动力市场，但是也更容易受到市场经济的影响。

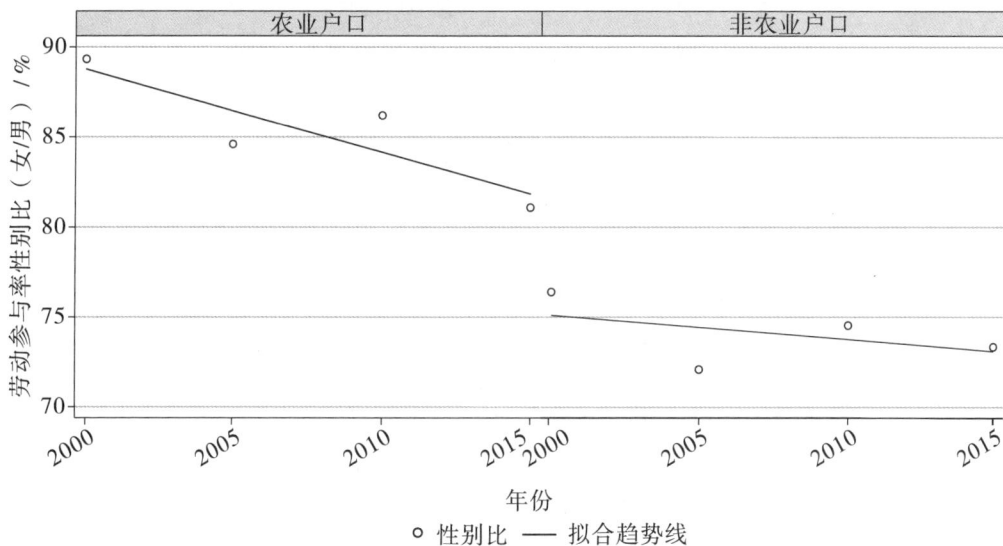

图 2-4　2000—2015 年劳动参与率性别差异与户口类型

数据来源：2000、2005、2010、2015 年全国人口抽样数据。

2.2.3　以受教育程度分类的劳动参与率性别差异

　　图 2-5 为根据人口受教育程度分类的劳动参与率性别差异情况，其中受教育程度分为初中及以下、高中及同等学力和大学及以上三类。三类男女整体劳动参与率有较大差异，男性劳动参与率差别相对较小，女性劳动参与率差别较大，但均呈现下降态势。其中，男女平均劳动参与率整体呈下降趋势，最高的为大学及以上一类，由 2000 年的91.46% 下降至 2015 年的 80.48%；其次为初中及以下类，由 2000 年的 87.95% 下降至 2015年的 75.28%；劳动参与率最低的为高中及同等学力类，由 2000 年的 81.95% 下降至 2015

年的 71.09%。三类变化幅度均在 10 个百分点以上。

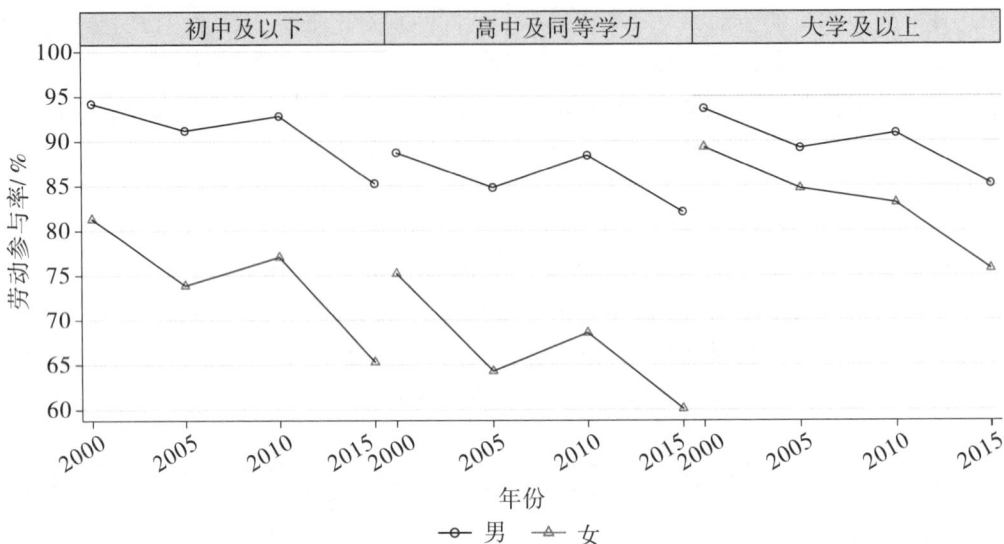

图 2 - 5　2000—2015 年劳动参与率与受教育程度

数据来源：2000、2005、2010、2015 年全国人口抽样数据。

　　从性别来看，在三类学历中，男性劳动参与率差别不大，初中及以下与大学及以上的劳动参与率均保持在 85% 至 95% 的区域内，高中及同等学力则在 80% 至 90% 之间。而女性的劳动参与率差别非常大，大学及以上女性劳动参与率最高，2000 年约 90%，2015 年约 75%；其次是初中及以下女性劳动参与率，2000 年约 80%，2015 年约 65%；而高中及同等学力女性劳动参与率最低，2000 年约 75%，2015 年约 60%。不过，三者下降幅度比较一致，均约 15 个百分点。这意味着，家庭预算约束可能是女性劳动参与的决定因素之一，学历低的女性平均家庭收入较低，从而不得不加入劳动力市场赚取收入；而随着受教育程度的提升，家庭收入较高时，家庭收入预算约束对其参与劳动力市场的压力减小。与此同时，在女性就业中，教育仍然是起着关键作用的影响因素之一，受教育程度高可增加就业机会与收入，大学及以上学历的女性全职在家的机会成本最高，从而她们也会更多地选择就业。而在男性中，家庭预算约束和教育因素对劳动力市场参与率的影响并不如女性群体明显。

　　图 2 -6 展现的是不同学历中劳动参与率性别比的情况。从图中可以明显看出，大学及以上组的劳动参与率性别比遥遥领先于其他两组，2000 年高达 91.46%，2015 年虽有所下降，但仍处在 80.49% 的高水平。初中及以下组和高中及同等学力组的劳动参与率性别比水平相当，初中及以下组略高一等，两者 2000 年均在 85% 左右，2015 年均在 75% 左右。但是，三组中仅大学及以上的劳动参与率性别比呈现持续下降的态势，其他两组均有折线波动。根据图 2 -5 可以解释该现象主要是受到高学历女性劳动参与率显著下降的影响。与此同时，还可看到大学及以上组劳动参与率性别比下降速度最慢，从 2000 年到 2015 年，劳动参与率性别比下降不到 5 个百分点，而初中及以下组和高中及同等学力组均

下降了近 10 个百分点。整体来说，受教育程度越高，工作机会越多且越好，不参与市场劳动的机会成本更高，工作的意愿更强。

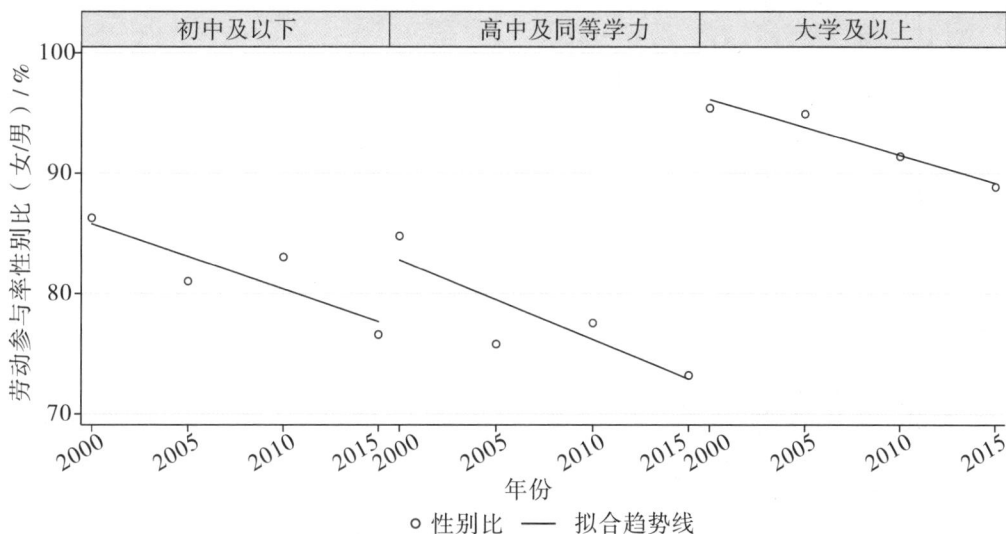

图 2 - 6　2000—2015 年劳动参与率性别差异与受教育程度

数据来源：2000、2005、2010、2015 年全国人口抽样数据。

2.2.4　以年龄分类的劳动参与率性别差异

图 2 - 7 为我国 2015 年各年龄劳动参与率情况。其中，在全年龄段（18—59 岁）男性劳动参与率均比女性劳动参与率高，且差距较大。分性别来看，男性劳动参与率经历了高起点，快速增长后保持平稳，后缓慢下降的态势。男性劳动参与率从 18 岁的约 70% 快速上升至 25 岁的 85%，后缓慢上升至 30 岁的 89%，此后至 50 岁仍保持在近 90% 的劳动参与率，再逐渐下降至 59 岁的 68% 的劳动参与率。男性劳动者大部分年龄段保持在 80% 至 90% 的较高的劳动参与率水平。女性劳动参与率则与男性有着明显不同，18 岁至 49 岁女性的劳动参与率均保持在 70% 左右。随着年龄的上升，女性劳动参与率从不足 70% 缓慢上升至 70% 以上，至 46 岁起呈现逐步下降的趋势，50 岁时下降至 60%。50 岁至 55 岁年龄段，女性劳动参与率以俯冲态势从 60% 下降至不足 50%，后缓慢下降至 59 岁的不足 40%。出现这种现象的主要原因是女性 50 岁以后逐渐步入退休年龄，有些企业甚至在女性 46 岁以后便采取内退的方式使其离开工作岗位。

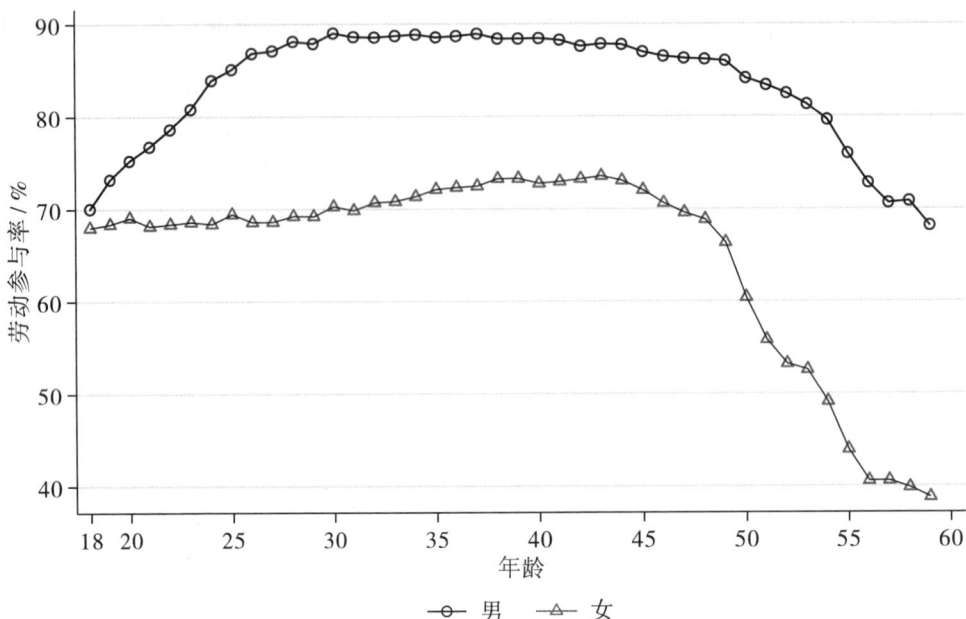

图 2-7　2015 年各年龄劳动参与率

数据来源：2015 年全国人口抽样数据。

　　全年龄段男性劳动参与率均高于女性劳动参与率。18 岁至 25 岁年龄段，男女之间劳动参与率差距快速拉大，从 18 岁均在 70% 左右的劳动参与率到 25 岁相差约 15 个百分点。这说明，一部分男性参加工作时间较晚，可能是正在接受高等教育。而女性却没有这种现象，其背后可能是由于一部分女性受教育程度仍然不高，也许家庭经济状况不足以支撑女性接受高等教育或重视教育程度不足。在 25 岁至 49 岁年龄段，男女劳动参与率差别虽有变动，但整体呈现比较稳定的态势，相差约在 20 个百分点以内。这说明，该年龄段男女参与工作的状态较为稳定，是劳动力市场的主力。50 岁至 59 岁年龄段，男女劳动参与率相差约 20 个至 30 个百分点，这主要是由于女性早于男性退休。

　　图 2-8 展现了我国各年龄劳动参与率性别比。由图可见，我国全年龄段劳动参与率性别比主要分为三个阶段。第一阶段，18 岁至 25 岁年龄段，先由 18 岁时的高点（约 97%）快速下降至 25 岁的 80%。在这一阶段，劳动参与率性别比虽然较高，但是由于男性接受高等教育结束等因素逐渐进入劳动力市场，迅速加大了劳动力市场中男性的比重。而女性在劳动力市场的数量相对男性变化较小，因此劳动参与率性别比逐渐下降。第二阶段，26 岁至 49 岁，性别比在 80% 处上下浮动。在第二阶段的前半部分（25 岁至 35 岁），大部分女性和男性已经进入劳动力市场，新加入的劳动力可能也是由于研究生毕业等因素，但影响作用较小；在第二阶段的后半部分（36 岁至 49 岁），劳动参与率性别比有小幅上升，由图 2-7 可以看到，此年龄段男性的劳动参与率变化不大，而女性劳动参与率呈现不断上升的趋势。第三阶段，50 岁至 59 岁，在这十年的年龄段里性别比快速从 70% 以上下降至 56%。在第三阶段，女性因退休而退出劳动力市场是造成劳动参与率性别比迅速下降的主要原因。在这一阶段，男性还未到法定退休年龄，大部分男性仍在工作岗位上。

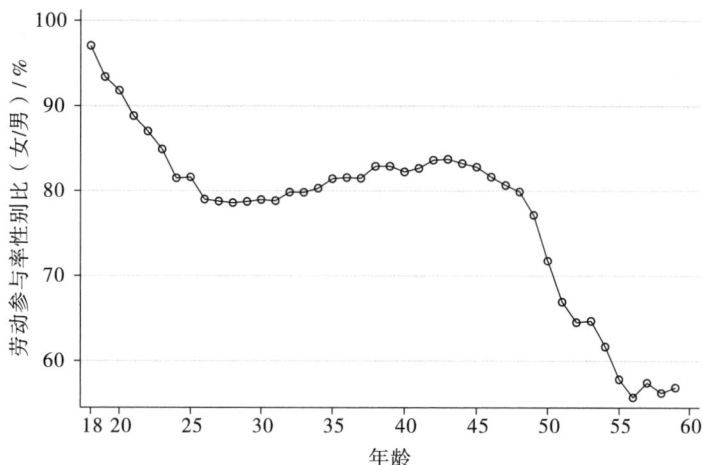

图 2-8 各年龄劳动参与率性别差异

数据来源：2015 年全国人口抽样数据。

图 2-9 展示的是根据户口类型划分的各年龄劳动参与率情况。农业户口男女劳动参与率在 18 岁时相对一致，均为 73% 左右。随后，农业户口女性劳动参与率有小幅下降，而农业户口男性劳动参与率迅速上升，这说明，农业户口女性到了法定结婚年龄更可能选择先成家，把更多的精力放在照料家庭上，而婚姻对农业户口男性劳动参与的影响不大。25 岁至43 岁，农业户口男性劳动参与率非常稳定地保持在 90% 左右，而农业户口女性劳动参与率则有小幅上升，从 70% 逐渐上升至近 80%。农业户口的男女两性劳动参与率均从 43 岁以后开始逐渐下降，但男性下降缓慢，直至 59 岁仍然有着 80% 以上的劳动参与率；而农业户口的女性 43 岁达到劳动参与率的最高点 77% 以后，持续快速下降至 59 岁的 56%。

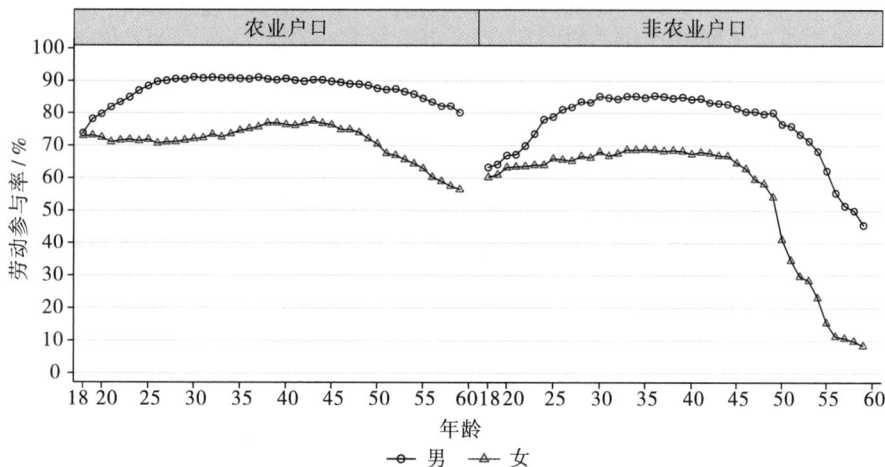

图 2-9 各年龄劳动参与率与户口类型

数据来源：2015 年全国人口抽样数据。

　　非农业户口男女劳动参与率在 18 岁时均在 60% 左右。18 岁至 25 岁非农业户口男性劳动参与率迅速上升至 80% 左右，而后至 49 岁仍稳定保持在 80% 左右；50 岁至 59 岁，非农业户口男性劳动参与率从 76.56% 快速下降至 45.60%。而非农业户口女性劳动参与率自 18 岁至 46 岁稳定处在 60% 至 70% 之间，而后从 47 岁至 59 岁劳动参与率从 59.59% 俯冲下降至 8.43%。这说明，退休是非农业户口女性逐渐退出劳动市场的主要原因，50 岁以后女性可以领取退休金，生活经济保障较好，重返劳动力市场的需求较小。

　　总体来看，农业户口的各年龄劳动参与率高于非农业户口各年龄的劳动参与率，且波动幅度更加平缓。在 50 岁左右，农业户口男女劳动参与率波动幅度不大，而非农业户口男女劳动参与率波动幅度巨大，尤其是非农女性劳动参与率变化剧烈。由此可见，非农业户口劳动者后半生免于生计之苦极可能主要得益于养老保险和一定的退休金。

　　图 2 - 10 为根据户口类型划分的各年龄劳动参与率性别比情况。农业户口劳动参与率性别比整体呈折线波动下降趋势。18 岁劳动参与率性别比最高，为 98.73%，之后逐渐下降至 25 岁的 80% 左右，其后一直在 80% 左右徘徊，并且在 39—47 岁这一阶段维持在 85% 左右，而后持续下降至 59 岁的 70%，下降幅度约 15 个百分点。而非农业户口劳动参与率性别比有着不同的特点。由图 2 - 10 可见，18—25 岁非农业户口劳动参与率性别比也是从较高水平持续下降，即由 95% 下降至约 80%。此后，一直到 46 岁，非农业户口劳动参与率性别比一直相当稳定地保持在 80%。接着，从 47 岁至 59 岁，以跳水般的速度下降至 18.49%，相差约 60 个百分点，下降幅度是农业户口劳动参与率性别比的四倍。可见，极少非农业户口女性劳动力到了退休年龄重返劳动力市场。

　　图 2 - 11 为根据受教育程度对各年龄男女劳动参与率进行分类的情况，由图可见这三类不同受教育程度的劳动参与率呈现不同的态势。首先，初中及以下的劳动参与率变化幅度较小，是这三类中总体变化幅度最小的一类。详细来看，该类别中，男性劳动参与率始终大于女性。18 岁年龄段，男女劳动参与率相差最小，均处在 70%—80%。随后，18 岁至 25 岁期间，两者呈相反变化态势，男性劳动参与率升高，女性劳动参与率下降。从 26 岁起，女性劳动参与率开始回升，但变化幅度不大，在 60%—70% 变动，最高为 43 岁的 73.02%。从 50 岁开始，初中及以下学历女性劳动参与率持续下降，59 岁年龄段为 43.57%。然而同学历水平的男性劳动参与率大部分年龄段维持在较高水平，在 80% 以上。从 55 岁至 59 岁，初中及以下男性劳动参与率逐渐下降至 70% 左右。59 岁年龄段，初中及以下学历男女劳动参与率差别约 27 个百分点。

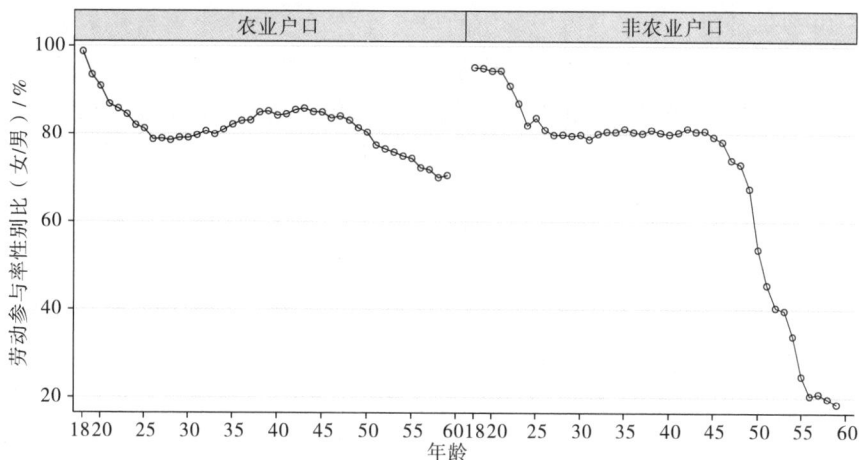

图 2-10　各年龄劳动参与率性别差异与户口类型

数据来源：2015 年全国人口抽样数据。

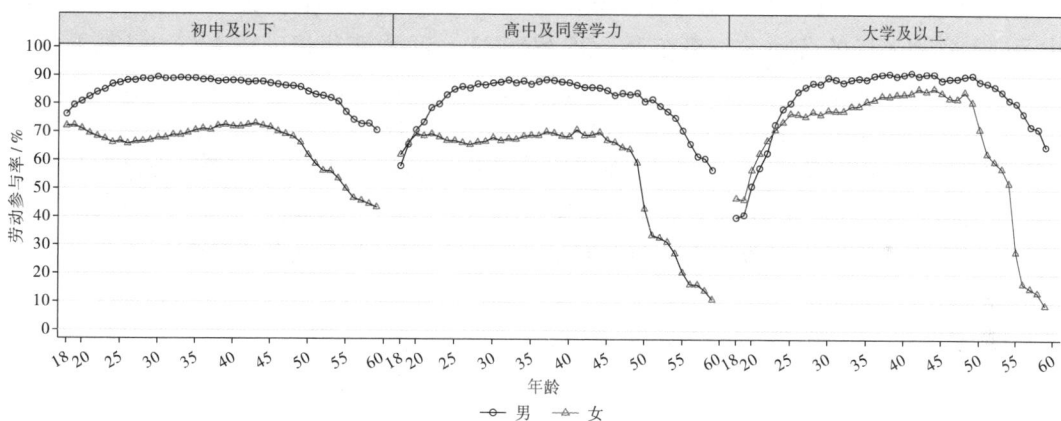

图 2-11　各年龄劳动参与率与受教育程度

数据来源：2015 年全国人口抽样数据。

其次，高中及同等学力男女劳动参与率有着不同的特点。18 岁年龄段的女性劳动参与率略大于男性劳动参与率，均处在 60% 左右。这说明该学历水平下，约半数人进入劳动力市场，且女性相对男性更早进入。从 20 岁年龄段开始，该学历水平的男性劳动参与率开始反超女性，达到 70% 以上，并且快速上升至 80% 以上，之后趋于稳定。而女性劳动参与率稳定在 70% 左右浮动。男性和女性的劳动参与率均从 45 岁左右开始持续下降。男性下降幅度较小，从约 85% 下降至 57%，下降约 28 个百分点；女性下降幅度较大，从约 70% 下降至近 10%，下降约 60 个百分点。

最后，大学及以上学历的男女劳动参与率则呈现与以上两类不同的状态。18 岁年龄段女性劳动参与率高于男性劳动参与率，其中男性约 41%，女性约 46%。随后至 25、26 岁，男性和女性劳动参与率均迅速上升。但直到 23 岁，男性劳动参与率才开始反超女性。

在 25 岁至 49 岁年龄段，大学及以上学历的男女性劳动参与率水平相差不大，稳定在 12 个百分点。其中 27 岁至 32 岁期间两者相差较大，超过 10 个百分点。这说明，该年龄段女性可能将更多的精力放在生育和家庭照料上。自 50 岁起，男性和女性劳动参与率均呈现下降趋势。但是，随着女性退休年龄的到来，女性劳动参与率呈俯冲式下降趋势，男女劳动参与率差别迅速拉大。59 岁年龄段，男女劳动参与率相差 56 个百分点。

　　三个学历阶段的男女劳动参与率有着不同的特点。可以看出，初中及以下人口劳动参与率整体最为稳定，且 59 岁时仍有半数以上人口从事劳动。而高中及同等学力以上学历人口的劳动参与率则明显在 50 岁以后呈现下降的态势。这说明受教育程度仍然对劳动参与率有着至关重要的影响，尤其高中及同等学力以上学历的女性，在 50 岁以后大部分已退休，有着退休金的生活使得她们再次进入劳动力市场的意愿明显降低。而男性一般 60 岁以后才逐渐退休，因此整体上男性普遍劳动参与率较高。从 18 岁年龄段可以看出，男性相对女性的受教育机会仍然更多，家庭教育观念仍需改善。

　　图 2 - 12 展示的是根据受教育程度划分的各年龄劳动参与率性别比的情况。首先，初中及以下学历人口的劳动参与率性别比是三组中波动幅度最小的，呈波动下降的趋势，高峰期在 18 岁，次高峰位于 45 岁左右，低谷期在 59 岁，次低谷期在 25 岁左右。其次，高中及同等学力人口的劳动参与率在 18—25 岁和 47—59 岁变化幅度较大，均呈现下降趋势，而在 26—46 岁这约 20 年的年龄段里，劳动参与率性别比稳定在 80% 左右，波动很小。最后，大学及以上学历人口的劳动参与率性别比在 18—25 岁和 49—59 岁两个阶段的变化幅度较大，尤其是 49 岁以后呈现俯冲下降趋势，26—48 岁这 20 多年的年龄段里呈现缓慢上升的态势，维持在 90% 左右。整体来看，学历越高，全年龄段劳动参与率性别比波动越大，且在女性退休年龄到来之前，大学及以上的人口劳动参与率性别比均是最高水平的。

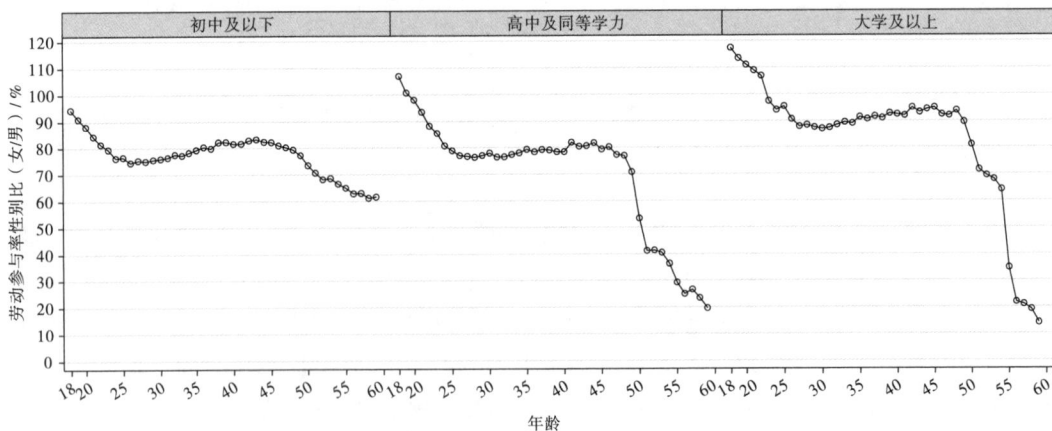

图 2 - 12　各年龄劳动参与率性别差异与受教育程度

数据来源：2015 年全国人口抽样数据。

2.2.5　小结

总体看来，全国女性劳动参与率呈现下降趋势，其下降幅度远大于男性劳动参与率，劳动参与率性别比呈现持续下降的趋势。

从户口类型来看，农业户口人口的劳动参与率显著高于非农业户口人口的劳动参与率。但是，农业户口两性的劳动参与率均呈现下降趋势，且农业户口女性的劳动参与率下降程度大于农业户口男性。非农业户口男女两性的劳动参与率均呈现波动变化，且两者波动方向和幅度一致。在劳动参与率性别比上，农业户口呈现明显的下降趋势，而非农业户口变化较小。

从受教育程度来看，大学及以上人口的劳动参与率显著高于高中及同等学力及以下学历人口。不同学历的女性之间劳动参与率呈现较大差异，初中及以下和高中及同等学力女性的劳动参与率显著低于大学及以上的女性。不同学历的男性之间劳动参与率差异较小。不同学历人口的劳动参与率性别比虽均呈现下降趋势，但大学及以上人口显著高于其他两个学历。

从年龄上看，男女劳动参与率在 18 岁时均保持在 70% 左右，随着年龄的增加，男性快速上升后保持平稳，而女性则无大幅变化；45 岁后，女性劳动参与率大幅下降，男性则小幅下降，这主要是受到退休年龄的影响。劳动参与率性别比也随着年龄呈现折线下降趋势。农业户口各年龄段劳动参与率变化平缓，非农业户口在 45 岁以后大幅下降；农业户口劳动参与率性别比呈现平缓折线下降趋势，而非农业户口在 45 岁以后呈现俯冲下降趋势。学历上，初中及以下人口各年龄段劳动参与率变化最小，高中及同等学力和大学及以上人口的劳动参与率变化较大，女性劳动参与率均在 45 岁后剧烈下降。初中及以下人口各年龄段劳动参与率性别比呈现平缓下降趋势，高中及同等学力和大学及以上人口的劳动参与率性别比在 18—25 岁和 45 岁以后这两个年龄段呈现快速下降趋势。

在中国目前大部分家庭中，家庭分工依然为女性承担主要家庭劳动，从而使女性劳动参与率远低于男性，且女性劳动参与率与家庭约束相关性较大。家庭收入和受教育程度是女性劳动参与率的重要决定因素：家庭收入低时，女性劳动参与率高；受教育程度高时，女性劳动参与率高。因此，女性劳动参与率与受教育程度呈现出较明显的正相关关系。而男性劳动参与率与这些因素的关系则远弱于女性。

2.3　地区情况

受到经济发展水平、市场开放程度、地理位置等因素的影响，我国各省份人口劳动参与率存在不同特征。本部分统计并分析了我国大陆地区 31 个省级行政区域（包括自治区、直辖市，下文简称"省区"）的劳动参与率情况。数据来源为 2000、2005、2010 和 2015 年全国人口抽样数据。为使结果呈现得清楚简洁，本部分会将我国大陆地区划分为东部、中部、西部和东北四大区域。其中，根据国家统计局区域划分标准，东部地区包括北京、天津、河北、上海、江苏、浙江、福建、山东、广东和海南，共 10 个省区；中部地区包括山西、安徽、江西、河南、湖北和湖南，共 6 个省区；西部地区包括内蒙古、广西、重庆、四川、贵州、云南、西藏、陕西、甘肃、青海、宁夏和新疆，共 12 个省区；东北地区包括辽宁、吉林和黑龙江，共 3 个省区。

2.3.1　各省人口劳动参与率性别差异

图 2 – 13 展示的是 2000 年至 2015 年我国各省区劳动参与率情况。从省区上看，除西藏外，其他各省区劳动参与率呈现下降趋势，且每个省区有着不同特点。劳动参与率水平较高（年均全国平均水平以上）的省区有 19 个，最高为云南（90.17%），其次为广西、山东、西藏、四川、安徽、甘肃、江苏、河南、贵州、江西、重庆、湖南、宁夏、湖北、河北、陕西、广东、浙江。劳动参与率在年均全国平均水平以下的省区有（由高到低）青海、海南、新疆、福建、辽宁、内蒙古、吉林、山西、上海、北京、黑龙江、天津（70.29%，平均劳动参与率为全国最低）。

从 2000 年至 2015 年，各省区平均劳动参与率只有西藏呈现正增长，2015 年较 2000 年增长了约 1 个百分点。其中，男性劳动参与率下降了 0.4 个百分点，女性劳动参与率上升了 2.6 个百分点，这说明西藏劳动参与率上升主要受到女性加入劳动力市场的影响。除西藏外，其余 30 省区的劳动参与率均呈现不同程度的下降，且男女劳动参与率均为下降态势。其中，相较于 2000 年，2015 年贵州男性劳动参与率下降了约 17 个百分点，女性劳动参与率下降了约 25 个百分点，整体平均下降了约 21 个百分点，下降水平远超其他省区。大部分省区女性劳动参与率下降水平超过男性，只有西藏、吉林、新疆、黑龙江、天津的女性劳动参与率下降水平低于男性。

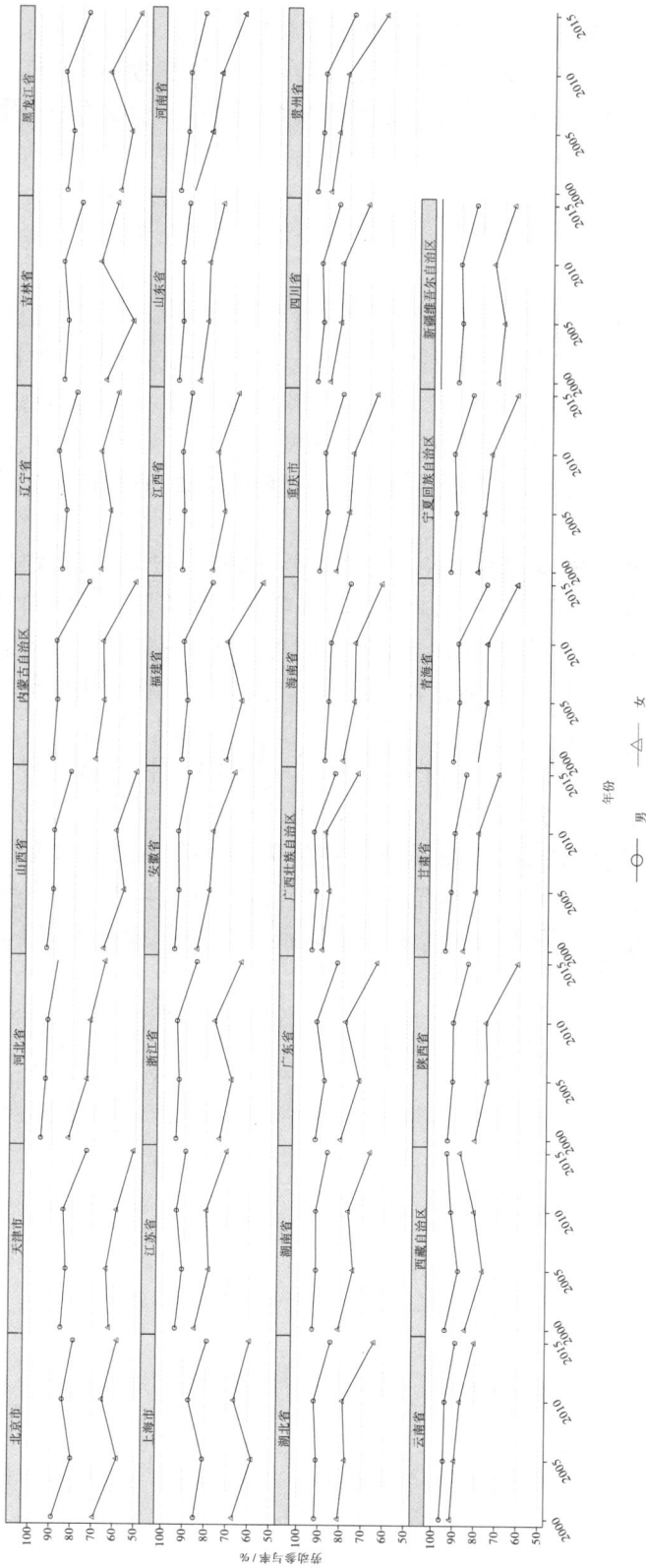

图 2 - 13　2000—2015 年各省区劳动参与率

数据来源：2000、2005、2010、2015 年全国人口抽样数据。

　　从地区上看，首先是东北地区劳动参与率下降幅度最小，均下降不足 10 个百分点，平均下降 7.7 个百分点，且吉林和黑龙江女性劳动参与率下降幅度小于男性。其次是东部地区劳动参与率下降约 11 个百分点，其中女性下降水平较高，约 13 个百分点。再次是中部地区劳动参与率平均下降不到 12 个百分点，其中河南劳动参与率下降水平最大，接近 17 个百分点；江西下降水平较小，不到 8 个百分点，女性劳动参与率下降幅度为男性的两倍以上。最后西部地区下降水平最高，约 13 个百分点，男性和女性劳动参与率均下降超过 10 个百分点。

　　从性别上看，相较于 2000 年，2015 年西藏男性劳动参与率下降幅度最小，仅 0.4 个百分点，女性劳动参与率则有所上升，约 2.6 个百分点。贵州劳动参与率下降幅度最大，男性下降 21 个百分点，女性下降约 17 个百分点。四大区域中，中部地区男性劳动参与率下降幅度最小，约 7.6 个百分点，西部地区下降幅度最大，约 10 个百分点；东北地区女性劳动参与率下降幅度最小，约 7.3 个百分点，中部地区女性劳动参与率下降幅度最大，约 16 个百分点。

　　图 2－14 表示 2000—2015 年我国各省区劳动参与率性别比的变化情况。由图可见，大部分省区劳动参与率性别比呈现下降趋势，下降幅度有所不同。从时间趋势线性拟合线上看，黑龙江、浙江、新疆的劳动参与率性别比几乎没有显著变化；河北、江苏、安徽、河南、湖北、湖南、宁夏等变化较大。劳动参与率性别比高于全国平均水平的省区有云南、广西、西藏、四川、贵州、甘肃、山东、重庆、海南、河南、江苏、青海、湖北、安徽、广东、湖南和宁夏，共 17 个；低于全国平均水平的省区有陕西、江西、新疆、河北、浙江、辽宁、上海、北京、吉林、福建、内蒙古、天津、黑龙江和山西。其中，劳动参与率性别比最高的省区为云南省，高达 92.94%；最低的省区为山西省，为 65.85%。变化方向上，除西藏、吉林有所上升外，其他省区均为下降趋势。变化幅度上，新疆变化幅度最小，下降不到 1 个百分点；河南变化幅度最大，下降近 15 个百分点。

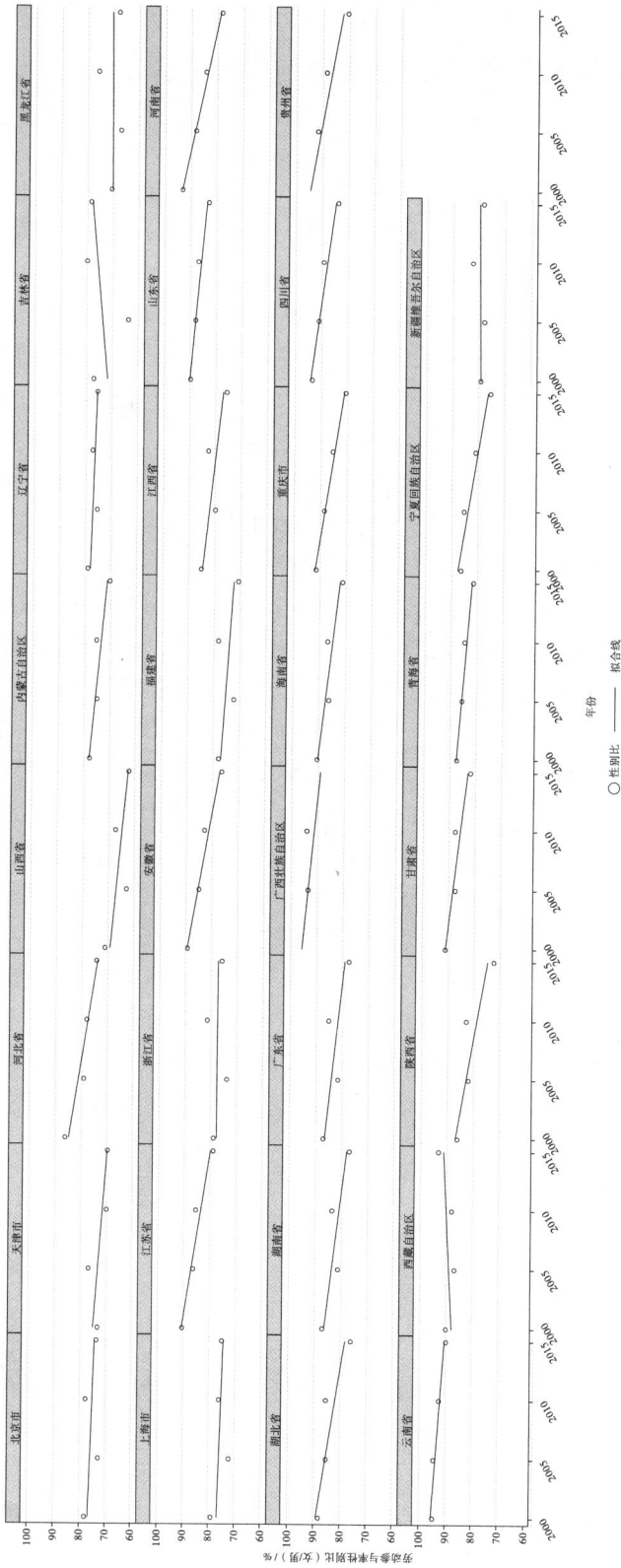

图 2 - 14 2000—2015 年各省区劳动参与率性别差异

数据来源：2000、2005、2010、2015 年全国人口抽样数据。

2.3.2　各省区不同户口类型的劳动参与率性别差异

图 2 - 15 为我国各省区根据户口类型划分的劳动参与率情况。整体来看，各省区之间不同户口类型的劳动参与率差别有所不同。从图中来看，各省区之间农业户口男性劳动参与率相差较小，农业户口女性相差较大；非农业户口男性和女性劳动参与率差别均较大。农业户口中，男性劳动参与率最高的为山东，高达 94.38%；最低的为内蒙古，为 77.76%。农业户口男性劳动参与率全国各省区平均水平为 87.40%，高于全国平均水平的有山东、西藏、江苏、江西等共 18 个省区，低于全国平均水平的有黑龙江、陕西、浙江、新疆等 13 个省区。农业户口中，女性劳动参与率最高的为西藏，达 88.27%；最低的为山西，仅 54.84%。农业户口女性劳动参与率全国各省区平均水平为 70.41%，高于全国平均水平的有西藏、云南、山东、广西等 16 个省区，低于全国平均水平的有河南、新疆、贵州、广东等 15 个省区。其中，农业户口男女劳动参与率均高于全国平均水平的有山东、西藏、江苏、江西、云南、安徽、湖南、上海、湖北、甘肃、吉林、辽宁、广西、四川。

非农业户口中，男性劳动参与率最高的为西藏，高达 92.87%；最低的为天津，仅 63.55%。非农业户口男性劳动参与率全国平均水平为 77.43%，高于全国平均水平的有西藏、江西、江苏、安徽等 17 个省区；低于全国平均水平的有重庆、陕西、河南、山西等 14 个省区。非农业户口中，女性劳动参与率最高的同样也是西藏，高达 86.27%；最低的为黑龙江，仅 40.65%。非农业户口女性劳动参与率全国平均水平为 57.43%，其中高于全国平均水平的有西藏、云南、广西、江苏等 16 个省区；低于全国平均水平的有贵州、安徽、北京、河南等 15 个省区。其中，非农业户口男女劳动参与率均高于全国平均水平的有西藏、江西、江苏、山东、浙江、宁夏、云南、河北、新疆、广东、湖南、四川、甘肃、广西。

从农业户口与非农业户口的对比来看，农业户口劳动参与率均大于非农业户口劳动参与率，但各省区差别较大。男性劳动参与率中，天津农业户口与非农业户口劳动参与率相差最大，相差约 25 个百分点；西藏则相差最小，仅 1 个百分点。全国农业户口与非农业户口劳动参与率平均相差不到 10 个百分点，超过平均水平的有天津、吉林、黑龙江、辽宁等 15 个省区。女性劳动参与率中，吉林农业户口与非农业户口相差最大，约 28 个百分点；福建相差最小，不足 1 个百分点。全国平均水平约相差 13 个百分点，高于全国平均水平的有吉林、黑龙江、辽宁、山东等 17 个省区。

从区域上看，各省区农业户口男性劳动参与率相差较小，中部最高，为 89.24%；西部最低，约 86%。农业户口女性劳动参与率差别也较小，西部最高，为 72.29%；东部最低，为 68.68%。非农业户口男性和女性劳动参与率地区之间相差均较大。其中，非农业户口男性劳动参与率最高的为中部地区，达 79.50%；最低为东北地区，为 69.14%。非农业户口女性劳动参与率最高的为西部地区，达 61.50%；最低的为东北地区，仅 46.68%。这说明，东北地区受到经济改革的影响，非农业户口的男性和女性劳动力参与率均较低。东部、中部和西部地区的农业和非农业户口之间男性劳动参与率相差 10 个百分点左右，女性也相差约 10 个百分点。然而，在东北地区，两种户口之间男性劳动参与率相差约 20 个百分点，女性则相差约 25 个百分点。

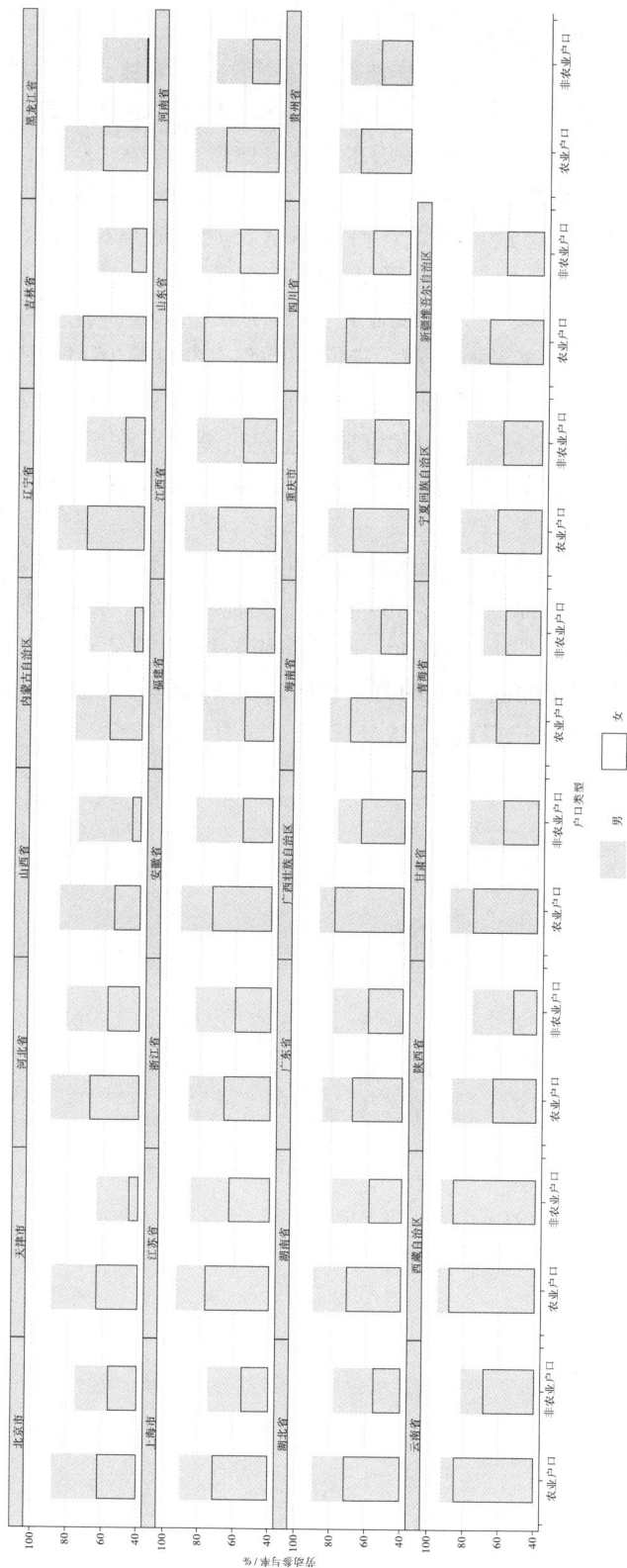

图 2-15　各省区劳动参与率与户口类型

数据来源：2015 年全国人口抽样数据。

　　图 2 - 16 为根据户口类型划分的我国各省区劳动参与率性别比的情况。由图可见，各省区农业户口和非农业户口的劳动参与率性别比相差较大。农业户口劳动参与率性别比较高，其中西藏最高，为 93.68%；山西最低，为 64.03%。农业户口劳动参与率性别比全国平均水平为 80.46%，高于全国平均水平的有西藏、云南、广西、四川等 15 个省区，其中西部地区占比达半数。非农业户口中，仍然是西藏的劳动参与率性别比最高，约 93%，与农业户口相近，这反映了在西藏不论农业还是非农业户口的男女几乎人人参与劳动；最低的也仍然是山西省，不足 60%，这说明，山西省不同户口类型的女性进入劳动力市场的均相对较少。非农业户口劳动参与率性别比全国平均水平为 73.95%，其中高于全国平均水平的有西藏、云南、广西、青海等 16 个省区，且这些省区均为东部和西部地区。两种户口类型对比来看，福建、青海、北京三省区的非农业户口劳动参与率性别比比农业户口高，其中北京非农业户口高于农业户口 4.82 个百分点。其余 28 个省区的劳动参与率性别比，农业户口均比非农业户口高。其中，吉林最高，两种户口相差约 14 个百分点。

　　从区域来看，农业户口上四个区域劳动参与率性别比相差不大，均在 80% 左右。其中，中部最低，为 77.30%；西部最高，为 83.84%。然而，非农业户口相差较大，最高为西部，达 78%；最低为东北，为 67.41%，地区间相差约 10 个百分点。四个区域中，两种户口类型劳动参与率性别比相差最大的为东北地区，其农业户口比非农业户口约高 13 个百分点。其他三个地区的农业户口比非农业户口高 5 个百分点左右。

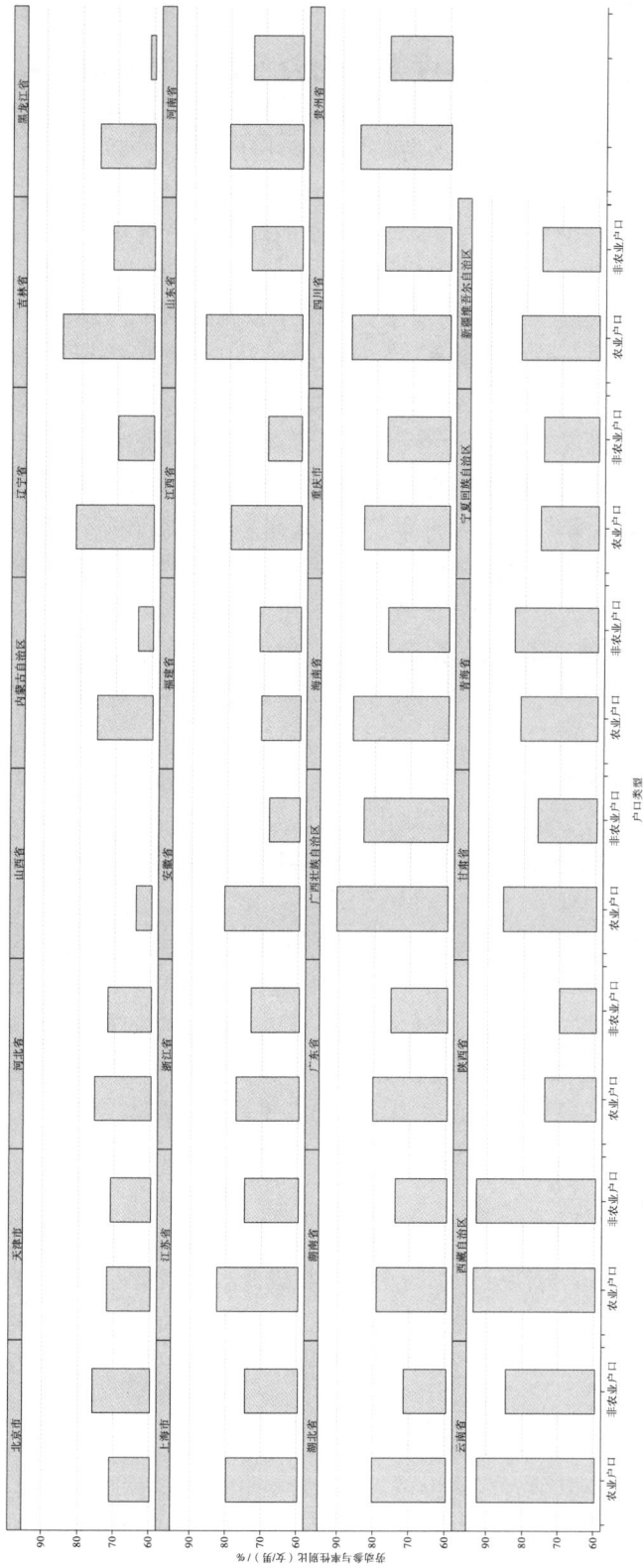

图 2-16 各省区劳动参与率性别差异与户口类型

数据来源：2015 年全国人口抽样数据。

2.3.3　各省区不同受教育程度人口的劳动参与率性别差异

图 2 - 17 是根据受教育程度将各省区劳动参与率进行分类。受教育程度从低到高为未上学、小学、初中、普通高中、中职、大学专科、大学本科、研究生共八类。首先根据受教育程度来看，未上学类别中男性劳动参与率最高的前十大省区中，西部占了七成。其中，西藏男性劳动参与率 90% 以上，其次是天津 83%。辽宁未上学男性劳动参与率最低，为 40%。未上学女性劳动参与率最高的前十大省区中，西部占了八成，无中部和东北地区。其中，仍属西藏女性劳动参与率最高，达 83.63%。山西未上学女性劳动参与率最低，仅约 30%。全国未上学男性的劳动参与率平均水平为 62.11%，女性为 51.18%。

未上学组与开始接受正规教育组的劳动参与率普遍有着很大的差距。东北三省的小学男性与未上学男性的劳动参与率的差距水平为全国前三，辽宁最高，两类人口相差 43%。相差最小的十个省区中除天津外，均为西部省区。天津是全国唯一一个小学男性劳动参与率低于未上学男性的，相差约 5 个百分点。全国各省区小学女性的劳动参与率均大于未上学女性，其中辽宁仍相差最大，为 26 个百分点；四川、贵州则相差无几。

小学学历人口中，西藏男性和女性劳动参与率均为全国最高，分别为 95.56% 和 89.43%。内蒙古小学男性劳动参与率最低，为 71.35%；天津小学女性劳动参与率最低，为 38.59%。全国各省区小学男性平均劳动参与率为 82.51%，小学女性为 76.48%。

初中学历人口中，西藏男性和女性劳动参与率均为全国最高，均超过 95%。内蒙古初中男性劳动参与率最低，为 74.90%，仅比内蒙古小学男性的劳动参与率高 3 个百分点。山西初中女性劳动参与率最低，为 48.81%。全国各省区初中男性平均劳动参与率为 84.82%；初中女性为 64.41%。

普通高中学历人口中，西藏男性和女性劳动参与率仍为全国最高，男性高达 97.56%，比第二位的山东省高了近 10 个百分点；西藏女性劳动参与率为 95.65%，云南女性劳动参与率位居第二，为 68.50%，与西藏女性相差近 30 个百分点。普通高中学历的天津男性和女性劳动参与率均为全国最低水平，男性为 63.14%；女性仅 33.98%，约为西藏女性劳动参与率的三分之一。全国各省区普通高中学历男性平均劳动参与率为 79.54%，低于小学、初中男性水平；女性平均水平为 56.23%，低于小学女性 20 个百分点，低于初中女性约 10 个百分点。

中职学历人口中，宁夏男性劳动参与率最高，为 94.06%；其次是西藏 91.67%；天津 66.28% 为全国最低水平。男性劳动参与率最高与最低水平相差近 20 个百分点。中职女性中（西藏数据缺失），广西女性劳动参与率最高，为 73.02%；天津女性劳动参与率仍为全国最低，仅 48.19%。全国各省区中职男性平均劳动参与率为 82.95%，女性为 62.88%。

大学专科人口中，西藏男性和女性劳动参与率为全国最高。西藏男性为 96.67%，高于第二位江西 6 个百分点，其他省区男性劳动参与率则相距密集；西藏女性为 92%，高于第二位云南 12 个百分点。天津男性和女性劳动参与率均为全国最低，男性为 68.92%，低于倒数第二位吉林 10 个百分点；女性为 54.74%，低于倒数第二位内蒙古近 10 个百分点；

其他省区则密集分布在 60% 至 80% 之间。全国各省区大学专科男性平均劳动参与率为 84.01%，女性为 72.18%。

大学本科人口中，西藏男性和女性劳动参与率均为全国最高，男性达 97.22%，女性则已高达 100%。云南男性和女性劳动参与率均为第二位，男性为 91.45%；女性为 87.68%，低于西藏女性 10 个百分点以上。天津男性和女性劳动参与率均为全国最低水平，男性为 70.90%，女性为 64.43%。其余各省区男性劳动参与率集中分布在 80% 到 90% 之间，女性劳动参与率集中分布在 70% 至 90% 之间。全国各省区大学本科男性平均劳动参与率为 86.76%，女性为 81.43%。

研究生人口中（西藏数据缺失），青海、宁夏、海南三省区男性劳动参与率高达 100%；天津男性劳动参与率最低，为 77.66%；其余省区男性劳动参与率集中在 84% 至 100% 之间。青海、广西、贵州三省区女性劳动参与率高达 100%；黑龙江女性劳动参与率最低，仅 73.53%；其余省区集中在 75% 至 97% 之间。全国各省区研究生学历男性劳动参与率平均水平在 91.39% 的高位，女性也高达 88.75%。研究生学历男女劳动参与率均为全教育水平内最高。

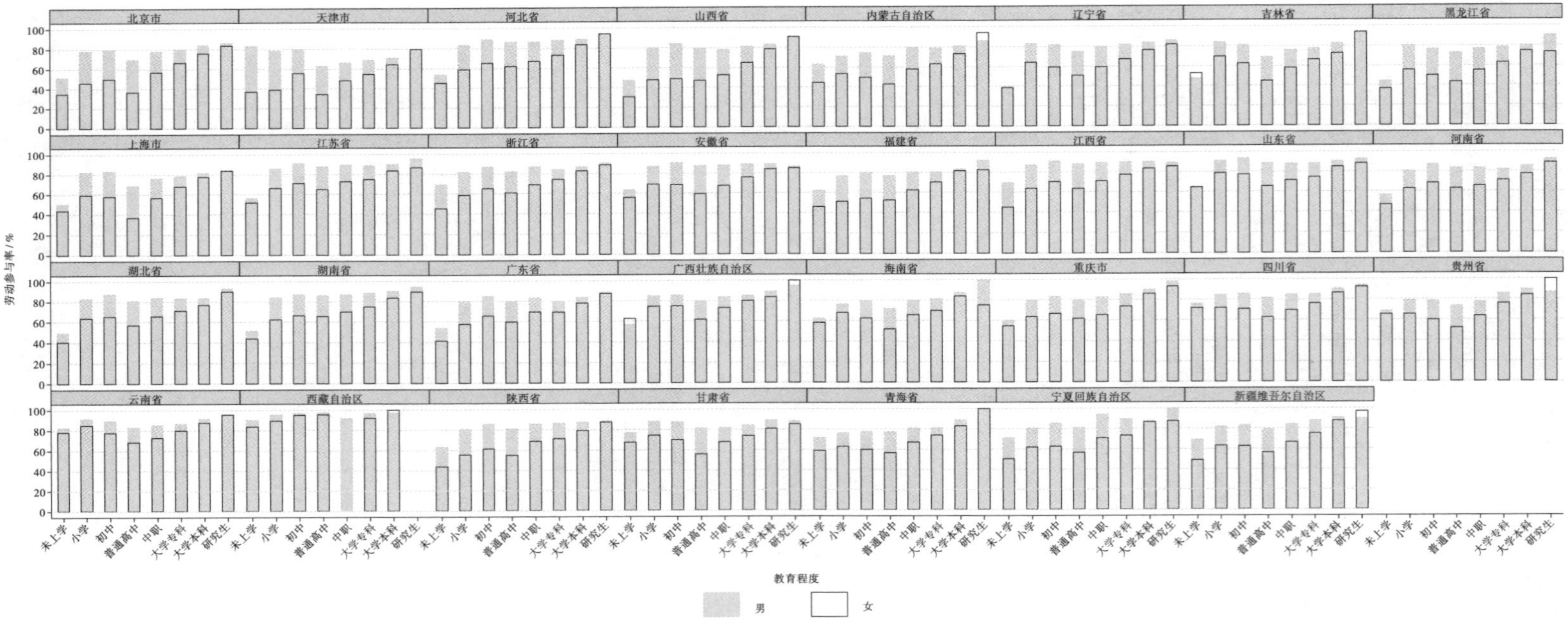

图 2 – 17　各省区劳动参与率与受教育程度

数据来源：2015 年全国人口抽样数据。

　　表 2 – 1 为全国各地区根据受教育程度分类的劳动参与率情况。由表可见，各地区不论男性还是女性，未上学人口的劳动参与率均显著低于其他学历的人口；研究生学历人口的劳动参与率也明显高于研究生以下学历的人口。男性劳动参与率中，东北地区最高学历与最低学历之间差别最大，达到约 46 个百分点；西部地区最高学历与最低学历之间相差最小，但也仍达到约 22 个百分点。女性劳动参与率中，中部地区最高学历和最低学历之间相差最大，约有 44 个百分点的差距；西部地区差距最小，相差约 33 个百分点。受到市场经济发展状况的影响，西部地区不同学历人口之间劳动参与率相差相对较小，但仍然有着明显的差距。可见，受教育程度明显影响着各个地区人口的就业水平。

表 2 – 1   各地区劳动参与率与受教育程度

	男性劳动参与率（%）								
	未上学	小学	初中	普通高中	中职	大学专科	大学本科	研究生	研究生与未上学之差
东部	60.66	81.51	84.83	77.62	81.58	81.91	84.80	90.09	29.43
中部	56.17	83.60	88.00	84.29	85.05	85.77	87.15	91.24	35.07
西部	70.83	82.77	84.45	80.53	84.36	86.04	89.32	92.95	22.12
东北	43.96	82.55	79.93	72.49	77.69	79.37	82.26	90.32	46.36
	女性劳动参与率（%）								
	未上学	小学	初中	普通高中	中职	大学专科	大学本科	研究生	研究生与未上学之差
东部	46.64	58.26	62.44	52.42	63.94	69.58	79.69	85.07	38.43
中部	43.62	61.51	64.58	59.06	65.35	72.70	80.78	88.34	44.72
西部	60.85	68.47	67.67	60.46	62.05	75.69	84.85	93.86	33.01
东北	42.73	63.42	57.56	46.37	57.74	65.79	74.85	83.17	40.44

数据来源：2015 年全国人口抽样数据。

　　图 2 – 18 展示的是根据受教育程度分类的各省区劳动参与率性别比情况。各省区中，随着受教育程度的升高，劳动参与率性别比呈现 "U" 形走势的省区居多，如北京、河北、山西、辽宁、吉林、上海、安徽、山东、河南、湖南、广西、贵州、甘肃等。一些省区劳动参与率性别比呈现曲线上升或折线上升趋势，如天津、内蒙古、浙江、江西、广东、新疆等。一些省区劳动参与率性别比各教育水平相差不大，如重庆、四川、云南、西藏、青海等。也有一些省区在研究生学历阶段劳动参与率性别比呈现回落趋势，如黑龙江、江苏、福建、海南、宁夏等。

　　表 2 – 2 展示的是全国不同地区各学历水平劳动参与率性别比的状况。从表中可知，东北地区未上学人口的劳动参与率性别比明显高于其他地区，达到 96.84%。西部地区研究生人口的劳动参与率性别比则大于 100%，这说明西部女性研究生的劳动参与率大于西部男性研究生。在普通高中学历阶段，是东部、中部和东北地区劳动参与率性别比的低谷，均不足 70%。东北地区最高学历与最低学历劳动参与率性别比之差为负数，其他三个地区研究生劳动参与率性别比均高于未上学人口 15 个百分点以上。

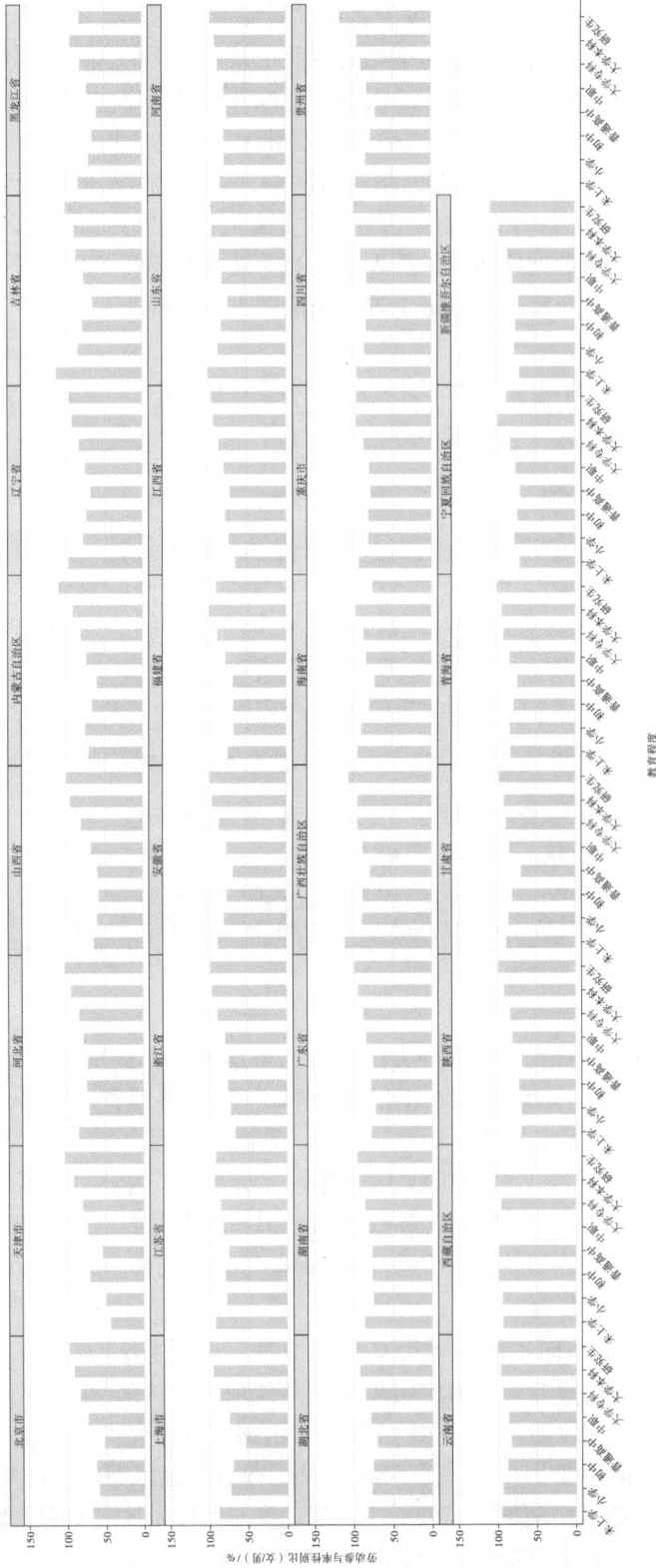

图 2 - 18　各省区劳动参与率率性别差异与受教育程度

数据来源：2015 年全国人口抽样数据。

表 2 - 2   各地区劳动参与率性别比与受教育程度

	未上学	小学	初中	普通高中	中职	大学专科	大学本科	研究生	研究生与未上学之差
东部	78.31	71.22	73.38	66.71	78.17	84.88	93.93	94.81	16.50
中部	77.83	73.48	73.26	69.95	76.69	84.73	92.69	96.84	19.01
西部	85.76	82.32	79.71	74.48	74.17	87.89	94.89	101.23	15.47
东北	96.84	76.71	71.88	63.94	74.32	82.90	91.01	92.02	- 4.82

2.3.4   各省区不同年龄段人口的劳动参与率性别差异

图 2 - 19 展示的是全国各省区根据年龄段分类的劳动参与率情况。从图中可以看出，除西藏外，其他各省区男性劳动参与率普遍高于女性劳动参与率，且大部分省区在 50 岁以后男性与女性的劳动参与率差距显著拉大。除山西、内蒙古、黑龙江、上海外，大部分省区均在 18 岁至 20 岁年龄段男女劳动参与率相差不大。各年龄段男性劳动参与率变化平缓的省区有河北、江苏、浙江、安徽、江西、山东、河南、湖南、广西、四川、贵州、云南、西藏、甘肃等。在 50 岁左右男性劳动参与率开始显著下降的省区有北京、天津、山西、内蒙古、辽宁、甘肃、黑龙江、上海、江西、湖北、广东、海南、重庆、青海、宁夏、新疆。

各年龄段女性劳动参与率变化平缓的省区有山西、贵州和西藏。但不同的是，山西和贵州各年龄段女性劳动参与率均处在较低水平，而西藏虽各年龄段有所起伏，但整体均处在较高水平。在 18 岁至 25 岁年龄段里，内蒙古女性劳动参与率有显著提升，其他省区则较为平缓。在 45 岁尤其是 50 岁以后，大部分省区女性劳动参与率呈现不同幅度的下降。其中，上海、北京、天津下降幅度最大；浙江、江苏、福建、黑龙江、新疆、青海、甘肃等下降幅度也较大；河南、四川、云南等下降较为平缓。在 55 岁以后，北京、浙江、安徽、海南、四川、青海、新疆等省区的女性劳动参与率有小幅上升，女性重新进入劳动力市场。

图 2 - 20 展示的是根据不同年龄段分类的各省区劳动参与率性别比的情况。由图可见，各省区之间差异较为明显。各年龄段劳动参与率性别比变化相对较小的省区有河北、山西、内蒙古、吉林、安徽、山东、河南、湖北、湖南、重庆、四川、贵州、云南等。其中，云南各年龄段劳动参与率性别比均保持在较高水平且波动平缓。18 岁至 25 岁年龄段，劳动参与率性别比有明显下降的省区有浙江、安徽、江西、湖北、湖南、广西、四川、贵州、陕西等。在 18 岁至 25 岁年龄段，一些省区劳动参与率性别比大于 100%，如北京、辽宁、浙江、安徽、江西、湖北、湖南、广西、海南、重庆、四川、贵州、西藏、陕西、青海、宁夏等。也就是说，在这些省区中，青年女性相较于青年男性更早地进入劳动力市场。45 岁以后，劳动参与率性别比有大幅下降的省区有北京、天津、上海、浙江、福建、广西、江苏、黑龙江等，这主要是受到女性退休年龄的影响。在全国省区中，西藏、海南、青海、宁夏各年龄段的波动都相对较大，但全年龄段整体劳动参与率性别比变化态势并不是很大。

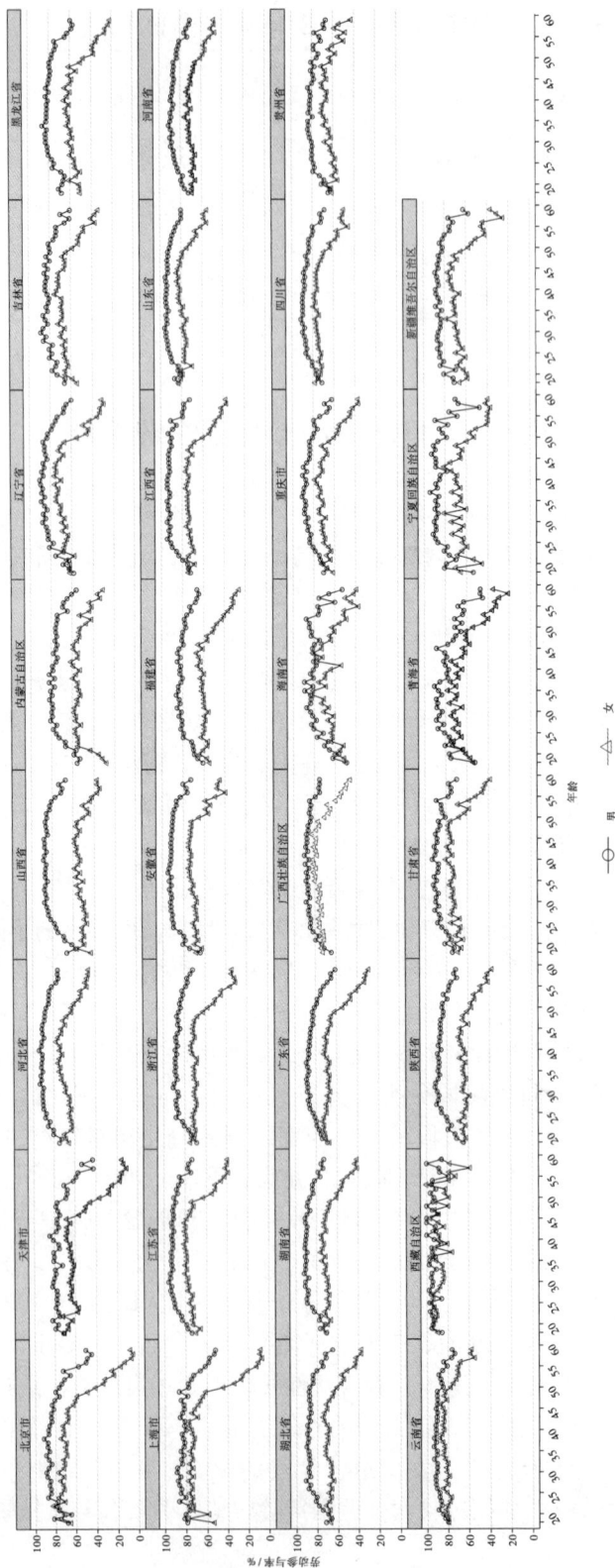

图 2-19 各省区劳动参与率与年龄

数据来源：2015 年全国人口抽样数据。

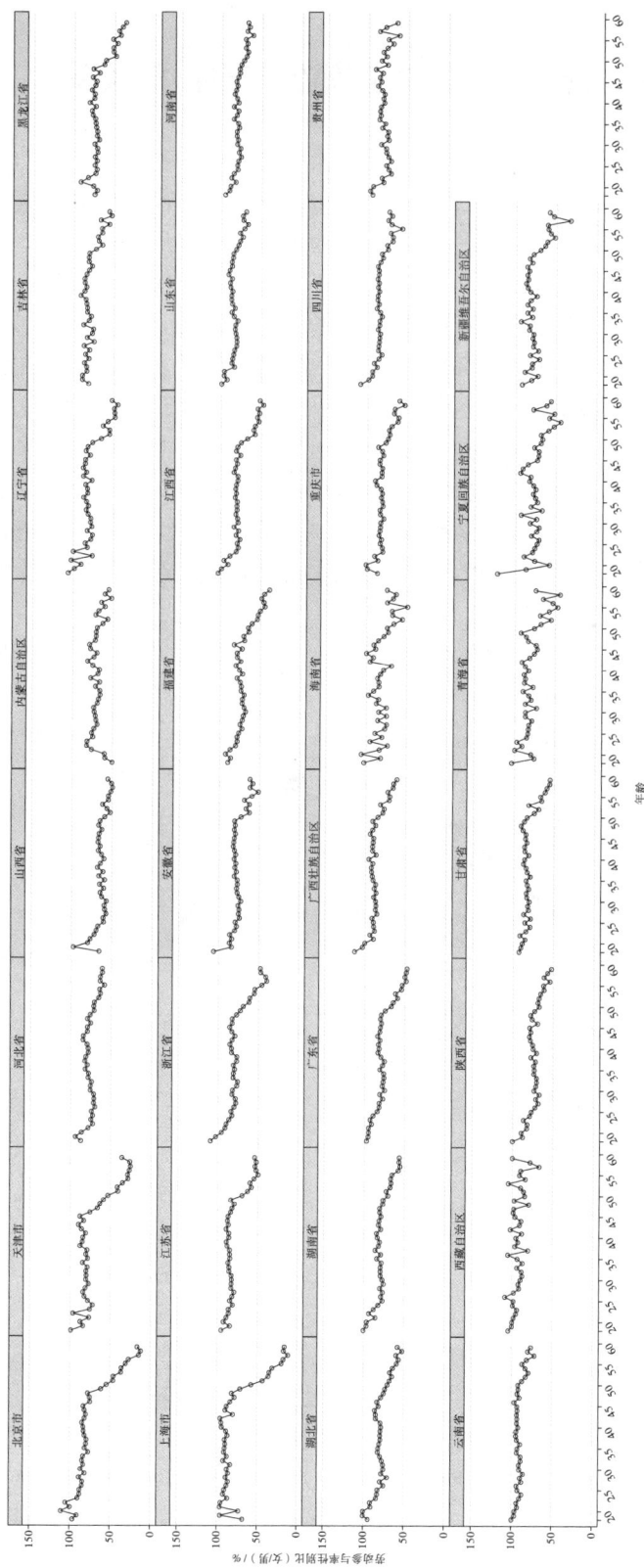

图 2 - 20　各省区劳动参与率性别差异与年龄

数据来源：2015 年全国人口抽样数据。

2.4　劳动参与率性别差异与经济的关系

从上一节的分析中可以看到不同地区、不同人口之间存在着显著的劳动参与率性别差异。劳动参与率反映一个地区经济发展结构与活力，宏观上的产业结构因素、微观上的家庭照料等因素都对男女劳动参与率产生不可忽视的影响。本节从产业结构等角度探讨劳动参与率性别差异与经济的关系。

随着经济的发展，我国国内生产总值持续增长，第二、三产业发展迅速。从图2-21可以看出，在2000年至2015年间，我国就业人数呈现持续增加的态势。在这期间，劳动参与率性别比总体呈现下降趋势，且下降比例较大，近10个百分点。由此可以看出，虽然经济增长对人口就业有一定的激励作用，但是对男性就业的激励作用效果较强，对女性就业的激励效果较弱。而从前文对图2-1的分析中我们知道，女性劳动参与率下降幅度较大，约有15个百分点，而男性劳动参与率下降幅度不足10个百分点，男性的劳动参与率在经济的发展过程中更加稳定，而女性的劳动参与率则随着经济的发展持续下降。

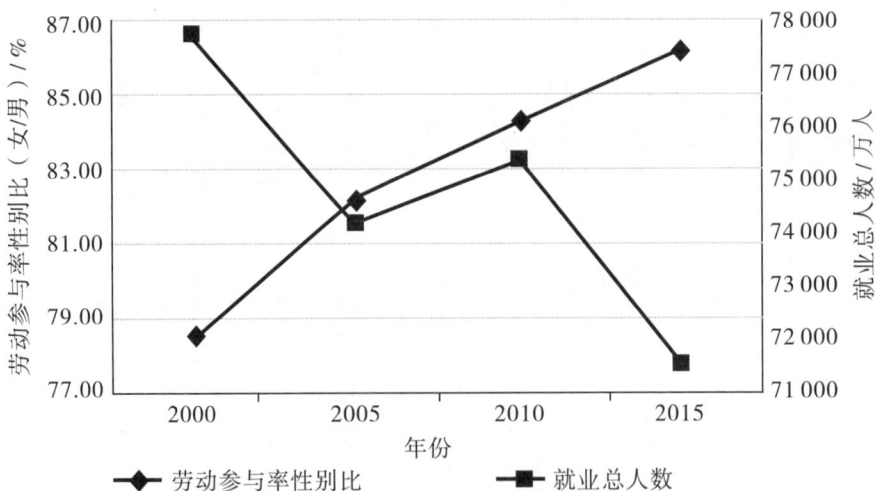

图2-21　2000—2015年劳动参与率性别比与就业总人数

数据来源：劳动参与率数据来源于全国人口抽样数据；就业人口数据来源于国家统计局网站中的中国年鉴数据。

我国经济发展转型到了关键时期，产业结构不断优化，劳动力逐渐从第一产业向第二产业和第三产业转移。从图2-22可以看出，第二产业和第三产业的就业人数均有所增加，但在增加规模上，第二产业较小，第三产业较大，且各阶段第二产业就业人数均少于第三产业就业人数，可见第三产业就业吸纳能力较强。从图2-23的就业人数占比上也可以看出，第三产业就业人数占比从2000年的25%左右跃升至2015年的43%，攀升幅度较大。第二产业就业人数占比虽一直保持在20%至30%之间，但也有增长。由此可见，第二产业的就业吸纳能力保持在一个平稳的状态，第三产业的就业吸纳能力较强，潜力较大，能够提供给劳动者较多的就业机会。然而在这段时期，劳动参与率性别比呈现波动下降的趋势。2000—2005 年与 2010—2015 年期间，劳动参与率性别比下降明显，而第三产业就业人数占比均呈现增加状态，第二产业就业人数占比变化较小，可以看出快速发展的第三产业提供的就业机会对女性参与劳动力市场刺激力度不及男性劳动者。

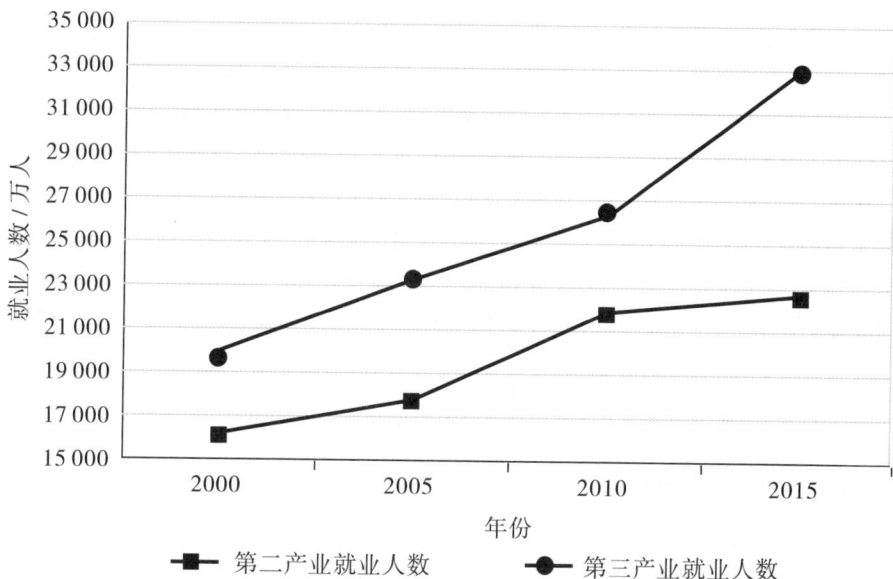

图 2 – 22　2000—2015 年第二、三产业就业人数

数据来源：国家统计局网站中的中国年鉴数据。

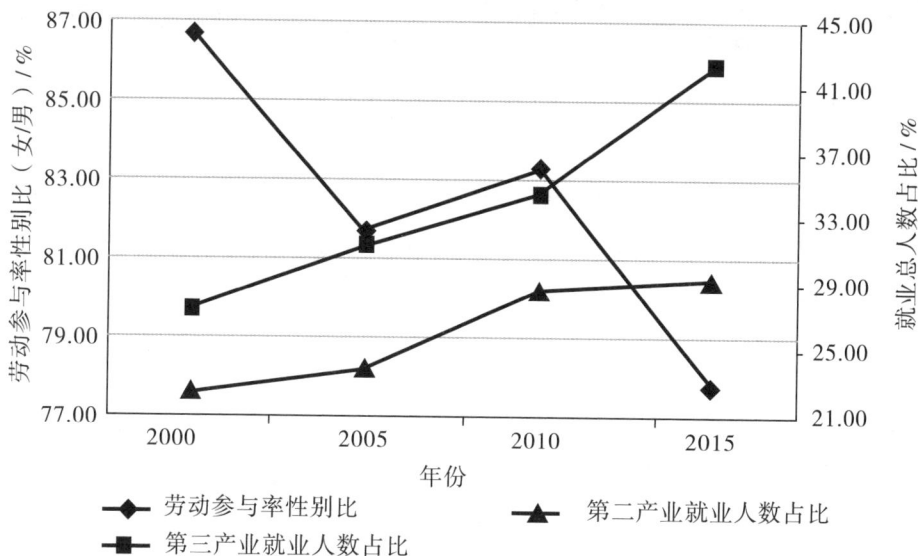

图 2 – 23　2000—2015 年劳动参与率性别比与第二产业就业人数占比

数据来源：国家统计局网站中的中国年鉴数据。

　　为何快速发展的第二、三产业并没有对劳动参与率性别比产生明显的正向激励呢？根据上文的分析，我们可以从城乡就业人员情况上窥得一二。从图 2 – 24 中可以看到，2000年至 2015 年我国城镇就业人员占比持续稳定增长，从 2000 年的 30% 左右上涨到 2015 年的近 55%，超过农村就业人员占比，成为人口主要就业的地方。然而这段时期，我国劳动参与率性别比呈现波动下降的趋势，也就是说，这段时期来城镇工作的劳动者大部分为男性，女性参与市场劳动较少。从上文的分析中我们知道，人口迁移和城镇化为大量农村剩余劳动力提供了就业机会。然而，我国第一产业总体发展水平不高，大量农村劳动力虽仍然需要留守农村从事农业，但经济效益并不高，劳动力资源利用并不充分。因此，首先进入城市工作的群体是农村男性劳动者，他们从事收入相对较高的工作，女性则留守农村照料家庭、从事农业等工作，难以加入劳动力市场。若为随迁家庭，女性也多同时担任被雇用者和家庭照料者。家庭因素占据了女性大部分时间和精力，大大降低了女性参与市场劳动的意愿。并且，农村女性受教育程度相对较低，进入城市多从事体力要求较高、技能要求较低的职业，然而在这些职业上女性与男性相比并不具有明显的竞争优势。

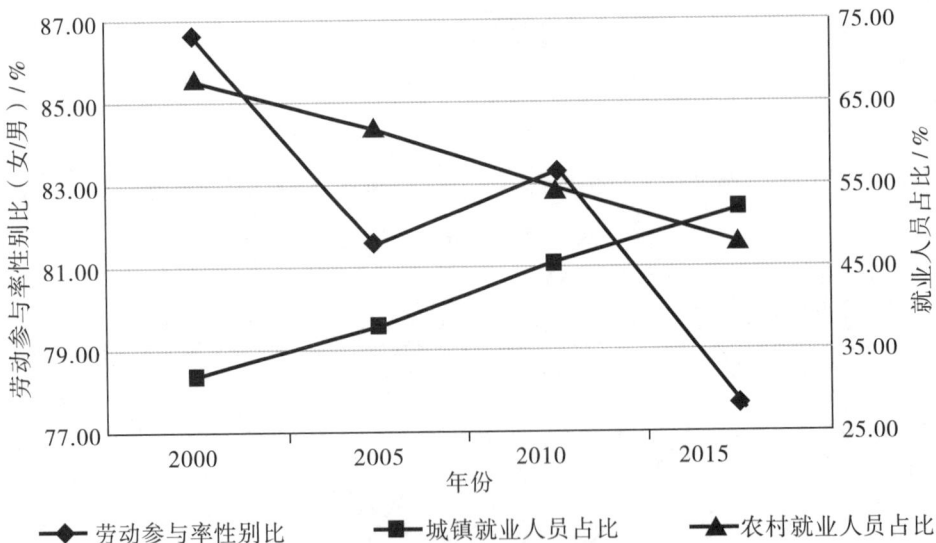

图 2 – 24　2000—2015 年劳动参与率性别比与城乡就业人员占比

数据来源：劳动参与率数据来源于全国人口抽样数据；就业人员数据来源于国家统计局网站中的中国年鉴数据。

　　不只是农村女性，城镇女性也因家庭因素的束缚而降低了进入劳动力市场的意愿。从上文的分析中我们知道，女性家庭照料责任较大，时间和精力分配较多，一定程度上使得女性在劳动力市场上处于劣势。从图 2 – 25 中可以看出，随着我国老龄化日益严重，总抚养比从 2010 年后快速上升，而这段时期，劳动参与率性别比则快速下降，女性劳动参与率降低。

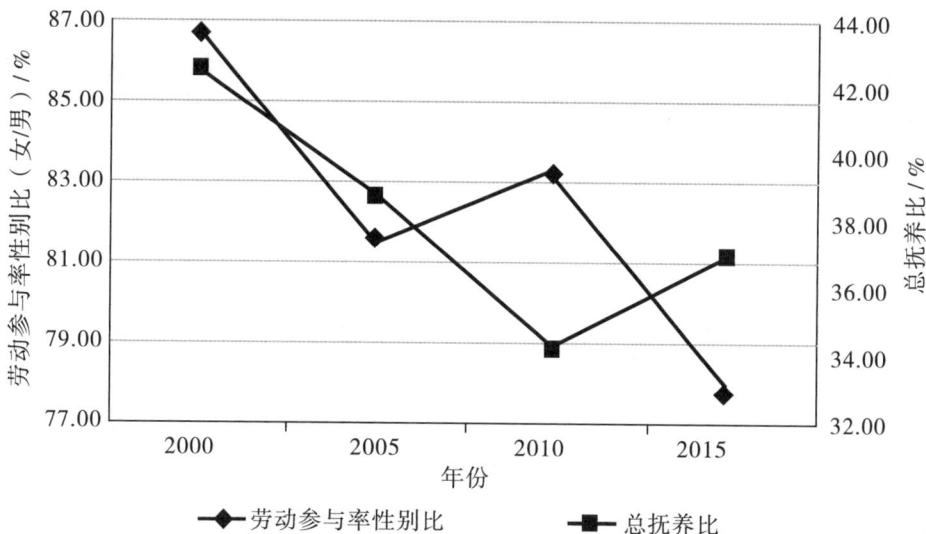

图 2-25　2000—2015 年劳动参与率性别比与抚养比

注：总抚养比是指人口总体中非劳动年龄人口数与劳动年龄人口数之比，用于从人口角度反映人口与经济发展的基本关系。

与发达国家相比，我国第一产业就业人口比重较高。美国、日本、英国等发达国家第一产业就业人口不足 10%。而直至 2015 年，我国第一产业就业人口占比仍高达 28%，呈现低产出、高就业的特征。虽然我国经济发展迅猛，就业人数增加，但是一些城乡间的政策性和体制性壁垒依然存在，限制了农村劳动力向城镇和非农产业转移（袁霓，2012）。从上一节的分析中我们也可以看出，2000—2015 年我国农业户口人口的劳动参与率下降幅度明显高于非农业户口劳动参与率，尤其是农业户口女性的劳动参与率下降幅度最大，反映了农村女性参与第二产业、第三产业的比重较低，仍有许多农村女性被滞留在第一产业或者家庭家务上。我国正处在经济发展转型的关键时期，供给侧改革对我国第二产业的发展有着深远影响，第二产业吸纳就业的能力处在瓶颈时期，难以在短时间内大大增加。大力发展第三产业符合我国经济发展规律的要求，有利于吸纳更多劳动力资源，优化就业人口结构。

2.5　小结

本章对我国劳动参与率性别差异进行了多维度的分析。我国劳动参与率呈现下降趋势，且男性劳动参与率明显大于女性，劳动参与率性别比也呈现下降趋势。影响劳动参与率性别差异的因素有许多，其中主要是经济、社会、教育和家庭等因素。第二、三产业的迅速发展为劳动者带来了大量就业机会，但女性劳动者受到家务活动等因素的影响，劳动参与率显著低于男性。伴随着我国日益严重的老龄化和全面放开实施的二孩政策，家庭照料的活动更是占据了女性劳动者很大部分的时间和精力，大大降低了其参与市场劳动的意愿。同时，农村女性劳动者不同于男性劳动者可以较快得益于城镇化带来的大量就业机会，她们多留守农村，即便是来到城镇工作，也常出现迁而再守的现象。并且由于就业岗位对劳动者技能和知识水平要求越来越高，而农村女性受教育程度相对较低，其就业局面十分不利。

在对我国全国和各省区劳动参与率及其性别差异进行分析后发现，全国男女劳动参与率差异日益拉大，女性劳动参与率显著下降。从户口类型上看，农业户口女性的劳动参与率下降幅度较大，非农业户口变化较小。由上文的分析可知，学历、家庭照料等微观因素和一些地域性的政策壁垒等宏观因素共同造成农村女性劳动参与率明显下降这一局面。从受教育程度上看，学历较高的女性劳动参与意愿更强，议价能力更高。学历可以很大程度上弥补女性家庭照料等因素造成的竞争短板。不论是农村女性还是城镇女性，提高技能仍然是其增加就业机会的利器。从年龄上看，在 45 岁以后，劳动参与率性别比快速下降，主要受到女性退休因素的影响。其中，农业户口人口的劳动参与率在各年龄段变化幅度相对较小，而非农业户口人口的劳动参与率性别比变化较大。我国养老保险等制度的日益完善增强了劳动者们步入老年后退出劳动力市场的意愿。老年女性劳动者若享有养老保险，则会将主要精力放在家庭上，隔代照料大大减轻了青年女性的家务活动负担，有利于青年女性正常稳定地工作。

从各个省区来看，市场开放程度、经济发展水平较高的省区劳动参与率性别比相对较低，如上海、北京、浙江、福建等。市场开放程度、经济发展水平较低的省区劳动参与率性别比相对较高，如西藏、云南、广西、青海等。而东北地区的辽宁、吉林和黑龙江劳动参与率性别比较低，女性劳动者参与市场劳动较少。这是因为东北地区第二产业衰落挤出大量劳动力，第三产业发展不足无法提供更多就业岗位。男性因体能较强等优势更容易被市场选择，而女性则很容易被挤出劳动力市场。

我国就业人数持续增长，而劳动参与率性别差异日益加大，第三产业的迅速发展为我国劳动力提供了大量就业机会。就业岗位对学历和技能的要求越来越高，女性劳动者提高受教育程度能够增强自身在劳动力市场的议价能力，可以在很大程度上扭转其他因素造成的不利局面。因此，大力发展第三产业、普及教育能够改善我国劳动参与率的性别差异。

3 劳动收入

目前在探究劳动力市场的性别差异时，一个重要话题就是劳动力市场中的收入性别差异问题。收入性别差异问题具体是指在劳动力市场中男性和女性之间的收入差距情况。收入水平的高低不仅会影响个人的生活质量，还代表个人能力和综合素质受认可的情况。本章将从文献、全国、地区和行业的不同角度，用已有研究成果和全国代表性数据分析我国劳动力市场中的收入性别差异问题。

在中国传统社会中存在严重的性别分工问题，"男主外，女主内"的传统观念深入人心，因此在中国传统社会的劳动力市场上存在严重的收入性别差异。新中国成立以来，政府大力提倡男女平等，使得大量女性进入劳动力市场；经济改革之前，中国女性劳动参与率高达90%，实现了普遍就业。由于中国在经济改革之前实行计划经济，就业与工资制度由政府统一安排与制定，所以劳动力市场上收入性别差异较小，男女平等程度较高。随着中国经济改革的进行，由计划经济向市场经济转变，政府在劳动力市场中安排就业和制定工资的作用逐渐减弱，市场在资源配置中逐渐发挥了主导作用，企业雇主由于多种原因不愿雇用女性劳动者，或者倾向于给予女性劳动者更低的工资，从而在劳动力市场中工资性别差异有逐步扩大的趋势。

在市场起决定作用的情况下造成收入性别差异的原因有很多，可以主要分为两类，一类是个人禀赋差异，一类是性别歧视。其中个人禀赋差异包括年龄、受教育程度、技术水平、工作经验和政治面貌等体现在个体特征方面的客观差异。这种客观差异表现为男性和女性劳动生产率的差异，从而导致了收入性别差异。另一类是性别歧视，即社会和个人对女性主观方面的歧视，也就是在男性和女性个体特征差异完全相同的情况下，社会或个人对女性的偏见，国内有些研究发现性别歧视是造成收入性别差异的重要原因。

近几年，由于中国经济的迅速发展、高等教育的广泛普及和社会文化水平的不断提高等，女性获得了越来越多的受教育机会和就业机会，从而使得男女平等的目标有了实现的可能。虽然国内很多研究都发现近几年中国收入性别差异仍然在不断扩大，但是收入性别差异扩大的速度在不断降低，并且在高收入群体中出现了工资性别差异逐渐缩小的趋势。

收入性别差异是国家和社会普遍关注的问题，也引发很多学者对此进行研究，主要原因有以下三点。首先，收入性别差异问题反映了一个国家的社会文化水平。受传统文化的影响，男性一直是社会生活的主导，而女性主要从事家庭劳动，很少进入劳动力市场。但随着新中国的成立、改革开放的进行和新世纪的到来，人们的思想观念逐渐发生变化，男女性别平等的观念逐渐取代了"男主外，女主内"的观念，女性能够接受与男性相同的教育和社会资源等条件来提高自己的能力，获得平等的进入劳动力市场的机会，从而使收入性别差异有缩小的趋势。其次，收入性别差异问题也反映了一个国家的经济发展水平。在经济较落后的国家，资源缺乏，不能使男性和女性接受相同的教育资源。随着经济的发展，社会资源足以使得每个公民获得较为平等的受教育机会，因此有利于收入性别差异的缩小。并且随着经济的发展，市场更加注重资源的合理配置，性别歧视使得女性的生产力被低估，而经济的发展有利于雇主为了实现利润最大化而合理配置资源，更加重视女性劳动力的发挥。最后，收于性别差异的缩小能够促进社会和谐与经济可持续发展。任何不平等问题都将成为阻碍社会和谐的问题，近几年性别平等意识的增强有利于缩小收入性别差异，促进社会和谐；经济可持续发展是在合理配置有效资源的前提下的，因此缩小收入性别差异也有利于经济的可持续发展。

本章内容将从以下几个方面探究中国劳动力市场上的收入性别差异：第一部分是文献回顾，主要对研究中国收入性别差异的文献进行分类归纳总结；第二部分是对全国情况的概述，从年龄分布、城乡分布和受教育程度等方面分析中国在不同角度上的收入性别差异问题；第三部分是对地区情况的概述，不同地区的经济发展水平和社会文化程度不同，因此这部分从中国不同地区出发对收入性别差异的年龄分布、城乡分布和受教育程度等方面做出分析；第四部分是对行业情况的概述，由于男性和女性主导的行业不同，不同行业的工资水平有一定差异，因此从行业的角度研究各方面的收入性别差异；第五部分是收入性别差异问题与经济的关系，主要分析中国收入性别差异与各经济和社会变量之间的相关性；第六部分是小结，对本章内容做出总结。

3.1　文献回顾

目前研究工资性别差异的文献主要可以分为两大类，一类是从平均收入水平层面上展开的研究，另一类是从收入分布水平层面上展开的研究。研究平均收入水平层面上的相关文献主要是研究不同的影响因素对男性和女性平均工资差异的影响，不同的影响因素包括性别歧视、个体特征变量、市场化水平和行业与职业情况等。研究收入分布水平层面上的相关文献主要通过把收入划分为不同的分位数来研究收入性别差异随收入变化的异质性。

3.1.1　平均收入层面上的分析

（1）性别歧视。

受传统观念"男主外，女主内"思想的影响以及男性和女性确实存在的生理上的差异，中国劳动力市场中一直存在性别歧视现象。Meng（1998）根据1986年和1987年世界银行和中国社会科学院对乡镇企业的调查数据，采用Oaxaca和Cotton分解方法对中国农村地区的工资性别差异进行了研究，发现市场组乡镇企业的工资性别差异要大于非市场组，但非市场组由性别歧视导致的工资性别差异比重比市场组大。Rozelle等（2002）通过1988年和1995年的数据对中国农村地区工资性别差异进行了研究，采用Oaxaca和Neumark分解方法，发现农村工资性别差异在1988年到1995年之间确实增大了，但是由于性别歧视造成的工资差异解释的比例下降了。

不仅如此，田艳芳等（2009）根据2004年中国健康与营养调查（CHNS）数据并运用Mincer工资方程研究发现中国城市劳动力市场中确实存在工资性别差异；运用Oaxaca分解法得到在工资性别差异中有高达85%的部分无法解释，因此中国劳动力市场上存在显著的性别歧视现象。宁光杰（2011）运用2006年的CHNS数据研究发现女性职工的小时工资要低于男性，把就业选择偏差考虑进来后工资性别差异变大，得出在中国劳动力市场中确实存在性别歧视。马超等（2013）利用CHNS数据中的2006年和2009年两期面板数据研究发现，从2006年到2009年中国劳动力市场的性别歧视程度有所改善，并且通过固定效应模型消除不可观测因素后发现工资性别差异的变化由个体特征变化解释。通过上述文献可以得出中国劳动力市场上确实存在性别歧视现象，并且普遍研究发现性别歧视是导致收入性别差异的主要原因。尽管有研究发现性别歧视现象有所缓解，但性别歧视对收入性别差异的解释部分仍然较大，性别歧视仍然还是导致收入性别差异的主要因素。

（2）中国市场化程度。

在过去的四五十年间，中国一直处于市场化改革的过程中，逐步从计划经济向市场经济转变，从政府主导向市场发挥主要作用转变。在计划经济时代，政府制定工资制度与分配工作，劳动力市场中收入性别差异较小；随着市场经济的发展，收入性别差异逐渐扩大，因此市场化改革对劳动力市场的收入性别差异有显著的影响。Liu等（2000）根据1996年上海调查数据和1995年济南调查数据并且采用Oaxaca和Cotton分解方法，把企业类型分为国有企业、集体企业和私人企业三种，分别代表不同的市场化水平，研究中国经济体制改革对收入性别差异的影响，结果发现随着市场化程度的提高，工资性别差异不断扩大，但性别歧视对工资性别差异的影响不断缩小。Mauer-Fazio等（2002）采用Oaxaca、Neumark和JMP分解方法来研究中国经济体制改革对工资性别差异的影响，发现市场化程度越高，工资性别差异越大，而且性别歧视解释工资性别差异部分也越大，这与Liu等（2000）得出的结论相反。

柴国俊（2011）选取2007年"中国大学毕业生就业与能力年度调查"中河北省的样本分析得出，虽然市场化改革在整体上会减轻性别歧视程度，但是在大学毕业生群体中，市场化改革会进一步扩大大学毕业生的工资性别差异，而且反向歧视比重加剧。作者把性别歧视分为反向歧视和直接歧视，其中反向歧视是指雇主由于偏好雇用男性进而高估男性劳动生产率的部分，相反雇主对女性劳动价值的低估是直接歧视。因此在劳动力市场中，市场化改革对大学毕业生性别歧视的抑制作用要小于促进作用。

夏庆杰等（2015）使用1991年至2011年之间的CHNS数据研究发现中国经济市场化转型期间工资性别差异不断扩大，而且工资水平与工资性别差异的关系由20世纪90年代的正相关转变为21世纪以来的负相关；研究还发现工资性别差异主要是由性别歧视造成的，而且对低工资女性歧视更严重。朱斌和徐良玉（2020）研究得出在市场经济转型的过程中，不同群体劳动力的收入性别差异问题由低学历和私有部门收入性别差异更大转变为高学历和国有部门收入性别差异更大，最终表现为不同群体内的收入性别差异趋于一致的情况。从以上研究可以得出市场化改革扩大了劳动力市场的收入性别差异，但是对市场化改革过程中性别歧视作用的研究结论则没有定论。

（3）行业内部工资性别差异。

虽然在劳动力市场中不同行业之间女性和男性从业人员的比例有较大差异，例如女性大多集中于服务业和卫生医疗等行业，男性在建筑业和信息技术等行业中所占比例更大；而且不同行业间的工资收入也有一定差异，但是现有文献表明行业间的工资性别差异不是劳动力市场中工资性别差异的重要来源，行业内部工资性别差异才是重要来源。王美艳（2005）指出中国城市工资性别差异的主要原因是同类行业内的工资差异，而不是男性和女性行业分布不同带来的；还指出男性和女性人力资本差异并不是导致工资性别差异的主要原因，劳动力市场的性别歧视才是主要原因，因此缩小行业内工资差异并且消除性别歧视是缩小收入性别差异的重要途径。

葛玉好（2007）基于1988—2001年的中国城镇住户调查数据（UHS）研究发现，男性和女性部门选择的分散程度先平稳、后下降、再上升，而工资性别差异是先平稳、后上升、再下降，部门选择对工资性别差异的影响只有在某些年份稍大一些，但影响也低于20%，从而说明工资性别差异不是由男性和女性的部门选择不同导致的，而是来自部门内部的歧视。王湘红等（2016）基于中国综合社会调查（CGSS）2003年和2006年的数据研究发现中国劳动力市场工资性别差异主要是由行业内部因素造成的，而行业间影响较小；并且把行业按工资由低到高分为四类，发现女性更容易进入第一和第四类；文章还指出性别歧视是造成劳动力市场工资性别差异的主要原因。

罗楚亮等（2019）根据1995年、2002年、2007年和2013年的UHS研究发现收入性别差异呈现先上升后下降的趋势，行业因素能够缩小收入性别差异；从不同的工资水平上来看，行业因素对低工资的收入性别差异影响更大，而且还发现行业内存在严重的性别歧视。以上研究都得出收入性别差异主要是由于行业内的工资收入差异造成的，而且也得出性别歧视是导致性别工资收入差异的主要原因。

（4）职业。

在不同的职业中，男性和女性从业人员比例也有较大的差异，例如女性在教师、服务类人员等职业上比例较高，男性在工程师、国家政府机关等职业上比例较高。不同职业之间的男性和女性之间存在工资差异，与此同时，在同一职业内男女之间也存在工资差异。李实和马欣欣（2006）利用1999年的中国居民收入调查数据对城市工资性别差异做分析得出，20世纪90年代后期中国城市劳动力市场有一定的职业性别分割，且职业分割对工资性别差异有显著的影响，还得出导致城市工资性别差异的主要原因是职业内性别歧视。李晓宁（2008）根据互联网各大网站"晒工资"平台数据，并运用Brown分解方法对中国城镇职工男女工资差异进行了研究，发现职业内和职业间工资差异分别为19.8%和18.4%，个人禀赋差异和劳动力市场性别歧视也是导致工资性别差异的主要原因。姚先国和黄志岭（2008）根据2002年中国城镇调查队的数据和运用Brown分解方法得到，中国城镇居民工资性别差异大约为31%，其中性别歧视解释的部分高达72%，职业内性别歧视因素占了较高比重；工资性别差异中只有28%是由自身特征差异造成的。上述研究都发现职业内性别歧视是收入性别差异的主要原因。

佟孟华和于建玲（2017）根据CGSS 2010年数据并运用Brown等分解方法主要研究国有企业与非国有企业对工资性别差异的影响，发现虽然部门间工资性别差异占较小部分，但性别歧视部分高达 97.11%；并且部门内工资性别差异中性别歧视占 41.60%。以上研究都发现职业内的工资差异是导致收入性别差异的主要原因，职业间的工资差异是其中一个原因，但不是主要原因。

（5）劳动生产率。

劳动生产率是劳动者在单位时间内产出的产品数量，由于个人特征差异，男性和女性的劳动生产率必定不同，从而导致收入性别差异问题。陈国强和罗楚亮（2016）采用 ACF 方法对中国工业企业数据库中 2004—2007 年的数据进行分析得到，男性平均劳动生产率和平均工资都高于女性，且平均劳动生产率差异要大于平均工资，两者的差异在民营企业、外资企业和国有企业中依次减小，在低技术公司的差异要大于高技术公司。研究劳动生产率与收入性别差异的文献较少，可能是衡量劳动生产率的数据不易测算导致。从上述文献可以得出，从平均劳动生产率和平均工资的差异比较来看，对于单位劳动，女性比男性获得了更多的回报，即女性的单位劳动工资高于男性。

（6）教育。

受教育程度是个人特征变量中的重要部分，受教育程度越高，代表个人能力越强，因此收入也越高。而且随着受教育程度的提高，人们的文化水平不断提高，传统的性别歧视思想得到改善，从而有利于缩小收入性别差异。因此，教育会影响工资性别差异。杜育红和孙志军（2003）基于内蒙古赤峰市城镇地区样本的研究发现，用教育来解释收入差异有很大的局限性，但劳动力市场化程度的提高有利于教育收益率的提高。研究还发现女性的教育收益率要高于男性，但男性的收入显著高于女性，这说明在劳动力市场上还存在明显的性别歧视。刘泽云（2008）分析 2005 年国家统计局的城市住户调查数据发现，对于女性来说，受教育程度越低，从劳动力市场中受到的性别歧视越大，受教育程度越高受到的性别歧视越小，因此不同受教育程度的女性之间的收入差异比男性大，从而女性教育收益率比男性高。

彭竞（2011）利用 CGSS 中 2006 年的数据研究了中国高等教育劳动力的教育回报率与收入的性别差异，研究发现虽然女性高等教育回报率高于男性，但仍然存在工资性别差异，研究还发现行业内的工资性别差异是高等教育劳动力工资性别差异的主要原因，个人特征变量能解释四分之一，因此性别歧视仍是导致工资性别差异的主要原因。郭凤鸣和张世伟（2012）应用分位数回归方法和反事实分析方法对 2006 年东北地区劳动力抽样调查数据研究发现，受教育程度对工资性别差异的影响存在阈值效应，随着受教育程度的提高，性别歧视对工资差异的影响越来越小；并且还发现对任意受教育程度的劳动力来说，随着工资水平的提高，性别歧视的影响也逐渐减小。

张青根和沈红（2016）通过分析 2006 年、2008 年和 2010 年的 CGSS 数据得出收入性别差异确实存在，但没有明显扩大；女性的受教育程度整体高于男性，因此教育投入不是收入性别差异的来源；研究还发现教育生产性收益率男性高于女性，教育信息收益率女性高于男性，因此可以通过提高女性受教育程度缩小收入性别差异。闫琦等（2017）总结出教育对劳动力工资收入有重要影响，并且对女性来说教育和教育扩张的影响更大，有利于减小工资性别差异，所以教育的性别公平对劳动力市场的工资分配公平有重要意义。

李实等（2014）采用 Oaxaca 和 Brown 等两种分解方法分析 1995 年、2002 年和 2007

年的中国居民收入调查数据发现，1995 年至 2007 年间工资性别差异有所扩大，且劳动力市场性别歧视的影响不断增加；还发现在 1995 年至 2002 年间受教育程度越低工资性别差异越大，但在 2002 年至 2007 年间受教育程度越高工资性别差异越大。张抗私和刘翠花（2017）根据"2014 年大学毕业生就业质量问卷"数据研究发现在大学毕业生中男性教育收益率要高于女性，并且教育收益率的差异与院校层次成正比；研究还发现大学毕业生的工资性别差异与院校层次成反比，即院校层次越低，性别工资收入差异越大；对于具体个人特征变量来说，男性更看重工作经验，女性更看重政治面貌。

总而言之，对于教育与性别工资收入差异的文献研究较多，得出的结论大多认为女性的教育回报率高于男性，但男性的工资收入高于女性，从而验证了劳动力市场上存在性别歧视；并且还得出受教育程度越高收入性别差异越小，从而可以通过提高受教育程度来缩小收入性别差异的结论。

（7）市场竞争。

收入性别差异主要是由于性别歧视导致的。企业雇主的性别歧视偏好会低估女性的能力，并以牺牲生产力为代价为此偏好买单，因此市场竞争的加剧会迫使雇主减轻性别歧视偏好，从而缩小收入性别差异。李春玲和李实（2008）研究发现中国经济改革以来收入性别差异越来越大，其中市场竞争机制在经济改革前期导致了收入性别差异的增大，但在经济改革后期有助于缩小因性别歧视导致的收入性别差异；而性别歧视逐渐成为目前工资性别差异的主要原因。吴群锋（2017）指出由于传统因素影响，雇主对职工有一定的性别歧视偏好，但是随着进口竞争的加剧，雇主不得不为了利润最大化而减少性别歧视，从而有助于减小工资性别差异；文章还使用 Oaxaca 分解方法进一步得出进口竞争的加剧能够缓解劳动力市场性别工资歧视，并且进口竞争程度与工资性别歧视程度负相关。从以上研究可以得出，市场竞争加剧能够使得雇主更加客观地评估男性和女性的劳动价值，减轻性别歧视现象，从而缩小工资性别差异。

（8）综合因素分析。

很多文献从多个方面分析收入性别差异问题，Gustafsson 等（2000）利用城镇居民收入调查数据中 1988 年和 1995 年的数据，采用 Oaxaca 分解方法得出，中国 1988 年到 1995 年间城镇工资性别差异有所扩大，且个人特征解释工资性别差异的部分有所缩小，即性别歧视对工资性别差异的影响程度增大，而且还指出年龄小、受教育程度低的女性受到的性别歧视更大。张丹丹（2004）使用四年的 CHNS 数据，采用 Oaxaca 分解方法发现，中国经济体制改革以来，男性和女性的收入差距逐步扩大，而且对女性的歧视也有所扩大；并且还发现受教育程度越低、年龄越大、市场化程度越高，工资性别差异越大。

邓峰和丁小浩（2012）采用多层线性交互分类模型研究"中国家庭动态跟踪调查"数据发现，综合来看，受教育程度低使得大量女性从事第一产业和非正式工作，这是导致工资性别差异的重要原因；研究还发现职业间的分割对性别收入影响的程度大于职业内分割的影响程度。杨锦英等（2016）运用无条件分位数回归"分解"和"再分解"的方法研究 1995 年和 2008 年 CHIP 数据发现，在中国劳动力市场中工资性别差异逐渐扩大，且由"黏性地板效应"转变为"玻璃天花板效应"；而且还发现系数效应和工作经验是影响工资性别差异的主要原因。陈梅等（2018）运用均值分析法和分位数分析法分析 2002 年、

2007 年和 2013 年的 CHIP 数据，结果显示工资性别差异不断扩大，工资在不同分位数上趋势不同；性别歧视对于工资性别差异解释的部分越来越大；研究还发现在劳动力市场上工资性别差异存在"玻璃天花板效应"。

（9）其他因素。

收入性别差异问题与经济社会中的很多因素有关，因此有很多学者从不同的角度对收入性别差异问题进行分析。卿石松（2011）提出以前的研究大部分都忽视了工作特征对工资性别差异的影响，从而高估了性别歧视对性别工资的解释程度；但他利用中国综合社会调查数据研究发现，中国劳动力市场上男性和女性的工作特征存在较大差异，回归分析中加入工作特征变量后可解释部分没有明显提高，从而说明性别歧视仍是工资性别差异的主要原因。曹永福和宋月萍（2014）使用全国层面的流动人口大规模调查数据把人口群体分成乡—城、城—城和本地居民三类来研究工资性别差异，研究发现工资性别差异在任何群体中都存在，其中本地居民工资性别歧视要大于流动人口，在流动人口中乡—城流动人口性别工资歧视要大于城—城流动人口。

李宏兵等（2014）通过采用 Heckman 样板选择模型和 RIF 回归分解方法分析 2005 年全国人口抽样调查数据发现，市场潜能可以促进男女工资水平的提高，通过缩小高技能劳动力工资性别差异，扩大低技能劳动力工资性别差异，从而扩大了整体工资性别差异。程诚等（2015）提出传统理论解释工资性别差异有一定局限性，因此根据 2009 年中国社会网络与职业经历调查数据分析社会资本对收入性别差异的影响，研究发现社会资本可解释收入性别差异的 13%，并且收入越高社会资本对收入性别差异的影响越大；并且还发现女性社会资本回报率低于男性。魏下海等（2018）利用"雇主—雇员"匹配数据库分析发现，生产线的升级会减少对体力劳动的需求同时增加对脑力劳动的需求，由于男女个体特征差异使得生产线升级能够缩小劳动力市场的工资性别差异，尤其是能够大幅度缩小高收入职工的收入性别差异。

蓝嘉俊和方颖（2020）使用 2010 年至 2016 年的中国家庭追踪调查数据分析得出性别身份认同规范能够扩大劳动力市场上的收入性别差异，它能提高男性工资并降低女性工资；并且还得出性别身份认同规范对女性工资的影响随着工资的增加而增加，它是通过影响职业和行业选择来影响工资性别差异的。以上文献分别从收入性别差异与工作特征、流动人口、市场潜能、社会资本、生产线升级和性别身份认同规范的角度进行了分析，可见当前越来越多对收入性别差异问题的研究从不同的角度出发，而不仅仅局限于分析性别歧视和个人特征差异对收入性别差异的影响。

3.1.2　收入分布层面上的分析

（1）不同收入水平上的工资性别差异问题。

不同收入水平的收入性别差异不同，因此有大量学者用不同的分解方法从收入分布角度研究性别收入问题。Zhang 等（2008）基于 1988 年至 2004 年中国城镇住户调查数据，使用 JMP 分解方法得出不同工资水平的工资性别差异不同，工资越低工资性别差异越大，工资越高工资性别差异越小。Chi 等（2008）采用 RIF 方法研究 1987 年、1996 年和 2004

年中国城镇住户调查数据的结果与 Zhang 等（2008）得出的结论一致，即工资越低工资性别差异越大，工资越高工资性别差异越小。

迟巍（2008）使用1987 年、1996 年和2004 年的国家统计局城市住户调查数据，采用收入分布的统计描述和成因分解方法得出性别歧视是导致中国城市收入性别差异的主要原因，并且研究发现低收入人群相对于高收入人群来说收入性别差异更大，中国在收入性别差异上存在"黏性地板"现象。葛玉好和曾湘泉（2011）使用中国城镇住户调查数据并且基于分位数回归的反事实分析方法研究发现，工资收入与工资性别差异是反相关的关系，并且在工资低分位上工资性别差异越来越大，在工资高分位上工资性别差异越来越小。通过以上文献可以得出，研究普遍认为工资越低工资性别差异越大，工资越高工资性别差异越小，因此应该更加关注低收入群体的收入性别差异问题。

（2）不同收入水平下收入性别差异原因分析。

不同收入水平下引起收入性别差异的原因问题也有学者做出研究，张世伟和郭凤鸣（2009）依据东北三省 2006 年城市劳动力抽样调查数据，对工资分布的各分位点上的工资性别差异进行分解得出，在东北地区城市劳动力市场上确实存在工资性别差异，对于低收入的劳动者来说，收入差异是由个人特征和性别歧视共同导致的；而在中等收入以上，收入性别差异完全是由性别歧视导致的；虽然随着收入的提高，男女收入差距在不断缩小，但是性别歧视程度在不断加深。

陈建宝和段景辉（2009）选取了 CHNS 数据中 1988 年、1996 年和2005 年的数据，运用分位数回归建模方法研究发现，工资性别差异在 1988 年随着工资的增加而增加，1996 年两端大、中间小，2005 年两端小、中间大；还发现不同年份影响工资性别差异的主要原因不同，1988 年的主要原因是劳动力个人特征差异，而 1996 年与 2005 年的主要原因是性别歧视，因此性别歧视越来越成为影响收入性别差异的因素。通过上述研究可以看出，工资越低和年份越早，个体特征因素解释收入性别差异的部分越大；工资越高和年份越晚，性别歧视解释收入性别差异的部分越大。

（3）不同群体的收入性别差异问题分析。

亓寿伟和刘智强（2009）通过运用分位数回归法研究 CHNS 中成人调查数据库发现，中国国有部门和非国有部门的收入性别差异普遍存在"地板效应"，即工资收入越少，男女之间的工资差距越大；并且指出性别歧视而非人力资本禀赋是造成部门之间工资性别差异的主要原因，其中非国有部门的性别歧视现象更严重。周春芳和苏群（2018）采用 RIF 无条件分位数回归分解法分析 2002 年和 2013 年的 CHIP 数据发现，劳动力市场上工资性别差异不断扩大，并且农民工工资性别差异扩大更快；研究还得出性别歧视是造成工资性别差异的主要因素，且低收入女性受到的歧视更严重。

总而言之，目前学界对中国收入性别差异问题已经进行了多方面的分析，不仅从男性和女性的平均收入角度，还从不同的收入分布角度做出研究；不仅分析了个人特征因素和性别歧视对收入性别差异的影响，还分析了市场竞争、行业和社会资本等因素对工资性别差异的影响。虽然中国目前还存在收入性别差异问题，但随着社会发展和经济进步，收入性别差异必将逐渐缩小。

3.2　全国情况

本部分从全国层面分析中国劳动力市场的收入性别差异问题，使用的数据是中国家庭追踪调查（CFPS）数据，按年份、年龄和不同工资水平多个角度分析收入性别差异。

3.2.1　按年份变化分析全国情况

图 3 - 1 是 2010 年到 2018 年男性和女性平均年工资收入变化情况。从图中可以看出，男性的平均年工资收入均高于女性，说明在中国劳动力市场上确实普遍存在收入性别差异问题。从 2010 年到 2018 年间男性和女性的平均年工资收入呈持续上涨趋势，男性平均年工资收入从 2.59 万元上涨到 4.91 万元，上涨了约 2.32 万元，八年间收入大约翻了一倍；女性平均年工资收入从 1.90 万元上涨到 3.49 万元，上涨了约 1.59 万元；虽然男性和女性的平均年工资收入都在上涨，但是男性年工资的上涨幅度要大于女性，在中国劳动力市场上收入性别差异有扩大的趋势。

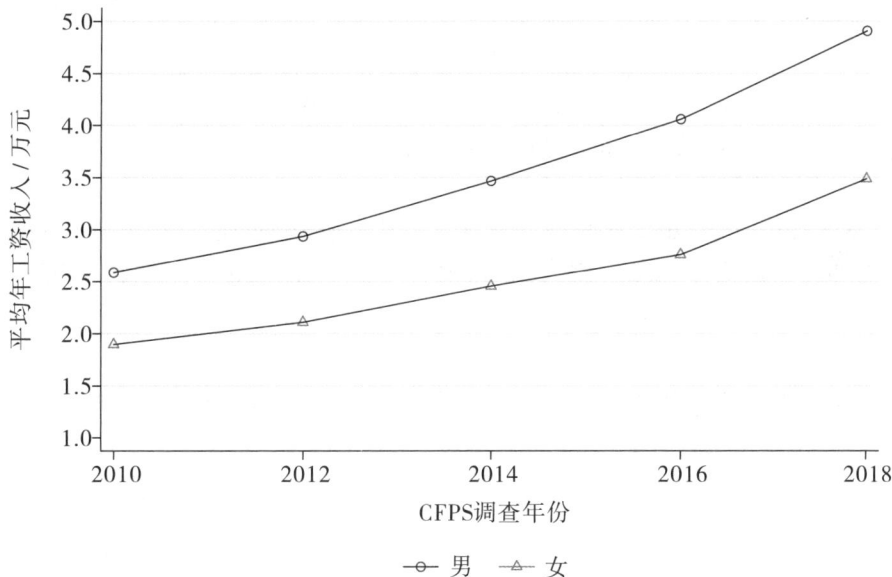

图 3 - 1　2010—2018 年男妇性平均年工资收入

数据来源：CFPS 2010、2012、2014、2016、2018 年成人数据。

图 3 - 2 是女性年工资与男性年工资的比例，反映了中国劳动力市场上的工资性别差异，比例越小，收入性别差异越大。从图中可以看出，2010 年到 2016 年间收入性别差异是逐渐扩大的，年工资比例从 73.37% 降低到 67.98%，但 2016 年到 2018 年间年工资比例又上升到 71.07%，收入性别差异有所缩小。虽然图中时间趋势线性拟合线显示收入性别差异在近几年是逐步扩大的趋势，但 2016 年到 2018 年出现了收入性别差异

缩小的趋势，并且中国经济的发展和社会文化水平的提高是有目共睹的，所以收入性别差异开始出现了缩小的趋势，但中国劳动力市场收入性别差异是否达到拐点还需要进一步检验。

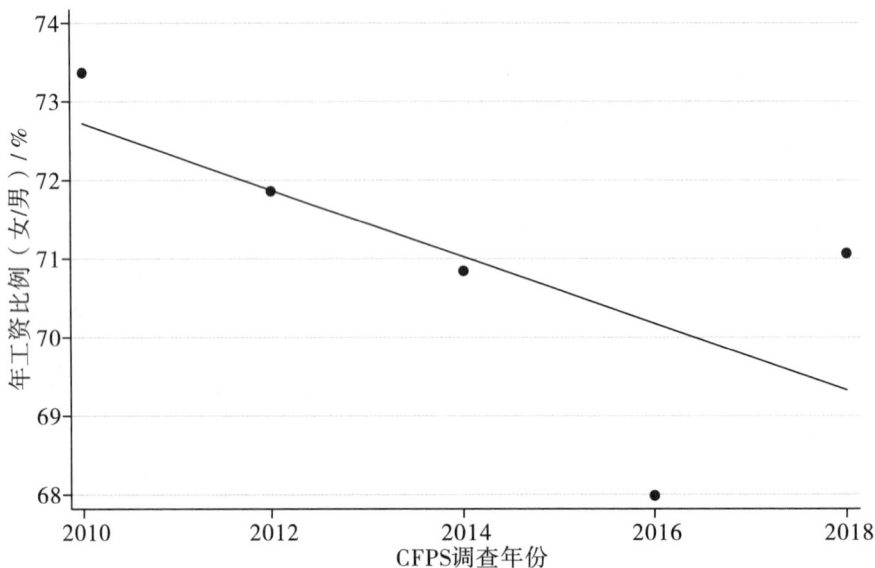

图 3-2　2010—2018 年工资收入性别差异

数据来源：CFPS 2010、2012、2014、2016、2018 年成人数据。

图 3-3 是 2010 年到 2018 年男性和女性平均年工资收入的城乡对比图，从图中可以看出不管是农村还是城市 2010 年到 2018 年间男性和女性的平均年工资收入都呈现上升的趋势，且男性平均年工资收入均高于女性，这说明在农村和城市地区都存在收入性别差异问题。

从农村的数据来看，女性平均年工资收入从 2010 年的 1.30 万元上涨到 2018 年的 2.72 万元，上涨了 1.42 万元；男性平均年工资收入从 2010 年的 1.87 万元上涨到 2018 年的 4.08 万元，上涨了 2.21 万元；可见男性收入增长幅度远远大于女性，农村地区收入性别差异有所扩大。从城市的数据来看，女性平均年工资收入从 2010 年的 2.10 万元上涨到 2018 年的 3.84 万元，上涨了 1.74 万元；男性平均年工资收入从 2010 年的 2.95 万元上涨到 2018 年的 5.37 万元，上涨了 2.42 万元；城市男性和女性的收入增长幅度相近，均未超过一倍。因此，从农村和城市对比来看，农村平均年工资收入普遍低于城市，并且该时段农村收入性别差异问题比城市更加严重。

图 3 - 3   2010—2018 年平均年工资收入与城乡类型

数据来源：CFPS 2010、2012、2014、2016、2018 年成人数据。

图 3 - 4 是 2010 年到 2018 年农村和城市地区的工资性别比例，反映了收入性别差异的变化情况。农村地区的收入性别差异问题与全国情况类似，2010 年到 2016 年间收入性别差异逐渐扩大，但 2016 年到 2018 年间收入性别差异有所缩小。而城市工资性别比例在近几年间变化不大，始终围绕在 70% 上下波动，即城市的收入性别差异趋于平衡。农村地区的收入性别差异问题比城市严重，可能是由于农村地区经济发展水平落后，且劳动主要以体力劳动为主，受生理的性别差异和传统性别思想观念影响严重导致的。因此解决中国收入性别差异问题要多加关注农村问题，提高农村经济发展水平和解放思想观念尤为重要。

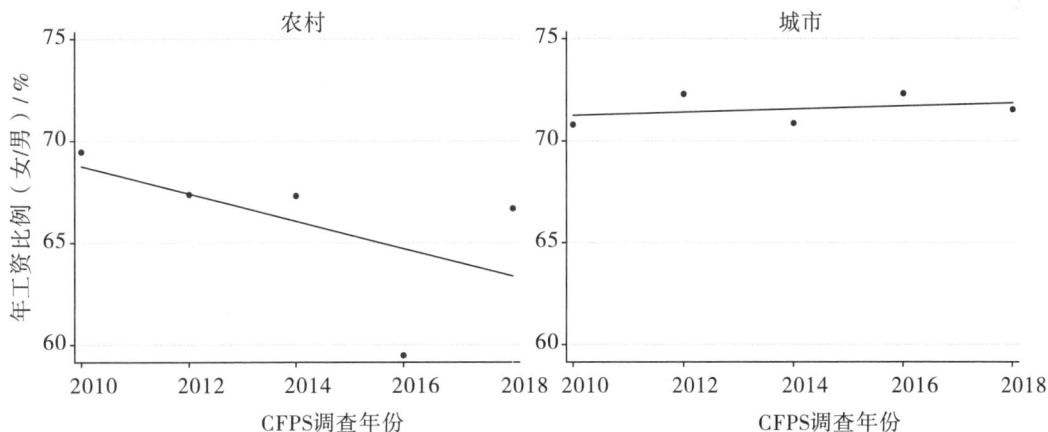

图 3 - 4   2010—2018 年年工资收入性别差异与城乡类型

数据来源：CFPS 2010、2012、2014、2016、2018 年成人数据。

图 3 - 5 展示的是 2010 年到 2018 年不同受教育程度劳动者的平均年工资变化情况，受教育程度分为三类，分别为初中及以下、高中及同等学力和大学及以上。在三种不同的

受教育程度中，男性和女性的平均年工资收入都呈现上涨的趋势，并且男性平均年工资收入均高于女性，说明在不同的受教育群体中普遍存在收入性别差异问题。

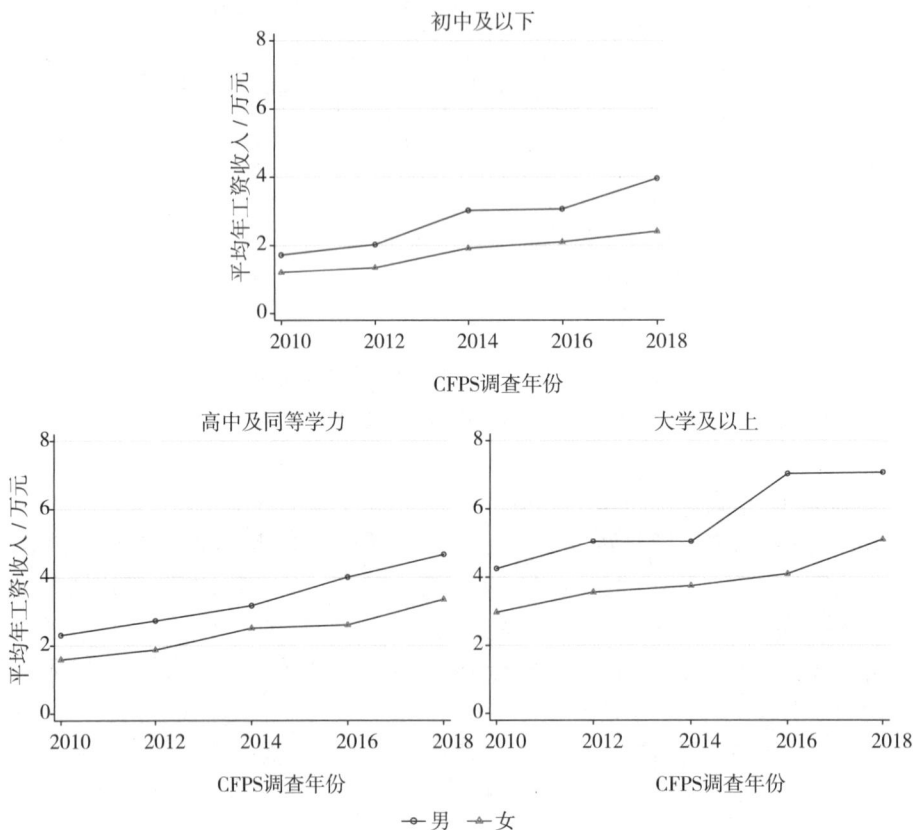

图 3 - 5　2010—2018 年平均年工资收入与受教育程度

数据来源：CFPS 2010、2012、2014、2016、2018 年成人数据。

对于初中及以下的劳动者来说，女性平均年工资收入从 2010 年的 1.20 万元上涨到 2018 年的 2.41 万元，收入增长一倍；男性平均年工资收入从 2010 年的 1.72 万元上涨到 2018 年的 3.96 万元，收入增长大于一倍，可见在初中及以下劳动者中收入性别差异扩大。在高中及同等学力劳动者中，女性平均年工资收入从 2010 年的 1.60 万元上涨到 2018 年的 3.35 万元，收入增长近一倍；男性平均年工资收入从 2010 年的 2.31 万元上涨到 2018 年的 4.66 万元，收入增长近一倍，可见在高中及同等学力劳动者中，男性和女性工资都上涨了一倍，收入性别差异随时间变化不大。在大学及以上劳动者中，女性平均年工资收入从 2010 年的 2.97 万元上涨到 2018 年的 5.10 万元，收入增长小于一倍；男性平均年工资收入从 2010 年的 4.25 万元上涨到 2018 年的 7.07 万元，增长也小于一倍，且从图中可以看出男性平均年工资收入在 2014 年到 2016 年间增长较快。

对比三类不同受教育程度的劳动者可见，初中及以下劳动者工资最低，高中及同等学力居中，大学及以上最高。在收入增长率方面，初中及以下劳动者收入增长最快，大学及以上收入增长最慢。在收入性别差异上，不同受教育程度劳动者的收入性别差异有不同的变化趋势。

图 3-6 展示了不同受教育程度劳动者的工资性别比例，反映了收入性别差异的变化趋势。初中及以下劳动者的收入性别差异呈不断扩大的趋势，只有 2014—2016 年工资性别比例突然升高，但总体来看收入性别差异持续扩大。高中及同等学力劳动者工资性别比例围绕在 70% 上下波动，2012—2014 年和 2014—2016 年的工资性别比例波动较大，但总体来看收入性别差异在 2010 年到 2018 年之间的变化趋势相对稳定。近几年大学及以上劳动者工资性别比例大部分在 70% 左右，但在 2016 年低至 58.21%，2018 年又回到 72.17%，整体上收入性别差异相对平稳。综合来看，在初中及以下劳动者中收入性别差异问题比较突出，呈现出不断扩大的趋势；高中及同等学力和大学及以上劳动者的工资性别比例变化相对平稳，收入性别差异问题较稳定。

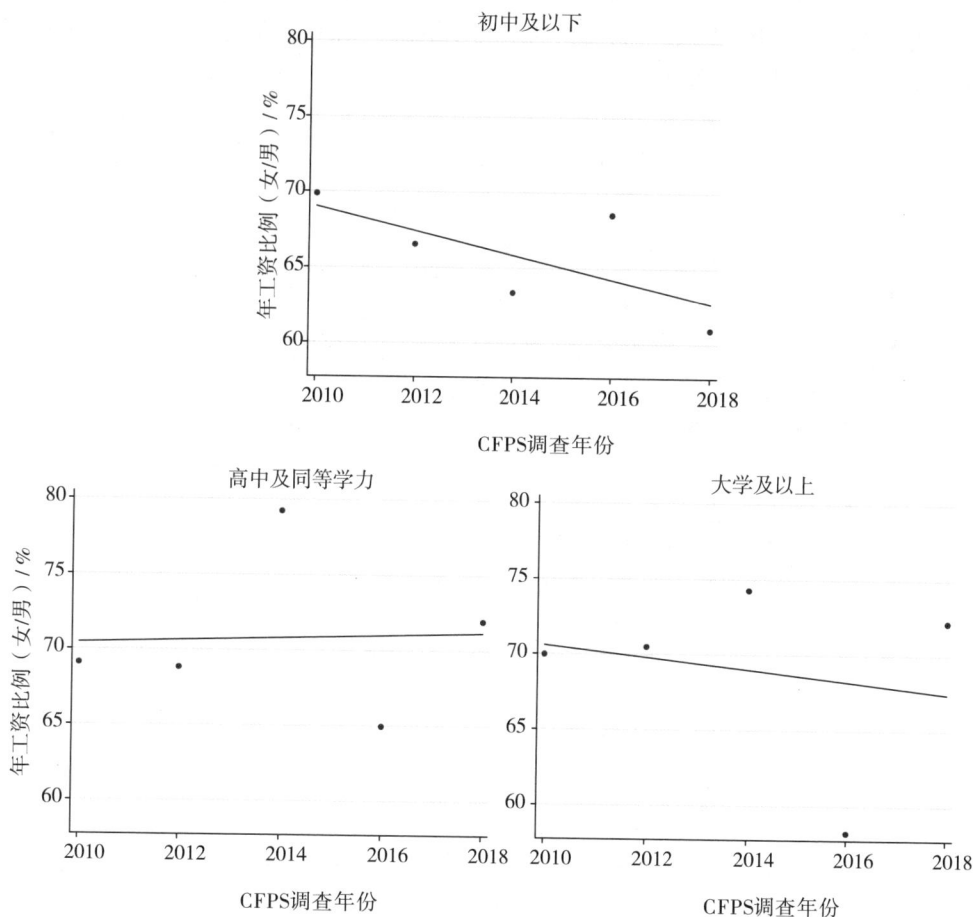

图 3-6　2010—2018 年工资收入性别差异与受教育程度

数据来源：CFPS 2010、2012、2014、2016、2018 年成人数据。

3.2.2　按年龄变化分析全国情况

图 3 - 7 是不同年龄男性和女性的平均年工资收入情况，分析的是 2018 年 18 岁到 60
岁的劳动者。从图中可以看出除了 19 岁时女性比男性的工资高之外，其他所有年龄阶段
男性平均年工资收入都高于女性，这说明几乎在所有年龄阶段上都存在收入性别差异问
题。从工资的年龄分布来看，男性和女性的平均年工资收入与年龄均呈倒"U"形的关
系，平均年工资在两头低，中间高，这符合生命周期理论中年龄和工资收入的关系；而且
男性的最高工资出现在 30 岁，女性的最高工资出现在 33 岁，男性和女性工资峰值出现的
年龄也相近；男性不同年龄的最高工资与最低工资之差为 4.06，女性不同年龄的最高工资
与最低工资之差为 2.79，可见男性一生的工资波动幅度要大于女性，因而收入性别差异在
收入最大值附近也相对较大。总的来说，在各个年龄阶段上，男性的工资要高于女性，工
资分布与年龄变化呈现倒"U"形状态，并且在工资最大值上男性和女性平均年工资收入
差异较大，在年龄的两端，收入差异较小。

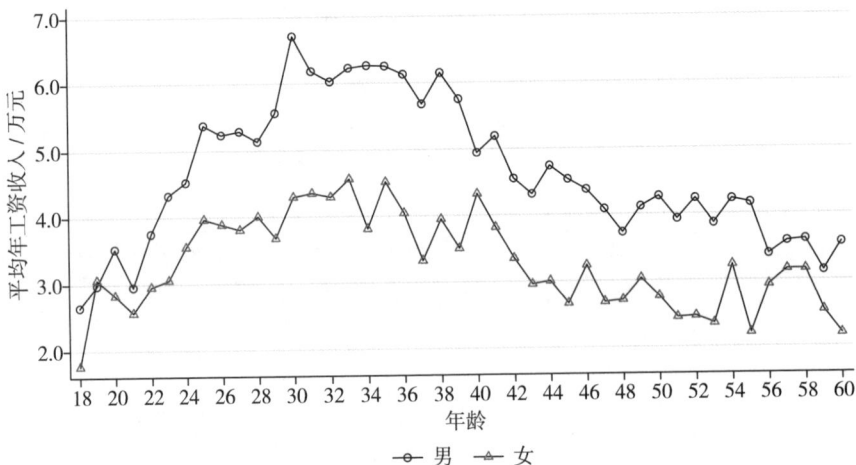

图 3 - 7　各年龄平均年工资收入

数据来源：CFPS 2018 年成人数据。

图 3 - 8 是不同年龄性别年工资收入比例情况，从图中可以看出不同年龄阶段的收入
性别差异有所不同。在年龄较小时，劳动者初步进入劳动力市场，两者之间的收入性别差
异较小，甚至有个别年龄阶段上女性的年平均工资高于男性，例如在 19 岁时，工资性别
比例为 102.82%。但随着年龄的增大，女性会面临结婚、生子等压力，从而将一部分时间
和精力转移到家庭；而男性一般不会有这方面的压力，反而有赚钱养家的动力，传统的家
庭分工以及女性自身生理条件问题使得在中年阶段收入性别差异拉大。在临近退休年龄
时，男性和女性劳动者的生产效率又趋于相同，收入性别差异又开始缩小，但不会回到最
初进入劳动力市场时的水平，因为在临近退休时，男性比女性有更优的工作经验等个人特

征差异，而且女性的退休年龄要早于男性。因此工资性别比例随着年龄的变化呈现出"U"形关系，即随着年龄的增长，工资性别比例先下降后上升；换言之，收入性别差异与年龄的变化呈现倒"U"形关系，即随着年龄的增加，收入性别差异先扩大后缩小。

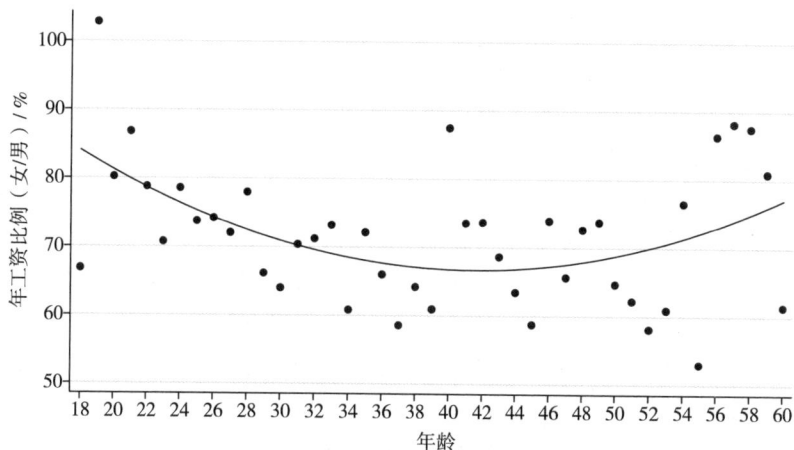

图 3 – 8　各年龄劳动工资收入性别差异

数据来源：CFPS 2018 年成人数据。

图 3 – 9 是不同年龄下农村和城市中男性和女性平均年工资收入变化图。农村和城市中男性和女性平均年工资收入变化相同之处在于：除了个别年份外，男性的平均年工资收入都高于女性，说明不管是农村还是城市，在各个年龄阶段上几乎普遍存在收入性别差异问题；而且农村和城市的性别平均年工资收入在年龄上的变化情况与全国情况类似，即在年龄较小和较大时收入性别差异小，在中年时收入性别差异大。

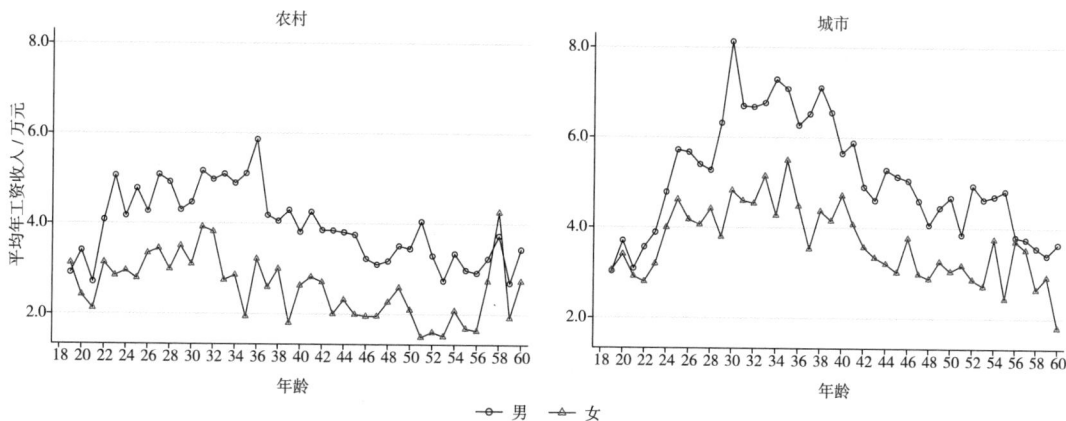

图 3 – 9　各年龄平均年工资收入与城乡类型

数据来源：CFPS 2018 年成人数据。

在农村地区，男性最高年平均工资出现在 36 岁，达到 5.87 万元；女性最高年平均工资出现在 58 岁，达到 4.27 万元，第二高的工资是 31 岁，达到 3.93 万元，女性在 58 岁达到的最高值可能有极端值导致的统计误差原因，所以这里分析取第二高的年平均工资为最大值；在农村地区男性平均年工资收入的最大值比女性出现得晚，两者之间的差距为 1.94 万元。农村地区女性年平均工资的最高值与最低值相差 2.43 万元，男性年平均工资的最高值与最低值相差 3.17 万元，即与全国情况一样，男性一生的工资波动比女性大。

在城市地区，男性最高年平均工资出现在 30 岁，工资高达 8.13 万元；女性最高年平均工资在 35 岁达到，为 5.50 万元；男性达到最高工资的年龄要早于女性，两者之间的差距为 2.63 万元。并且在城市中女性年平均工资的最高值与最低值相差 3.70 万元，男性年平均工资的最高值与最低值相差 5.10 万元，与全国情况相同，男性一生的工资波动比女性大。从农村和城市的比较来看，农村地区不同年龄的年平均工资收入普遍低于城市，城市劳动者一生的工资波动要大于农村。农村和城市中男女达到工资最大值的年龄阶段不同，对女性来说城市要晚于农村，对男性来说城市早于农村。

图 3-10 是不同年龄的农村和城市性别年工资比例，反映农村和城市地区在不同年龄上的收入性别差异的变化情况。从图中可以看出在不同年龄阶段中农村和城市工资性别差异都呈现先扩大后缩小的趋势，即收入性别差异随年龄的增加先扩大后缩小，并且农村地区收入性别差异波动相对大些。不仅如此，城市收入性别差异整体上小于农村收入性别差异。

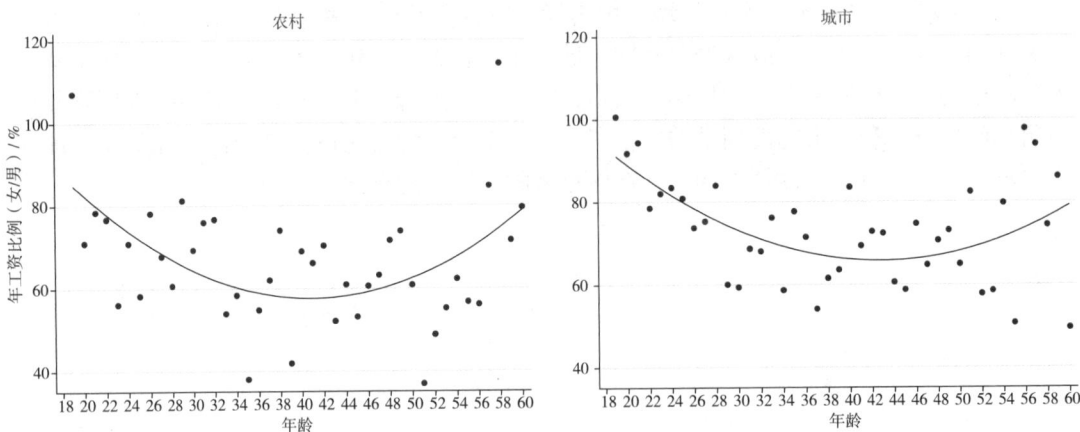

图 3-10　各年龄年工资收入性别差异与城乡类型

数据来源：CFPS 2018 年成人数据。

图 3-11 是各年龄不同受教育程度的平均年工资收入情况。从整体情况来说，对于三类受教育程度，平均年工资收入都呈现出随着年龄的增加先上升后下降的趋势，与全国情况一致。在三种不同受教育程度中，只有在年龄很小或很大的情况下，个别年份女性年平均工资超过男性外，其余年龄上都是男性平均年工资高于女性，说明在不同受教育程度的不同年龄上普遍存在收入性别差异问题。

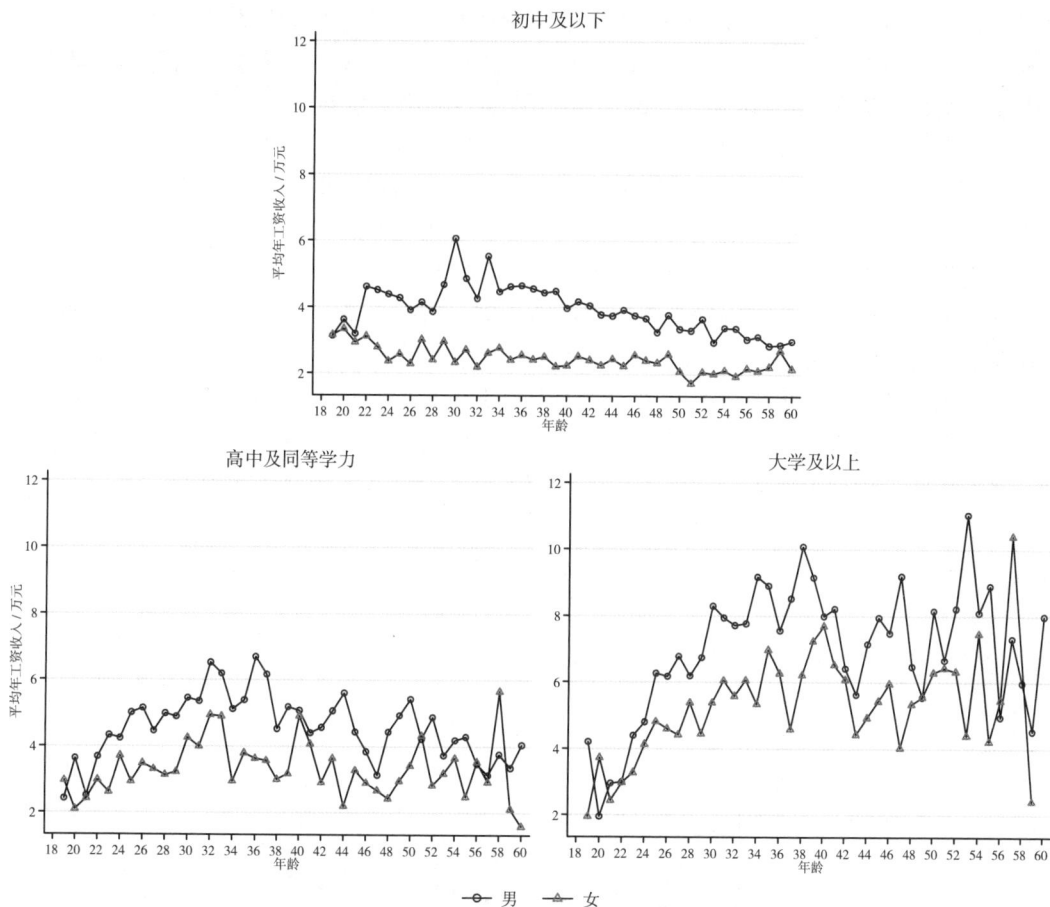

图 3-11　各年龄平均年工资收入与受教育程度

数据来源：CFPS 2018 年成人数据。

从工资水平来看，整体上初中及以下的工资水平最低，大学及以上的工资水平最高，但在刚进入劳动力市场时，大学及以上劳动者的工资水平可能低于初中及以下劳动者的工资水平，这是由于初中及以下的劳动者全职进入劳动力市场较早，而大学及以上劳动者在 20 岁左右基本从事兼职或临时工作。

从工资波动情况来看，初中及以下劳动者一生的工资波动程度最小，男性平均年工资收入最大值和最小值之差为 3.21 万元，女性平均年工资收入最大值和最小值之差为 2.14 万元；高中及同等学力劳动者工资波动程度中等，男性平均年工资收入最大值和最小值之差为 4.28 万元，女性平均年工资收入最大值和最小值之差为 4.67 万元；大学及以上劳动者工资一生的波动幅度最大，男性平均年工资收入最大值和最小值之差为 9.10 万元，女性平均年工资收入最大值和最小值之差为 5.52 万元；而且还可以得出初中及以下和大学及以上劳动者中男性收入波动大于女性，而高中以及同等学力女性收入波动大于男性。

初中及以下劳动者中女性最高工资在 20 岁达到，为 3.34 万元，而且在其后的年龄阶段中始终在 2 万—3 万元波动；男性最高工资收入在 30 岁达到，为 6.06 万元，并且男性除了在 30 岁的 6.06 万元以及 33 岁的 5.53 万元以外，其余年龄阶段均在 4 万—5 万元左右波动；可见初中及以下劳动者一生的年平均工资收入波动很小。高中及同等学力的劳动者中女性最高工资在 58 岁达到，为 5.67 万元；男性最高工资在 36 岁达到，为 6.69 万元。大学及以上劳动者中女性最高工资在 57 岁达到，为 10.4 万元；男性最高工资在 53 岁达到，为 11.05 万元。可见初中及以下劳动者的最高工资达到的年龄相对较小，而大学及以上劳动者达到最高工资的年龄相对较大，这与受教育程度低的劳动者出卖体力劳动获得收入，而受教育程度高的劳动者主要从事脑力劳动和需要丰富经验的劳动的情况相符合。

　　图 3－12 中展示的是在不同受教育程度下不同年龄的工资性别比例，反映了不同受教育程度劳动者的收入性别差异问题。整体上三类受教育程度的收入性别差异都随着年龄的增加先扩大后减小，与全国情况一致。初中及以下劳动者的收入性别差异最大，而且随年龄的变化幅度也最大，可以得出受教育程度越高，收入性别差异越小。所以在未来收入性别差异问题研究中应更多关注受教育程度低的劳动者的收入性别差异问题。

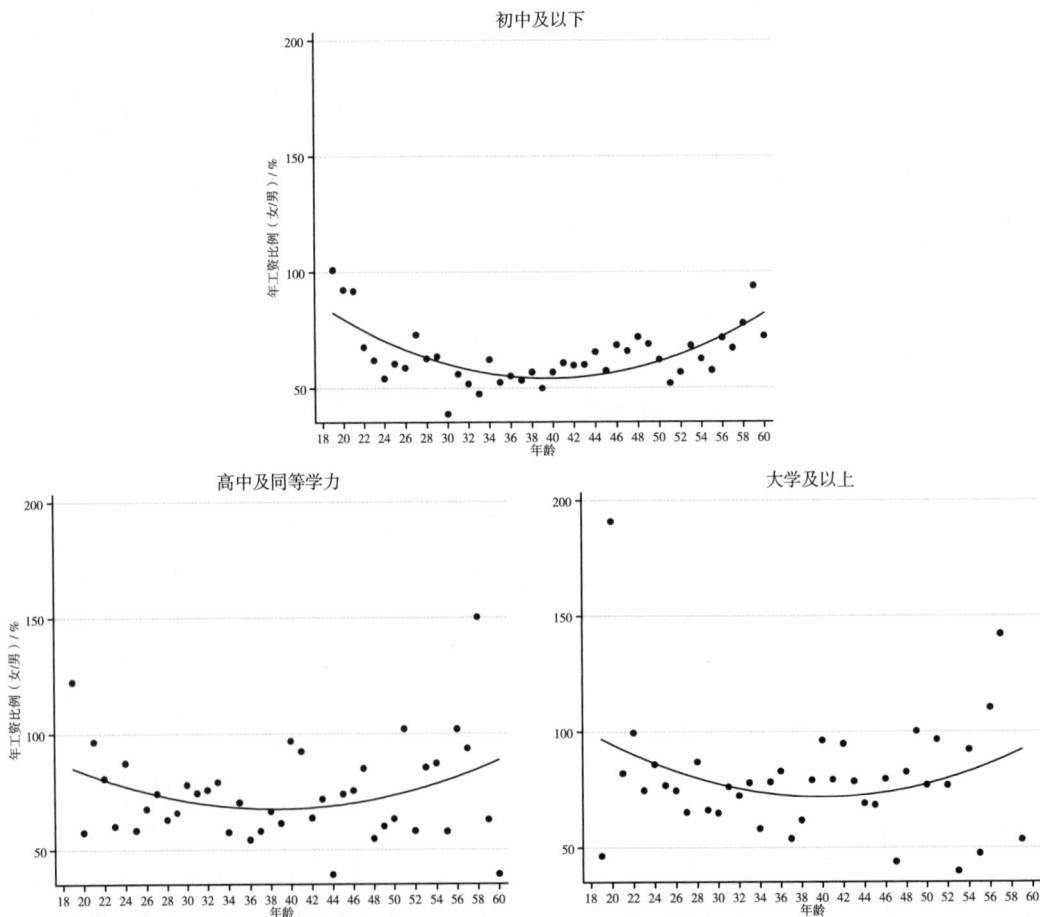

图 3－12　各年龄年工资收入性别差异与受教育程度

数据来源：CFPS 2018 年成人数据。

3.2.3   不同工资水平上的全国情况分析

图 3 – 13 是 2018 年男性和女性在不同工资分位上的收入性别差异，反映了不同工资水平上收入性别差异的情况。从图中可以看出在不同的工资分位上都存在收入性别差异，所以收入性别差异是普遍存在的。并且也可以得出收入性别比随着工资分位的增大而上升；在最低分位上工资性别比为 55.01%，在最高分位上工资性别比为 82.76%，即工资越高，收入性别差异越小。

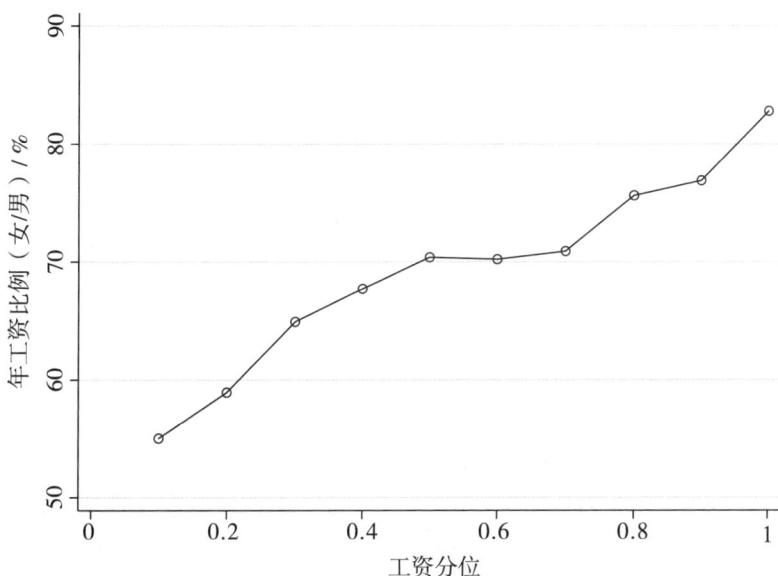

图 3 – 13   年工资收入性别差异与工资分位

数据来源：CFPS 2018 年成人数据。

图 3 – 14 是城乡不同工资分位上的性别比例情况。从图中可以看出在农村和城市的不同工资分位上均存在收入性别差异。对农村地区来说，工资最低分位上工资性别比例为 44.94%，工资最高分位上工资性别比例为 82.46%，两者相差近 40%；在城市中，工资最低分位上工资性别比例为 56.37%，工资最高分位上工资性别比例为 73.46%，两者相差不到 20%；所以农村地区工资性别差异随工资分布变化的幅度更大。对农村地区来说，工资性别比例随工资分位的增大而增大，即工资越高收入性别差异越小；在城市中，工资比例随工资分位的波动较小，基本维持在 70% 的水平上，在各个工资水平上收入性别差异相差不大。整体来看，除了个别工资分位之外，城市的年工资性别比例均高于农村，说明农村的收入性别差异问题比城市严重。

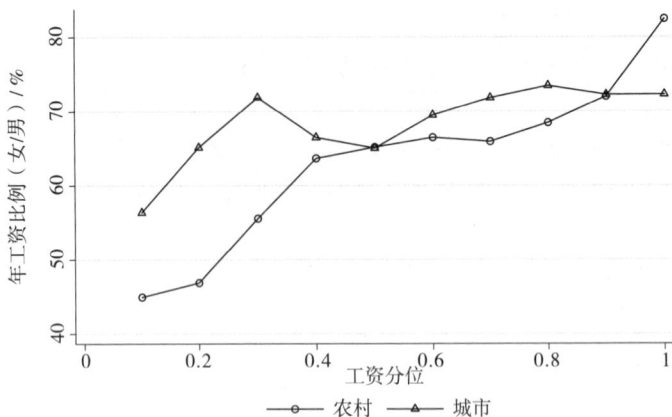

图 3 – 14   年工资收入性别差异的工资分位与城乡类型

数据来源：CFPS 2018 年成人数据。

图 3 – 15 是不同受教育程度的工资性别比例的工资分位情况，展示了不同受教育程度的劳动者在不同工资水平上的收入性别差异问题。初中及以下劳动者中，工资比例在 0.4 工资分位之前随着工资分位的增大而增大，在 0.4—0.9 工资分位之间工资比例波动较小，而在工资最高分位上呈断崖式下降，此处出现断崖式下降可能是由于极端值样本所致。

故初中及以下劳动者的收入性别差异随着工资的上升先缩小后平稳。在高中及同等学力劳动者中，工资性别比例随着工资分位的增大而平稳上升，在工资高分位上的工资性别比例超过大学及以上。在大学及以上劳动者中，工资性别比例随工资分位有一定上涨的趋势，但是并不明显，在三类不同的受教育群体中，大学及以上劳动者的收入性别差异问题在不同工资水平上的波动是最小的。并且从整体上来看，初中及以下的工资性别比例最低，大学及以上工资性别比例最高，说明受教育程度越高，工资水平越高，收入性别差异越小。

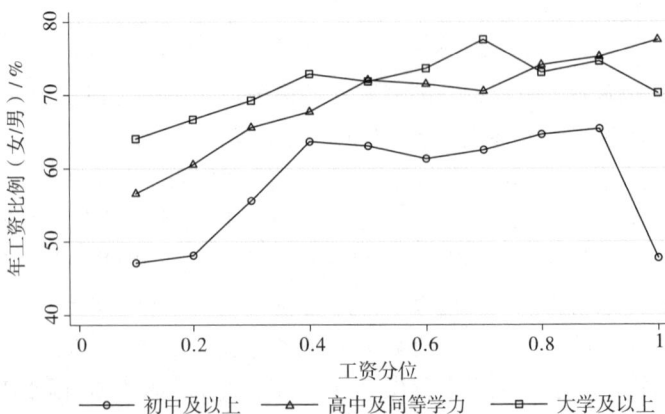

图 3 – 15   年工资收入性别差异的工资分位与受教育程度

数据来源：CFPS 2018 年成人数据。

3.3　地区情况

　　中国国土面积辽阔，不同地区经济发展水平、社会文化水平和居民消费水平差异较大，由于地理位置、交通条件和经济改革推进等方面的差异，我国东部、中部、西部和东北地区①的经济和社会发展水平存在较大的差距，因此本节将从不同地区的各个角度来分析中国劳动力市场的收入性别差异问题。

3.3.1　按年份变化分析地区情况

　　图 3 – 16 是我国不同地区 2010 年到 2018 年的男性和女性平均年工资收入情况。从整体上来看，不同地区 2010 年至 2018 年间男性和女性的工资收入均呈现上涨的趋势，尤其是东部地区在 2014 年之后男性平均年工资收入有较大幅度上涨。地区之间的差异有：首先，东部地区男性和女性的平均年工资收入最高，且增长幅度也较快，因为我国经济发展首先从东部开始，且东部一直是我国经济发展重心。其次，中部地区在 2014 年后收入增长速度有所加快，近几年中部地区经济发展势头较好。最后，西部地区和东北地区的收入情况类似，西部地区由于地理位置和气候条件等自然条件劣势，经济发展起步较晚，东北地区是中国老工业基地，落后产业较多，且人口流出严重，因此经济发展缓慢。总而言之，在不同地区分布上，东部地区男性和女性的平均工资最高，中部地区次之，西部和东北地区最低。

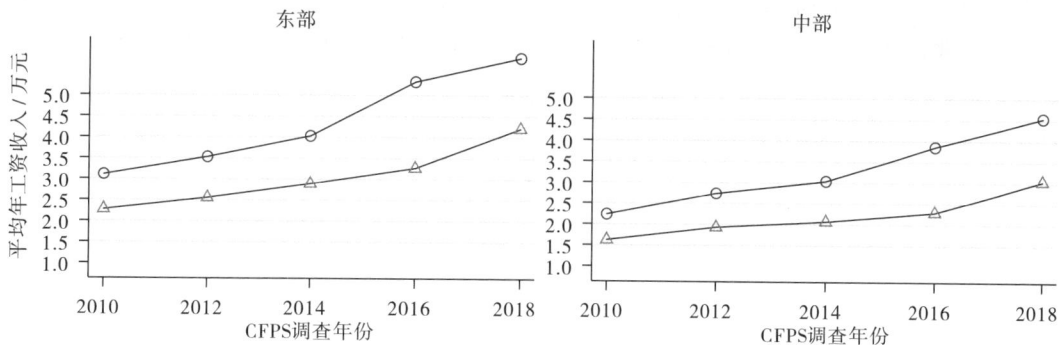

① 地区分类方式与本书"2.3　地区"情况相同。

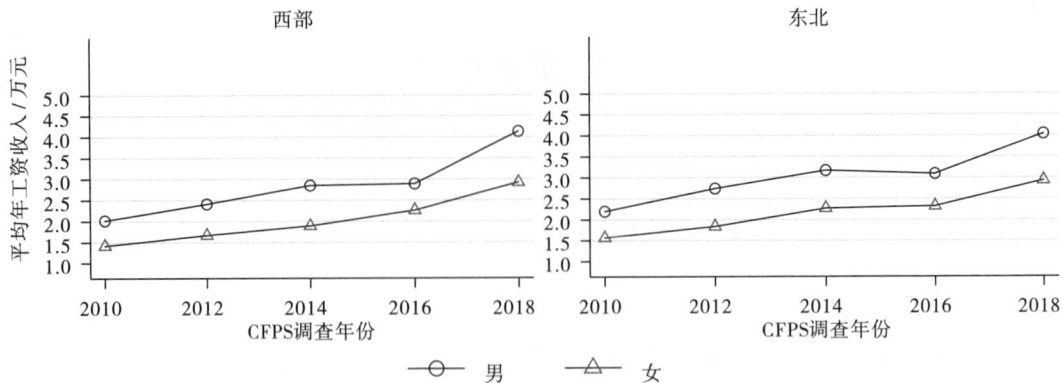

西部　　　　　　　　　　　　　　　东北

图 3-16　2010—2018 年我国各地区平均年工资收入

数据来源：CFPS 2010、2012、2014、2016、2018 年成人数据。

　　图 3-17 展示的是中国不同地区在不同年份的工资性别比例变化情况，反映了不同地区收入性别差异变化情况。其中东部和中部地区收入性别差异变化情况相似，在 2010 年至 2014 年间工资性别比例不断降低，即收入性别差异有所扩大，东部地区扩大的幅度小于中部地区；在 2014 年到 2016 年收入性别差异突然扩大，东部地区工资性别比例从 71.79% 下降到 61.43%，中部地区从 68.06% 下降到 59.30%，两个地区都下降了大约 10 个百分点；在 2016 年到 2018 年间收入性别差异又回归到 2014 年之前的水平，东部地区上升到 72.41%，中部地区上升到 66.84%。可见，东部和中部地区收入性别差异从逐渐扩大转为缩小。西部和东北地区收入性别差异变化相似，近几年收入性别差异波动较小，一直围绕在 70% 左右波动，并且东北地区的收入性别差异波动程度比西部地区更小，这与西部和东北地区经济发展水平较低有关。因此东部和中部地区收入性别差异呈现出扩大的趋势，但近两年又转为缩小，且中部地区变化幅度更大；西部和东北地区收入性别差异有逐步缩小的趋势，整体波动幅度不大。

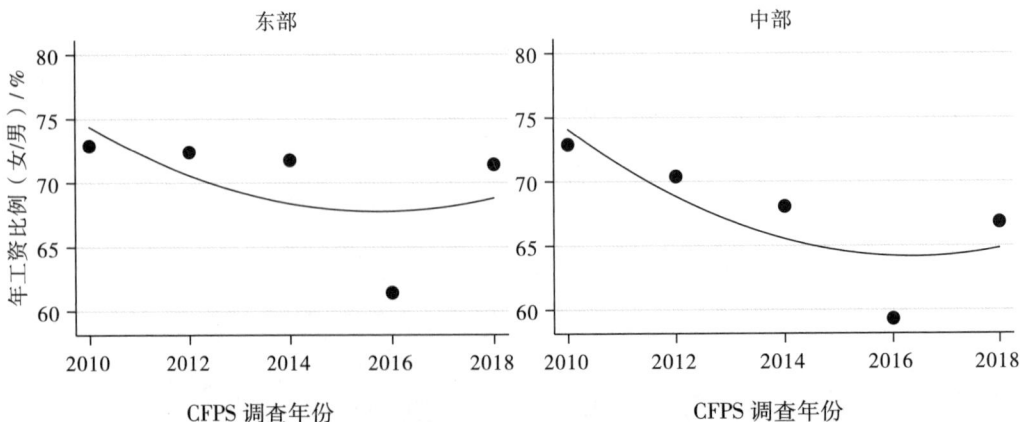

东部　　　　　　　　　　　　　　　中部

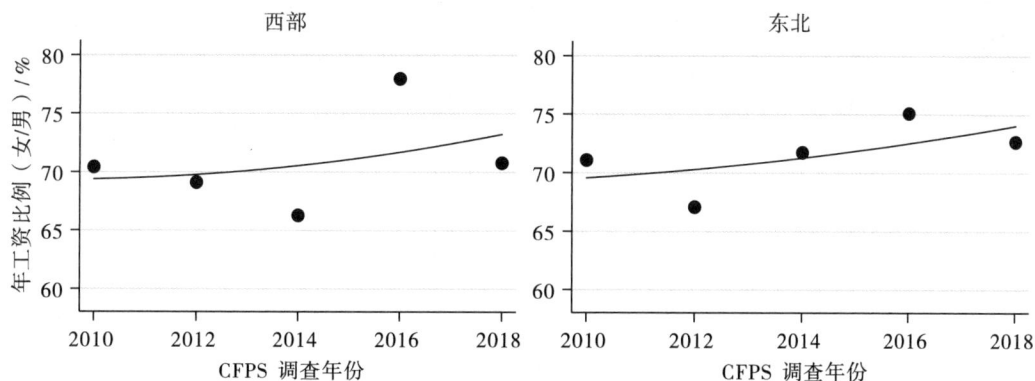

图 3-17　2010—2018 年我国各地区年工资性别比例

数据来源：CFPS 2010、2012、2014、2016、2018 年成人数据。

图 3-18 是不同地区城市和农村在 2010 年到 2018 年间的平均年工资收入变化情况。不同地区之间城乡男性和女性平均年工资变化相同点有以下几点：首先，除了个别年份，其他情况下工资水平都是上涨的；其次，不同地区之间城市工资收入均高于农村；最后，不同地区的城市和农村中的男性工资普遍高于女性工资，这意味着收入性别差异问题在不同地区的城市和农村都是普遍存在的。

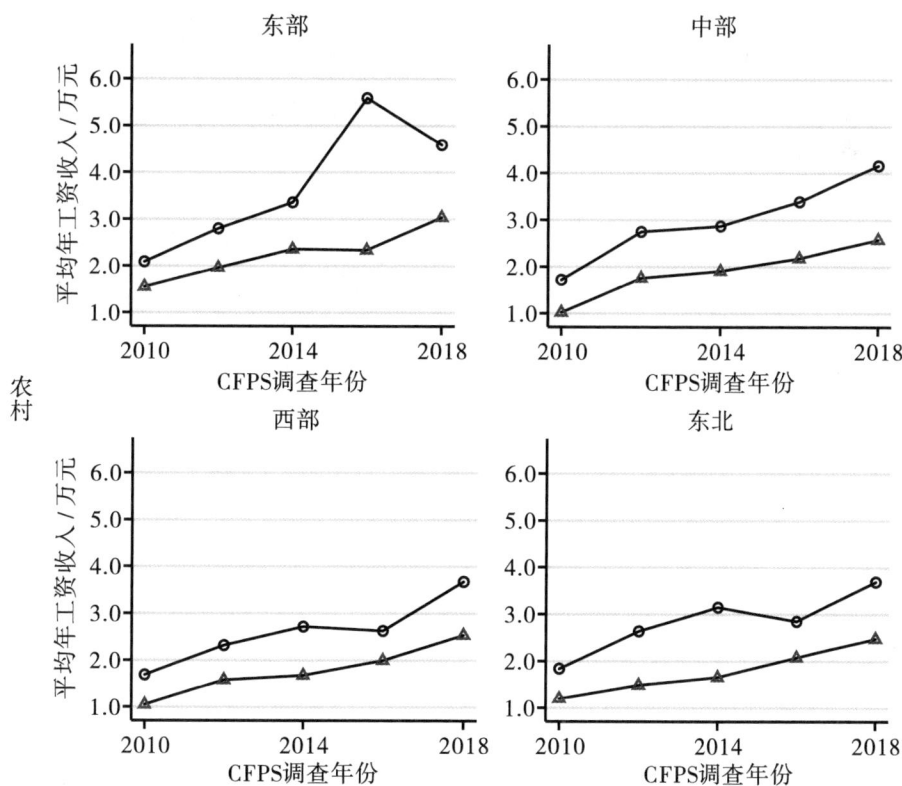

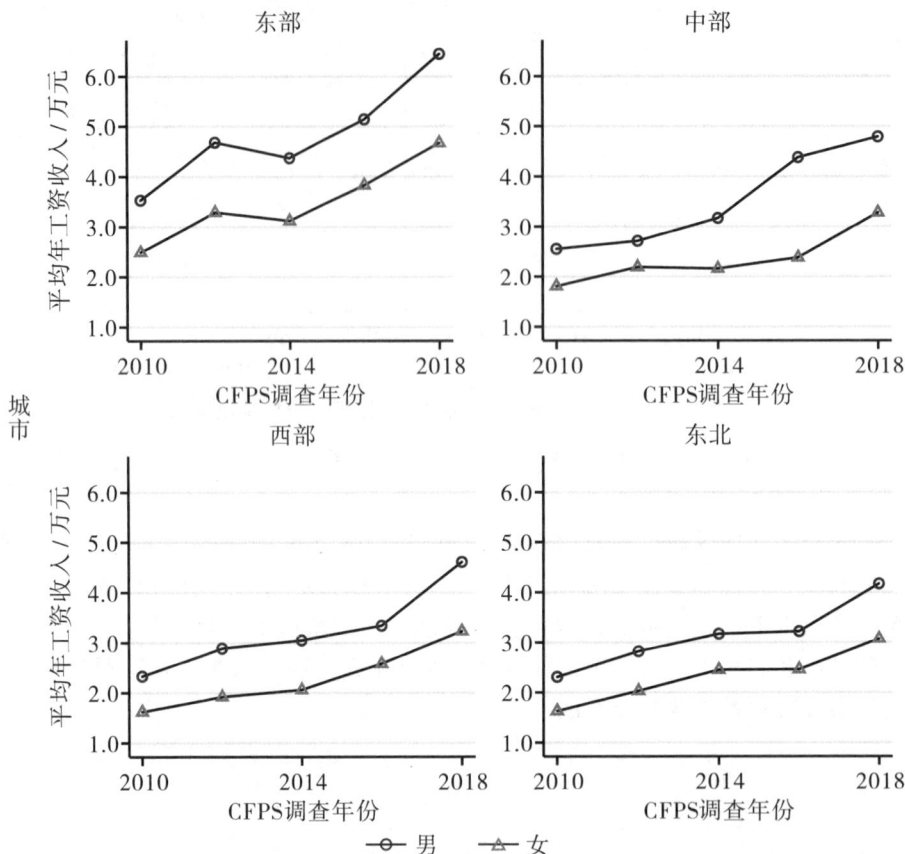

图 3 - 18　2010—2018 年我国各地区平均年工资收入与城乡分类

数据来源：CFPS 2010、2012、2014、2016、2018 年成人数据。

　　在东部地区中，农村男性和女性的工资变化情况不同，在 2014 年之前，男性和女性的工资呈现较为稳定的上升趋势，而在 2014 年到 2016 年间，男性的平均年工资突然上升，女性的平均年工资有所下降，2016 年到 2018 年男性的平均年工资又下降，女性的平均年工资又转为上升；城市中男性和女性的年工资变化情况是相同的，2012 年到 2014 年间都呈现下降而其他年份上升的状态。在中部地区，农村中男性和女性的年平均工资变化情况相似，一直逐步上升；城市中 2010 年到 2014 年收入性别差异相对较小，但 2014 年后男性的工资增长幅度高于女性，从而使得工资性别差异扩大。在西部地区中，农村和城市的男性和女性年工资变化情况相似，都呈现缓慢上升的趋势。在东北地区中，农村的收入性别差异在 2010 年到 2014 年之间不断增加，在 2016 年突然缩小，2018 年又转为增加；在城市地区工资性别比例一直保持在较为稳定的水平。

　　不同地区之间比较来看，东部地区不管在农村还是城市工资水平都是最高的，西部和东北地区的工资水平最低，而中部地区在 2014 年之前与西部和东北地区相近，但 2014 年之后收入增长速度提升，这与全国情况相似。

　　图 3 - 19 展示的是 2010 年到 2018 年我国不同地区城乡的工资性别比例变化，反映了

不同地区城乡的收入性别差异问题。从图中可以看出，不同地区城乡的收入性别差异问题各不相同。东部农村地区收入性别差异先增大后缩小，从2010年的74.48%下降到2016年的41.95%，下降幅度大于30%，2018年收入性别差异又回到66.09%；东部城市地区收入性别差异波动幅度很小，而且是其他地区中波动最小的，一直围绕在70%上下，收入性别差异有缩小的趋势。中部农村地区收入性别差异先缩小后增大，但相对来说变化较平稳；中部城市地区波动幅度较大，工资性别比例最大为2012年的80.67%，最低为2016年的54.34%，2012年到2016年收入性别差异逐步扩大，2018年又有所缩小。在西部地区中，不管是农村还是城市，收入性别差异都呈现缩小的趋势，并且农村的收入性别差异问题比城市地区严重，波动幅度也比城市大。东北地区农村收入性别差异先扩大后缩小，但2018年又有所扩大，整体上呈现先扩大后缩小的状态；城市中收入性别差异波动不大，且一直在70%—80%，呈现先缩小后扩大的趋势；东北农村地区收入性别差异问题比城市地区严重。综合上述可以看出，不同地区之间农村和城市的收入性别差异问题各不相同，总体来看，各地区农村的工资性别比例低于城市，即农村地区的收入性别差异问题更严重。

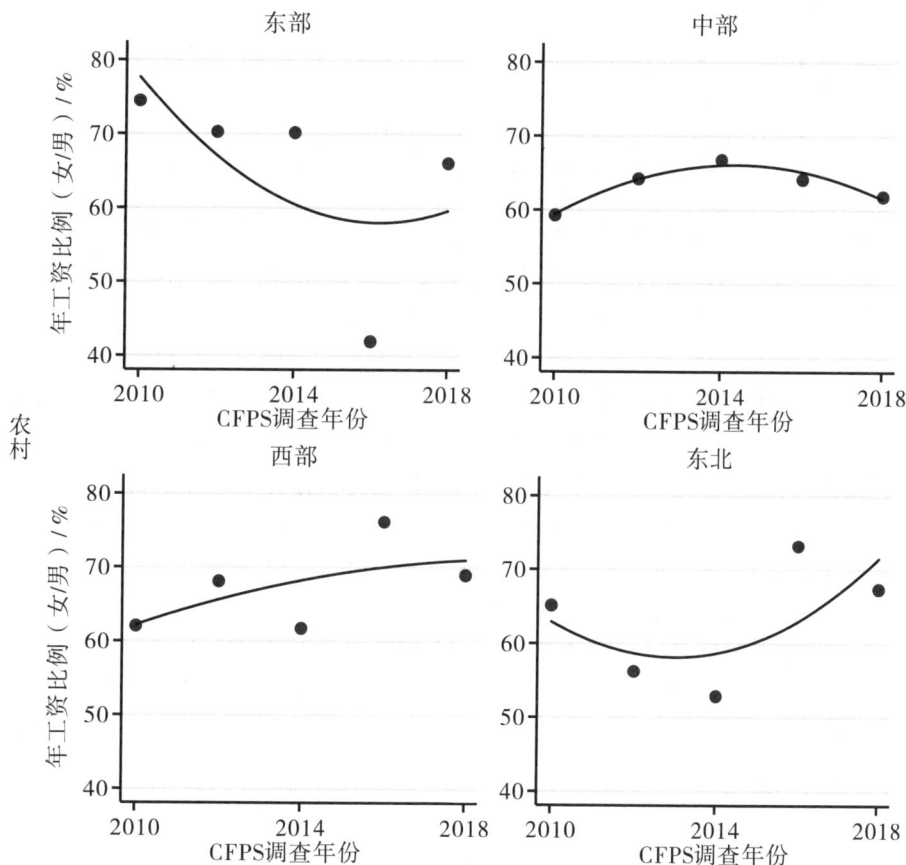

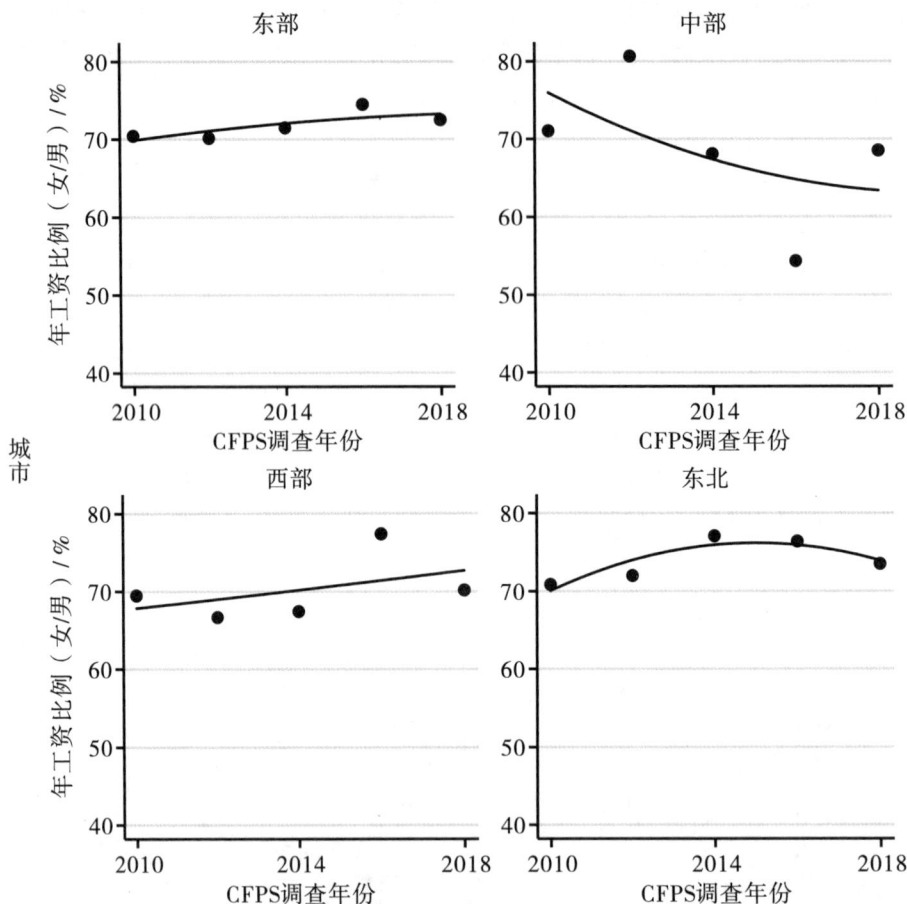

图 3 – 19   2010—2018 年我国各地区年工资性别比例与城乡分类

数据来源：CFPS 2010、2012、2014、2016、2018 年成人数据。

图 3 –20 是不同地区不同受教育程度的性别平均年工资收入情况。不同地区的不同受教育程度劳动者之间的相同点有以下几点：首先，除了个别年份外，其他情况下的工资收入呈现不断上涨的趋势；其次，不同地区之间都存在受教育程度越高工资越高的现象；最后，不同地区的不同受教育程度中男性工资普遍比女性高，即收入性别差异问题普遍存在。

不同点则有：首先，东部地区大学及以上劳动者的工资收入比其他地区任何受教育程度下的劳动者的工资收入高，而且相差较大。东部地区大学及以上女性劳动者的年工资大都在 4 万元以上，男性的年工资在 6 万元以上，而其他地区女性劳动者工资大都在 4 万元及以下，男性劳动者工资大都在 6 万元及以下，东部地区大学及以上劳动者的工资比其他情况下的劳动者工资高大约 2 万元以上。其次，在高中及同等学力劳动者中，东部地区比其他地区工资水平略高，东北地区最低。最后，在初中及以下劳动者中，四个地区劳动者工资相差不大，东部地区没有明显高于其他地区。

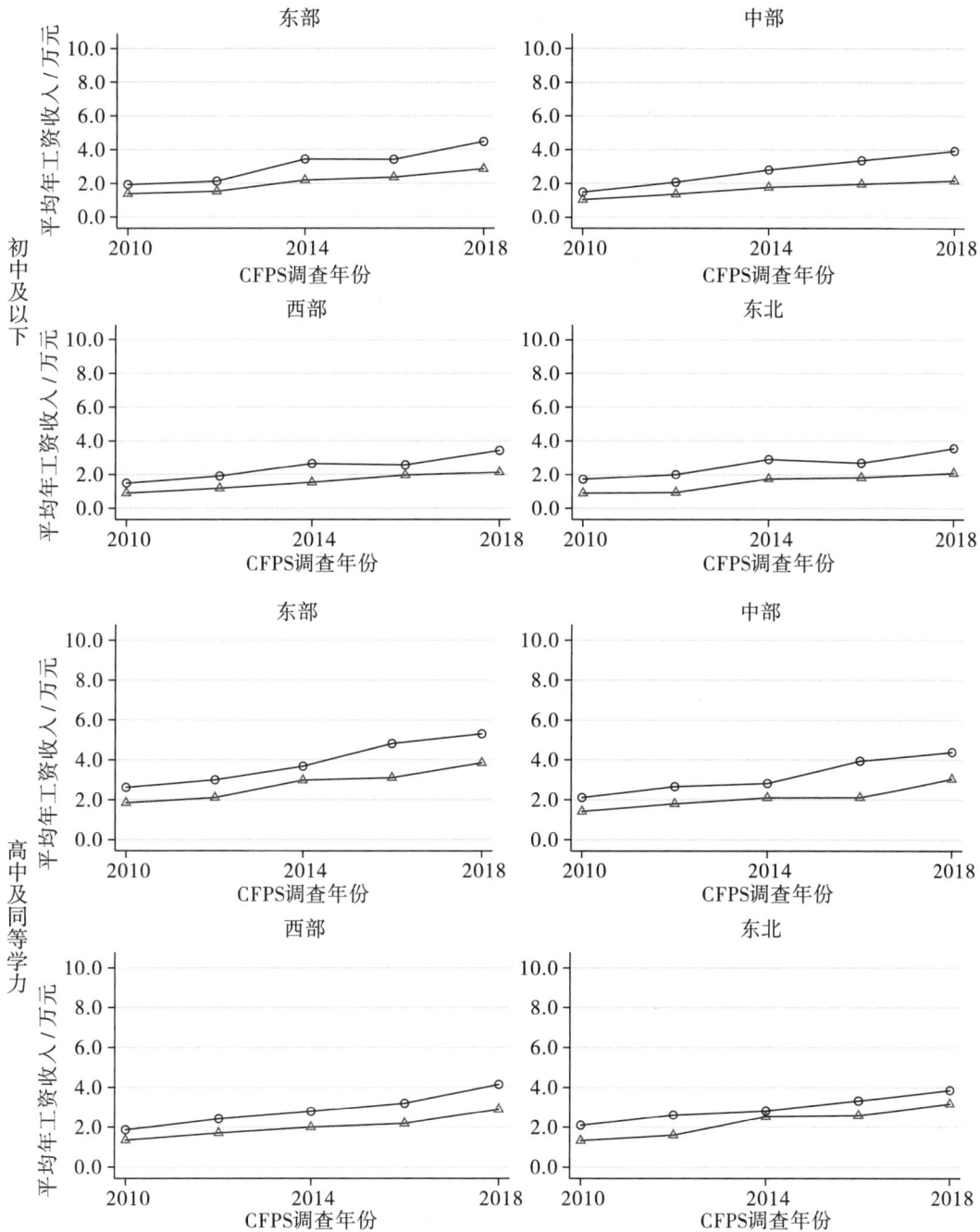

大学及以上

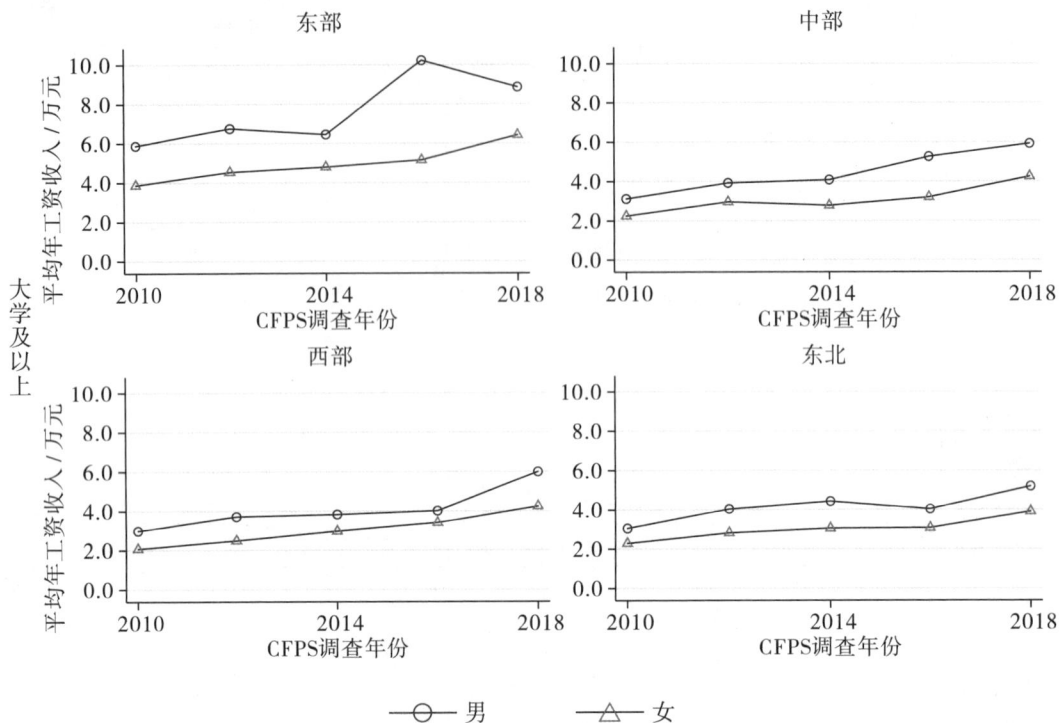

图 3 - 20　2010—2018 年我国各地区平均年工资收入与受教育程度

数据来源：CFPS 2010、2012、2014、2016、2018 年成人数据。

　　图 3 - 21 是中国不同地区按受教育程度分类的年工资性别比例，反映了不同地区不同受教育程度的劳动者工资性别差异问题。从图中可以看出不同地区不同受教育程度劳动者的收入性别差异各不相同。在东部地区中，初中及以下水平劳动者的收入性别差异持续扩大，但变动幅度较小，工资性别比例从 2010 年的 72.18% 下降到 2018 年的 64.03%，下降了不到 10%；高中及同等学力劳动者的收入性别差异在 2014 年和 2016 年波动较大，其他年份相对平稳，维持在 70% 左右；大学及以上劳动者中除了 2016 年外也相对较平稳，2016 年之前收入性别差异逐渐减小，但 2016 年突然扩大，2018 年又回到 2014 年的水平。

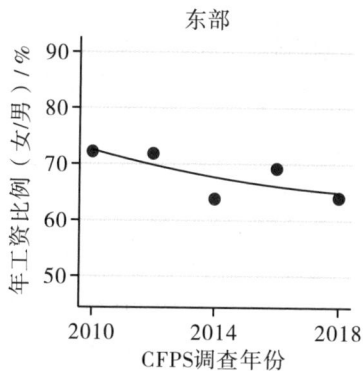

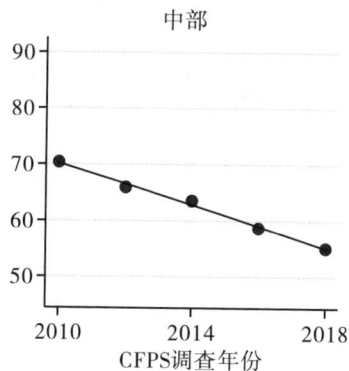

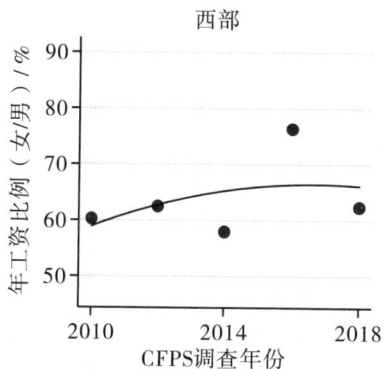

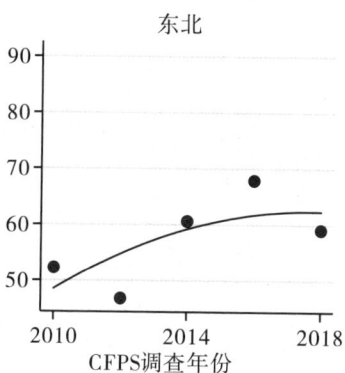

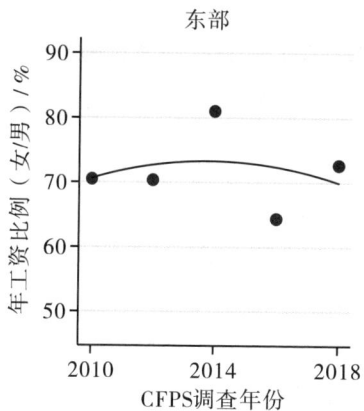

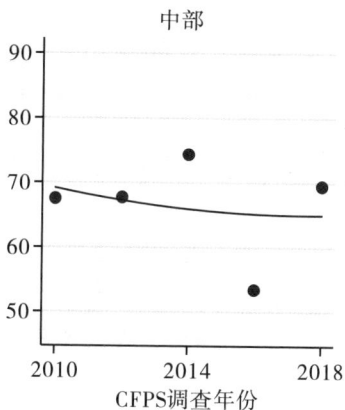

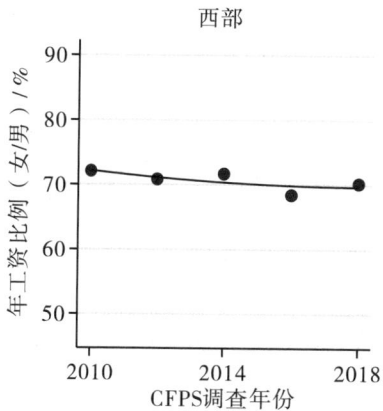

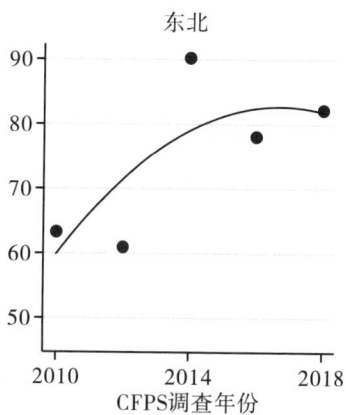

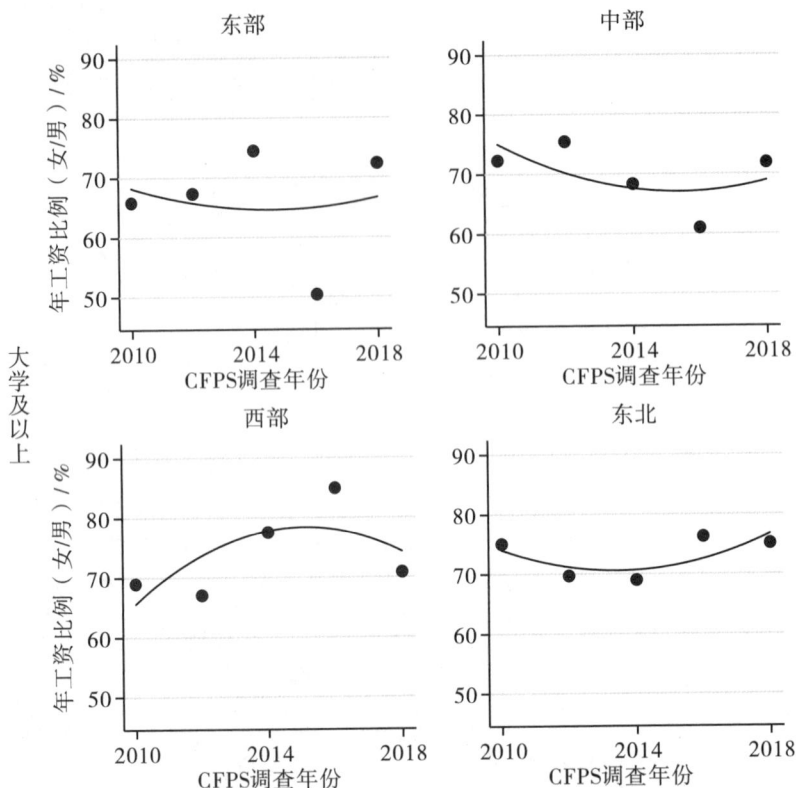

图 3-21　2010—2018 年我国各地区年工资性别比例与教育程度

数据来源：CFPS 2010、2012、2014、2016、2018 年成人数据。

　　在中部地区中，初中及以下劳动者收入性别差异与东部地区一样持续扩大，且扩大幅度大于东部地区，工资性别比例从 2010 年的 70.38% 下降到 2018 年的 55.13%，八年间下降了 15 个百分点；高中及同等学力劳动者的收入性别差异变化与东部地区大学及以上劳动者相似，2014 年之前收入性别差异在缩小，2016 年突然扩大，2018 年又回到 2014 年的水平；大学及以上劳动者收入性别差异呈现出先扩大后缩小的趋势，变化趋势与东部地区相似。

　　在西部地区中，初中及以下劳动者收入性别差异呈现缩小的趋势，与东部和中部相反；高中及同等学力劳动者收入性别差异波动非常小，大致稳定在 70% 左右；大学及以上劳动者收入性别差异变化趋势也与东部和中部相反，呈现出先缩小后扩大的趋势。在东北地区，初中及以下劳动者收入性别差异问题是四个地区中最严重的，但有缩小的趋势；高中及同等学力劳动者收入性别差异变动幅度最大，也呈现出缩小的趋势；大学及以上劳动者收入性别差异波动较小，始终维持在 70% 左右，与东部和中部变化趋势相似。

　　总的来说，初中及以下劳动者东部和中部地区收入性别差异在扩大，西部和东北地区在缩小；高中及同等学力劳动者东部、中部和西部地区收入性别差异变动相对来说较为平稳，东北地区波动较大；大学及以上劳动者收入性别差异四个地区波动情况类似，都没有明显的缩小和扩大的趋势。

3.3.2　按年龄变化分析地区情况

图 3－22 是我国不同地区 18 岁到 60 岁男性和女性年平均年工资收入状况。从图中可以看出只有个别地区的个别年龄上女性工资高于男性，收入性别差异问题在不同地区的不同年龄阶段上普遍存在。东部地区年工资随年龄的变化非常明显，男性最高工资在 38 岁达到，为 8.8 万元，最低工资为 18 岁的 1.98 万元，最高工资与最低工资相差近 7 万元；女性最高工资为 35 岁的 6.78 万元，最低工资为 18 岁的 1.74 万元，两者相差近 5 万元；东部地区中男性一生的工资变动大于女性。东部地区劳动者一生中最高工资集中于 30—40 岁，在 20 岁和 60 岁左右最低，即工资随着年龄的增长先增加后下降。在四个地区的比较中，东部地区工资随年龄变化的趋势最明显，工资随年龄变化的波动幅度最大。在中部地区最高工资也集中在 30—40 岁，在 20 岁和 60 岁左右工资较低，但是中部地区工资随年龄变化的趋势不明显，工资只有微小变动。西部和东北地区工资随年龄波动的幅度更小，并且两个地区都存在年龄较大时女性出现高工资的现象。可见，经济发展水平越高，工资随年龄的波动幅度越大，越明显地呈现出随年龄的增加工资出现先上升后下降的趋势；经济发展水平越低工资随年龄的波动幅度越小。

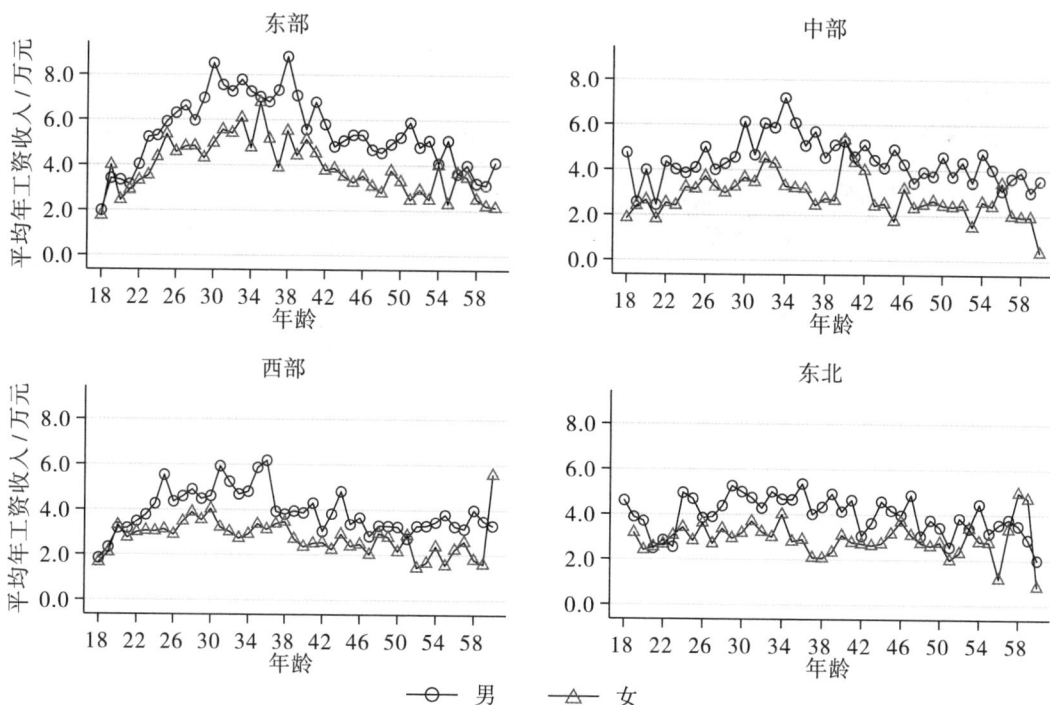

图 3－22　我国各地区 18—60 岁劳动力平均年工资收入

数据来源：CFPS 2018 年成人数据。

图 3 – 23 展示的是我国不同地区按劳动者年龄分布的年工资性别比例，从图中可以看出东部、西部和东北地区劳动者按年龄分布的工资性别比例变化趋势是相似的，即随着劳动者年龄的增加工资性别比例先下降后上升，即收入性别差异随着劳动者年龄的增大先扩大后缩小。与劳动者工资随年龄的变化相联系就是收入性别差异随着工资的增加而扩大，工资越高收入性别差异越大，工资越低收入性别差异越小。中部地区工资性别比例随年龄变化的波动较小，但呈现出不断下降的趋势，即中部地区劳动者随着年龄的增大收入性别差异越来越大。

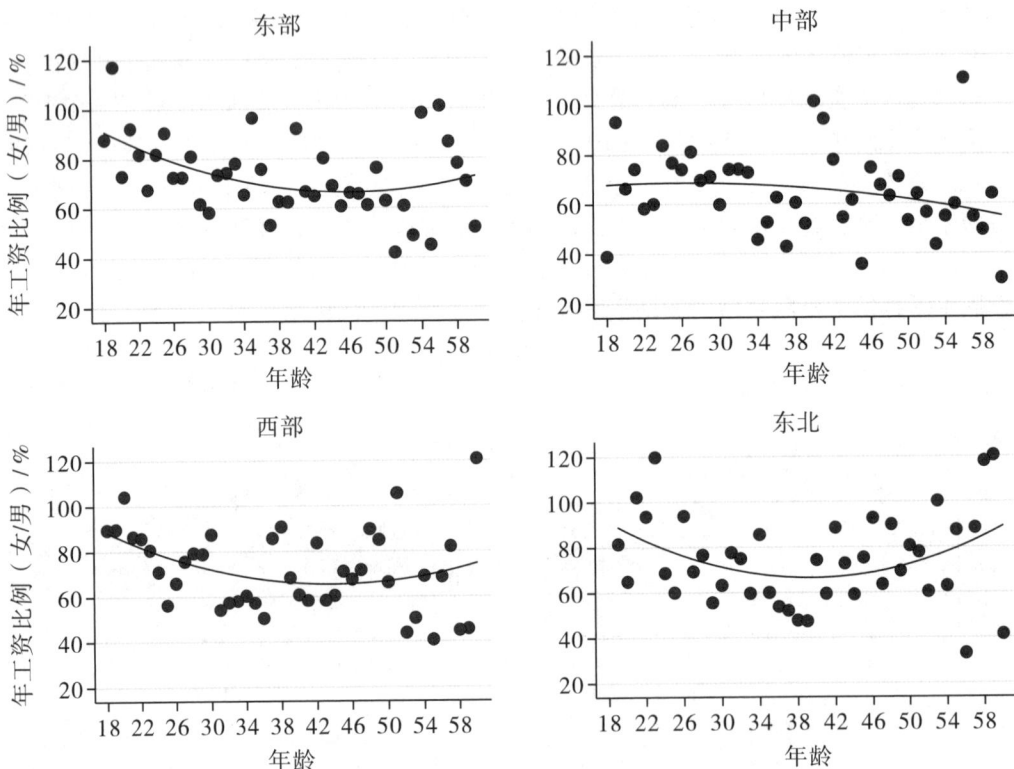

图 3 – 23 我国各地区 18—60 岁劳动者年工资性别比例

数据来源：CFPS 2018 年成人数据。

图 3 – 24 是不同地区城乡之间的男性和女性平均年工资收入随年龄变化的情况。不同地区在不同年龄阶段上除了个别值外，男性的年平均工资收入要高于女性，即收入性别差异在不同地区城乡分类的不同年龄阶段上是普遍存在的。农村劳动者的工资收入在不同年龄阶段上的分布在不同地区差别不大，东部地区没有表现出明显的优势；而城市地区劳动者的工资收入在东部地区要明显高于其他三个地区，并且与全国分析的情况类似，东部地区劳动者的工资随年龄增大而先上升后下降的趋势更明显，工资随年龄变化的波动幅度更大，西部和东北地区变化最小。

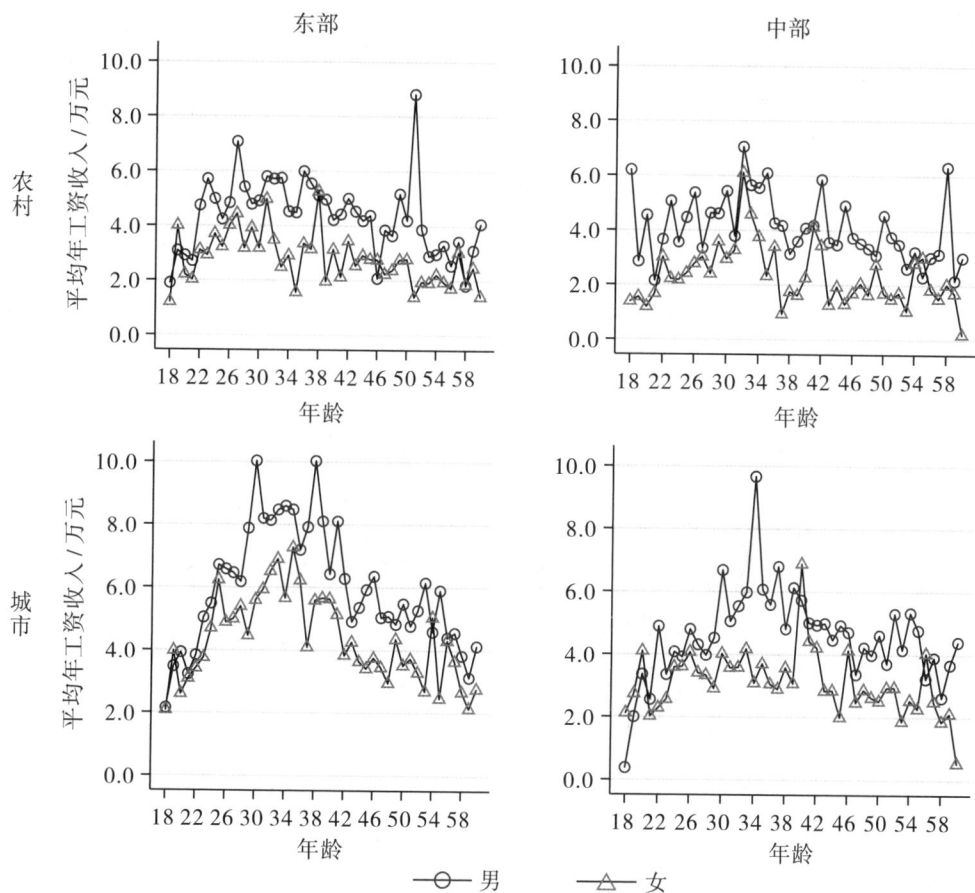

图 3 - 24　我国各地区 18—60 岁劳动者平均年工资收入与城乡分类

数据来源：CFPS 2018 年成人数据。

图 3 - 25 是不同地区城乡之间按年龄分布的工资性别比例，反映了收入性别差异随劳动者年龄变化的趋势。在东部地区，城市和农村中都表现出随着劳动者年龄的增加工资性别比例先下降后上升的趋势，即收入性别差异随着劳动者年龄的增加先扩大后缩小，这也与全国情况类似；而且可以看出农村的收入性别差异问题比城市更严重。在中部地区，农村中工资性别比例随劳动者年龄的增加先上升后下降，即收入性别差异随劳动者年龄的增加先缩小后扩大；城市中收入性别差异随劳动者年龄增大一直呈现扩大的趋势。在西部地区，农村中工资性别比例随劳动者年龄波动的趋势不明显；在城市中收入性别差异随劳动者年龄的增大先扩大后缩小，这与全国情况类似。在东北地区，农村的工资性别比例随劳动者年龄的增大一直下降，即收入性别差异是越来越大的，但扩大的速度不断下降；城市的工资性别比例与全国情况类似，随着劳动者年龄的增加先下降后上升。而且从城乡分类来看，农村中不同地区收入性别差异随劳动者年龄的变化各不相同，东北地区的变动幅度最大；城市中不同地区收入性别差异随劳动者年龄的变化是一致的，都是先扩大后缩小；并且农村的收入性别差异问题在不同地区均比城市地区严重。

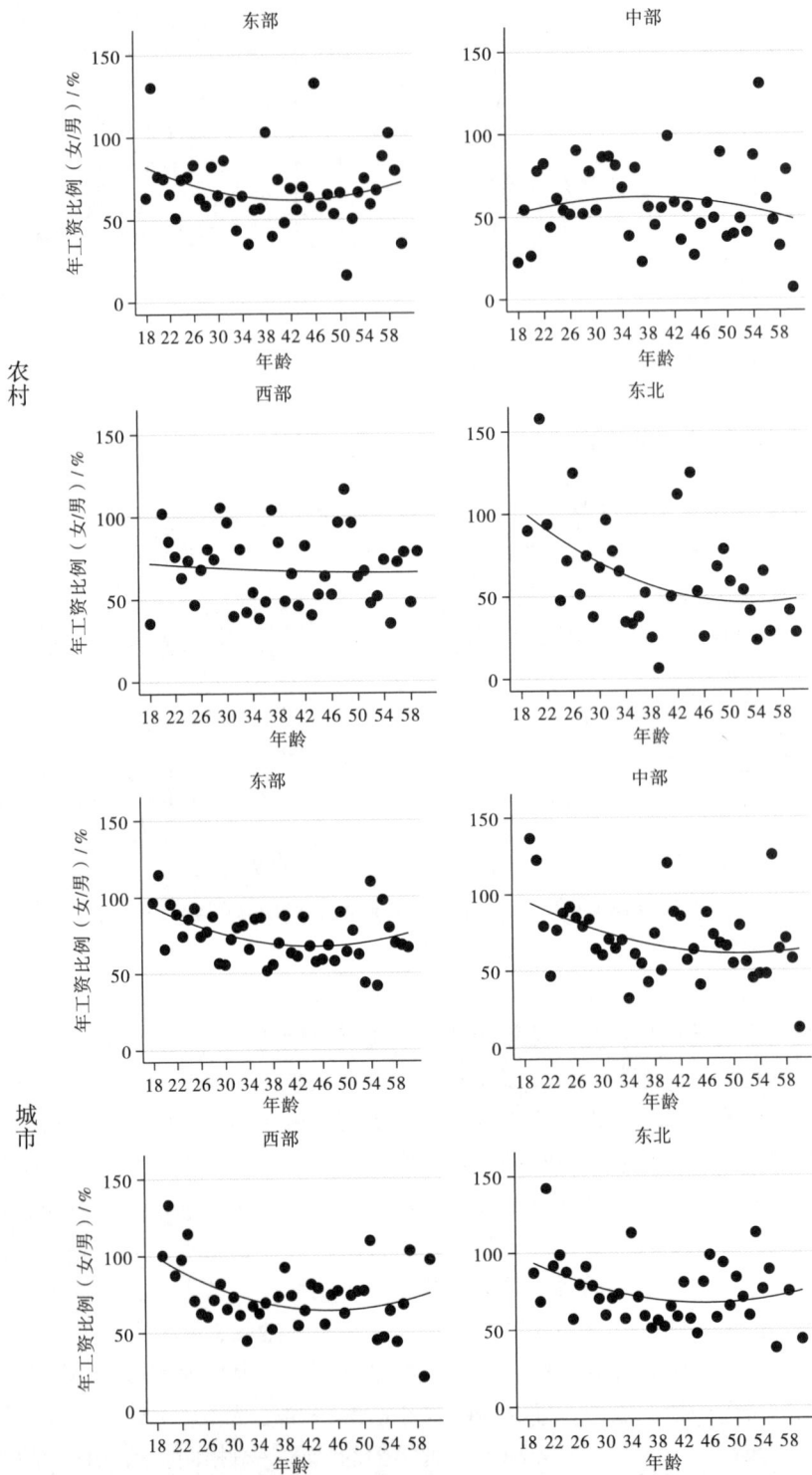

图 3 – 25　我国各地区 18—60 岁劳动者年工资性别比例与城乡分类

数据来源：CFPS 2018 年成人数据。

　　图 3-26 是不同地区按受教育程度分类的平均年工资收入随年龄变化的情况。受教育程度为初中及以下的劳动者在不同地区工资随年龄的变化情况类似，整体波动幅度不大，且不同地区的工资收入差距也不大。受教育程度为高中及同等学力的劳动者在四个地区中的波动幅度相较于初中及以下来说大一些，但工资性别差异也较小。在大学及以上的劳动者中，东部地区工资随年龄的变化比较明显，呈现出随着年龄的增大先上升后有所下降的趋势，而且东部地区的工资波动幅度要比其他三个地区大。所以受教育程度越高、地区的经济发展水平越高，工资随年龄变化的波动幅度越大。在四个不同地区和不同受教育程度间，男性工资普遍高于女性工资，并且在 30 岁到 40 岁之间男性和女性的工资差距更大些。

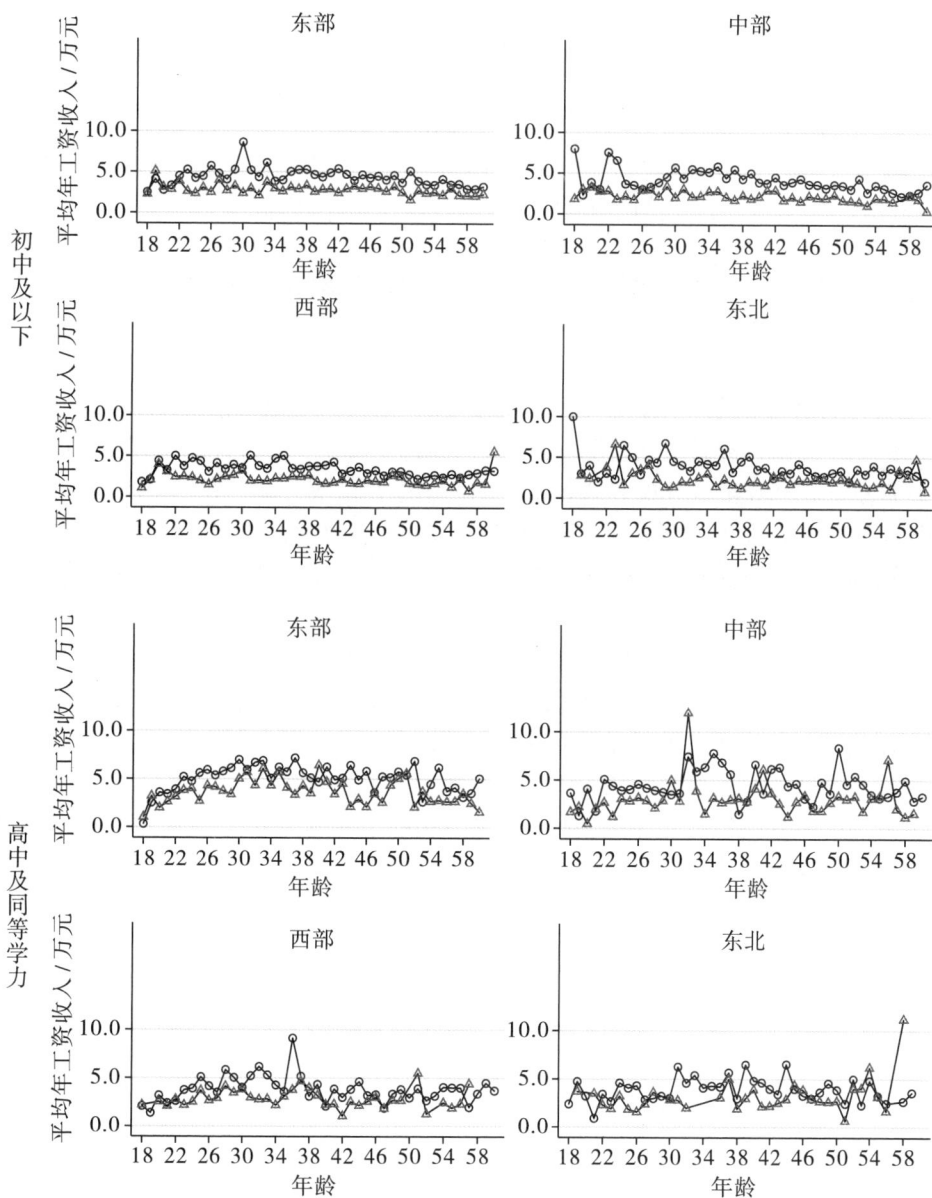

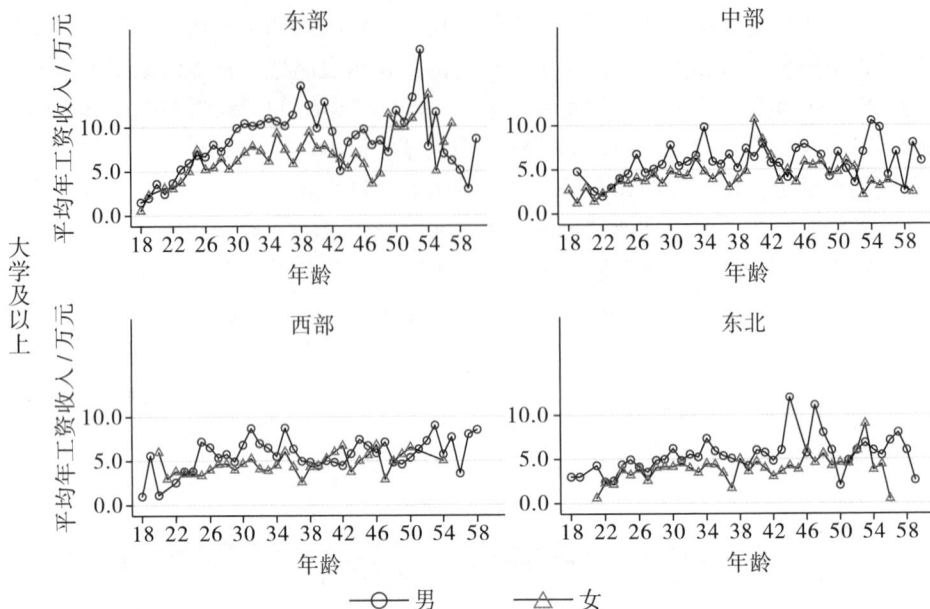

图 3-26　我国各地区 18—60 岁劳动者平均年工资收入与受教育程度

数据来源：CFPS 2018 年成人数据。

　　图 3-27 是中国不同地区按受教育程度分类的年工资性别比例随年龄变化的情况，反映了收入性别差异随年龄的变化情况。从图中可以看出在不同地区和不同受教育程度情况下，工资性别比例随年龄变化的趋势各不相同。初中及以下劳动者在四个不同地区工资性别比例随年龄增加呈现出先下降后上升趋势，即收入性别差异随年龄的增大先扩大后减小，并且这种趋势在东北地区更明显，在西部地区最不明显，且东部地区的整体波动幅度最小，东北地区波动幅度最大。高中及同等学力的劳动者在不同地区中工资性别比例随年龄变化的趋势不明显，中部地区的波动幅度最大，最高超过 150%，最低在 20% 以下；其他三个地区工资性别比例的波动幅度相近。大学及以上学历的劳动者在东部和西部地区的工资性别比例随年龄的增大先下降后上升，收入性别差异先扩大后缩小；中部地区收入性别差异随年龄的变化与东部和西部相反，收入性别差异随年龄的增大先缩小后扩大，而东北地区收入性别差异随年龄的变化趋势不明显。因而不同地区不同受教育程度下劳动者的收入性别差异随年龄的波动情况各不相同，整体来看，受教育程度越低，收入性别差异变动趋势越相近。

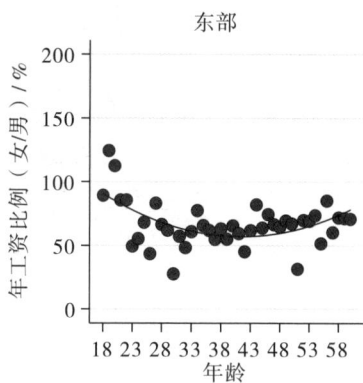

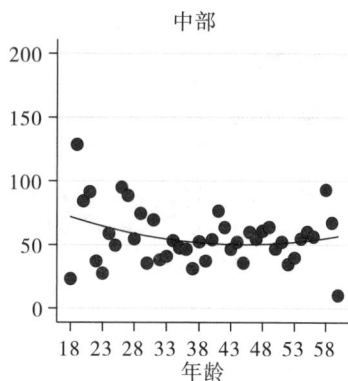

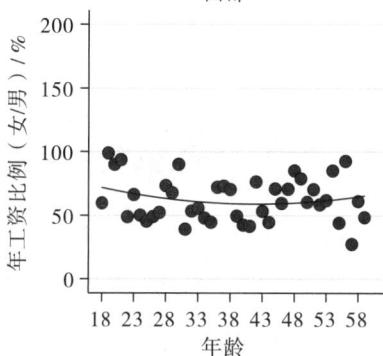

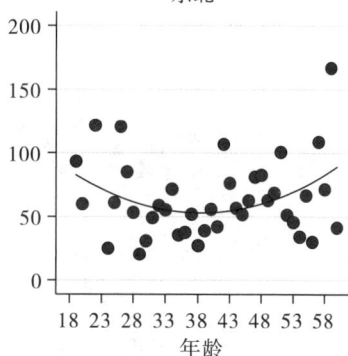

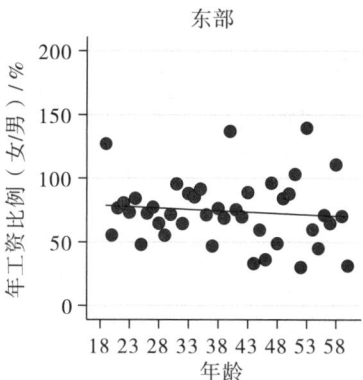

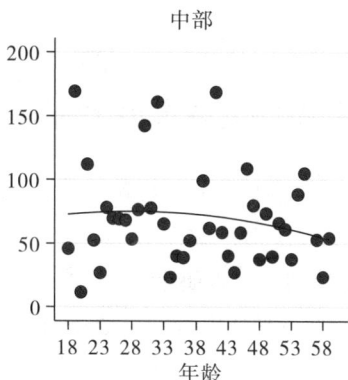

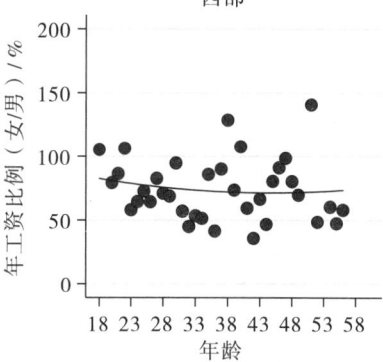

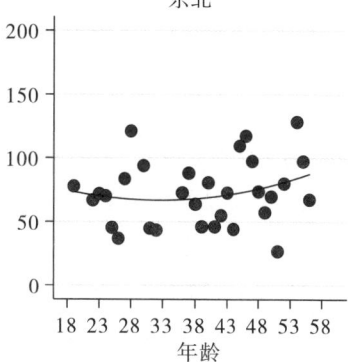

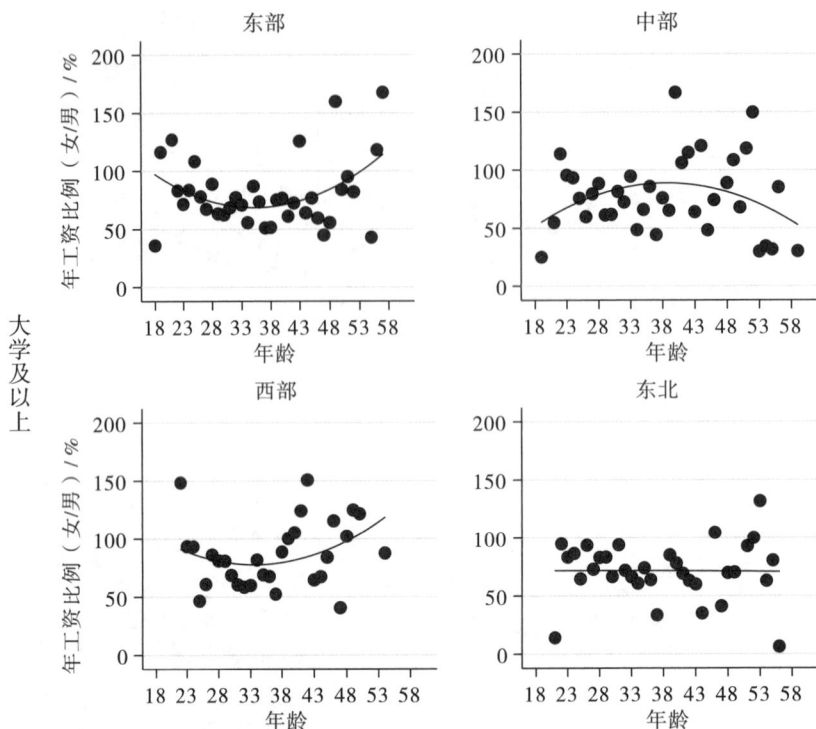

图3-27　我国各地区18—60岁劳动者年工资性别比例与受教育程度

数据来源：CFPS 2018年成人数据。

3.3.3　不同工资水平上的地区情况分析

在劳动力市场上，不同的工资水平往往有不同的性别分布，因此下面介绍在不同的工资分位上的工资性别比例。

图3-28是中国不同地区在不同工资分位上的年工资性别比例变化情况，反映了在不同工资水平上的收入性别差异。从图中可以看出，在东部地区，工资性别比例随着工资分位的上升而逐渐上升，在0到0.4分位之间上升速度较快，在0.4分位之后变得平缓下来，而在最高工资分位上有所下降，说明在东部地区收入性别差异随着工资水平的增加而缩小，但在最高工资水平上又有所扩大。在中部地区，工资性别比例在0到0.8分位之间持续平稳上升，从46.88%逐步上升到70.00%，但在0.8到1分位之间工资性别比例有所下降；说明中部地区性别收入差异随着工资水平的提高先缩小后扩大。在西部地区，除了工资水平在较低和较高时工资性别比例变化较大外，在其他工资分位上工资性别比例较稳定，说明西部地区收入性别差异状况除去异常值外，在不同工资水平上差异不大。在东北地区，工资性别比例在0到0.3分位和0.8到1分位之间上升幅度较为明显，在0.4到0.8分位之间工资性别比例维持在相对稳定的水平，从最低工资水平时的58.72%上涨到70%左右，然后一直维持在70%左右，到较高工资水平上时女性工资超过男性；说明东北地区收入性别差异随着工资的上升而缩小，在较低工资和较高工资时收入性别差异缩小得更快。

从不同地区之间的对比来看，中部地区在各个不同工资水平上收入性别差异最大，并且波动也最小，东部地区在低工资水平上收入性别差异较大，在高工资水平上收入性别差异较小，东部和中部地区收入性别差异随工资水平的变化波动较小，东北地区在不同工资水平上的收入性别差异变化最大，说明经济发展水平越高，收入性别差异随工资水平的波动幅度越平稳。

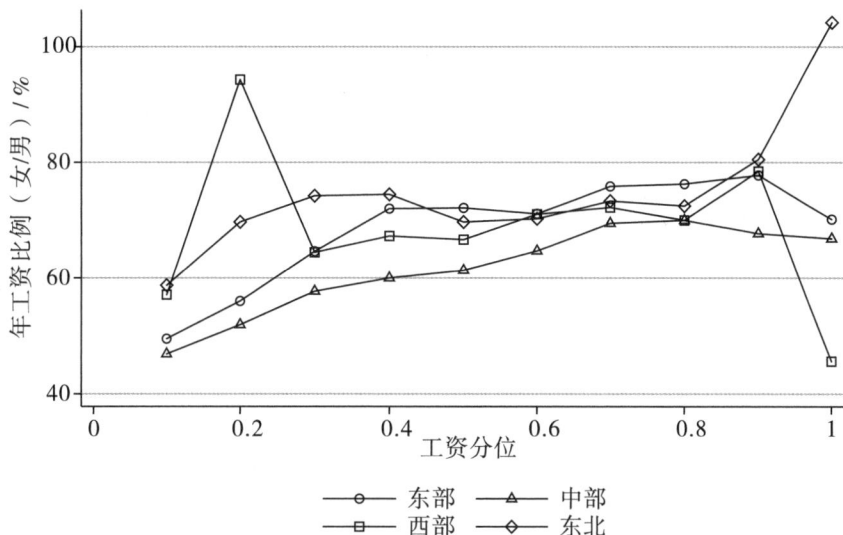

图 3 - 28　我国各地区劳动者年工资收入性别比例与工资分位

数据来源：CFPS 2018 年成人数据。

图 3 - 29 是不同地区按城乡分类的年工资性别比例在工资分位上的情况。东部地区农村工资性别比例随工资分位的增大先逐渐增大后略微下降，从最低工资分位时的 33.68% 逐渐上升到 70.00%，在最高工资分位上又降到 67.10%，说明收入性别差异随着工资水平的上升先缩小后略微扩大。在中部地区农村工资性别比例随工资分位的增加逐渐增加，在最高工资分位上增加幅度更大，从最低工资分位时的 38.35% 上升到最高工资分位的 86.25%，说明收入性别差异随工资水平的上升持续缩小，且在高工资水平上缩小幅度更大。西部地区农村工资性别比例随工资分位的增加先上升后较为平稳，从最低工资分位时的 53.91% 上升到 0.3 分位上的 69.91%，此后一直维持在 70.00% 左右，说明收入性别差异随工资水平的上升先缩小后逐渐平稳。东北地区农村工资性别比例随工资分位的上升而持续上升，从最低 40.16% 持续上升到最高 89.58%，说明收入性别差异随工资水平的提高而持续缩小。从不同地区对比来看，东部地区在最低工资水平和最高工资水平上收入性别差异最大，中部地区在四个地区中总体收入性别差异最大，西部地区收入性别差异最小，说明总体上不同地区间农村经济发展水平越高，收入性别差异越大；经济发展水平越低，收入性别差异越小；工资水平越低，收入性别差异越大；工资水平越高，收入性别差异越小。

在不同地区之间，城市的工资性别比例只有在最低工资和最高工资分位上有所差异，在其他工资分位上差异较小。在较低和较高工资分位上东北和中部地区的工资性别比例较高，在中间的工资分位上不同地区差异很小；不同地区工资性别比例随工资分位的增加有上升趋势。说明在不同地区间城市收入性别差异较小，都表现出随工资水平的上升而缩小的趋势。不同地区之间的农村和城市的工资性别比例有较大的差别，其中不同地区间农村收入性别差异问题各不相同，城市的收入性别差异问题在各个地区相差不大，且变化情况也类似。

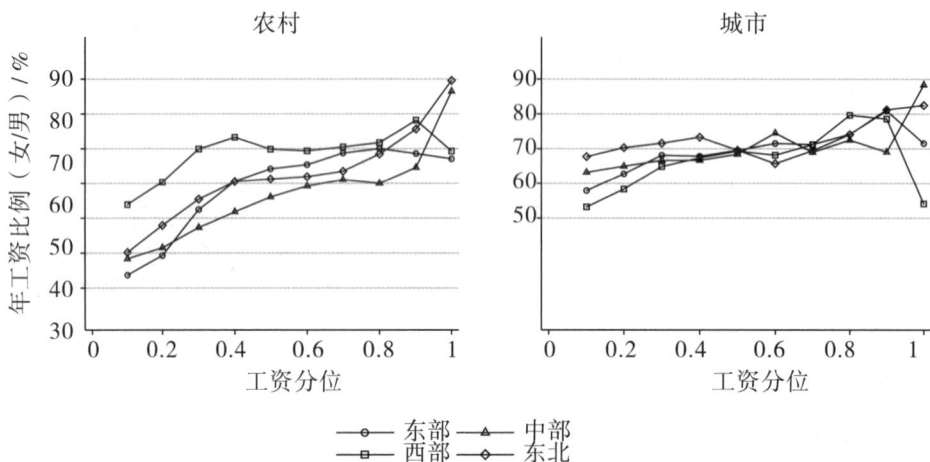

图 3-29　我国各地区劳动者年工资收入性别差异的工资分位与城乡类型

数据来源：CFPS 2018 年成人数据。

图 3-30 是不同地区按受教育程度分类的年工资性别比例在不同工资分位上的变化情况。在初中及以下劳动者中，除了东部地区在 0.5 工资分位上突然下降外，其他不同地区之间的变动较为相似，都是随工资分位的增加工资性别比例先上升后变平稳，在最高工资分位上又表现出不同的变化。其中，在工资最高分位上东部和西部地区工资性别比例转为下降，中部和东北地区工资性别比例上升速度加快；说明对于初中及以下劳动者来说，在不同地区的不同工资水平上收入性别差异类似，且变化情况相似。不同地区对比来看，东部地区收入性别差异一直较小，中部地区收入性别差异一直较大。

在高中及同等学力劳动者中，不同地区工资性别比例随工资分位的变化情况差别较大。东部地区工资性别比例先上升后变化平稳，中部地区在不同的工资分位上一直维持着较为稳定的工资性别比例，西部地区工资性别比例随工资分位的增长先上升后缓慢下降，东北地区工资性别比例与工资分位变化呈"U"形即先下降后上升趋势，因此在高中及同等学力中不同地区收入性别差异随工资水平的变动情况各不相同。从不同地区对比来看，东部和中部地区收入性别差异在不同工资水平上较大，东北地区在不同工资水平上收入性别差异较小。

在大学及以上学历的劳动者中，不同地区不同工资分位上工资性别比例的变动均较小，大都维持在 60% 到 80% 之间，说明大学及以上学历的劳动者在不同的工资水平下收入性别差异整体情况类似。综合来看，经济发展水平越高的地区在不同的工资水平上收入性别差异越大，高中及同等学力劳动者在不同工资分位上收入性别差异波动最大，大学及以上学历的劳动者在不同工资分位上的收入性别差异波动最小。

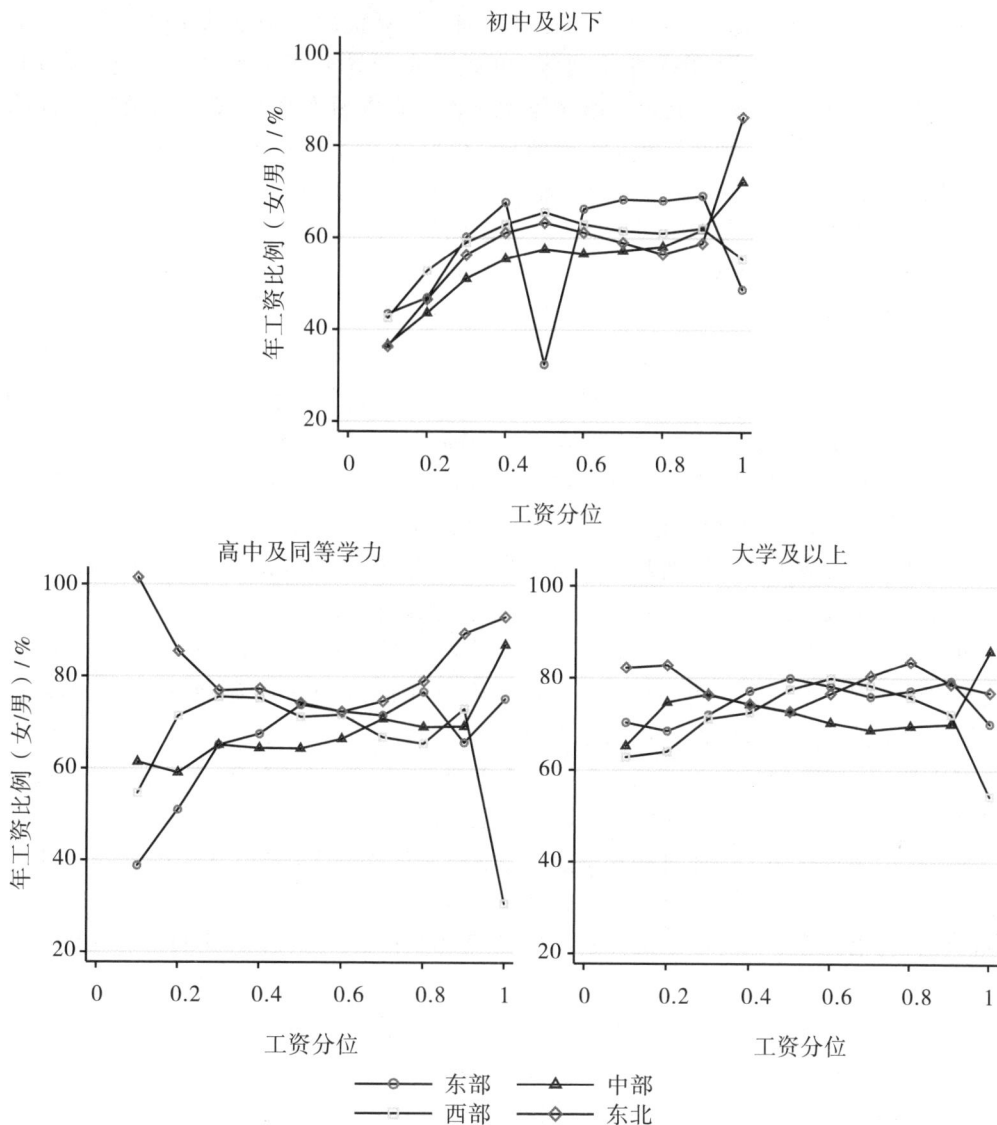

图 3 - 30　我国各地区劳动者年工资收入性别差异的工资分位与受教育程度

数据来源：CFPS 2018 年成人数据。

3.4　行业情况

已有文献研究表明，行业是导致收入性别差异的重要来源，本节讨论不同行业之间的收入性别差异问题以及行业内部的收入性别差异问题。

图 3 - 31 是 2010 年到 2018 年间各行业的男性和女性的年工资收入情况，从图中可以看出，除了卫生、社会保障和社会福利业，电力、然气及水的生产和供应业之外，其他各个行业中男性工资收入明显高于女性，说明在中国劳动力市场中各个行业在不同的年份中

都存在收入性别差异问题。在 2016 年的信息传输、计算机服务和软件业中，男性工资有一个较大幅度的提高，而别 2018 年又回落，可能是由于异常值导致的。除了个别行业个别年份的工资收入超过 5 万元之外，其他情况下的工资均分布在 0—5 万元之间，因此各个行业的收入相差不大。此处与前文中提到的文献研究的结论一样，行业间的性别隔离不是引起收入性别差异的主要原因，行业内的收入性别差异问题才是主要原因。

图 3 - 32 是各个行业在 2010 年到 2018 年之间的工资性别比例变化情况，反映了劳动者在不同行业中的收入性别差异问题。从图中可以看出，在 2010 年到 2018 年间，农、林、牧、渔业，采矿业，制造业，交通运输、仓储和邮政业，批发和零售业，住宿和餐饮业，金融业，水利、环境和公共设施管理业，居民服务和其他服务业，教育，公共管理与社会组织等 11 个行业的工资性别比例没有显著变化；在电力、燃气及水的生产和供应业，居民服务和其他服务业，卫生、社会保障和社会福利业，房地产业，租赁和商务服务业 4 个行业中工资性别比例有所上升，即在这 4 个行业中收入性别差异有所改善；在建筑业，信息传输、计算机服务和软件业，文化、体育和娱乐业 3 个行业中工资性别比例有所下降，即在这 3 个行业中收入性别差异问题变的更严重。但总体来说，不同行业的收入性别差异变动较小，说明性别行业分割对收入性别差异问题影响不大。

图 3 - 33 展示的是不同行业在城乡的工资性别比例情况，从图中可以看出，在农村，建筑业和教育的工资性别比例低于 60%，即收入性别差异较大；在制造业，交通运输、仓储和邮政业，批发和零售业，住宿和餐饮业，居民服务和其他服务业，卫生、社会保障和社会福利业，公共管理与社会组织 7 个行业中工资性别比例超过 60%；其中，居民服务和其他服务业工资性别比例超过 80%；其他行业由于样本量太少而无法计算。

在城市中，只有文化、体育和娱乐业的工资性别比例低于 60%；电力、燃气及水的生产和供应，交通运输、仓储和邮政业，金融业，房地产业，租赁和商务服务业，卫生、社会保障和社会福利业 6 个行业工资性别比例高于 80%；其他 11 个行业的工资性别比例在 60% 和 80% 之间。在制造业，批发和零售业，住宿和餐饮业，居民服务和其他服务业 4 个行业中，农村的工资性别比例高于城市，即农村的收入性别差异小于城市；在建筑业，交通运输、仓储和邮政业，教育，卫生、社会保障和社会福利业，公共管理与社会组织 5 个行业中，城市工资性别比例高于农村，即城市的收入性别差异问题小于农村，而且建筑业中城市和农村的工资性别比例差异较大。总体来看，农村地区的收入性别差异问题比城市严重。

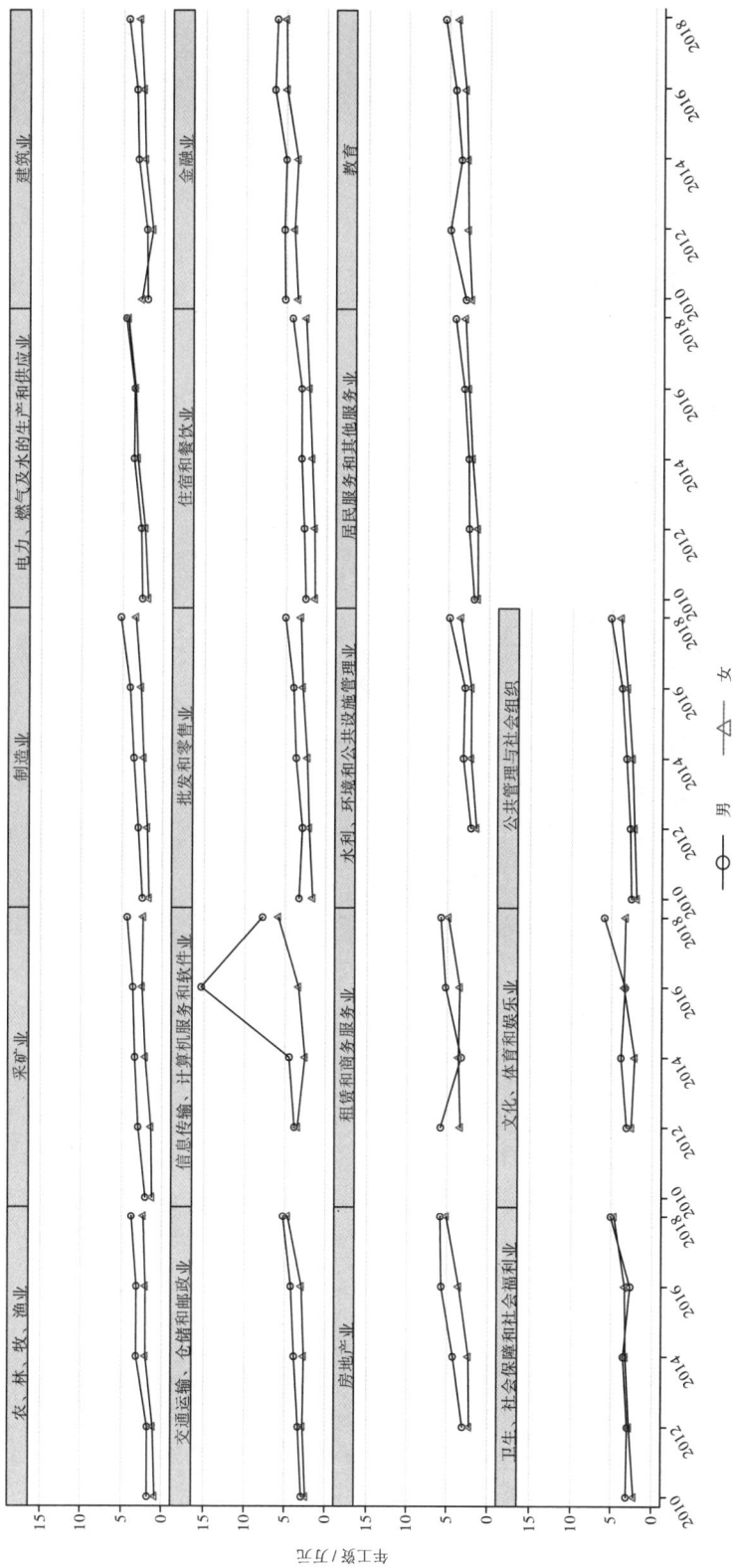

图 3 - 31 2010—2018 年各行业年工资收入

数据来源：CFPS 2010、2012、2014、2016、2018 年成人数据。

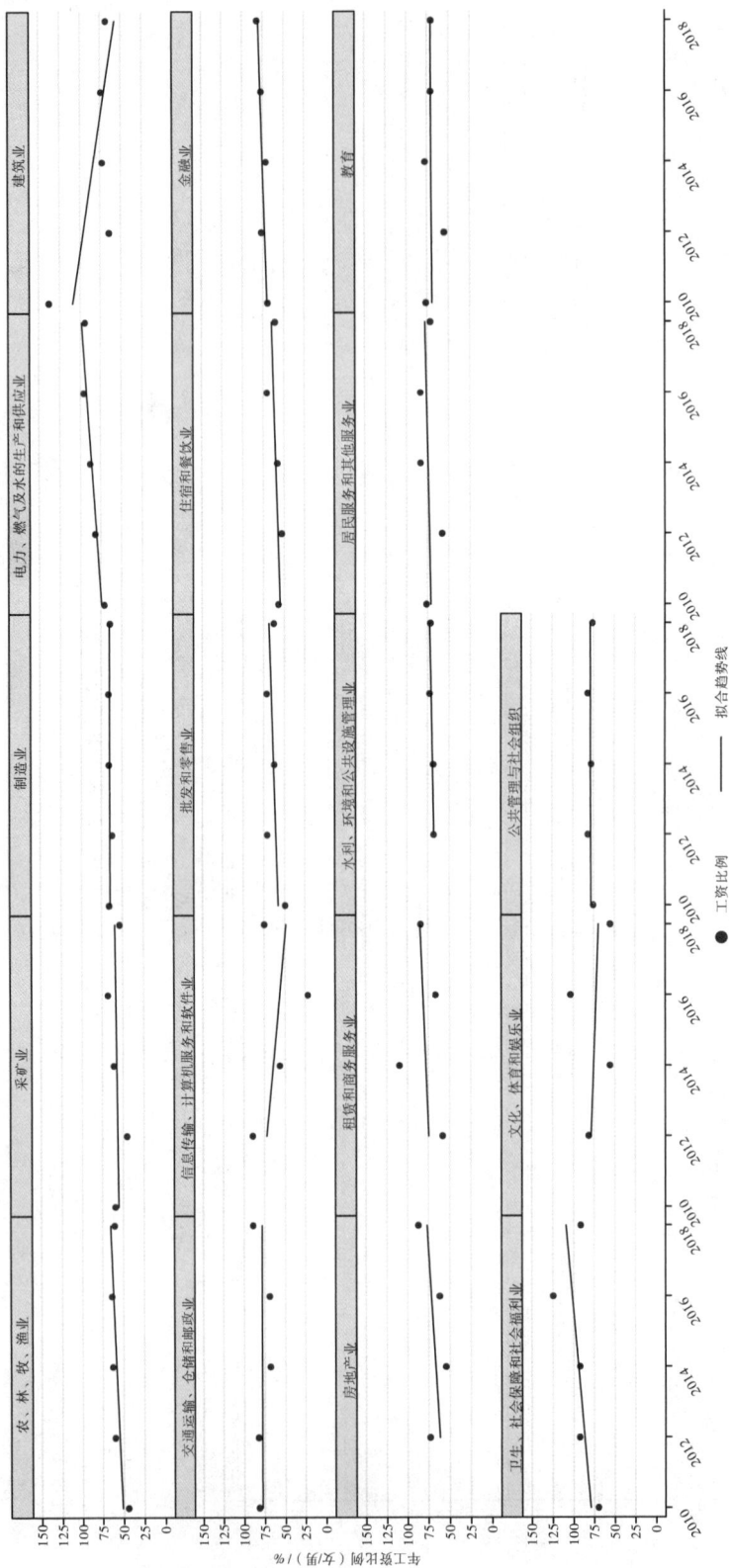

图 3 - 32　2010—2018 年各行业年工资收入性别差异

数据来源：CFPS 2010、2012、2014、2016、2018 年成人数据。

图 3-33 各行业年工资收入性别差异与城乡分类

数据来源：CFPS 2018 年成人数据；空缺说明该类别在该省区样本量太少。

　　图 3 - 34 是不同行业按受教育程度分类的年工资性别比例情况。在农、林、牧、渔业和信息传输、计算机服务和软件业中的高中及同等学力劳动者，以及卫生、社会保障和社会福利业中的初中及以下劳动者的女性工资高于男性，而在其他情况下男性工资均高于女性，可以说收入性别差异问题在不同行业的不同受教育程度中普遍存在。从图中可以看出，在不同行业中，不同受教育程度的工资性别比例情况各不相同，例如在住宿和餐饮业中高中及同等学力收入性别差异最小，在建筑业及批发和零售业中不同学历之间的收入性别差异问题最接近。

　　图 3 - 35 展示的是不同行业中不同年龄阶段的工资性别比例变化情况。从图中可以看出，农、林、牧、渔业，采矿业，电力、燃气及水的生产和供应业，租赁和商务服务业 4 个行业中工资性别比例随年龄的增长先上升后下降，即收入性别差异问题随年龄的增长呈现出先缩小后扩大的趋势。信息传输、计算机服务和软件业，居民服务和其他服务业工资性别比例随年龄的增长先下降后上升，即收入性别差异随年龄的增大先扩大后缩小。而其他行业中的工资性别比例随年龄变化的趋势不明显。说明不同行业的收入性别差异问题随年龄变化的情况各不相同。

　　图 3 - 36 是不同行业的工资性别比例与工资分位的变化情况，反映了不同行业中工资性别比例随工资水平波动的情况。从图中可以看出各个行业的工资性别比例在不同的工资分位上波动不大，即在不同行业中的收入性别差异在不同的工资水平上相差不大。

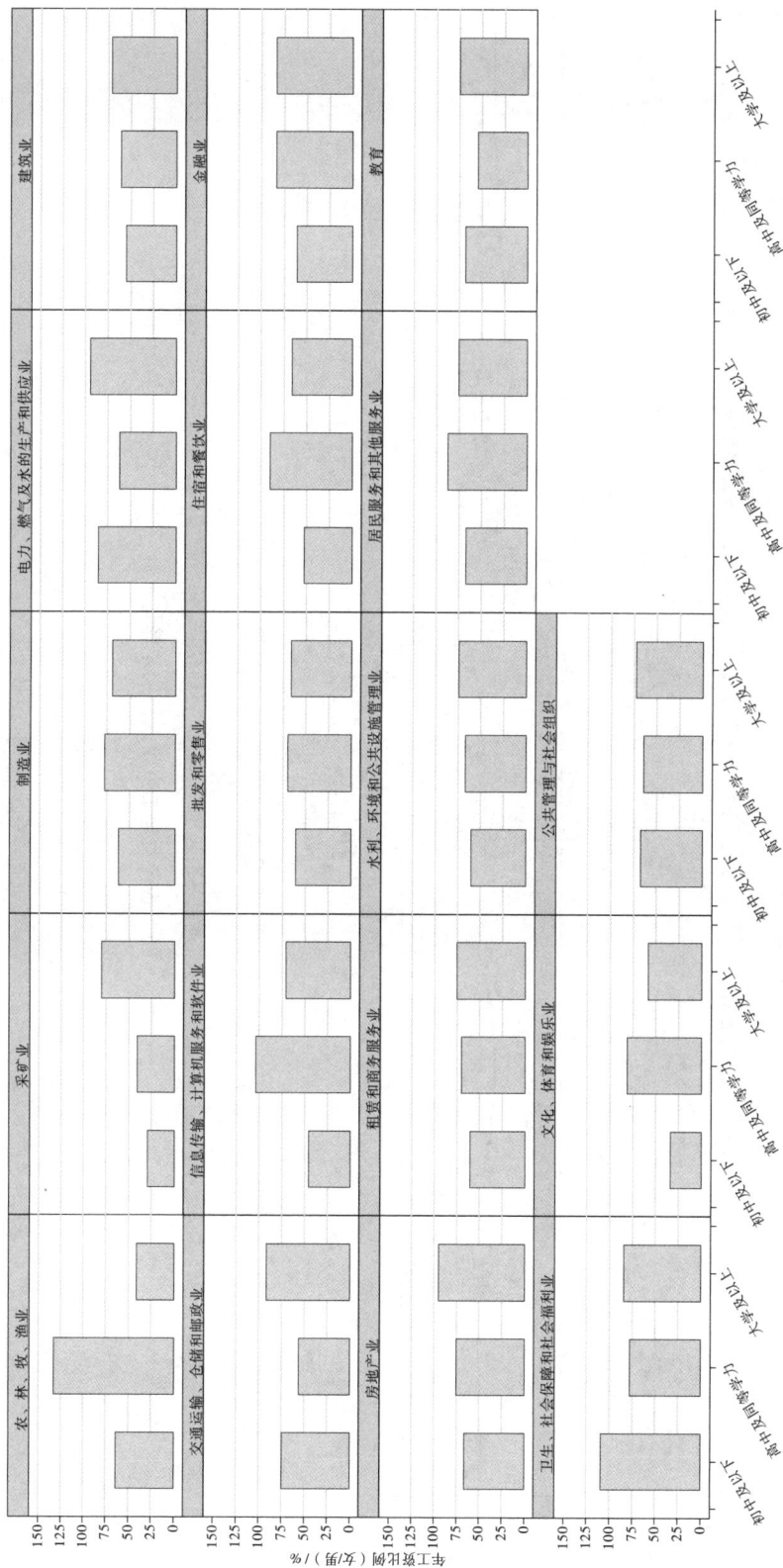

图 3 - 34 各行业年工资收入性别差异与教育程度

数据来源：CFPS 2018 年成人数据。

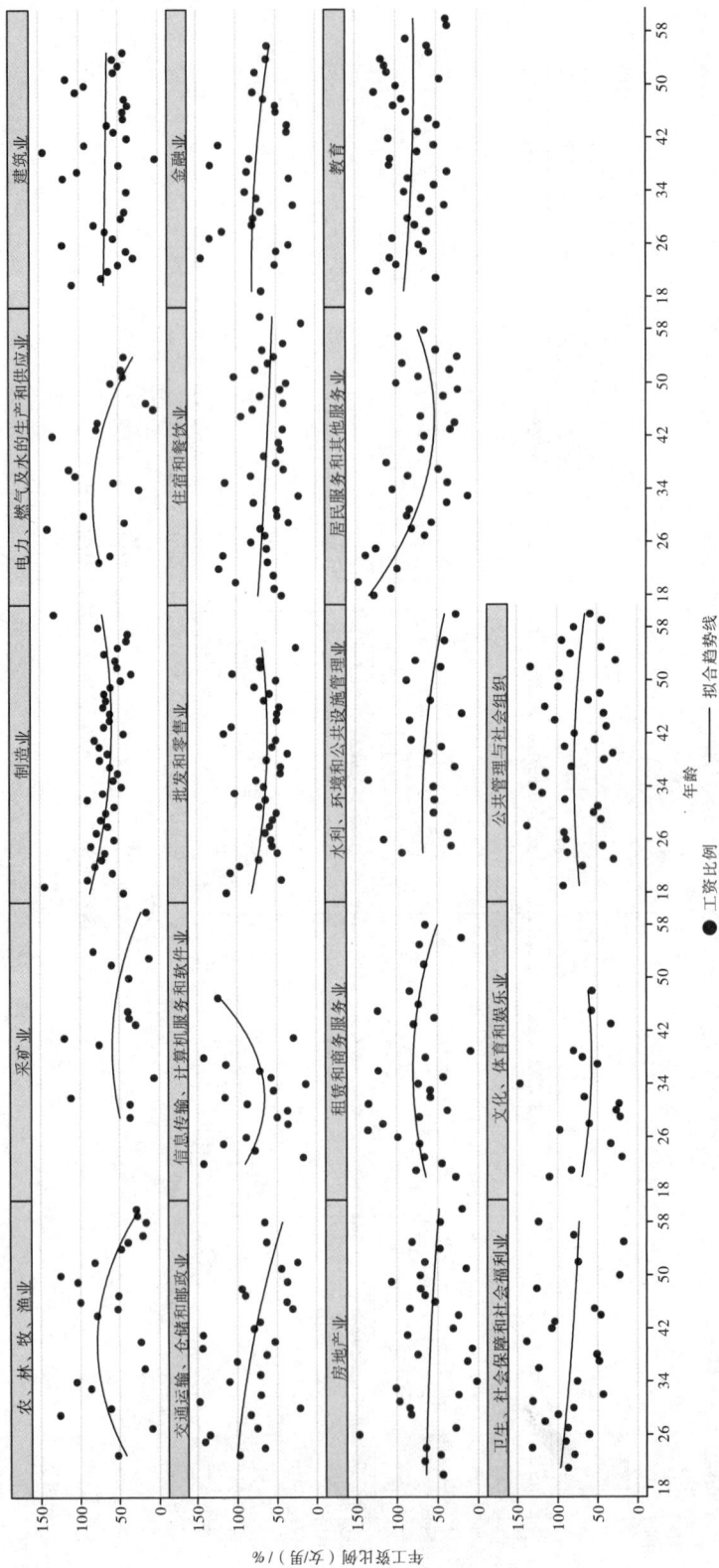

图 3 - 35　各行业年工资收入性别差异与年龄

数据来源：CFPS 2018 年成人数据。

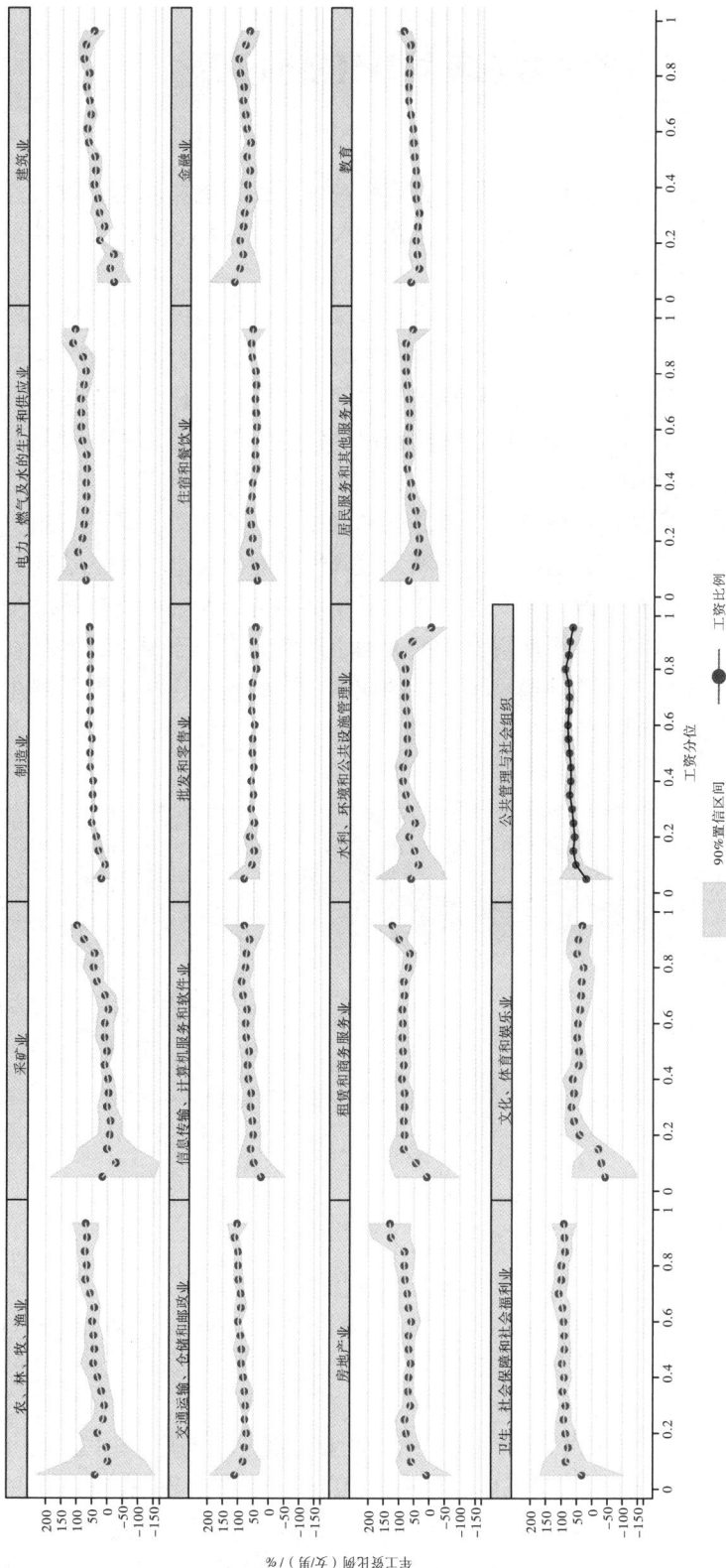

图 3-36 各行业年工资收入性别差异与工资分位

数据来源：CFPS 2018 年成人数据。

3.5 收入性别差异与经济的关系

由以上分析可以看出，中国劳动力市场中普遍存在收入性别差异问题，收入性别差异与一个地区的经济发展水平以及社会文化背景息息相关，因此本部分讨论收入性别差异与相关经济和社会变量之间的相关性。

在劳动力市场中企业雇主对女性的歧视很大程度来自女性面临的结婚生育问题，在职场面试中女性经常被问及结婚与生育方面的问题。图 3 - 37 是 2010 年到 2018 年间工资性别比例和出生率变化的情况。在 2010 年到 2016 年之间，工资性别比例不断下降，即收入性别差异逐步扩大，在 2016 年到 2018 年工资性别比例转为上升，即收入性别差异开始缩小。与之相反，2010 年到 2016 年间，出生率不断上升，在 2016 年到 2018 年出生率转为下降；从而可以得出，工资性别比例与出生率之间刚好是反向的关系，即随着出生率的提高，收入性别差异越来越大，随着出生率的下降，收入性别差异逐渐缩小。这与劳动力市场中女性受到歧视原因的分析一致，即女性在步入职场后不得不面临生育问题，生育问题会耗费女性大量的精力和时间，从而使得女性的劳动生产率大大低于男性；并且女性在生育期间会休产假，给公司的人事调动增添了一定的成本，因此企业往往不愿意雇用女性员工，或者给予女性员工更低的工资。

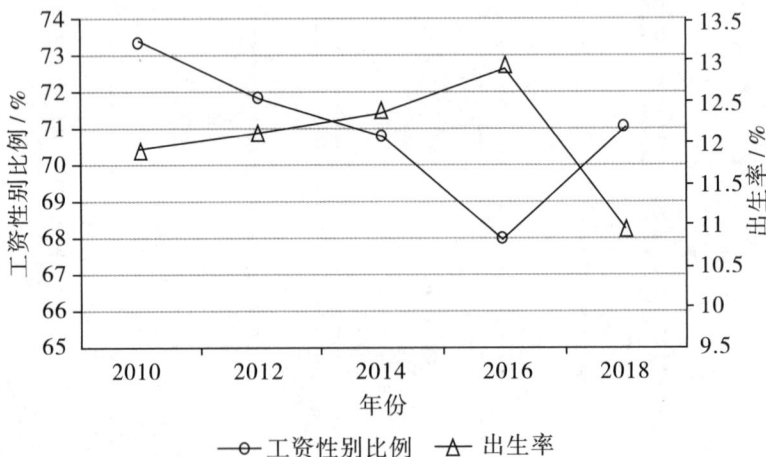

图 3 - 37 2010—2018 年工资性别比例与出生率

数据来源：CFPS 2010、2012、2014、2016、2018 年成人数据，2020 年国家统计局网站中的中国年鉴数据。

随着经济的发展，第一产业比重不断下降，第三产业比重不断上升，中国目前正处于产业转型升级的过程当中。由于劳动力市场中存在一定程度的行业隔离现象，而不同的行业属于不同的产业，因此劳动力市场中收入性别差异与产业结构有一定关系。图 3 - 38 是 2010 年到 2018 年间工资性别比例和第三产业比重的变化情况。从图中可以看出：第三产业比重在近几年间持续上升，2010 年到 2016 年的增长幅度比 2016 年到 2018 年的增长幅度大；工资性别比例呈现先下降后上升的趋势。即在第三产业比重增速较大时，收入性别差异是在不断扩大的，在第三产业向高质量转型、比重增速放慢时，收入性别差异在缩小。

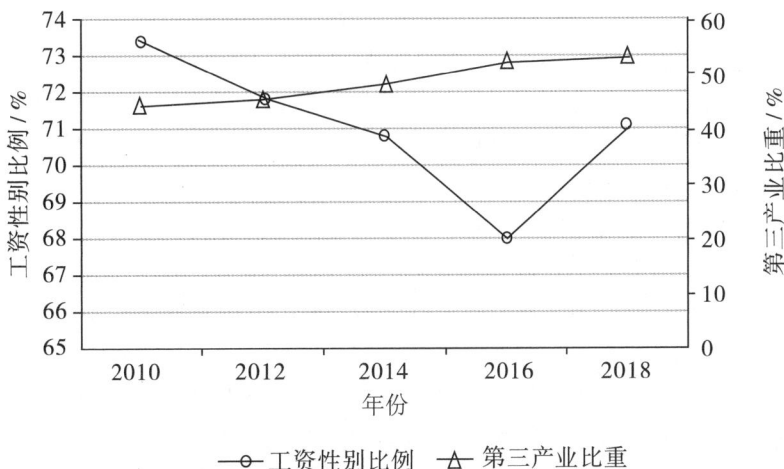

图 3 - 38   2010—2018 年工资性别比例与第三产业比重

数据来源：CFPS 2010、2012、2014、2016、2018 年成人数据，2020 年国家统计局网站中的中国年鉴数据。

3.6   小结

本章内容从文献回顾、全国情况、分地区和分行业的情况对劳动力市场的收入性别差异问题从年份、年龄和工资分位等方面进行了分析，发现在中国劳动力市场中收入性别差异问题存在如下发展特征：

在全国情况分析中，从年份变动来看，男性和女性在 2010 年到 2018 年间平均年工资收入一直处于上涨状态，并且在 2010 年到 2016 年间男性的年工资收入增长率高于女性，从而使得收入性别差异扩大，在 2016 年到 2018 年间收入性别差异有缩小的趋势。在分城乡类型的分析中发现，农村地区的男性和女性平均年工资收入均低于城市地区，且都呈现上涨的趋势；在农村和城市地区均存在收入性别差异问题，并且农村地区的收入性别差异问题更严重；在 2010 年到 2018 年间，农村地区收入性别差异有扩大的趋势，城市地区的工资性别比例基本维持在 70% 左右，近几年的波动幅度较小。在受教育程度的分析中发现，随着受教育程度的提高，劳动者的年平均工资增加；在近几年中，不同受教育程度劳动者的工资均呈现出上涨的趋势，大学及以上男性劳动者上涨的幅度最大；在不同受教育程度劳动者中普遍存在收入性别差异问题，其中初中及以下和大学及以上学历的劳动者收入性别差异呈现出扩大的趋势，初中及以下学历劳动者的收入性别差异问题更严重，而高中及同等学力劳动者收入性别差异波动较小。

从年龄的变化情况来看，男性和女性的年平均工资随年龄的变化呈现出倒 "U" 形的关系，年平均工资在劳动者中年时最高，在年龄的两端最低；并且收入性别差异随年龄的增加也呈现出倒"U"形的关系，即随着年龄的增加，收入性别差异先扩大后缩小。在分农村和城市的分析中发现，在不同年龄阶段上，城市的工资均高于农村，并且城市工资的波动程度大于农村，同样也与年龄有倒"U"形关系；农村和城市的收入性别差异与年龄也存在倒"U"形关系，且农村地区的收入性别差异问题比城市严重。从受教育程度的分析来看，随着受教育程度的提高，年平均工资越来越高，并且年平均工资随年龄的波动幅度越来越大；不同受教育程度下收入性别差异与年龄的变动情况也呈倒"U"形关系，并且随着受教育程度的提高收入性别差异越来越小。

从不同工资分位的变动情况来看，随着工资水平的提高，收入性别差异逐渐缩小；在城乡分类中，农村地区收入性别差异随工资水平的提高而提高，城市地区工资性别差异在不同工资水平上波动幅度较小，且整体上城市地区收入性别差异小于农村地区；在不同受教育程度上，受教育程度越高，在不同工资水平上的工资性别比例波动程度越小，收入性别差异越小。

在地区情况分析中，从年份变动来看，东部地区工资水平普遍高于其他地区，且东部和中部地区收入性别差异呈现不断扩大的趋势，西部和东北地区收入性别差异变化不大。在分农村和城市分析中发现，不同地区农村和城市的收入性别差异变化情况各不相同，但城市收入性别差异波动情况整体小于农村地区。在分析不同受教育程度中发现东部地区大学及以上学历劳动者工资显著高于其他地区，而其他受教育程度的劳动者在不同地区的工资水平差异不大；同时收入性别差异随时间变化的趋势也各不相同。

从年龄的变化情况来看，东部地区年平均工资随年龄变化呈现倒"U"形的趋势较明显，其他地区则不太明显；并且除了中部地区以外，其他地区收入性别差异变化与年龄呈现倒"U"形，而中部地区是"U"形关系。在分城市和农村的分析中发现，不同地区不同年龄阶段城市工资普遍高于农村，男性工资普遍高于女性；在农村中不同地区收入性别差异问题各不相同，城市中不同地区收入性别差异与年龄均呈倒"U"形关系。在不同受教育程度上，只有东部地区大学及以上学历劳动者波动幅度较明显，其他地区波动较小，收入性别差异问题不同地区不同受教育程度下随年龄的变化情况各不相同。

在工资水平上，不同地区收入性别差异均呈现随工资水平的提高而缩小的趋势；农村地区在不同工资水平上收入性别差异波动大于城市地区；大学及以上劳动者收入性别差异波动明显小于其他受教育程度的情况。

在行业分析中发现，大部分行业均存在收入性别差异问题，且不同行业的工资性别差异不大，这验证了很多学者提出的行业内性别歧视是导致收入性别差异主要原因的结论。近几年不同行业收入性别差异的变化情况各不相同，整体来说农村收入性别差异问题比城市地区严重，不同受教育程度在各个行业中的表现情况也不同。因此对于不同行业的收入性别差异问题需要具体行业具体分析。

在收入性别差异与经济的关系的分析中发现，因为女性面临生育问题，所以收入性别差异与出生率呈反向关系；同时收入性别差异问题与第三产业比重和产业转型有着重要联系。

总而言之，收入性别差异问题在中国劳动力市场中还普遍存在，要想缩小收入性别差异，首先就需要逐步提高劳动者的受教育程度。因为随着受教育程度的提高，社会文化环境就会逐渐改善，传统"重男轻女"的思想也会逐渐被"男女平等"的思想所代替，从而有利于消除性别歧视。其次，需要重点关注农村地区的收入性别差异问题，农村地区受教育程度普遍不高，受传统思想文化影响较为严重，因此应该重点关注农村地区的收入性别差异问题，重点提高农村地区的居民受教育程度，宣传"男女平等"的思想观念。最后还要进一步健全相关法律法规来保障劳动力市场中女性劳动者的权益。

近几年随着中国经济的发展和社会文化水平的提高，女性在劳动力市场中也占据了重要的位置，并且伴随着性别平等意识的增强，中国劳动力市场中性别歧视带来的收入性别差异必定会越来越小，劳动力市场将逐步实现男女平等。

4 职位分布

虽然目前我国人力资本性别差异，比如教育性别差异不断在缩小甚至消失，但是劳动力市场上工资收入性别差异依然较大且显著存在，其中一个重要原因在于组织内职级框架里女性往往位于较低职级，且面临职业生涯"玻璃天花板"。我国劳动力市场中女性职位层级并不高：2010 年我国的沪、深上市公司数据显示，所有公司的女性高层人数占高层总人数的比例仅为 15.2%，7.4% 的样本公司高层中没有女性的参与，董事会中没有女性的公司比例更是高达 34.1%（康宛竹，2014）。不仅如此，有研究表明，女性在面对职位晋升时，在各个方面与男性相比都存在诸多差异，比如晋升概率比男性低、晋升所需时间比男性长等（孙秋霜，2018）。

学者们将在职位晋升过程中女性受到的无形阻碍现象称为"玻璃天花板效应"。"玻璃天花板"是女性在职位晋升中所面临的"无形的障碍"，它会阻碍女性从中层职位晋升至高层职位。这种阻碍是看不见、摸不着的，如同它的名字"玻璃"一样。高级管理层中的"玻璃天花板"现象比低级管理层更普遍。总而言之，"玻璃天花板"意味着当女性想要向高级管理层晋升时，会遇到不公平的阻碍，而这种阻碍与她们的学历、技能、工作能力等自身属性无关，而与她们的性别有关（颜士梅等，2008）。

那么是什么原因导致"玻璃天花板"的存在呢？总体上可以从女性自身和外界两个角度来探讨。女性自身的原因又可分为生理因素和心理因素，外界的因素又包括社会和企业两个层面。自身原因中，一方面，从心理上来说，女性的保守和谨慎的性格特质使她们倾向于规避风险（Croson and Gneezy，2009；Eckel and Grossman，2008），且不喜于竞争（Bertrand，2011），从而不利于公司把握潜在的发展机会（周建等，2017）；另一方面，生理结构决定了女性承担着生育的"天职"，从怀孕、分娩再到身体恢复、可以工作，这一过程需要的时间是很长的，并且部分女性在生育之后还可能将重心从职场转移至家庭，这会增加企业的用人成本，企业出于成本最小化原则，更加倾向于让男性晋升。女性的最佳生育期和职位晋升期是有重叠的，基本上都处于 25—35 岁范围内，这无疑抛给了女性一个巨大的难题，但无论抉择两项中的哪一项，女性都要承担因放弃另一项而带来的损失。

外界方面，性别歧视是重要因素之一，而导致性别歧视的原因有很多。首先，社会传统文化对女性存在着很深的刻板印象，大多数人"男主外，女主内"的思想根深蒂固，认为女人应该在家操持家务，追求安稳平淡的生活。因此，如果有女性表明要在职场上开拓一片天地，得到的反响大概是消极的、不受到支持的，因为这跳脱了部分人关于"女主内"的固有思想。其次，企业中存在"同质社交再现"的现象。这种现象是指人们下意识会选择与自己的同类合作，体现在企业中就是，男性高管更倾向于提拔男性而不是女性（刘世敏，2015）。在高级管理层男性比例已经很高的条件下，"同质社交再现"在一定程度上会加剧女性晋升的难度，形成恶性循环，女性的"晋升之路"可谓难上加难。

　　"玻璃天花板"的危害往往比人们想象的要严重得多。在职位晋升过程中女性相比男性处于劣势的情况不仅可能涉及性别歧视，从而不利于实现性别公平，而且对企业和社会的影响也是非常负面的。一方面，对企业来说，"玻璃天花板"会抑制女性的潜力，有损企业的经济效益。有文献研究表明，女性高管比例高的公司一般伴随着较好的财务绩效、经营状况和创新绩效（任若雪，2020），并且女性高管能够更好地帮助企业预防风险（程慧霞等，2014）。这是因为，女性对于风险的规避总体上比男性更强。男性出于对风险的偏好，可能会投入过高的成本在创新研发上，而女性更加"稳中求胜"，会对风险可能带来的收益和损失都进行反复评估，力求用最小的成本进行创新研发，以求得到最高的回报。另一方面，于社会而言，企业高级管理层中女性任职比例偏低，不仅影响到女性管理者本身，而且影响到职位晋升的公平性，从而影响到企业全体女性的利益。"涓滴效应"可以说明这一点，朱嘉伟（2019）解释道，"涓滴效应"在职场上的体现是，女性董事的比例上升会对女性高管的比例提升产生积极的影响，这是一种女性帮助女性的效应。女性面临的"玻璃天花板"现象越严重，女性高层比例就越小，那么"涓滴效应"就越小，从而企业中所有女性晋升的概率就越小。

　　"玻璃天花板"的存在无疑给职业女性的"晋升之路"加上了难以逾越的壁垒，使那些有能力在高级管理层竞争的女性被一块无形的玻璃阻隔，只能从事辅助性工作。这剥夺了女性公平参与职业竞争的权利，不利于男女平等、女性个人发展。高层管理者只看到"玻璃天花板"下透过来的女性弱点，却将女性优势完全抵挡在外。不论是女性自身还是男性，都应该认识到女性身份的优势，她们是有着善解人意、善于引导、友好合作、有耐心和有创造力等优秀品质的一类人。女性领导者所具有的这些优秀品质，能够很好地带领自己的下属，促进企业内部团队合作，有利于管理层的指令精准下达至基层员工。站在企业内部的角度来说，这些都是有益于提升企业的内部凝聚力和稳态的；而立身于有着诸多竞争性企业的市场上来说，这些更是能让企业扎根的优秀领导者所应该拥有的品质。同时，我们也需要更多有助于减少性别歧视的政策和制度，以减少女性在职场上所面对的不公平竞争，从而激发女性的竞争动机和活力。更重要的是，我们作为社会的一分子，应当为性别平等的实现出一分力，对女性多一些体谅，少一些偏见。

　　本章内容将由以下几个部分组成：在4.1小节中，我们将对先前研究者关于职位晋升中的性别差异研究进行回顾与梳理，对研究现状做一个大致的了解。在4.2小节中，首先对全国的职位分布状况分别做时间上和年龄上的变化趋势分析，在此基础上，将城乡差异和受教育程度差异作为影响因素，分析这些因素对职位分布的影响。在4.3小节中，从时间趋势、城乡差异、受教育程度和年龄这四个维度对东、中、西部地区和东北地区的职位分布进行比较。在4.4小节中，针对各行业和三个产业进行同样的分析。在4.5小节中，对晋升概率的性别差异进行比较。在4.6小节中，从个人、企业和国家三个层面分析职位晋升性别差异与经济之间的关系。4.7小节为本章小结。

4.1　文献回顾

自从"玻璃天花板"一词首次出现后，国外的学者就对关于女性的职位分布问题产生了浓厚的兴趣，大量学者开展了对"玻璃天花板效应"的研究。其中，《华尔街日报》于1986年最早使用"玻璃天花板"一词来描述女性在职位晋升中所面临的"无形的障碍"；Inman（1998）的观点是，"玻璃天花板"对女性的阻碍往往发生在女性从中层职位向高层职位的晋升阶段，并且这种阻碍是看不见、摸不着的，如同它的名字"玻璃"一样；Wright和Baxter（2000）认为，"玻璃天花板"不仅仅是女性在跨管理层级晋升这一动态过程中所受到所有歧视的累积效应，而且是在高级管理层中更强的歧视。Booth（2003）的研究提出了与"玻璃天花板"对应的一个概念"黏地板效应"，这种效应是指在晋升机会上不存在明显的性别差异，但是在晋升之后，却能很明显地观察到女性工资的涨幅远小于男性。

国内学者对于性别差异问题的研究主要集中于薪酬性别差异和职业性别隔离方面，关于职位分布的研究起步较晚且较少。我国早期对"玻璃天花板"的研究仅限于理论层面。沈之菲（1999）对我国女性超越"玻璃天花板"的深层障碍进行了探讨，并且就女性如何"超越"给出了建议。刘伯红（2003）根据其他国家妇女参政的经验和保障措施，分析了影响妇女参政的因素，并结合我国妇女的普遍情况，呼吁我国妇女参政。

蔡禾等（2002）的研究提出了"职业地位"的概念，"职业地位"的定义是"人们在工作单位中所处的科层位置"。该研究将高层管理人员和高层专业人员视为拥有职业地位，对根据问卷调查得到的数据进行处理，得到了样本中男女职业地位在不同时期的差异系数，证明了以下三个假设是可信度高的：①体制内单位存在的职业地位性别差异比体制外单位的职业地位性别差异大；②市场经济发达的沿海地区，其职业地位性别差异小于内陆的职业地位性别差异；③市场经济越发展，职业地位性别差异越大。该研究将不同职业环境中的职业地位性别差异进行了对比分析，是先前的学者没有涉及的。

宋月萍（2007）采纳了职业流动分析理论框架，将研究的时间范围扩大到样本的整个职业生涯长度，直观地观察到在不同年龄段的男性和女性的职业生涯发展情况。该研究对职业流动模式（不变、向下、水平和向上）在不同性别间分布进行分析，发现随着工作年限增长，男女的职业地位都有一定上升，但时间越长，男女的差异就越大，尤其是当女性参加工作30年以后，职业地位直线下降；并且男性的职业发展情况普遍优于女性，因为男性的职业晋升机会远大于女性。

对于造成"玻璃天花板"的原因，刘世敏（2015）认为可以从社会障碍、组织障碍和个人障碍三个维度分析，并强调了女性对于"玻璃天花板"的认知对女性自身的发展和晋升有重要的影响。张营（2009）认为可以从女性自身、企业、社会文化与社会制度这四个方面来剖析。康宛竹（2007）对造成"玻璃天花板"的原因进行了探讨，认为可以从这三个层面得到解释：社会行为观念层面、社会实践层面和女性自身层面。相应地，也可以针对这三个层面原因的本质来给出能够解决这一问题的办法。刘世敏等（2015）的研究也是类似的。

　　生云龙（2009）对教师这一特定行业的职位晋升性别差异进行了研究，从教师结构（包括职务结构、年龄结构、学历结构和学科结构等）去分析女教师面临"玻璃天花板"的原因。张营（2009）研究广州和北京的企业高级女性人才状况，展现了我国职场中女性"玻璃天花板"的现状，分析了造成这一现象的原因，并提供了相应的对策分析。武中哲（2009）对电力、燃气及水的生产和供应业中女性职工的自我认识做了介绍，表明在职位晋升中，性别差异不仅与社会评价机制等客观因素有关，女性自身也存在一定的主观障碍。

　　以往关于职位晋升性别差异存在与否的研究着重于定性分析，而缺少定量分析。卿石松（2011）在定性分析的基础上，使用了规范的差异分解方法，利用职位晋升概率模型，将职位晋升性别差异程度转化为男女能力门槛值，以此来论证职位晋升中存在性别差异。有学者认为，职位晋升中存在性别差异是由于女性比男性更加偏好于固定的工资制度以及规避竞争，并且由于女性的重心在家庭，会选择时间更加灵活自由的工作。卿石松利用样本数据进行统计，驳倒了这两个观点，认为除了性别歧视这一因素之外，差别性退休政策是一个可信的影响因素。杨伟国（2014）通过建立晋升概率模型同样得出了女性晋升门槛要高于男性的结论。陈志霞等（2012）同样采用了定量分析的方法，论证了企业高级管理层中女性居少，并提出了一个新颖的观点，认为造成女性职位晋升困难的根本原因是招聘阶段中对不同职位的性别定位，因为这种性别定位直接造成了男女职业生涯起点的差异。

　　上述研究对职业地位、职业晋升中存在性别差异的原因进行了深入的研究，并且给出了可参考的解决办法，但并没有说明为什么减少职位晋升中的性别差异对经济和社会发展有积极的影响。康宛竹（2007）的研究不仅没有止步于"该怎么做"，还从经济效益的角度提出了"为什么做"，这为企业提供了消除性别差异的动力：其利用美国财富 500 强企业的数据说明，提高女性在管理高层的比例，不仅有助于向实现社会公平靠拢，更有利于企业提升经济效益。

　　学者们还探讨了市场化对职位晋升性别差异的影响，并有着不同的结论。王存同等（2013）在控制了年龄、政治面貌等可能对晋升产生影响的因素后，发现性别因素仍然对男女晋升机会差异有着重要的影响。与卿石松（2011）类似，该分析中还将人力资本和政治资本纳入考虑中，得出结论：市场化程度的高低与女性职位晋升的可能性呈正相关关系，这与蔡禾等（2002）得出的结果是互相呼应的。有多方面的原因能解释市场化程度和职位晋升性别差异之间存在的这种规律，比如"有原则的任人唯亲制度"（武中哲，2009）、职业性别隔离、角色分工导致的女性对自身职业定位较低等。秦广强（2014）的研究基于对 CGSS 2006 年数据的分析，同样通过控制可能影响职位晋升性别差异的因素，验证了性别歧视是导致晋升中性别差异的主要原因，并进一步验证了女性职场上"玻璃天花板"的客观存在性，但是在关于市场化和性别不平等的问题上，得出了与蔡禾等（2002）、王存同等（2013）相反的结论，即市场化加剧了职位晋升时的性别不平等。

　　我国学者们对职位晋升性别差异的研究经历了十余年的发展，已为理解和减少性别差异做出了很多贡献，但大多数研究只专注于晋升前的障碍，Zhang（2019）利用中国的一家大型服务型企业的数据，从晋升概率、晋升速度、晋升溢价三个角度分析了它们在性别上的差异，得出的结论是女性晋升概率远低于男性，晋升速度也比男性慢，即使晋升了获得的薪酬增加也远低于男性。在此基础上，还考虑了人力资本、职业性别隔离对职位晋升性别差异的影响；验证了教育程度和工作经验有助于减少晋升概率的性别差异，工作级别上的性别隔离不会对晋升中的性别差异有很大的影响，然而工作类别上的性别隔离可以解释晋升概率和晋升速度上的性别差异。该分析还发现了该公司一半多的性别隔离是发生在招聘阶段的，研究结果也表明职业性别隔离是造成职位晋升性别差异的关键因素。

我国学者们目前对职位晋升性别差异所产生的原因、造成的结果以及在不同维度上的表现程度如何等问题都进行了研究，这为缩小我国男女在工资方面的差距提供了理论指导。缩小职位晋升性别差异不仅有利于企业的长远发展，而且能为我国经济注入澎湃动力，更加有助于促进男女平等。在正确的政策指导下，职位晋升性别差异问题一定能够逐步得到改善。

4.2　全国情况

这一节将从时间、年龄两个维度对全国管理者的两个劳动力市场的特征（管理职位率和管理层级的高低）进行性别差异分析。从整个样本来看，样本期间内的每个时间段上，都呈现出女性的管理职位率低于男性的情况，并且下属人数比也小于1，证实了文献中管理层女性比例相比于男性偏低的结论。

4.2.1　全国职位分布的时间趋势

随着社会的不断发展，女性受教育程度不断提高，以及人们关于男女平等观念的认识不断加深，越来越多的女性更加追求自己的职业发展。但是，不论是日常生活，还是新闻媒体，都在向我们传递一个信息：高层管理者或企业家基本上都是男性。我们利用 CFPS 相关数据进行研究，试图得到近几年来关于这一规律的证据。

图 4-1 所示的是样本中有直接下属的男女性所占样本比例随时间变化的折线图，有直接下属表明处于管理职位。图中最直观的信息是，男性管理职位所占样本比例大大高于女性管理职位比例。具体情况是，男性管理岗位比例在 18%—19%，而女性管理岗位比例仅在 10%—11%。这与康宛竹（2007）对于女性高层任职状况的验证是一致的，她对 278 家沪、深上市公司的女性董事、监事及高管比例和任职情况进行了调查，证实了我国上市公司中确实存在着女性高层任职比例远远低于男性的现象。这表明我国的职位层级的确存在着很大的性别差异。图 4-2 表示的是管理职位比例的性别比，即图 4-1 中的女性管理岗位比例除以男性管理岗位比例。在图 4-2 中，我们还根据该比例的散点图进行时间趋势线性拟合，得到了向右上方倾斜的时间趋势线。结合图 4-1 的结果，表明管理职位比例的性别差异是在缩小的，但缩小的比例较小，8 年时间性别比仅从 56% 上升至 60% 左右。

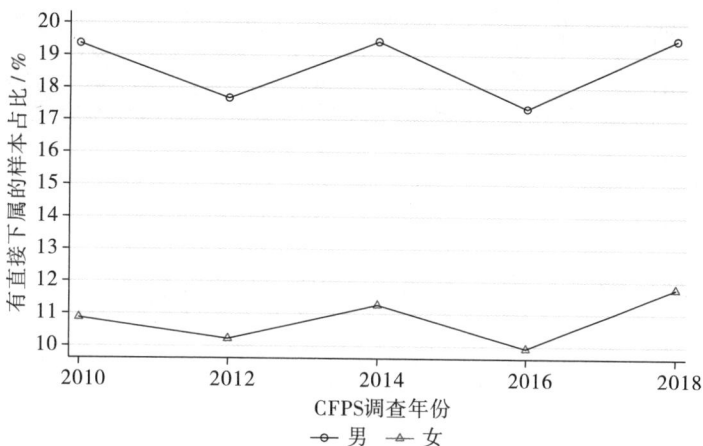

图 4 - 1　管理职位比例

注：管理职位比例是指劳动参与者中有管理职位的人的比例。数据来源：CFPS 2010、2012、2014、2016、2018 年成人数据。

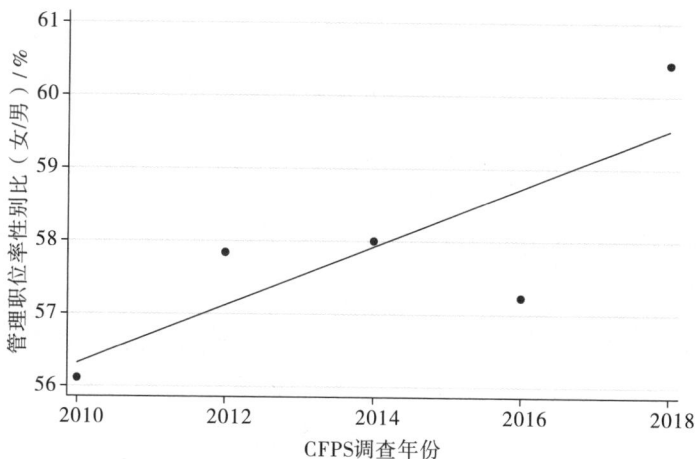

图 4 - 2　管理职位样本比例性别差异

数据来源：CFPS 2010、2012、2014、2016、2018 年成人数据。

一个在管理岗位的职工，所管理的下属人数越多，意味着他身处的管理层级就越高或越重要。因此，本章中用下属人数的多少作为管理层级高低的代理变量。管理者中管理层级高低的性别差异具体是指女性管理者管理人数均值与男性管理者管理人数均值的比例；该比例越高，说明管理者中管理层级性别差异越小。图 4 - 3 是男性和女性管理者管理层级变化趋势图。在样本时间范围内，男性管理者的管理级别远高于女性管理者。这从一定程度上反映了"玻璃天花板"现象。"玻璃天花板"现象指的是女性在职位晋升时会面临比男性更高的门槛，并且这种门槛会随着管理层级越高而越高，这也就导致了在越高的管理层中女性的比例就越小。图 4 - 4 则显示管理层级性别比在 2012 年和 2014 年极小，并且都低于 50%；而 2016 年和 2018 年都大于 60%，这在一定程度上说明女性管理者管理层级情况在近几年有所改善。这不仅源于她们自身为职位晋升做出的努力，也源于社会舆论对职业女性的逐渐认可。

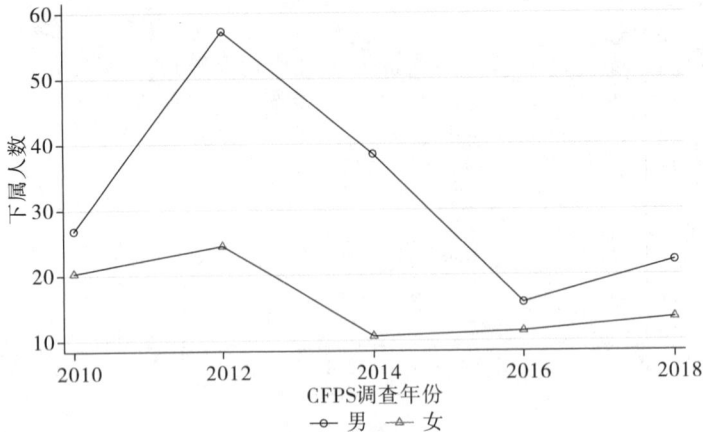

图4-3 管理者管理层级

注：管理层级具体是指在管理岗位的劳动者管理的下属人数，下属人数越多说明管理层级越高。数据来源：CFPS 2010、2012、2014、2016、2018 年成人数据。

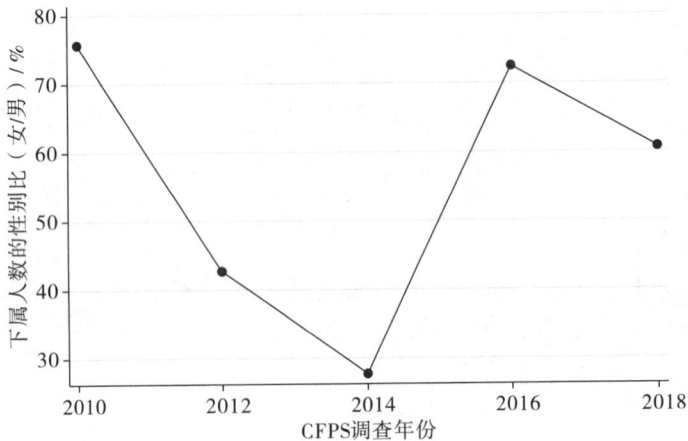

图4-4 管理者管理层级性别差异

数据来源：CFPS 2010、2012、2014、2016、2018 年成人数据。

接下来，我们将样本分别按城乡、学历来划分，进行更加细致的时间趋势分析。由此发现了一些事实：农村的管理职位率性别比明显低于城市样本。但是对于管理层级性别比来说，农村和城市之间则仅存在着微小的差距；初中及以下学历的管理职位率性别比远低于其他学历，管理层级性别比的变化趋势较为稳定，高中及以上学历的管理层级随时间变化有比较大的波动。

（1）城市农村角度看时间趋势。

随着经济的腾飞，越来越多的人从农村来到城市发展，近几年来国家对农村的经济政策扶持力度的加大，也为农村带来了许多发展机遇。那么在农村和城市的管理职位样本比例之间存在什么样的趋势呢？图4-5 分别展示了我国农村和城市的管理职位样本比例随时间变化的趋势。可以看到，农村的管理职位样本比例性别比上升趋势十分明显，这或许与农村女性受教育程度不断提高这一因素有关。而城市的这一性别比尽管有所波动，总体上却呈缓慢上升的态势。在管理者中管理层级的性别比方面，城市在大多数时候略高于农村，但整体差别不大，如图 4 – 6 所示。这说明农村和城市的管理者所处管理层级的性别差异基本不会太大；这也意味着，在晋升过程中，女性无论是在城市还是在农村都面临着比男性更多的障碍。

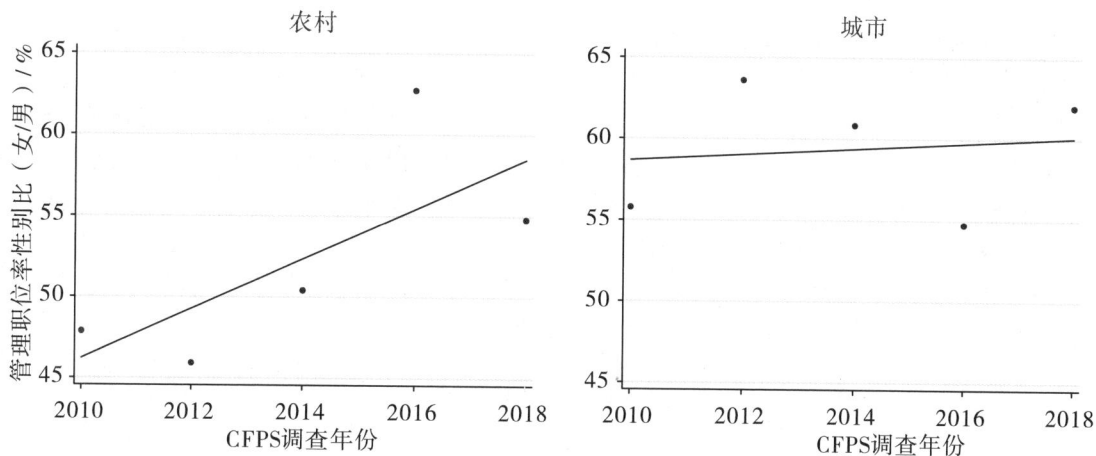

图 4 – 5　管理职位样本比例性别差异与城乡类别

数据来源：CFPS 2010、2012、2014、2016、2018 年成人数据。

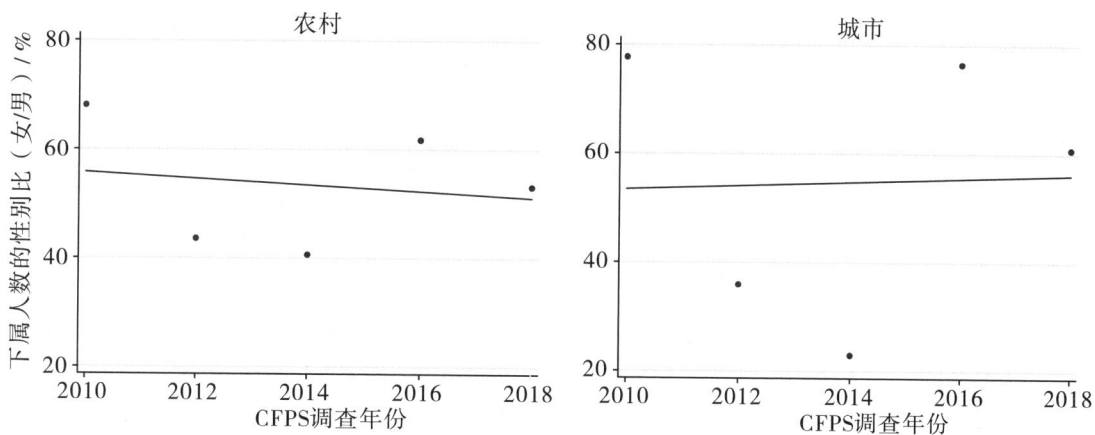

图 4 – 6　管理层级性别差异与城乡类别

注：下属人数的性别比具体为女性领导的下属人数除以男性领导的下属人数，下同。数据来源：CF-PS 2010、2012、2014、2016、2018 年成人数据。

（2）受教育程度角度看时间趋势。

教育是影响个人能力的重要因素，可以说它对于女性在职场中的地位起着至关重要的作用。我们将受教育程度纳入对职位性别差异的影响因素，探究它与职位性别差异之间所存在的关系。

图 4 – 7 所展示的是在不同的受教育程度下所对应的管理职位样本比例。数据显示，从

整体看，在初中及以下学历的样本群体中，管理职位率性别比（女性/男性）明显低于高中和同等学力以及大学及以上学历的受教育程度样本群体所对应的比例，说明初中及以下学历的样本存在的性别差异在所有学历水平中是最大的。同时，高中和同等学力的管理职位率性别比略高于大学及以上学历的对应比例，并且前者的管理职位率性别比分别在 2014 年和 2018 年高达 70.8% 和 72.0%，这表明高中及同等学力的性别差异较小。另外，在高中及同等学力和大学及以上学历之间，管理职位的性别差异并不严格随着学历的提高而变小。从时间趋势看，学历为初中及以下、高中和同等学力的管理职位率性别比逐年上升趋势较为明显，性别差异逐年减小，而大学及以上学历的性别比却较为平缓，稳定在 60% 左右的水平。

在管理者的管理层级方面，如图 4-8 所示，高中及同等学力、大学及以上学历样本管理层级性别比随时间变化的趋势大致吻合，都是在 2010—2014 年下降，而又在 2014—2018 年上升，起伏较大。而初中及以下学历样本管理层级性别比水平处于较为平稳的状态，在经过逐年的平稳上升之后，于 2016 年开始下降。

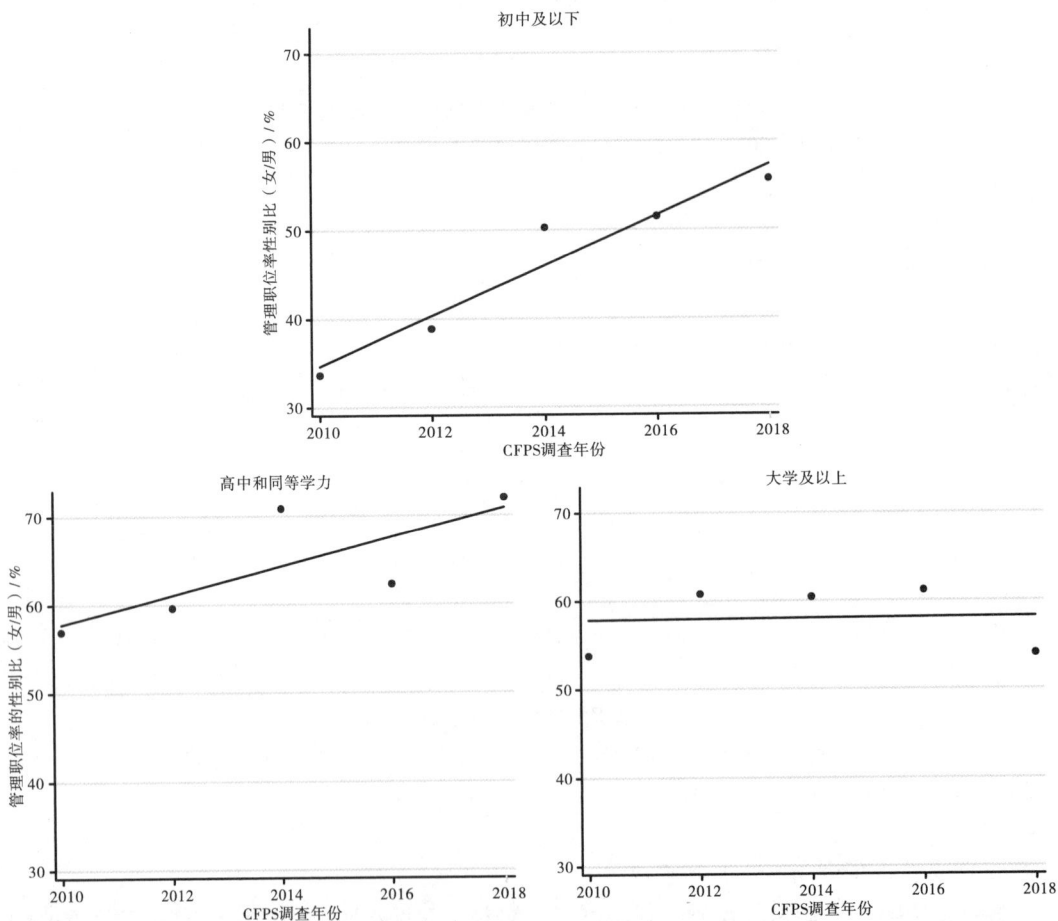

图 4-7 管理职位样本比例性别差异与受教育程度

数据来源：CFPS 2010、2012、2014、2016、2018 年成人数据。

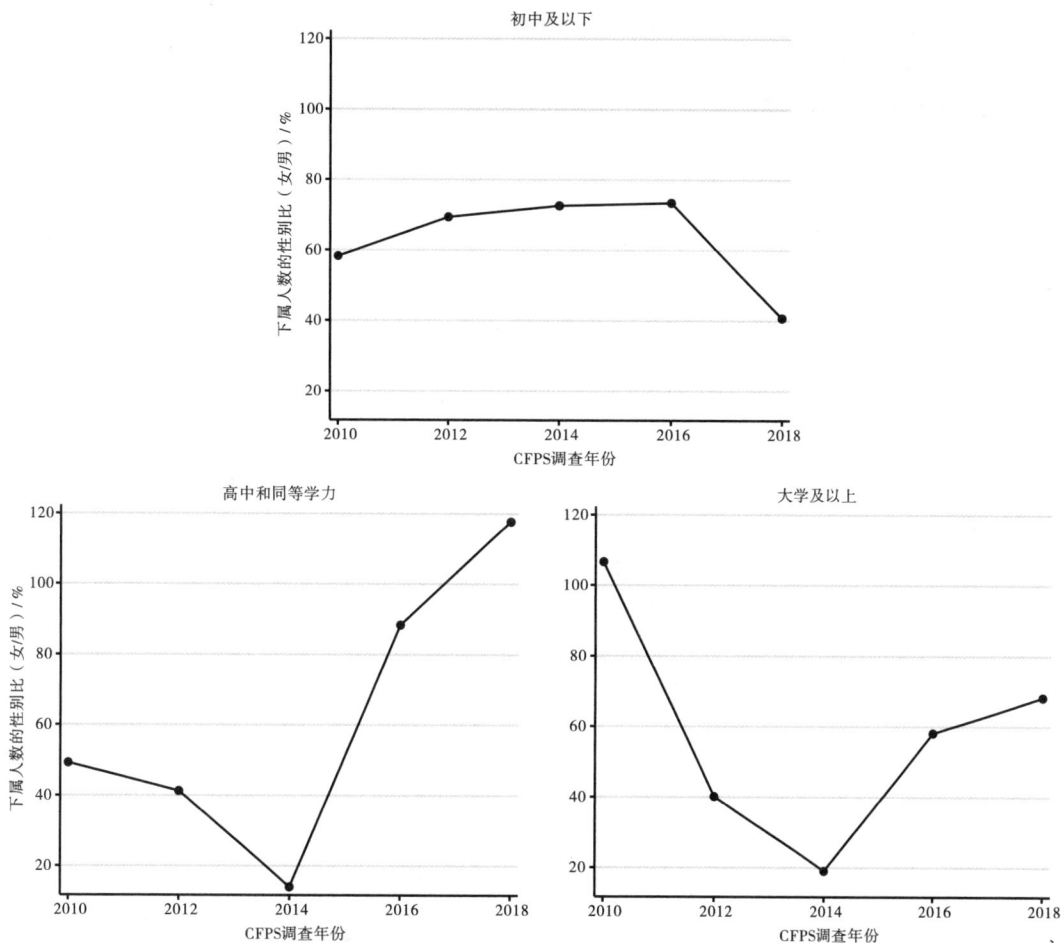

图4-8 管理层级性别差异与受教育程度

数据来源：CFPS 2010、2012、2014、2016、2018 年成人数据。

4.2.2 全国职位分布的年龄变化

年龄也是影响职位晋升的一个重要因素，性别差异在不同的年龄阶段也是不同的。图4-9 所描绘的分别是女性管理者、男性管理者的样本占比随着年龄变化的关系图。男性管理者样本占比在任何一个年龄阶段都要大于女性，两者的变化趋势大致相同，但事业的高峰期不同。对男性来说，从成年到 30 岁左右是事业的上升期，成为管理者的男性比例逐渐增加，尽管中间有所波折，但总体还是上升的，30 岁左右之后开始下滑。对女性来说，成年至 33 岁之间成为管理者的比例总体增加，但是 30 岁之前的趋势非常不稳定，甚至看不出很明显的上升趋势。能够解释这一现象的原因是，这段时间正值女性生育哺乳的最佳时期。30 岁之后，这一比例经历了一个短暂的上升期，直到 33 岁之后，女性中管理者的比例开始下降。男性和女性中管理者的比例在 50 多岁后下降至很低的水平，因为到了老年，人的身体素质变差，面临退休。整体来说，全国男性的平均管理职位率远高于女性，男性管理职位率最高值为 26.4%，所处年龄为 30 岁；女性管理职位率最高值为16.9%，所处年龄为 33 岁；男性和女性的共同点是，管理职位率都有着随年龄先上升后下降的变化趋势，这与生命周期理论相符。

除了男性和女性管理者比例随年龄的变化趋势，我们还关心管理者比例的性别差异是如何随年龄变化的。图 4-10 是关于这一性别比的散点图，图中的曲线是对散点的二次函数拟合，显而易见，这一百分比随着男性和女性年龄的增长不断下降。这表明，职业生涯中职位性别差异是随着年龄增长越来越大的，且此差异增速最大的年龄段是女性最佳生育期（20—33 岁），最佳生育期后性别差异增速减缓并逐渐趋于稳定。

关于管理者的管理层级，从图 4-11 中可以看到，45 岁之前，样本中男性管理者的管理层级略高于女性管理者，但相差不大。在 45 岁之后，男性管理者的管理层级大大超过了女性管理者。图 4-12 则显示了女性管理者管理层级与男性管理者管理层级的比例。在20 岁左右，该比例接近 100%，此时男性和女性管理者管理层级相当，而在这之后就开始慢慢拉开差距。另外，图 4-12 中在 43—58 岁之间存在几个离群点，这表明，在这些离群点所处的年龄上，部分女性能够逆着年龄对于晋升的反作用而顶破"玻璃天花板"，但这样的情况只占少数。总体上，女性管理者管理层级与男性管理者管理层级的比例有着随年龄下降的趋势，性别差异逐渐增大。

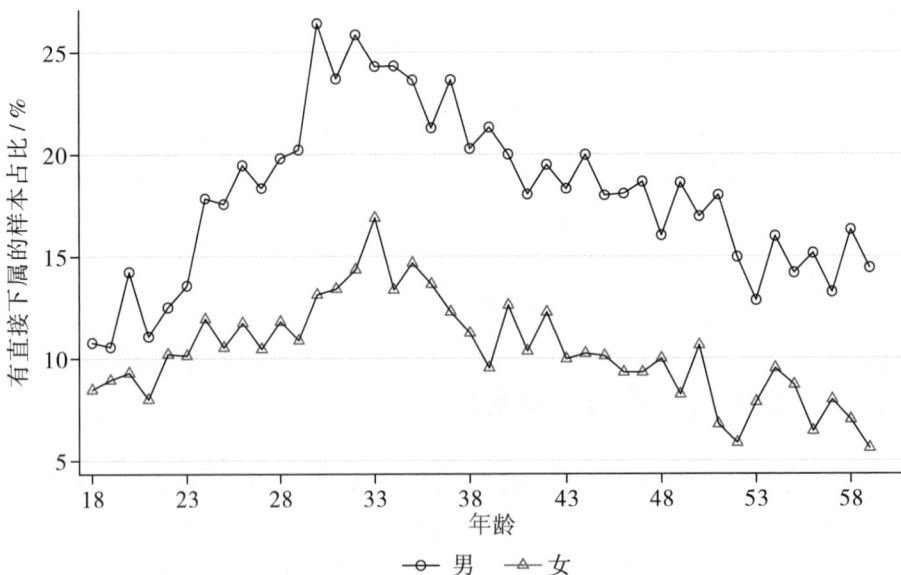

图 4-9 各年龄段管理职位样本比例

数据来源：CFPS 2010、2012、2014、2016、2018 年成人数据。

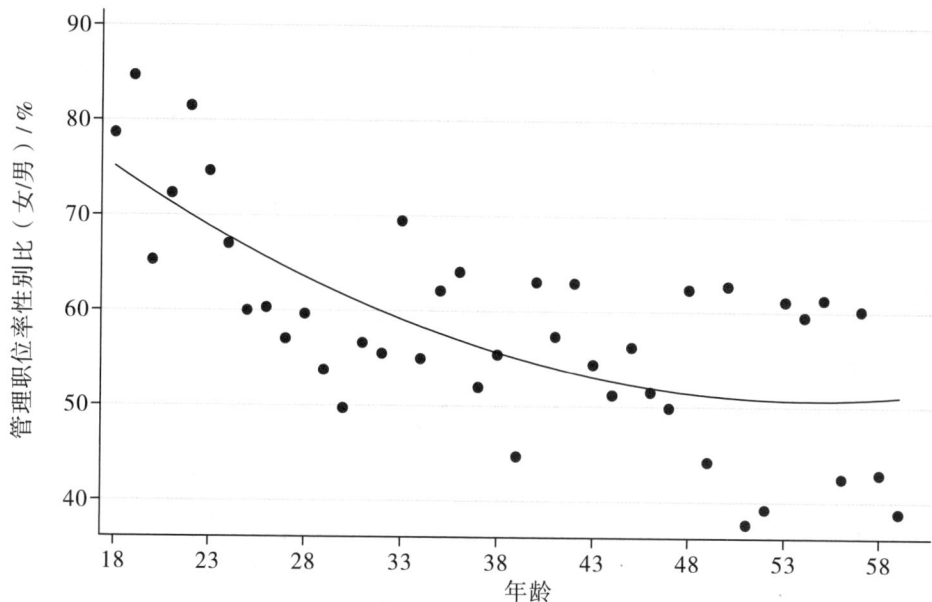

图4-10　各年龄段管理职位样本比例性别差异

数据来源：CFPS 2010、2012、2014、2016、2018 年成人数据。

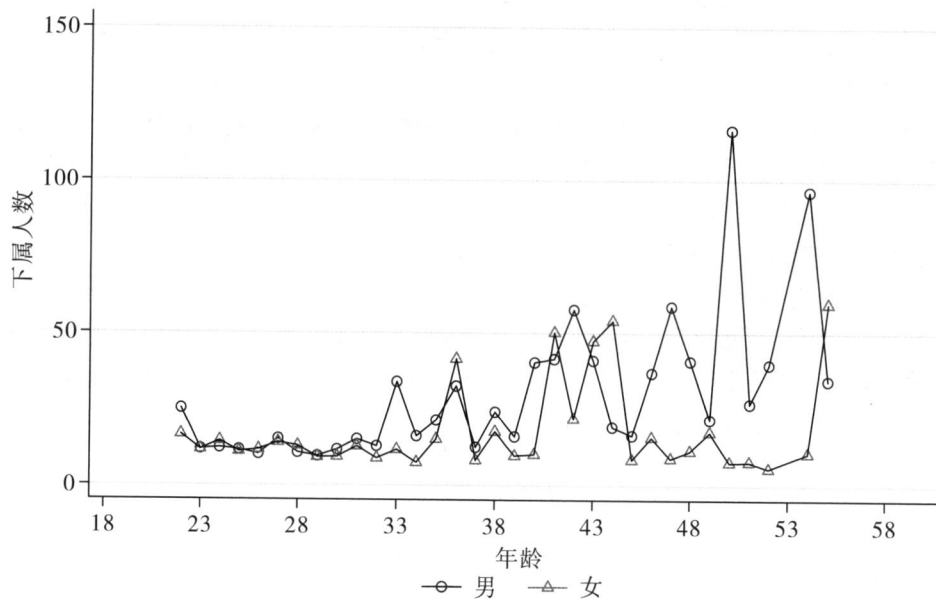

图4-11　各年龄段管理层级

数据来源：CFPS 2010、2012、2014、2016、2018 年成人数据。

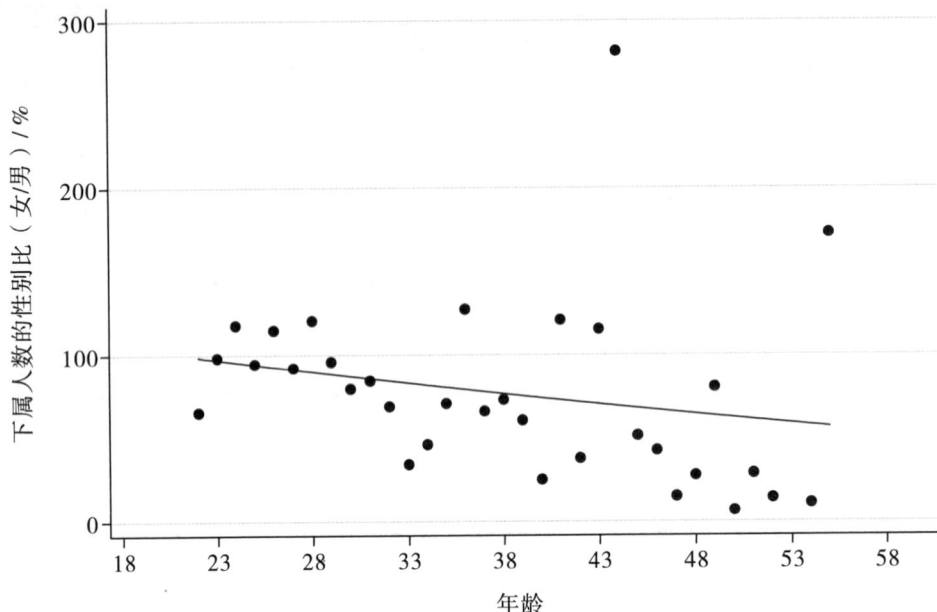

图 4 - 12　各年龄段管理人员管理层级性别差异

数据来源：CFPS 2010、2012、2014、2016、2018 年成人数据。

接下来，同样按照城乡、学历来划分样本，发现管理职位率性别比在城乡之间、不同学历之间随年龄的变化趋势差异不大，而管理层级性别比受城乡、学历的影响较大。

（1）城市农村角度看年龄变化。

我们依然将样本划分为城市和农村来探讨。如图 4 - 13 中的两条趋势线，分别对应农村和城市女性管理职位率与男性管理职位率的性别比随年龄的变化趋势，农村的管理职位率性别比随年龄增长逐渐下降；城市的该性别比是先随年龄增长而下降，至 45 岁之后有一个缓慢的上升阶段。总体而言，城市的该性别比相对于农村来说略高。

我们也将管理者管理层级性别比分农村和城市分析，图 4 - 14 的左半部分给出的信息是，农村的管理层级性别比随年龄增长快速下降；右半部分表示，城市的管理层级性别比随年龄变化趋势较为稳定，有缓慢下降的趋势。对比农村和城市还可以发现，在 20 岁左右，农村的管理层级性别比高出城市很多。

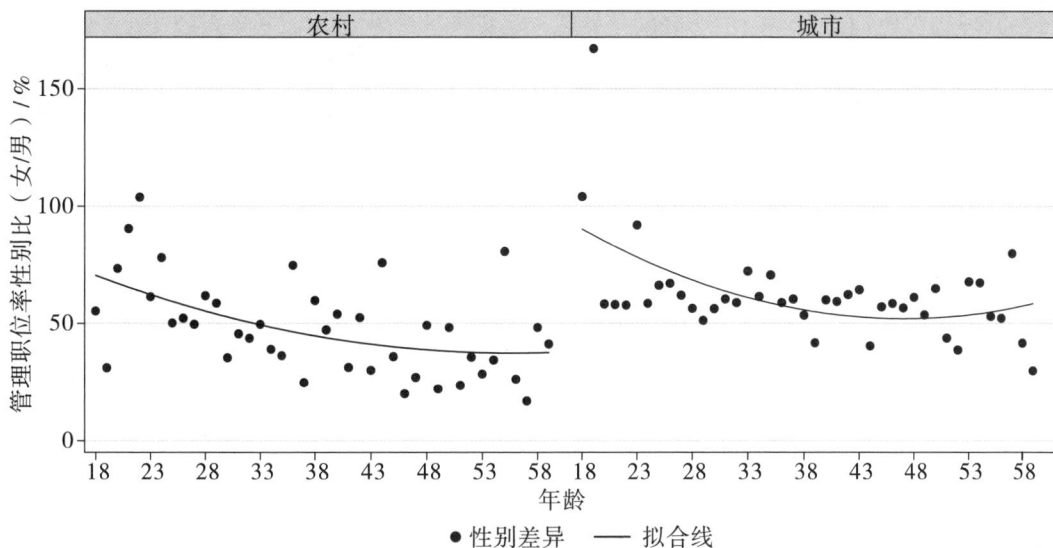

图 4 – 13　各年龄段管理职位样本比例性别差异与城乡分类

数据来源：CFPS 2010、2012、2014、2016、2018 年成人数据。

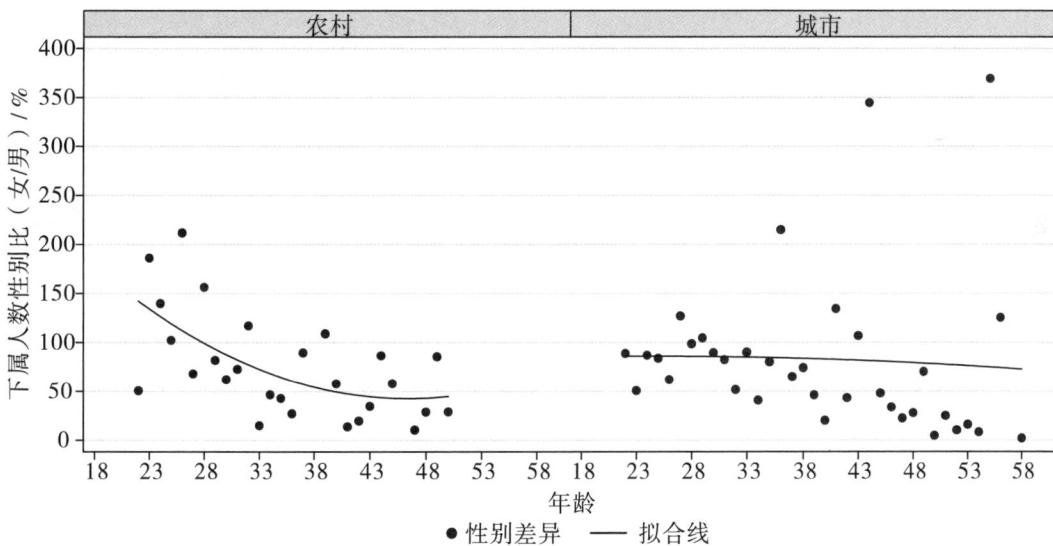

图 4 – 14　各年龄段管理者管理层级性别差异与城乡分类

数据来源：CFPS 2010、2012、2014、2016、2018 年成人数据。

（2）受教育程度角度看年龄变化。

如图 4 – 15 所示，管理职位率性别比随受教育程度上升而有所上升，但差异并不太显著。不过值得注意的是，初中及以下学历和高中及同等学力管理职位率性别比散点基本上都在拟合线附近，而大学及以上学历管理职位率性别比存在着一些很明显的离群点，尤其是年龄在 53—58 岁的时候。

管理层级性别比在不同学历之间差异较大，如图4-16所示。初中及以下学历管理层级性别比在20—40岁之间时，各年龄对应的性别比散点比较集中，在40岁以后就变得零散；拟合线先下降后上升，呈"U"形。高中及同等学力管理层级性别比在各年龄阶段的散点都呈现出零散的分布；拟合线表现的管理层级性别比随着年龄的增长快速下降。大学及以上学历管理层级性别比随年龄的分布比较集中，但是拟合线的趋势和高中及同等学力类似。

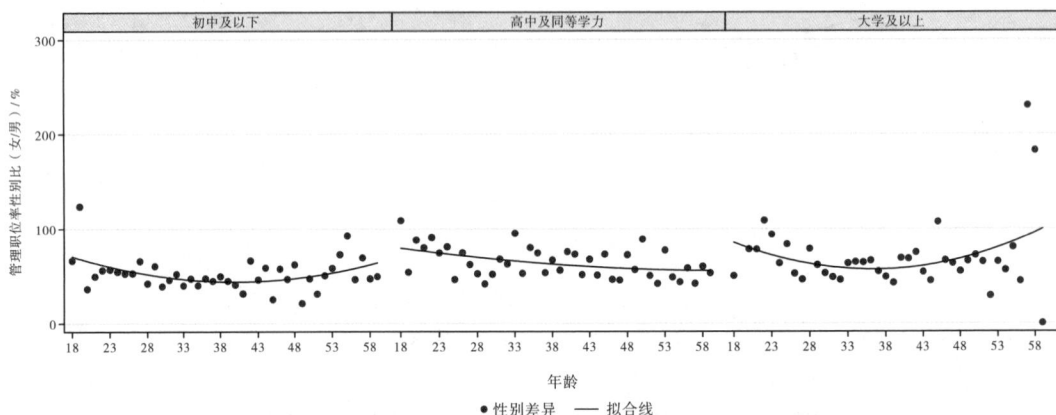

图4-15　各年龄段管理职位比例性别差异与受教育程度

数据来源：CFPS 2010、2012、2014、2016、2018年成人数据。

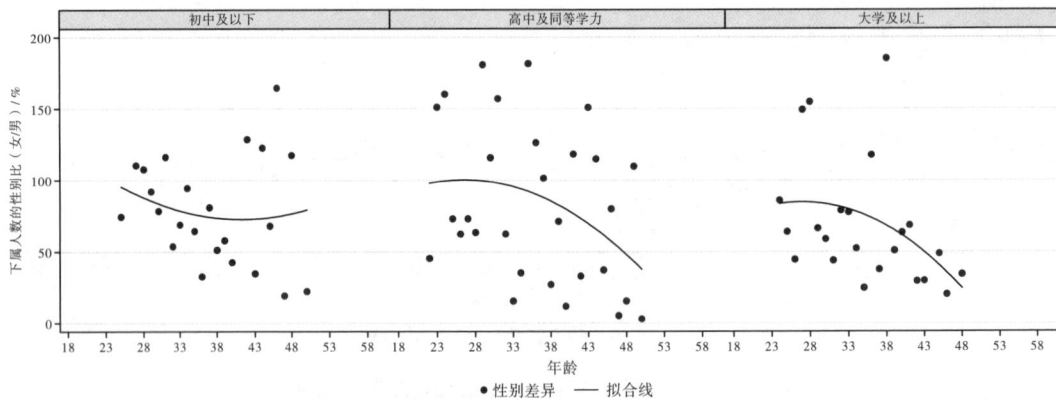

图4-16　各年龄段管理者管理层级性别差异与受教育程度

数据来源：CFPS 2010、2012、2014、2016、2018年成人数据。

4.3　地区情况

由于地区间的差异，我国各地区之间经济发展状况不同，在政策、文化方面都存在着多样性，同样会对职位分布性别差异产生不同的影响。因此，这一节将探讨各地区间管理职位的性别差异。

4.3.1　各地区职位分布的时间趋势

我们分别从东、中、西部和东北部分析了样本的管理职位率性别比、管理层级性别比的时间趋势，发现了不同经济发展水平下各地区性别差异随时间变化的趋势也各不相同；而东北地区的性别差异随时间变化而减小的趋势较为明显。

图4-17描绘了东部、中部、西部、东北地区的管理职位率性别比随时间变化的趋势。首先，从整体上可以看到在样本期间内，东部和西部地区的管理职位率性别比较小，都处于50%—60%之间，而东北地区的水平整体比其他地区都要高。其次，从时间趋势来看，东北地区的管理职位率性别比在近几年上升得非常快，达到80%，这表明东北地区有越来越多的女性加入管理职位当中，性别差异逐年减小；东部和西部地区的性别差异有逐年下降的势头，而中部地区的管理职位率性别比变化趋势不太稳定，在2014—2016年经历了快速下降后又上升。

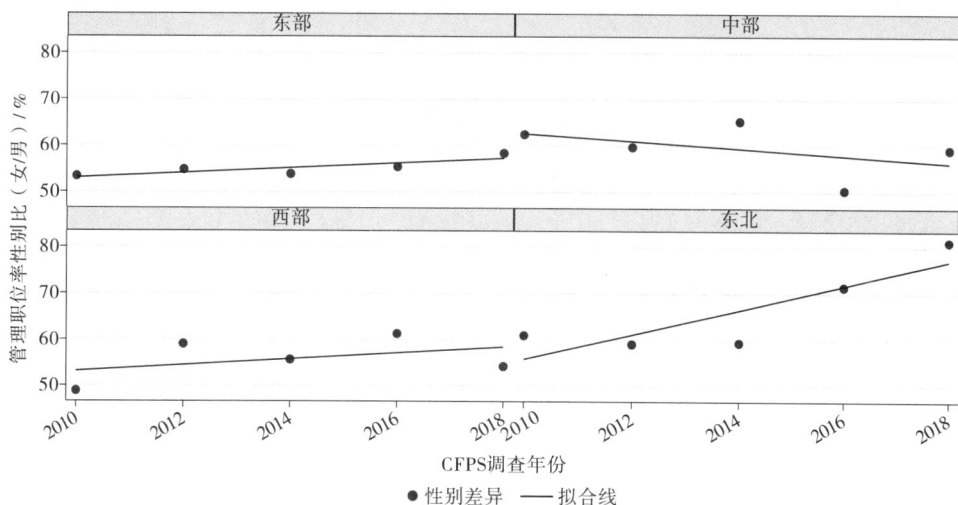

图4-17　各地区管理职位样本比例性别差异时间趋势

数据来源：CFPS 2010、2012、2014、2016、2018年成人数据。

图4-18是各地区管理者管理层级性别比，大部分地区都显示了较大的性别差异。东北地区表现出性别差异减小，从2012年开始，东北地区的管理者管理层级性别比有着很大的上升空间，在之后的几年内一直快速上升，到了2018年时甚至达到150%的水平，这

在一定程度上可以表明，东北地区女性管理者在职位晋升时面对的障碍更少。地区的管理者管理层级性别比在样本期间内存在波动，其中东部地区在 2016 年达到了接近 100% 的水平，但总的来说，东北以外的地区都存在着较大的性别差异。从图 4 - 17 和图 4 - 18 可以看出，2012—2018 年，东北地区的管理职位率和管理层级性别比在快速上升，2016 年以后的管理层级性别比甚至突破了 100%，这与近年来东北地区的人口流失问题有所关联。东北地区流失人口大部分为男性，主要流向北京、上海和广东等经济发达地区，而人口流出最重要的一个原因是务工经商，因此，东北地区的男性劳动力人口有所下降（魏洪英，2018）。而女性对于风险的规避更强，这使得他们离开东北地区外出务工经商的可能性较小。

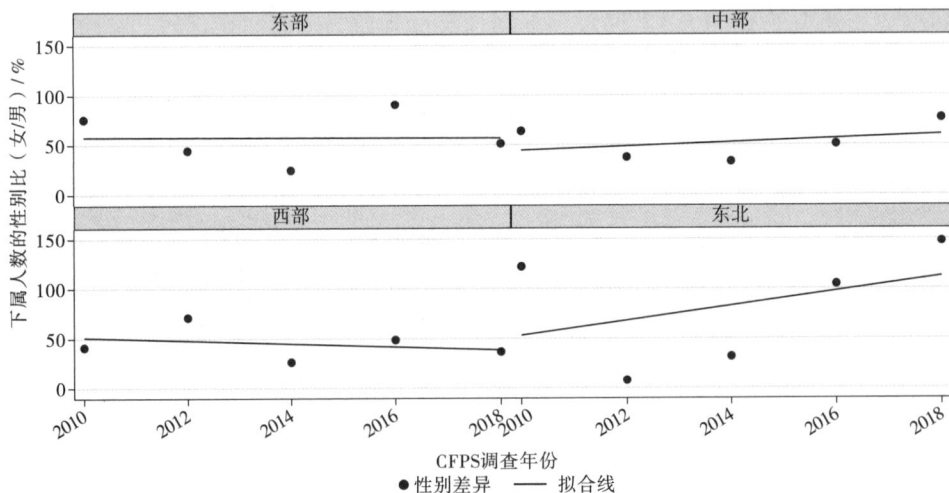

图 4 - 18　各地区管理者管理层级性别差异时间趋势

数据来源：CFPS 2010、2012、2014、2016、2018 年成人数据。

4.3.2　城乡角度看性别差异

每个地区的城市和农村发展的速度和差距都有区别，有的地区城乡差距大，有的地区城乡差距小，由此带来的性别差异自然有所不同。我们进一步将各地区的样本划分为农村和城市，从数据中得出的结果是，在东、中部及东北地区，样本的职位状况普遍存在一定程度的性别差异，但只有东北地区的城市和农村之间存在较大差异，其他地区的城乡差异不大。

图 4 - 19 描绘了四个地区在样本期间内的平均管理职位率性别差异在城乡之间的情况，中部和西部地区的城乡女性管理者占样本比例相当，并且都在 50%—60% 的水平上，东北地区农村的管理职位率性别比比城市小很多，不过，其城市的管理职位率性别比在四个地区中是最高的，接近 80%。总的来说，从管理职位率性别比的角度来看，四个地区中的城乡范围都存在着较明显的性别差异。

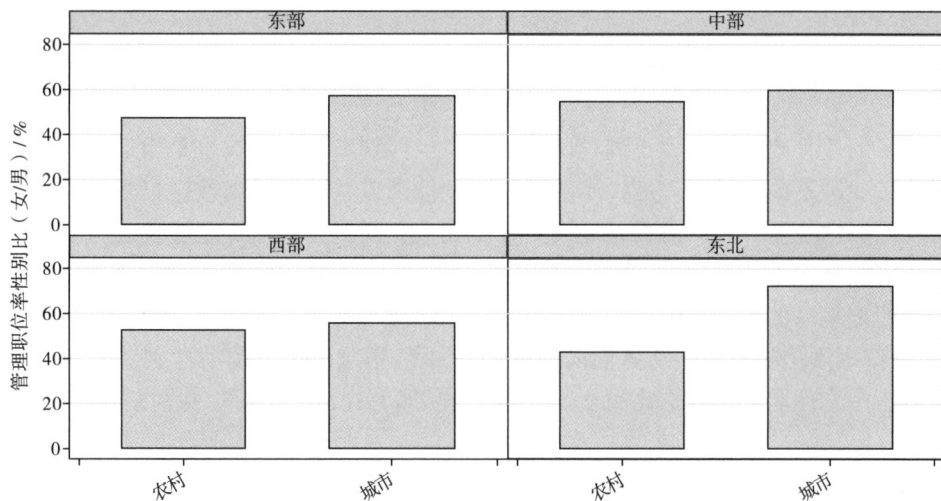

图4-19　各地区管理职位样本比例性别差异与城乡分类

数据来源：CFPS 2010、2012、2014、2016、2018年成人数据。

图4-20显示，中部和西部地区农村的管理层级性别比都大于城市，并且这两个地区农村的管理层级性别比在所有地区中是最大的，中部地区农村的管理层级性别比超过60%，西部地区农村的管理层级性别比高达51.40%。而东部和东北地区的情况则相反，农村的管理层级性别比小于城市，其中东北地区的城乡间差异最大，农村样本的管理层级性别比低于20%，表明在东北地区的农村存在着较大的性别差异。

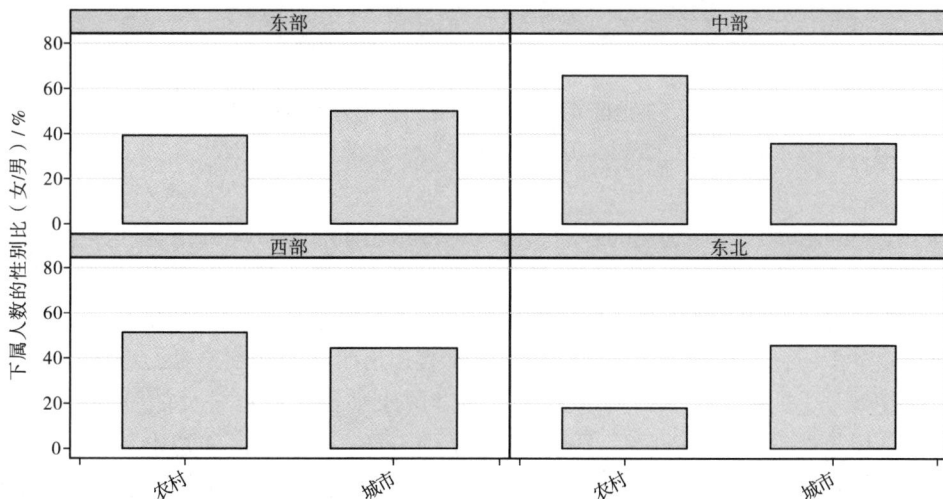

图4-20　各地区管理者管理层级性别差异与城乡分类

数据来源：CFPS 2010、2012、2014、2016、2018年成人数据。

4.3.3 受教育程度角度看性别差异

各地区的教育政策和资源不同，所以教育对于性别差异的影响也是因地区而异的。我们分析了各地区不同受教育程度样本的职位相关性别差异，发现受教育程度对于管理职位率和管理层级性别差异的影响在各地区间并不完全相同，尤其是管理层级性别差异。

图4-21显示了不同地区之间学历与管理职位率性别比的关系。在管理职位率上，东、中、西部地区的高中及同等学力样本的管理职位率性别比分别为60.10%、69.30%和63.50%，都表现出较其他学历更低的性别差异。东北地区学历越高性别差异越小，大学及以上学历的管理职位率性别比高达69.50%，是所有地区和学历中性别差异最小的。

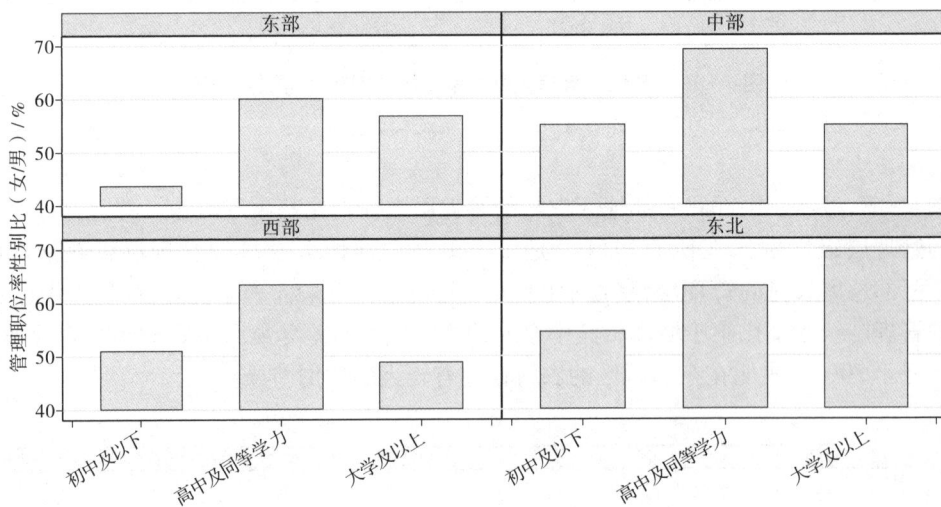

图4-21　各地区管理职位样本比例性别差异与教育程度

数据来源：CFPS 2010、2012、2014、2016、2018年成人数据。

对于学历对管理层级性别比的影响，图4-22给出了各地区间的情况。其中东部地区高中及同等学力样本的管理层级性别差异在所有学历中是最小的，性别比在75%以上，而初中及以下学历和大学及以上学历样本的性别比小于50%，存在较大性别差异。中部地区的初中及以下学历样本在管理层级性别比上没有表现出明显的性别差异，反而在其他两种学历上存在着较大的性别差异。西部地区在各学历水平都表现出较大的管理层级性别差异，且管理层级性别差异有着随学历越高而越小的特征。东北地区的初中及以下学历样本的管理层级性别比超过150%，而高中及同等学力的该比例只有10%左右，两者相差15倍以上，一边比例过高，一边比例过低，非常极端。

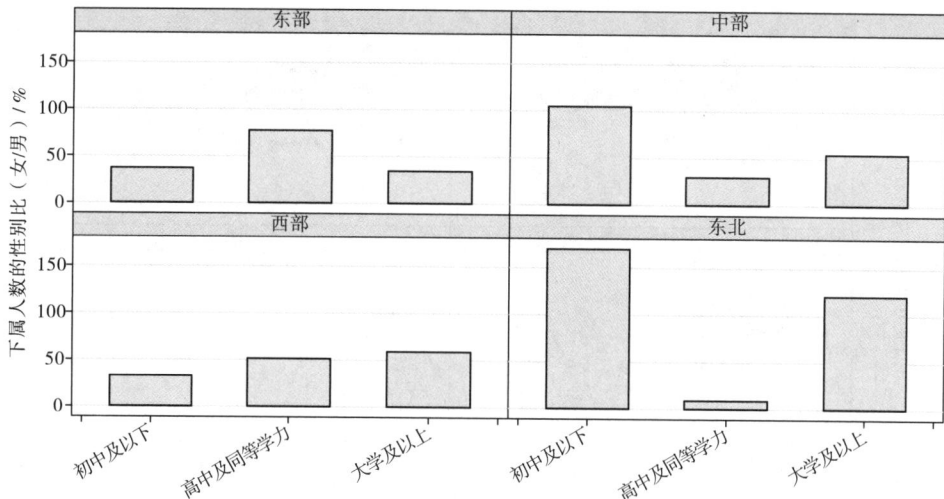

图 4 - 22　各地区管理者管理层级性别差异与受教育程度

数据来源：CFPS 2010、2012、2014、2016、2018 年成人数据。

4.3.4　各地区职位分布的年龄变化

这部分将年龄作为因变量，分析管理职位率和管理层级两个指标在不同年龄上的变化，发现在东、中、西部和东北地区基本上都有着管理职位率性别比随年龄下降的规律；在管理层级性别比方面，大部分地区的样本都是随年龄变化而下降的，部分地区呈"U"形趋势。

图 4 - 23 是我国男性管理者和女性管理者样本占比随年龄变化在各地区的情况，最直观的就是，每个地区的男性管理者样本占比在绝大多数年龄上都大于女性管理者样本占比。东部和中部地区的男性和女性管理者样本占比在 28—33 岁这个年龄段最大，西部和东北部地区虽然有所起伏，但是都稳定在一个区间内。西部地区的女性管理者样本占比相比于其他地区较低，性别差异较明显。

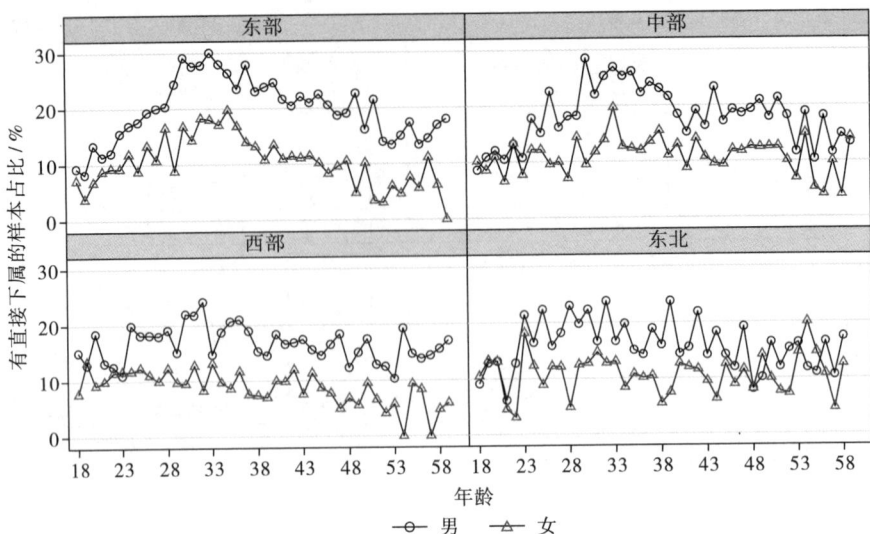

图 4 - 23　各地区管理职位样本比例和年龄变化

数据来源：CFPS 2010、2012、2014、2016、2018 年成人数据。

对于管理职位率性别比，如图 4 - 24 所示，中部和东北地区都呈现出随着年龄先下降后上升的趋势，即"U"形趋势，尤其是东北地区，一些年龄段上的管理职位率性别比高于 150%。东部地区的管理职位率性别比在图上的分布最密集，趋势和西部地区类似，都是随年龄的增加而下降，性别差异逐渐增大。

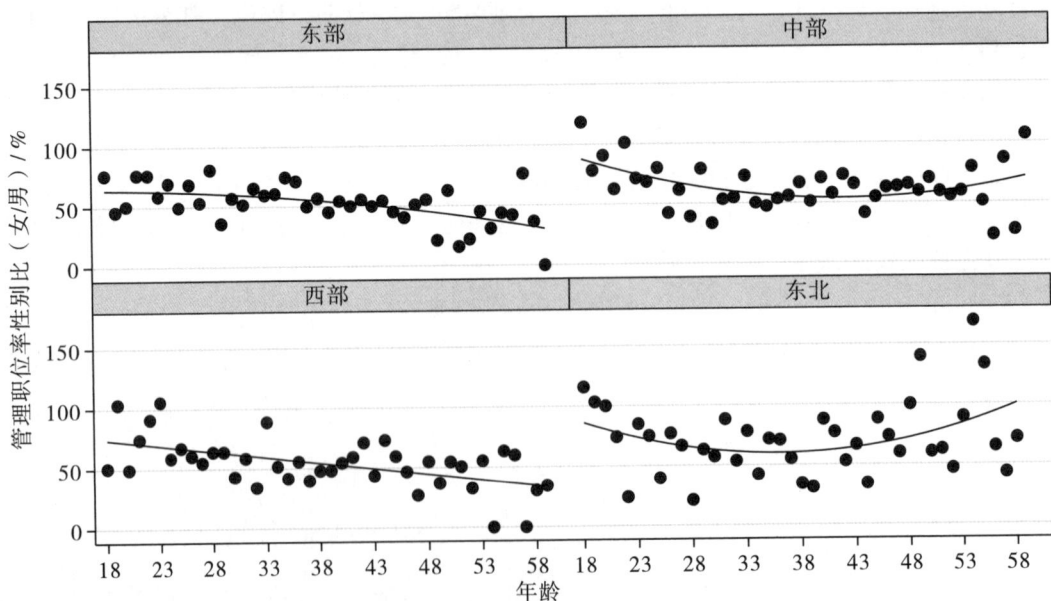

图 4 - 24　各地区管理职位样本比例性别差异和年龄变化

数据来源：CFPS 2010、2012、2014、2016、2018 年成人数据。

图 4-25 显示，东部和中部地区的管理层级性别比都呈现随年龄增加而下降的趋势，并且趋势线的大部分都低于 100%。西部地区的管理层级性别比先是随年龄增加而增加，在 33 岁以后开始下降，呈倒 "U" 形趋势。东北地区和西部地区的趋势刚好相反。除了东部地区，各地区都存在一些年龄所对应的管理层级性别比超过 200% 的情况，可以看出管理层级的性别差异在各年龄之间的差异也很大。

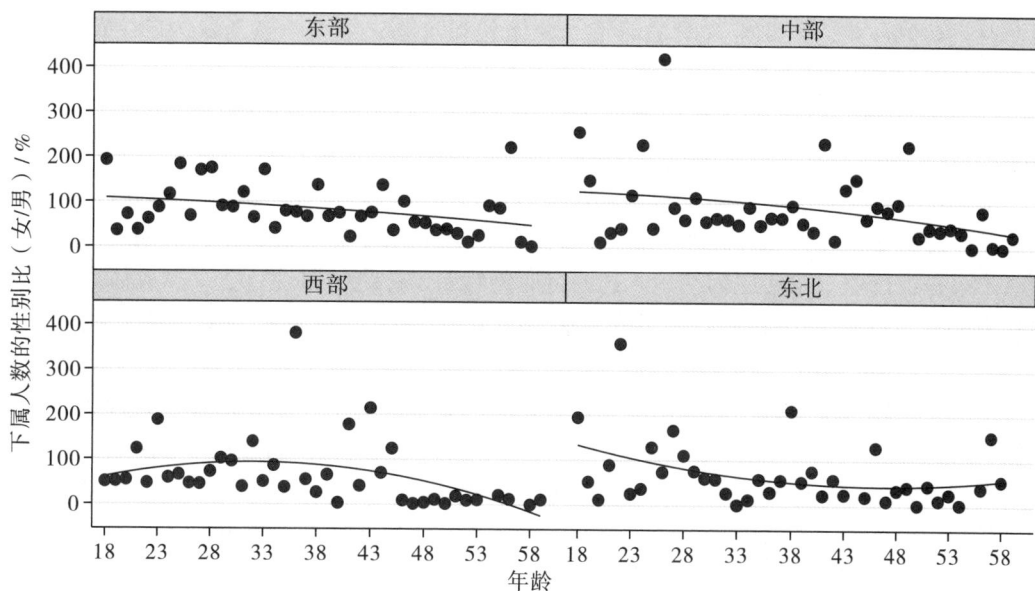

图 4-25 各地区管理者管理层级性别差异和年龄变化

数据来源：CFPS 2010、2012、2014、2016、2018 年成人数据。

4.4 行业情况

我国各行业之间存在很大的性别差异，在工作环境、工作性质等方面都各有各的特点，因此，性别分布在每个行业也是不一样的，这造成了有些行业是男性密集行业，有些行业是女性密集行业。例如消防员、海员、矿物开采工和幼师、财会人员、护士等都是有强烈性别色彩的职业。许多学者对国外各行业当中男女职位及其分布进行了研究，发现同样存在性别差异，比如 Skalpe（2007）研究发现挪威旅游业中女性高管的比例为 20%，而制造业只有 6%。那么在我国这些女性密集程度不同的行业中，女性与男性的职位分布又有什么差异呢？本节内容将探讨这个问题。

4.4.1　我国各行业和产业职位分布的时间趋势

有研究将所有行业分为四类：第一类为农业，采矿业，建筑业，贸易、住宿和餐饮业；第二类为制造业，地质勘查业，水利、环境和公共设施管理业，教育、文化艺术和广播电影电视业，社会服务业；第三类为党政机关和社会团体、卫生体育和社会福利业，房地产业，其他行业；第四类为交通运输、仓储和邮政业，电力、燃气及水的生产和供应业，金融业，保险业，科学研究和综合技术服务业。这四类行业的特点是，从第一类到第四类行业的平均工资水平依次递增，因此进入门槛和垄断程度也逐渐增高（王美艳，2005）。我们将借鉴这一分类方法来进行行业间的性别差异分析。

根据以上分类方法以及图4-26，我们可以发现，在进入门槛低的农、林、牧、渔业，采矿业，建筑业，住宿和餐饮业中，女性管理职位率相对于男性的比例普遍偏低，这些行业属于第一类行业。主要原因在于，这些行业仍然属于传统的男性行业，具有体力消耗大或危险系数高的特点，更适合男性劳动者的人力资本条件，因此男性也更加容易得到晋升。

在电力、燃气及水的生产和供应业，金融业，交通运输、仓储和邮政业等行业中，表现出较高的管理职位率性别比，这些行业属于第四类行业，有着进入门槛高、垄断程度高、平均收入水平高的特点。因此，在初进这些行业时，女性就已经经历了一次筛选，说明该行业中的女性基本具备了这个行业所需要的素质，那么在面对晋升时，对于劳动者的考核会更加专业技能化，而那些与工作能力无关的、针对女性的性别歧视就更少。

结合以上对第一、四类行业的分析，可以验证这样一种观点：对于技能要求越低、进入门槛越低的行业，往往是性别歧视越严重的行业；而技能要求水平高的行业更加需要的是在技能方面符合要求的人，所以性别歧视比技能要求低的行业少（王湘红等，2016）。

对于教育、公共管理与社会组织等传统的女性行业，管理职位率性别比在样本期间内的趋势一直很稳定，处于中等水平，但是也没有很大的突破，毕竟在人们的传统认知里，选择这些行业就是秉持一种追求安稳的心态。

电力、燃气及水的生产和供应业与交通运输、仓储和邮政业的女性管理者样本是男性样本的1.5倍左右，这在所有行业中都是非常值得借鉴的，政策制定者应当根据各行业的特点，从这两个行业中借鉴经验，以减少各行业的性别差异。

有学者通过数据说明，金融业于2008—2016年从男女性别平等的行业逐渐转变为女性聚集行业（杨慧、张子杨，2019），而从图4-26中可以发现金融业的管理职位率性别比从2010年开始几乎没有上升过，这一点说明金融业的女性虽然多，但在管理职位率方面还是小于男性。

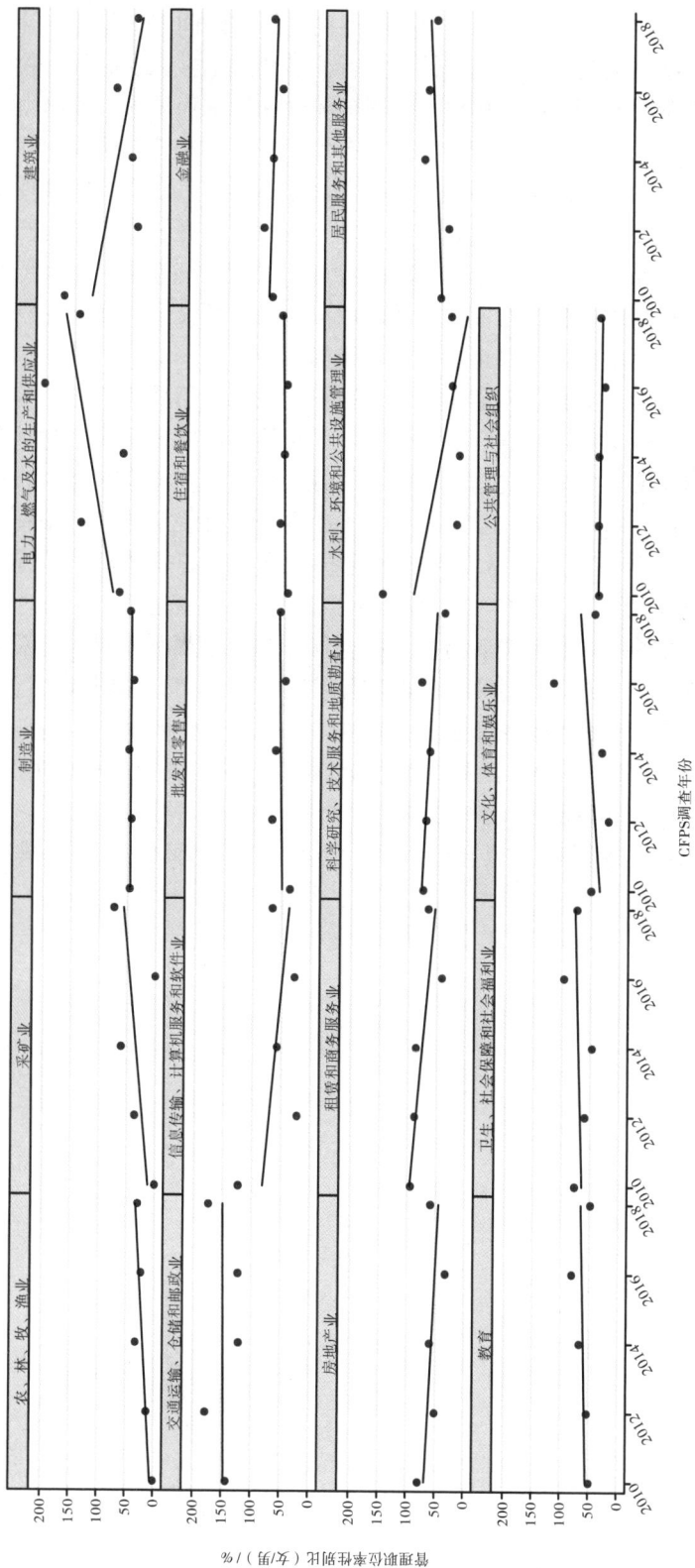

图 4 - 26 **各行业管理职位样本比例性别差异**

数据来源：CFPS 2010、2012、2014、2016、2018 年成人数据。

　　如图 4 - 27 所示，管理层级性别比所反映出来的性别差异在时间上的趋势和管理职位率性别比的性别差异在一些行业是相同的，在另一些行业是相反的。在农、林、牧、渔业和采矿业中，管理层级性别比和管理职位率性别比同样随时间增加而增大，而电力、燃气及水的生产和供应业与水利、环境和公共设施管理业在管理职位率和管理层级性别比上的性别差异的时间趋势相反。2010—2018 年，电力、燃气及水的生产和供应业的管理职位率性别比呈上升趋势，管理层级性别比呈下降趋势，这可能是女性在高门槛行业中所处的管理层级较低的证据。另外，结合该行业进入门槛高的特点，可能的解释是，在该行业女性人数一定的条件下，管理职位增加使该行业中女性的职位结构从长又窄的类型变成了短又宽的类型，因此，管理职位增加的同时带来了管理层级的减少。

　　对于一些传统的女性行业，如批发和零售业，住宿和餐饮业，租赁和商务服务业，卫生、社会保障和社会福利业等，我们从管理层级性别比中隐约可以看出哪些行业对女性劳动者的需求偏向饱和。批发和零售业、住宿和餐饮业的管理职位率在样本期间内的趋势比较稳定，而图 4 - 27 中这两个行业管理人数性别比在不断上升，这说明这些行业对于女性的需求并未饱和，并且近几年一直有大量女性进入这些行业，尤其是批发和零售业，从2014 年开始，管理层级性别比就从 100% 一直增长到了 200%，也就是说，在管理者比例不变的情况下，基层员工增多了。而教育，卫生、社会保障和社会福利业同样是管理职位率性别比趋势平稳的条件下，管理层级性别比随时间增长有下降趋势，说明这些行业对于女性的需求接近饱和，只有很少的女性进入该行业就业。

　　还有一些行业，在管理职位率性别比和管理层级性别比上都存在较大的性别差异，比如采矿业存在性别差异的原因很大一部分来自这个行业是传统的男性行业，它对于劳动者的体力要求很高。而公共管理与社会组织行业非常需要政策的引导来减小性别差异。

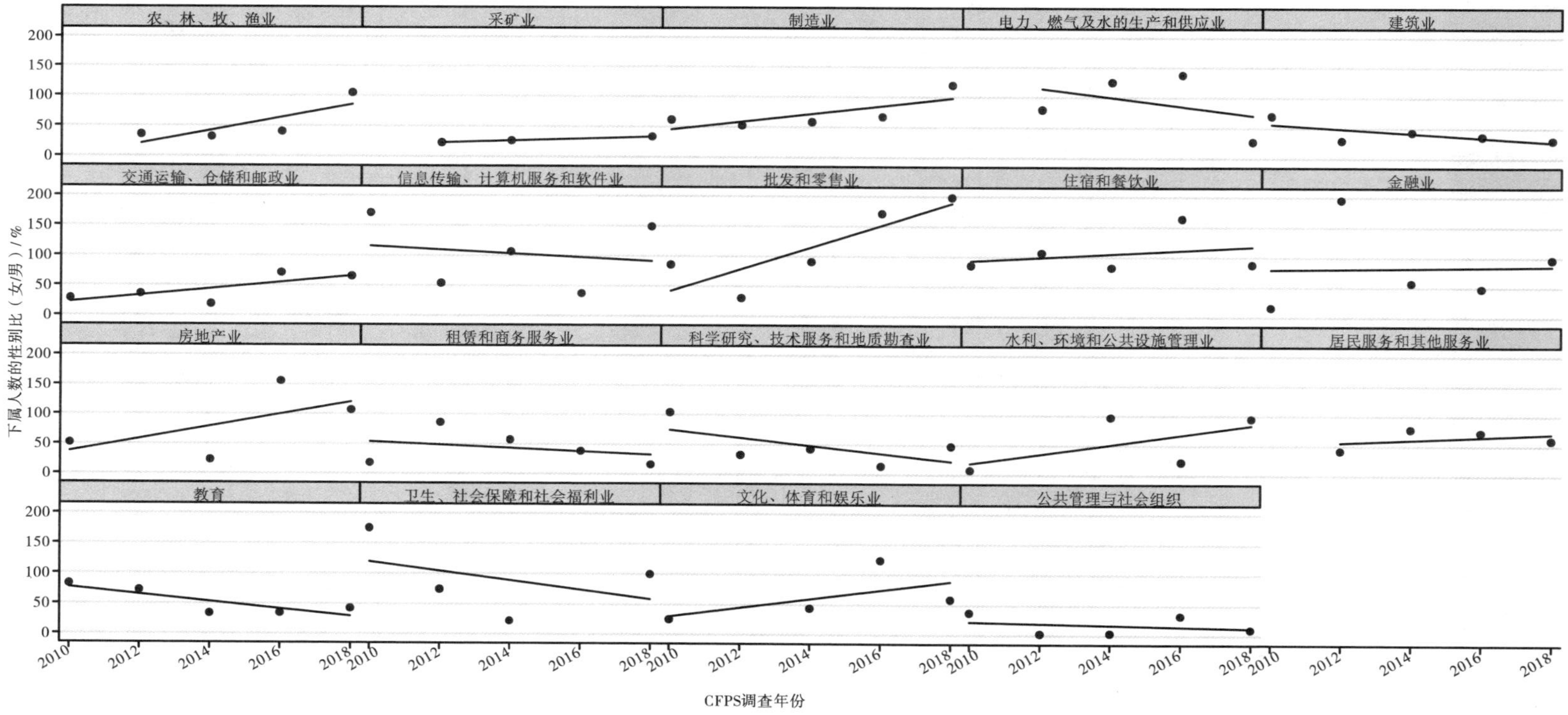

CFPS调查年份

图 4 - 27　各行业管理者管理层级性别差异

数据来源：CFPS 2010、2012、2014、2016、2018 年成人数据。

我们知道，所有产业部门可以划分为第一、二、三产业，其中第一产业为农、林、牧、渔业，提供的主要是生产食材和生物材料，在三个产业中起的是奠定基础的作用；第二产业为工业，对第一产业生产出来的材料进行加工；第三产业为除第一、二产业以外的产业，是非物质生产部门。了解这三种产业的职位晋升性别差异，也有助于了解每一种产业的特点，加强产业间的联动，从而带动每一种产业的发展。

图4-28显示，三个产业中都存在着性别差异，虽然程度有所不同。在管理职位率性别比上，第一产业是性别差异最大的，因为农、林、牧、渔业进入门槛低，劳动者的素质参差不齐，相对应的，性别歧视程度就较高。不过，2010—2018年，第一产业的女性管理者样本占比在逐渐提高。而第二产业和第三产业的管理职位率性别差异时间趋势都很稳定，并且都稳定在60%的水平。在前文对各行业的分析中（图4-26和图4-27）可以发现，性别差异小和性别差异大的行业都存在于第二产业和第三产业中，而我们将分析的角度转向第一、二、三产业后，得到的结果是管理职位率性别差异相近，这说明，在第二、三产业中，非管理者的女性和女性管理者的样本占比结构相近。

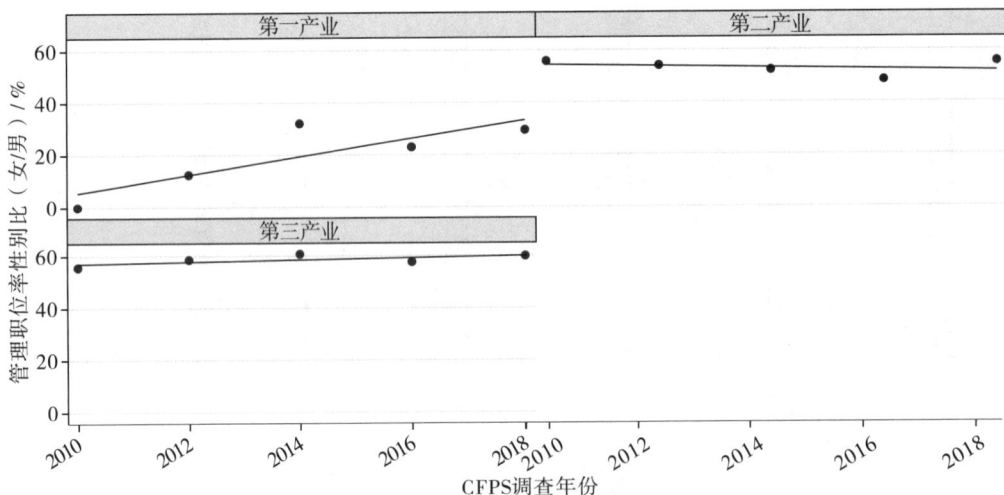

图4-28　第一、二、三产业管理职位样本比例性别差异

数据来源：CFPS 2010、2012、2014、2016、2018年成人数据。

如图4-29，从管理层级角度来看，第一产业的管理层级性别差异在逐渐减小，女性的管理层级相对男性在逐年增加。这是因为，第一产业是我国的国民经济基础，发展第一产业是我国每个阶段的任务，它为第二、三产业提供原料，奠定了坚实的基础，如果没有第一产业，第二、三产业也无法发展，并且我国的人口基数大，如果在粮食上不能自给自足，那么应对变故的底气也没有那么足。因此，第一产业对于劳动者的需求是不饱和的，在女性进入门槛低的条件下，女性管理者所管理的下属人数自然也在增加。

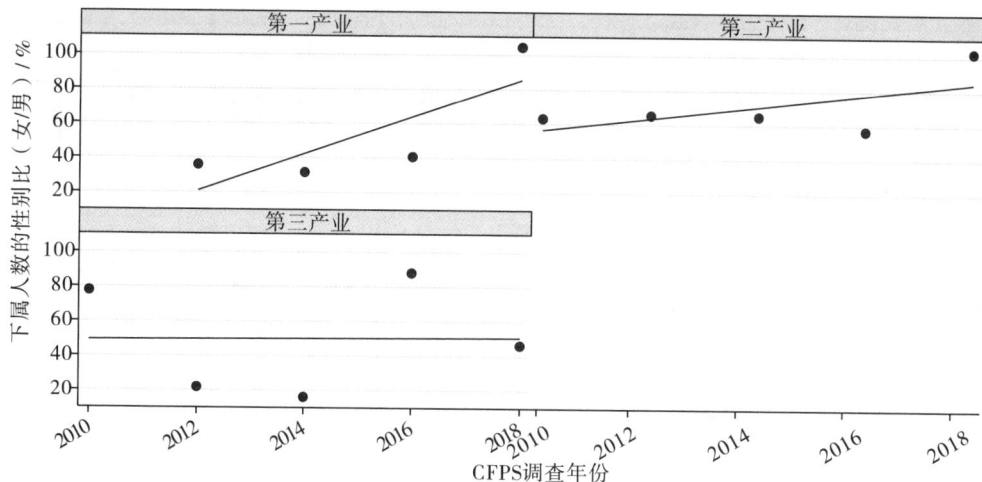

图4-29　第一、二、三产业管理人员的管理层级性别差异

数据来源：CFPS 2010、2012、2014、2016、2018年成人数据。

第二产业的管理者管理层级性别差异也有逐年下降的趋势，这反映了随着女性受教育程度的提升，越来越多的女性加入第二产业中，经历了成为管理者、晋升至更高职位这一路径，直到2018年，女性管理者管理层级和男性管理者管理层级的比例约为1∶1。

第三产业以进入门槛高、技术水平要求高的行业居多。相比于以体力消耗性行业居多的第一、二产业，第三产业在一定程度上使男女之间的部分性别差异淡化，使女性有更多机会和空间发挥自己的价值。第三产业的性别差异时间趋势不太稳定，也没有明显的上升或下降的趋势。在2012—2014年，女性管理者管理层级只有男性管理者的20%，尽管在2014—2016年经历一个短暂的上升之后又下降至50%左右，但是至少是好的现象，因为相比于之前，女性正在逐渐打破这一壁垒。这说明，越来越多的女性接受了高等教育，打破了人们认为女性很难在很多高难度行业有立身之处的传统认知。

4.4.2　我国各行业和产业职位分布的城乡差异

将每个行业的样本都按城乡划分之后，关于管理职位率性别差异，我们得到了如图4-30的结果。和4.4.1中的分析相同，我们发现进入门槛低的农、林、牧、渔业，采矿业，建筑业，住宿和餐饮业在农村和城市都表现出较高的性别差异。另外，制造业，信息传输、计算机服务和软件业，批发和零售业，房地产业，教育，公共管理与社会组织等也是城乡都存在较大性别差异的行业。

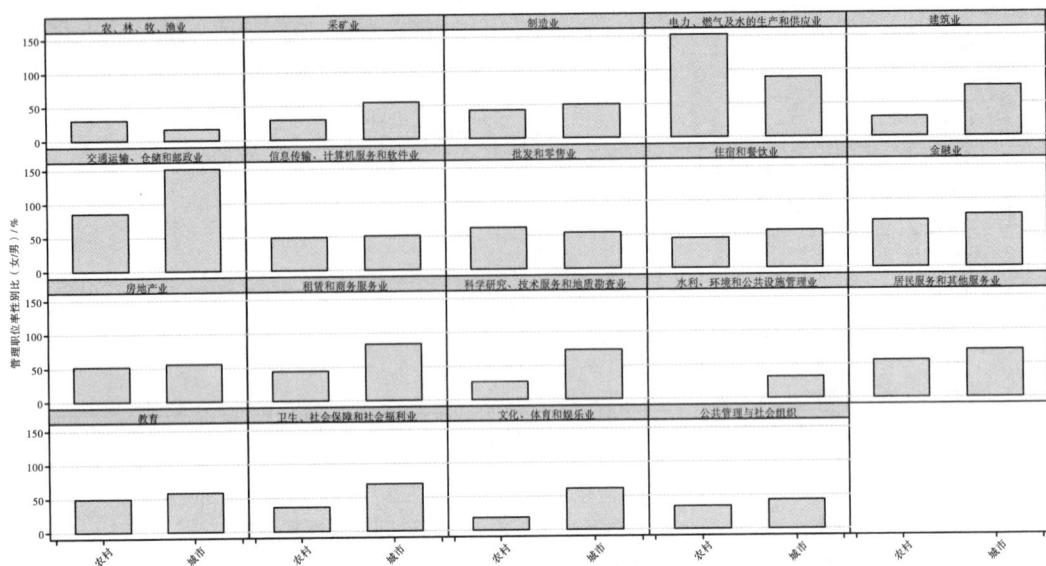

图 4 – 30　各行业管理职位样本比例性别差异与城乡分类

数据来源：CFPS 2010、2012、2014、2016、2018 年成人数据。

在进入门槛高的电力、燃气及水的生产和供应业及交通运输、仓储和邮政业，管理职位率性别比在城市和农村都比其他行业大，其中电力、燃气及水的生产和供应业的农村样本和交通运输、仓储和邮政业的城市样本的管理职位率性别比甚至达到了 150%，说明这两个行业中的女性成为管理者的概率比其他行业高，但是这是基于第四类行业中的女性在进入行业时已经经过了筛选的结果。

在所有行业中，城市比农村管理职位率性别差异小的有采矿业，建筑业，交通运输、仓储和邮政业，租赁和商务服务业，科学研究、技术服务和地质勘查业，卫生、社会保障和社会福利业及文化、体育和娱乐业；农村比城市管理职位率性别差异小的有农、林、牧、渔业，电力、燃气及水的生产和供应业、批发和零售业。

如图 4 – 31，进入门槛低的农、林、牧、渔业，采矿业，建筑业与住宿和餐饮业在管理层级性别差异上有所不同，其中，农、林、牧、渔业和采矿业、建筑业的性别差异较大，而住宿和餐饮业的性别差异更小。另外，科学研究、技术服务和地质勘查业和公共管理与社会组织的管理层级性别差异都很大。

电力、燃气及水的生产和供应业以及交通运输、仓储和邮政业在管理层级性别差异上也不再与进入门槛的高低相关，前者仅表现出很小的性别差异，城乡的管理层级性别比接近 1∶1，而交通运输、仓储和邮政业的管理层级性别差异较大，管理层级性别比在城乡之间都接近 50%。

在这些行业中，农村的管理层级性别差异比城市大的有信息传输、计算机服务和软件业，批发和零售业，金融业，房地产业，租赁和商务服务业，科学研究，技术服务和地质勘查业，公共管理与社会组织。管理层级女性大于男性的行业有批发和零售业、房地产行业。城乡的管理层级均女性大于男性的行业有批发和零售业。

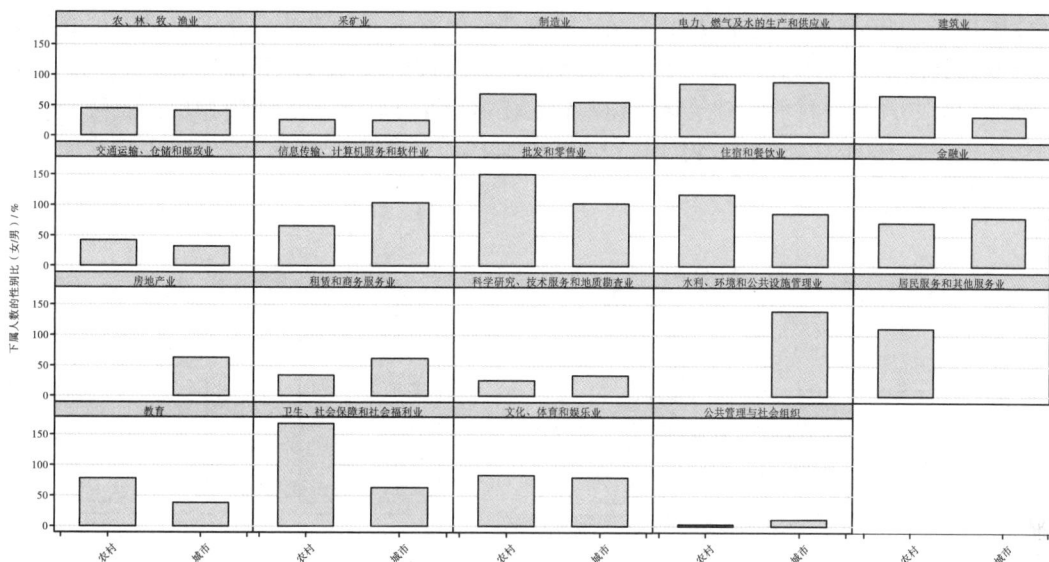

图 4 - 31　各行业管理者管理层级性别差异与城乡分类

数据来源：CFPS 2010、2012、2014、2016、2018 年成人数据。该图中除了水利、环境和公共设施管理业的农村数据缺失外，其他行业相关数据区域空白是因为该数据大小超过了 200%，不便于一起展示。

图 4 - 32 显示，从第一产业到第三产业，管理职位率的性别差异是逐渐减小的。其中第一产业在农村的管理职位率性别差异小于城市，第二、三产业则恰好相反。第一产业由于进入门槛低，对劳动者的技术要求不高，因此性别差异比其他产业更大。

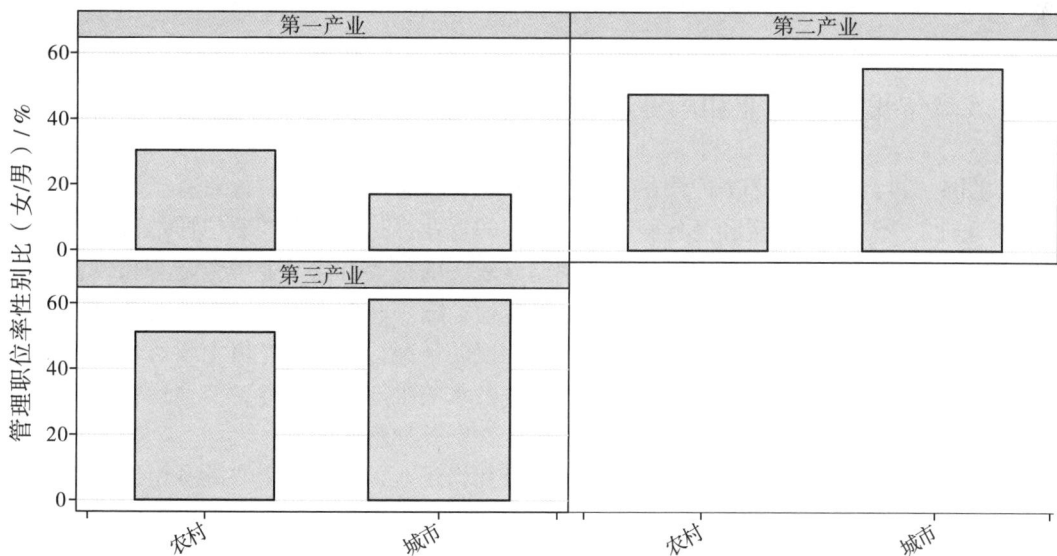

图 4 - 32　第一、二、三产业管理职位样本比例性别差异与城乡分类

数据来源：CFPS 2010、2012、2014、2016、2018 年成人数据。

　　图 4 – 33 显示，在三个产业中，女性的管理层级普遍低于男性。性别差异最小的是第二产业，其次是第一产业，第三产业的城乡管理者管理层级性别差异都比其他产业大。第一产业和第二产业农村的管理层级性别差异都比城市小，而第三产业则相反，农村的管理层级性别比仅有 21% 左右，这说明农村女性在高门槛、高收入的第三产业有着比其他产业更大的晋升空间。

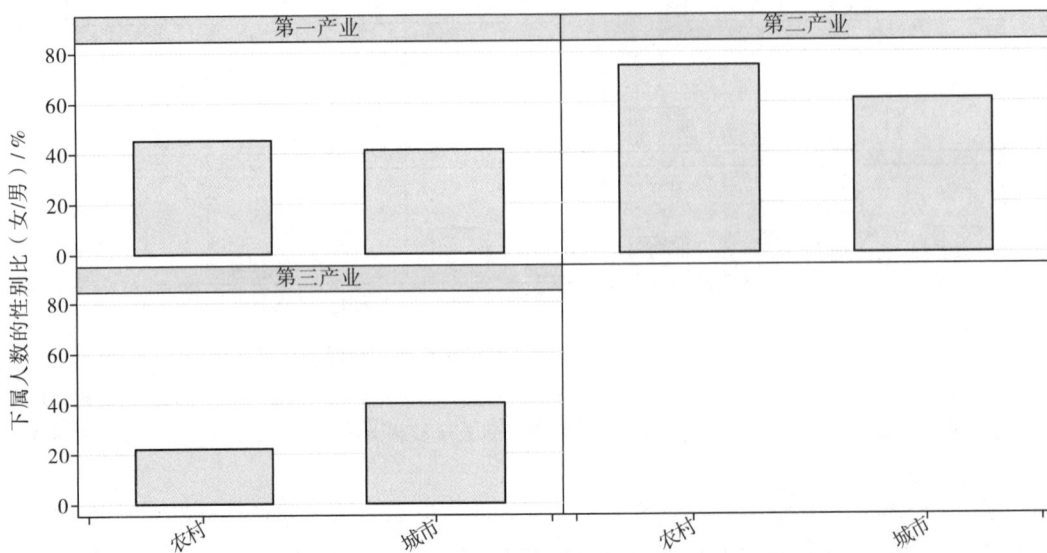

图 4 – 33　第一、二、三产业管理者管理层级性别差异与城乡分类

数据来源：CFPS 2010、2012、2014、2016、2018 年成人数据。

4.4.3　我国各行业和产业职位分布的不同受教育程度差异

　　如图 4 – 34，从初中及以下学历看，管理职位率性别差异较小的行业有交通运输、仓储和邮政业，金融业，租赁和商务服务业，其余的行业都是女性管理职位样本占比小于男性。从高中及同等学力看，管理职位率性别差异较小的行业有建筑业、金融业和教育等行业，其中电力、燃气及水的生产和供应业以及交通运输、仓储和邮政业都是女性管理职位率比男性管理职位率大很多的行业，其他则是相反的情况。从大学及以上学历看，性别差异较小的行业有农、林、牧、渔业，电力、燃气及水的生产和供应业，交通运输、仓储和邮政业，居民服务和其他服务业，而其余的行业性别差异都较大。

　　所有行业中农、林、牧、渔业，文化、体育和娱乐业，公共管理与社会组织是在所有学历中都存在较大性别差异的行业。金融业中，初中及以下学历和高中及同等学力的性别差异不大，甚至女性的管理职位样本占比大于男性，但在大学及以上学历中，男性却存在较大的样本占比，这反映了在金融业中高学历的男性比高学历的女性更容易获得晋升。

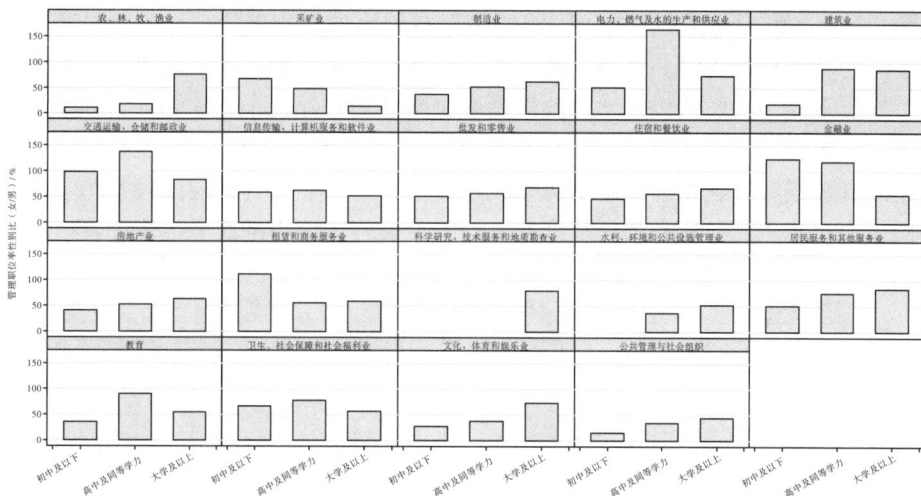

图 4-34　各行业管理职位样本比例性别差异与受教育程度

数据来源：CFPS 2010、2012、2014、2016、2018 年成人数据。科学研究、技术服务和地质勘查业以及水利、环境和公共设施管理业存在部分数据缺失。

图 4-35 是各行业管理层级性别差异图，其中采矿业、建筑业和公共管理与社会组织的管理层级是在所有学历层面上都存在很大性别差异的行业，都存在女性的管理层级小于男性的情况。在所有学历层面上管理层级性别差异都较小的行业有信息传输、计算机服务和软件业，住宿和餐饮业，卫生、社会保障和社会福利业。电力、燃气及水的生产和供应业，批发和零售业，房地产业的初中及以下学历样本，还有居民服务和其他服务业的大学及以上样本的管理层级性别比都存在着女性高出男性一两倍的情况。

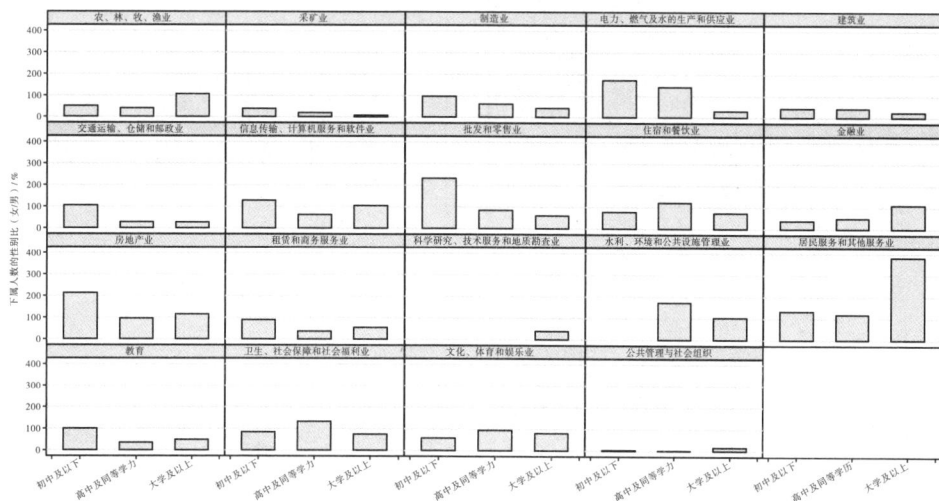

图 4-35　各行业管理者管理层级性别差异与受教育程度

注：图中科学研究、技术服务和地质勘查业及水利、环境和公共设施管理业存在部分数据缺失。数据来源：CFPS 2010、2012、2014、2016、2018 年成人数据。

如图 4 - 36，第二、三产业的管理职位率存在较小的性别差异，性别差异程度在不同学历样本间的分布较为均匀，而第一产业的初中及以下学历和高中及同等学力的管理职位率性别差异非常大，大学及以上学历的管理职位率性别差异较小，这是因为在进入门槛低的情况下，学历更高的女性所受的性别歧视会较其他学历的女性更少。如图 4 - 37 所示，第一产业的管理层级性别差异在高学历中较小；而第二产业的管理层级性别差异程度随学历越高而越高；第三产业所有学历程度的女性管理者管理层级都比男性管理者更小。

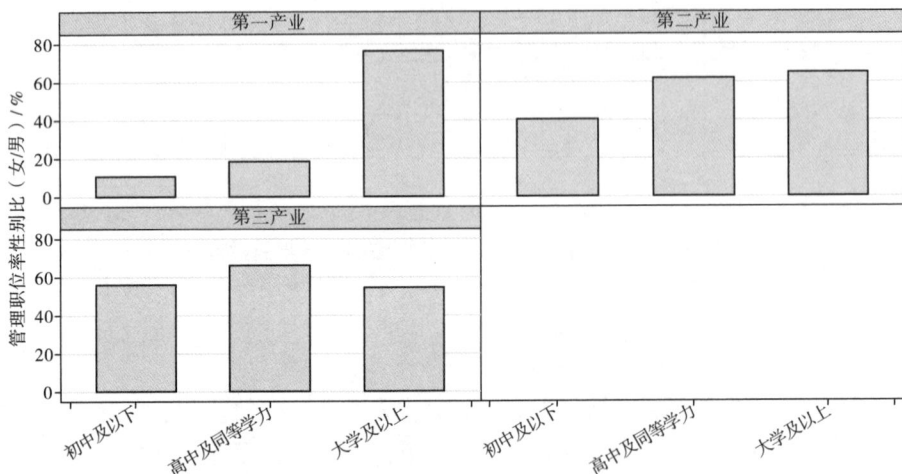

图 4 - 36   第一、二、三产业管理职位样本比例性别差异与受教育程度

数据来源：CFPS 2010、2012、2014、2016、2018 年成人数据。

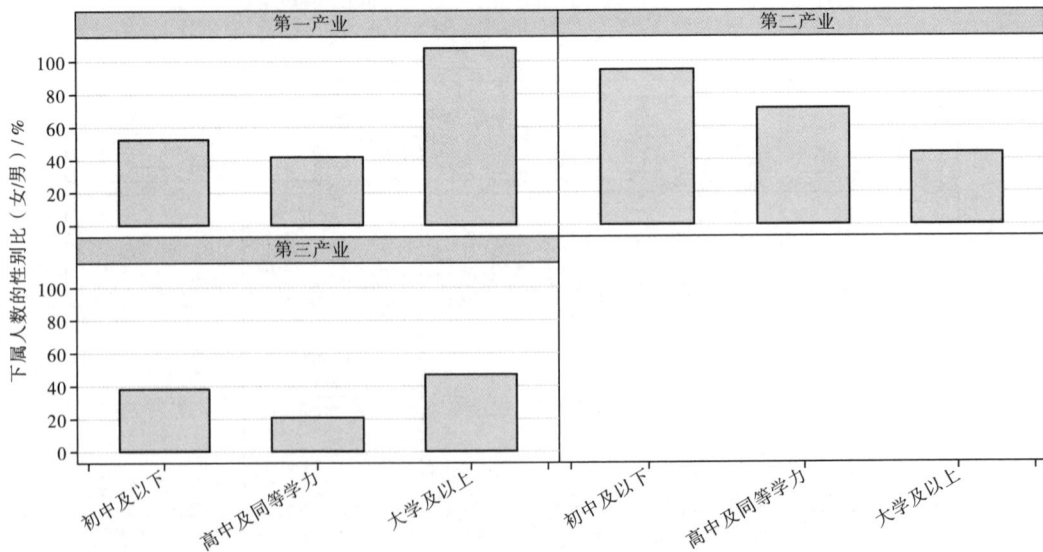

图 4 - 37   第一、二、三产业管理者管理层级性别差异与受教育程度

数据来源：CFPS 2010、2012、2014、2016、2018 年成人数据。

4.4.4 我国各行业和产业职位分布的年龄变化

如图4-38，对于电力、燃气及水的生产和供应业，交通运输、仓储和邮政业，金融业这些高收入高门槛行业来说，女性管理者主要是20—40岁的女性群体，并且该年龄段的女性管理职位率都大于男性，大部分在200%左右。而农、林、牧、渔业和采矿业的管理职位率性别差异比较小，说明进入门槛低的同时获得晋升也很难；在批发和零售业、住宿和餐饮业这两个行业中，管理职位率的性别差异较小。

管理层级在各行业间并没有严格按照年龄下降或上升的同一规律，从图4-39中可以看出，批发和零售业、住宿和餐饮业、金融业、教育的管理层级性别比拟合线接近100%，性别差异较小。建筑业、房地产业、租赁和商务服务业及公共管理与社会组织的管理层级性别比拟合线更加接近横轴，即管理层级性别差异比其他行业大。

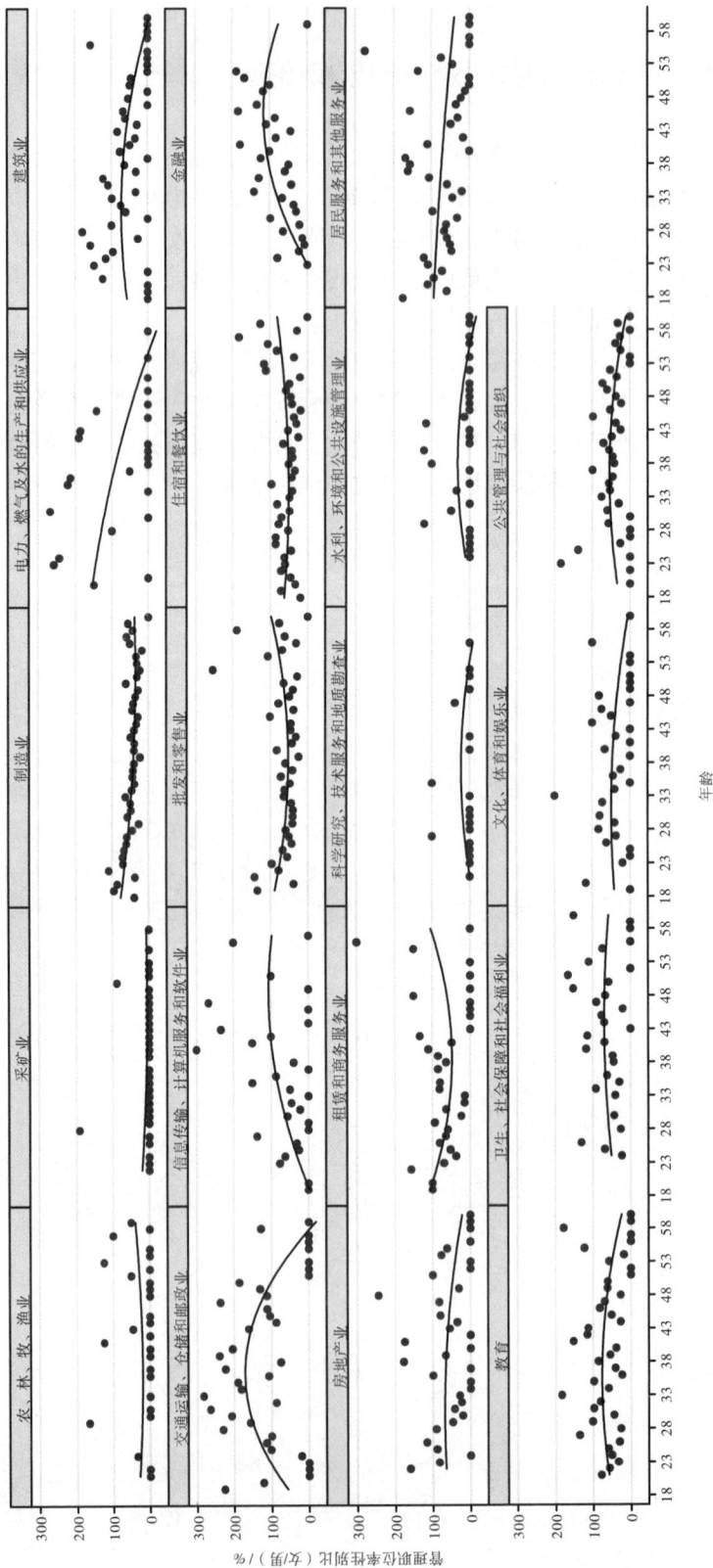

图 4 - 38　各行业管理职位样本比例性别差异与年龄

数据来源：CFPS 2010、2012、2014、2016、2018 年成人数据。

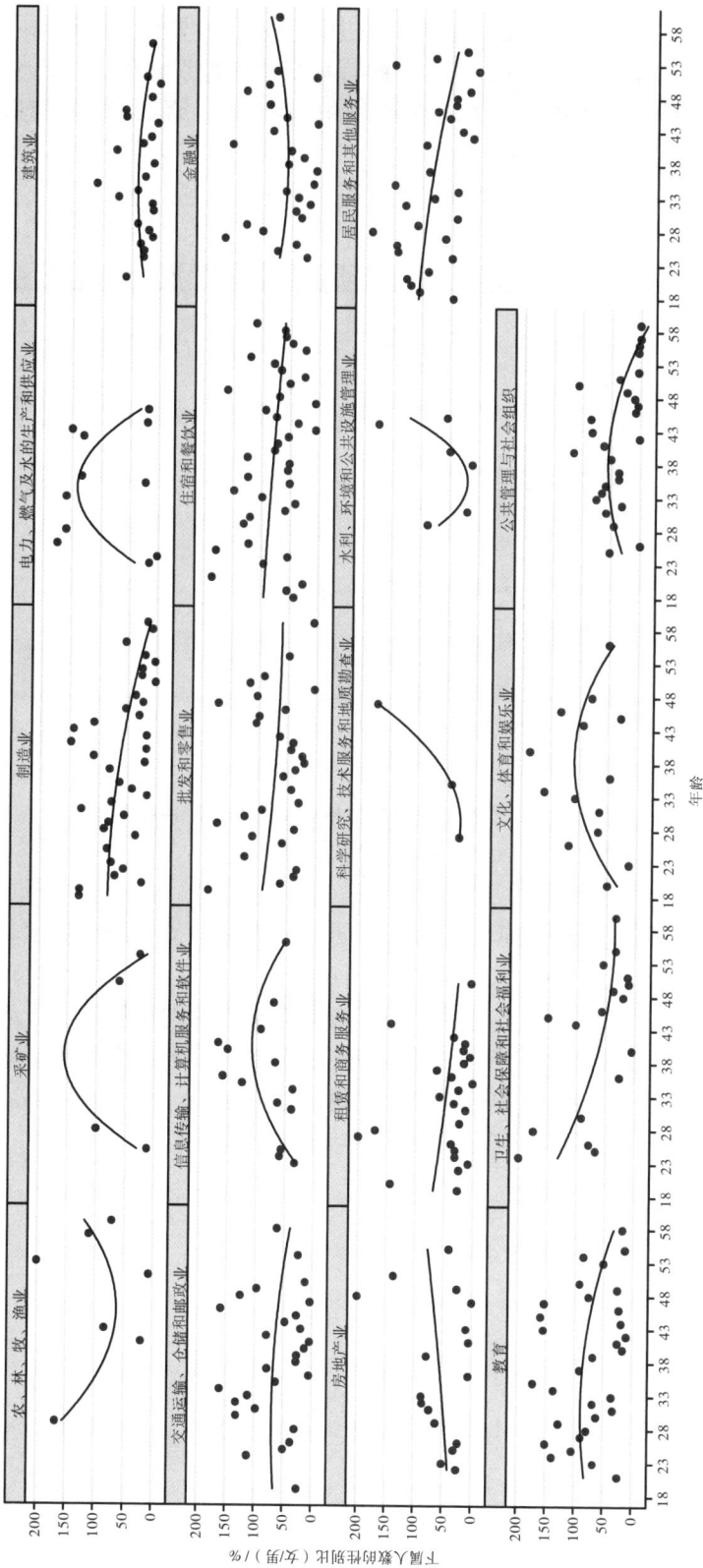

图 4-39 各行业管理人员的管理层级性别差异与年龄

数据来源：CFPS 2010、2012、2014、2016、2018 年成人数据。

如图4-40，在第一、二、三产业中，管理职位率性别比差异最大的是第一产业，在性别差异上有两个方向上的极端，小部分年龄的管理职位率性别比偏大，而大部分都偏小，说明第一产业对于大部分年龄阶段都存在较大的性别差异。第二产业和第三产业的管理职位率性别差异也较大，性别比随年龄增加有下降的趋势，且大部分的点落于50%—100%，说明第二、三产业的管理职位率性别差异随年龄的增加越来越大。

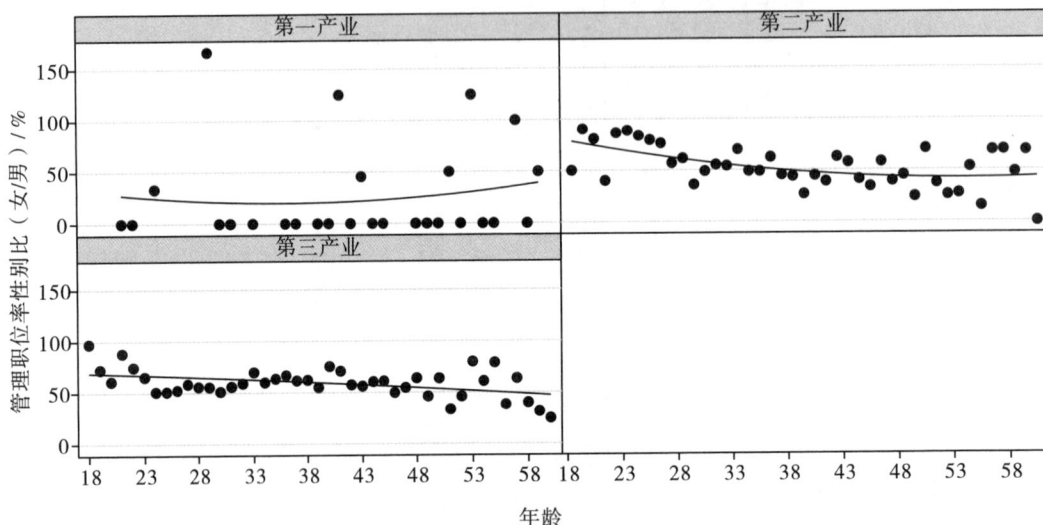

图4-40   第一、二、三产业管理职位样本比例性别差异与年龄

数据来源：CFPS 2010、2012、2014、2016、2018年成人数据。

如图4-41，由于第一产业管理职位率偏低，故可供分析的管理层级数据较少，总体上性别差异较大。第二产业管理者管理层级性别比拟合线所对应的每个年龄的值都在100%的水平左右，这说明第二产业各年龄的管理者管理层级性别比尽管有所起伏，但总体上的性别差异还是较小的。而第三产业的管理者管理层级性别比拟合线有着随年龄增加而下降的趋势，并且年龄越接近18岁，性别比就越接近100%，存在的性别差异就越小，这可能说明在缩小性别差异上，第三产业非常需要年轻的力量。

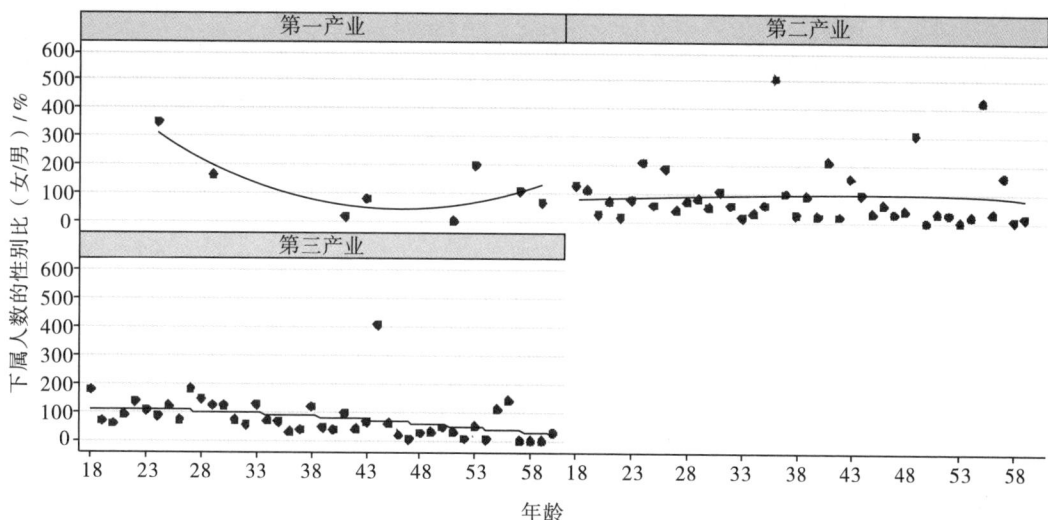

图 4-41　第一、二、三产业管理者管理层级性别差异与年龄

数据来源：CFPS 2010、2012、2014、2016、2018 年成人数据。

4.5　晋升性别差异

在前面几节内容中，我们利用管理职位率和管理层级这两个指标来度量职场上存在的性别差异，但这只是静态的衡量，如颜士梅等（2008）所说，"玻璃天花板"不只是晋升与否的结果，而是一个通往晋升的过程。因此，要研究晋升过程中的性别歧视，我们的研究必须回归到晋升这一动态过程中。

这一节中，我们通过分析样本受访者在样本期间前一年是否获得晋升、晋升类型的情况来探讨性别差异问题。

4.5.1　全国范围内职位晋升性别差异

（1）职位晋升性别差异的时间趋势。

如图 4-42，从时间趋势上看，2010 年时，样本中女性的晋升概率和男性几乎一致，而在这之后则一直低于男性。这表明我国的职业女性面对职位晋升时确实存在"玻璃天花板"现象。

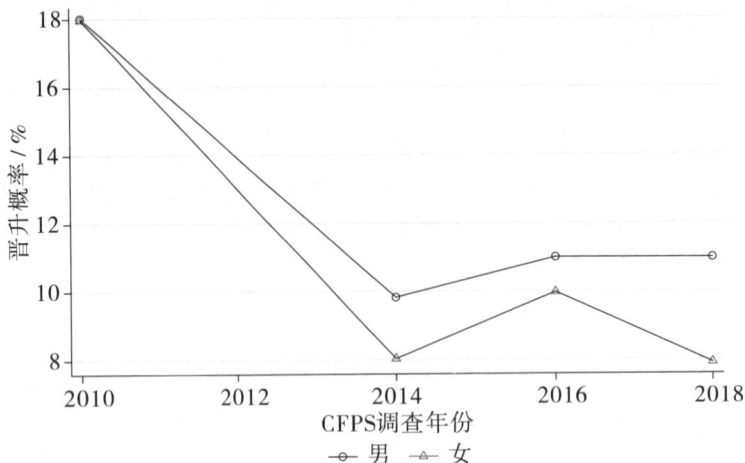

图 4 - 42　晋升概率

数据来源：CFPS 2010、2014、2016、2018 年成人数据。

　　对于女性的晋升概率小于男性这一事实，学者们做出过多种解释，其中一种认为女性的晋升门槛高于男性。卿石松（2011）通过建立职位晋升概率模型发现女性存在比男性更高的晋升门槛，而这种晋升门槛形成的一部分因素是雇主的选择——因为女性由于生育和哺乳等原因而辞职或者休长假的概率较高，所以雇主为了保障自己的权益就牺牲了女性晋升的部分公平性。如图 4 - 43 所示，晋升概率的性别比从 2010 年开始下降的趋势上可以看出，女性的晋升概率不仅在数值上低于男性，而且几乎每一年都在和男性拉开更大的差距，这表明在晋升概率上性别差异随时间的推移而增大。

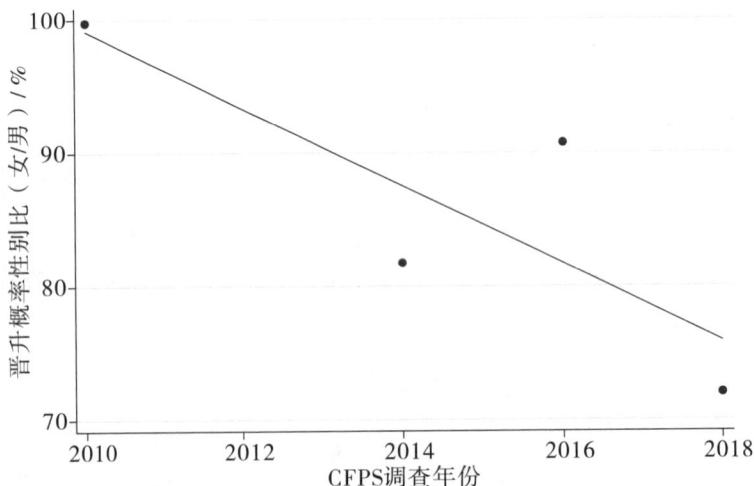

图 4 - 43　晋升概率性别差异

数据来源：CFPS 2010、2014、2016、2018 年成人数据。

（2）不同受教育程度的职位晋升性别差异。

如图 4 - 44，在不同学历的样本中，晋升概率依然表现出女性低于男性的特征。男女的晋升概率都与学历的高低呈正相关关系。这说明，学历的提高有助于女性突破"玻璃天花板"。而三种学历的样本中，晋升概率性别差异最大的是大学及以上学历，其中，女性的晋升概率为 15.67%，男性的晋升概率为 20.02%，女性的晋升概率几乎只有男性的 3/4。这说明，学历虽然能作为促进职位晋升的一个因素，但这种促进作用的程度在女性身上远小于男性。也就是说，学历同为大学及以上的男性和女性，雇主更愿意给予男性晋升机会。另外，我们还发现初中及以下学历程度的样本晋升概率是所有学历当中最小的，甚至不到高中及同等学力的二分之一。

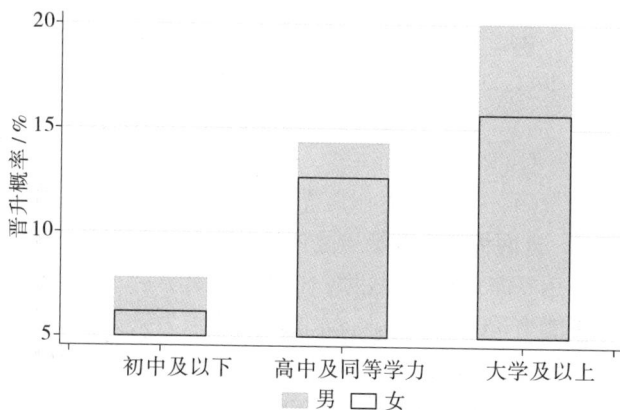

图 4 - 44　晋升概率与受教育程度

数据来源：CFPS 2010、2014、2016、2018 年成人数据。

那么，具体晋升概率的性别差异在各受教育程度上表现又如何呢？图 4 - 45 展示了不同学历样本的晋升概率性别比柱状图，可以看到高中及同等学力的晋升概率性别比高达 88%，初中及以下学历的晋升概率性别比高出大学及以上学历 1 个百分点左右。性别差异最大的是大学及以上学历，这说明，虽然学历有助于女性突破"玻璃天花板"，但学历同样高的男性获得晋升的概率比她们更大，学历对女性的积极作用被同样学历的男性的晋升抵消了一部分。

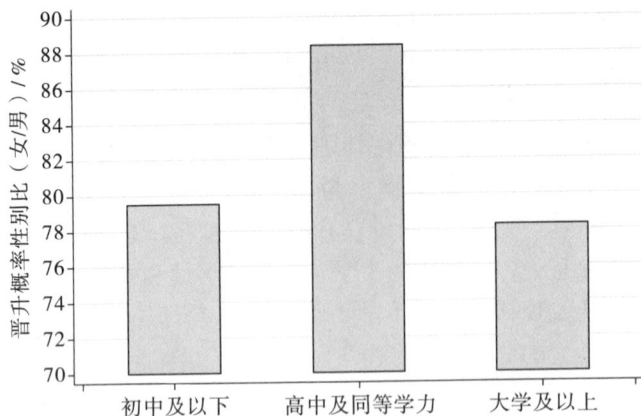

图4-45　晋升概率性别差异与受教育程度

数据来源：CFPS 2010、2014、2016、2018 年成人数据。

（3）不同职位晋升类型的性别差异。

在了解样本的晋升情况后，我们还关心其晋升类型。样本的晋升类型包括"技术职务晋升"和"行政职务晋升"，这两种晋升的特点是：技术职务晋升对于专业技术能力的要求非常高，越高的技术职务要求越高的专业技术能力；行政职务晋升要求对部门工作做出专业的指导和监督，同时也需要管理能力，因此对专业技术能力的要求为只要能起到监督作用即可。

从图4-46 中可以看到，无论是"行政职务晋升""技术职务晋升"还是"两项都有"（同时获得两种晋升），女性的晋升概率都比男性低，尽管在"行政职务晋升"和"两项都有"上，女性的晋升概率与男性的晋升概率相差很小。"技术职务晋升"是男性和女性之间晋升概率差异最大的一种晋升类型，其中男性的"技术职务晋升"概率为10.3%，女性的"技术职务晋升"概率只有8.4%，这说明在"技术职务晋升"上，可能存在女性整体技术水平低于男性，或者是受到了性别歧视等情况，造成了在这种晋升类型上的性别差异。

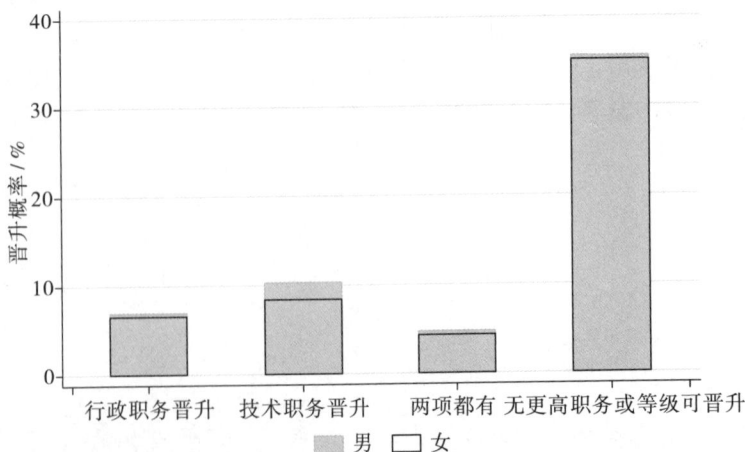

图4-46　晋升概率与晋升类型

数据来源：CFPS 2010、2014、2016、2018 年成人数据。

通过图 4 - 47 中的晋升概率性别比，我们能够更加直观地看到在职位晋升方面男女之间存在的差异有多大。样本中的最高层管理者属于"无更高职务或等级可晋升"的情况。这种情况的晋升概率性别比不大，女性晋升的概率略小于男性，但这不能作为管理层中男女比例相当的证据。这是因为"无更高职务或等级可晋升"可能还包括企业级别低且存在晋升天花板无任何晋升渠道的岗位。"行政职务晋升"的男女性别差异较小，女性的晋升概率占男性的 94.5%。在前一年同时获得"行政职务晋升"和"技术职务晋升"的晋升概率性别比为 91.4%。只获得了"技术职务晋升"的晋升概率性别比为 81.5%，是所有类型中最低的。

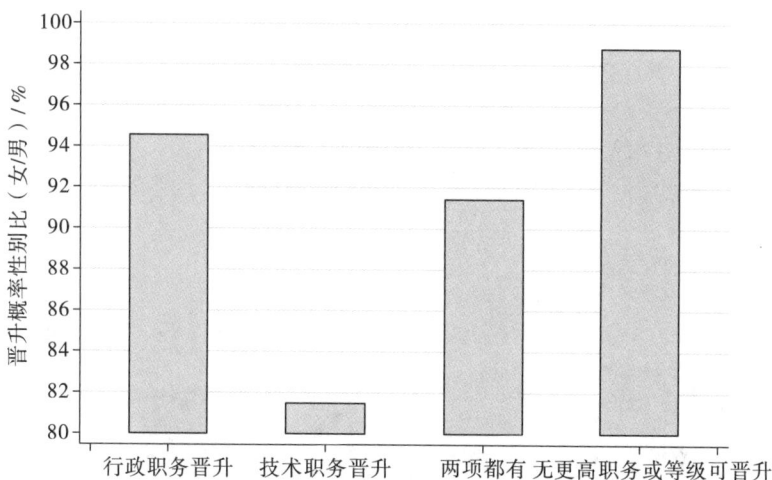

图 4 - 47　晋升概率性别差异与晋升类型

数据来源：CFPS 2010、2014、2016、2018 年成人数据。

（4）职位晋升性别差异的年龄变化。

如图 4 - 48，从样本的各个年龄看男女的晋升概率，可以发现，男性和女性都遵循的规律是，随着年龄的增长，晋升概率逐渐降低。其中男女最容易获得晋升的年龄分别是 20 岁和 30 岁，所对应的最高晋升概率分别为 17.3% 和 18.5%。从男女差异来看，在 21 岁之前及 33 岁、36 岁、42 岁、54 岁、58 岁和 60 岁，女性的晋升概率大于男性；除了这些年龄之外，男性的晋升概率都大于女性。也就是说，在大部分时候，女性在晋升时面对的障碍都比男性大。图 4 - 49 描述了晋升概率性别比随年龄变化的拟合线，我们可以看到落在100% 以上的点只是很少一部分，并且这条直线从 100% 开始下降，这代表了在晋升概率上，性别差异随着年龄增长越来越大。

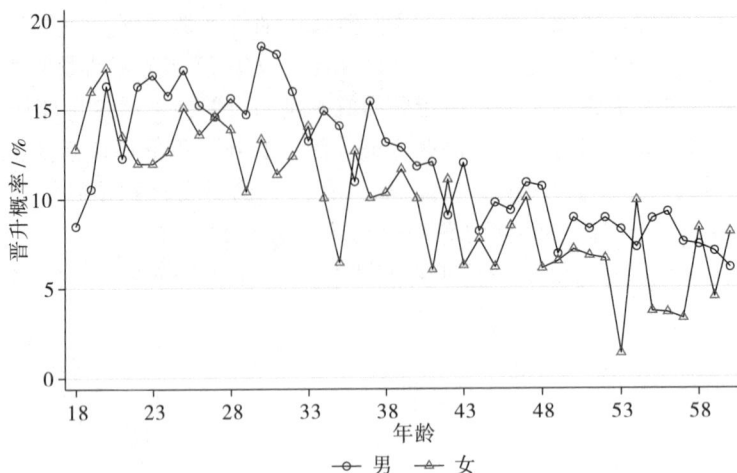

图 4 - 48　晋升概率的年龄变化

数据来源：CFPS 2010、2014、2016、2018 年成人数据。

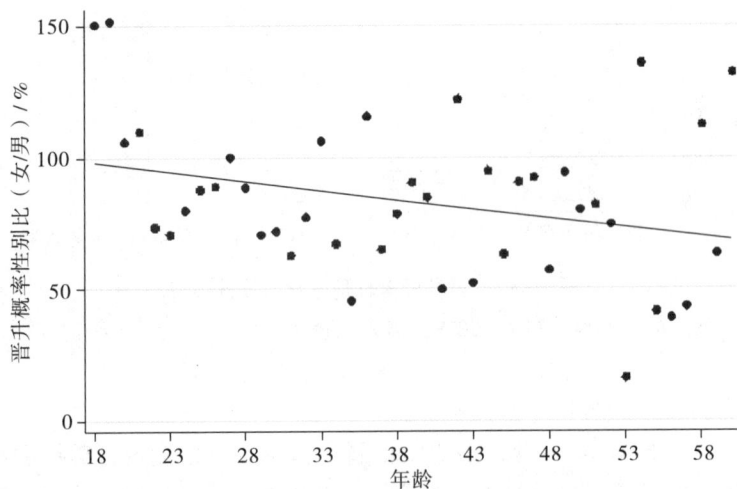

图 4 - 49　晋升概率性别比的年龄变化

数据来源：CFPS 2010、2014、2016、2018 年成人数据。

4.5.2　各地区职位晋升性别差异

（1）各地区职位晋升性别差异的时间趋势。

如图 4 - 50，从东、中、西部和东北地区来看，晋升概率性别比拟合线都有着随时间变化而下降的趋势，其中东部地区的女性晋升概率在样本期间内全都低于男性，整体性别差异较大；中部和西部地区的趋势很相似，晋升概率性别比差异也不大；东北地区的晋升概率性别比拟合线比其他三个地区都高，但性别比的时间趋势不太稳定，忽高忽低。

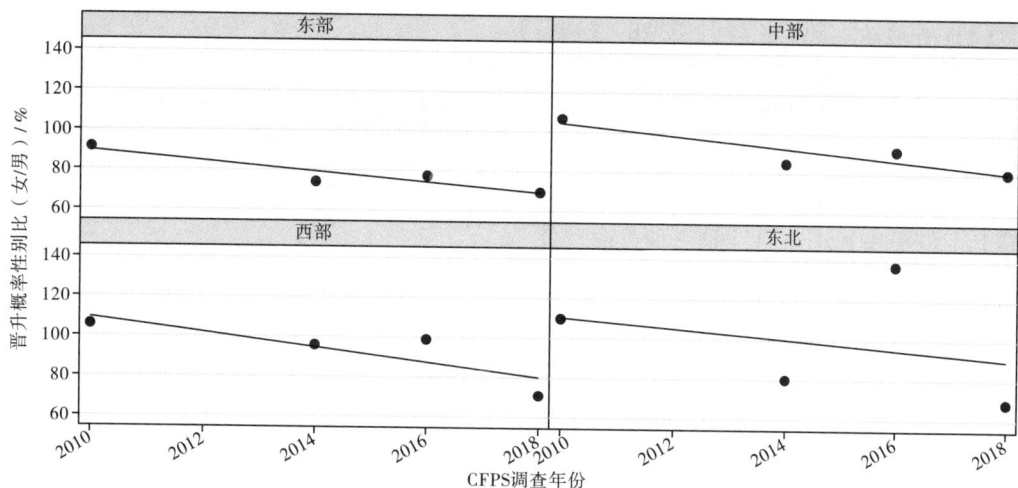

图 4 - 50   东、中、西部和东北地区晋升概率性别差异

数据来源：CFPS 2010、2014、2016、2018 年成人数据。

（2）不同受教育程度的各地区职位晋升性别差异。

如图 4 - 51，中部和西部地区的晋升概率性别比随着学历的上升而下降，说明在中部和西部地区，高学历对于男性晋升概率的促进作用大于女性。东部地区的晋升概率性别比随着学历的上升而上升，说明高学历对女性晋升的促进作用大于男性。而东北地区的高中及同等学力样本的晋升概率性别差异是最小的，初中及以下学历和大学及以上学历的晋升概率性别比都约为 80%。总体来说，中部和西部地区的晋升概率性别差异是最小的，这与（1）中的分析结果相符。

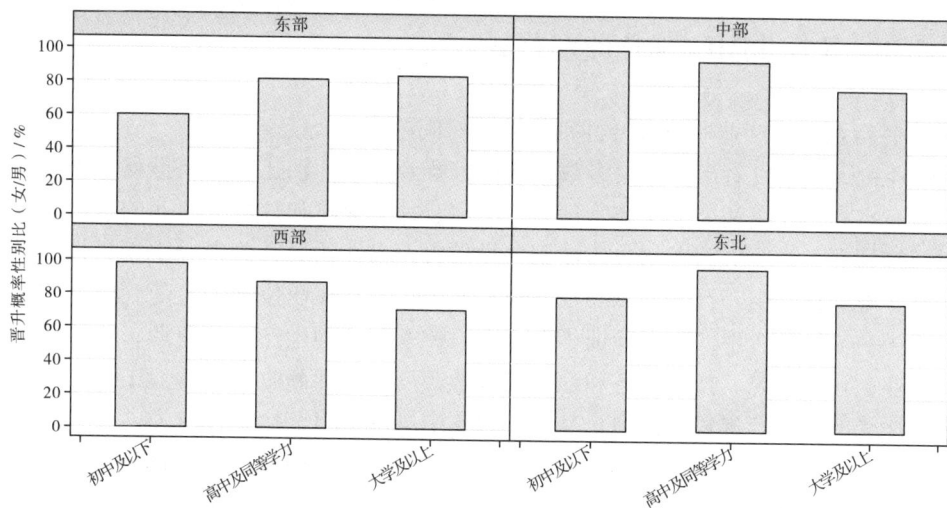

图 4 - 51   东、中、西部和东北地区晋升概率性别差异与受教育程度

数据来源：CFPS 2010、2014、2016、2018 年成人数据。

（3）各地区不同职位晋升类型的性别差异。

如图4-52，从晋升类型来看，东、中、西部和东北地区中，晋升概率的性别差异最小的是中、西部和东北地区，东北地区在"行政职务晋升"和"两项都有"上的女性晋升概率超过了男性。在四个地区中，共同之处在于"技术职务晋升"概率性别比都是最小的，在全国晋升类型情况中也是如此。这说明在东、中、西部和东北地区，女性在技术职务晋升上的概率远小于男性是一种普遍现象。

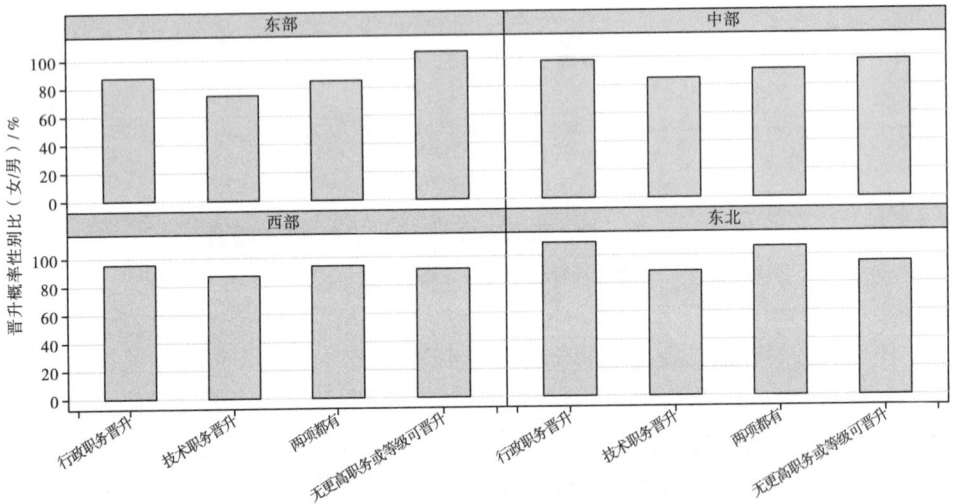

图4-52　东、中、西部和东北地区晋升概率性别差异与晋升类型

数据来源：CFPS 2010、2014、2016、2018年成人数据。

4.5.3　各行业职位晋升性别差异

（1）各行业和各产业职位晋升性别差异的时间趋势。

从图4-53中可以看出，在大多数行业中，晋升概率性别比随时间推移而下降是普遍趋势，只有水利、环境和公共设施管理业，卫生、社会保障和社会福利业的晋升概率性别比随时间推移而上升。但前者的总体性别差异较大，女性的晋升概率远小于男性，而后者恰好相反，说明在卫生、社会保障和社会福利业中，女性在职位晋升上受到的性别歧视较小。在4.4一节的分析中，我们验证了在电力、燃气及水的生产和供应业，交通运输、仓储和邮政业，科学研究、技术服务和地质勘查业等高门槛和高收入的行业中，女性在管理职位率上所受的性别歧视较小。但是从图4-53中可以看出，比如在电力、燃气及水的生产和供应业，交通运输、仓储和邮政业这两个行业中，晋升概率性别比在整体不高的前提下，随着时间推移有下降趋势。这说明，虽然这两个行业中的管理职位率在男女间的分布相对公平，但是样本中女性在近几年内获得晋升的概率降低了，这说明这些行业中同样存在着"玻璃天花板效应"。

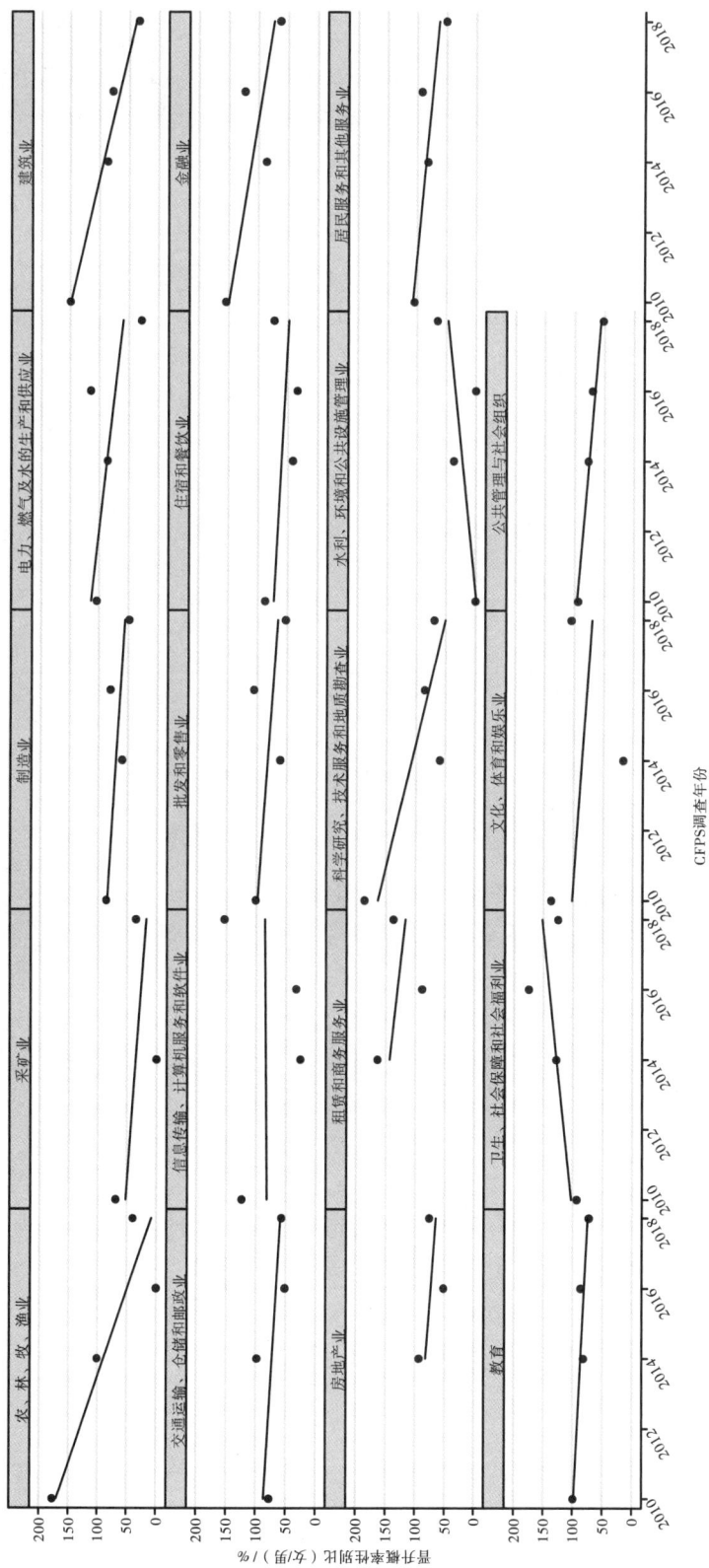

图 4 - 53 各行业晋升概率性别差异

数据来源：CFPS 2010、2014、2016、2018 年成人数据。

　　如图 4 - 54，第一、二、三产业的晋升概率性别比总体上都是随时间推移而下降的，第一产业的下降趋势最大，第一产业的农、林、牧、渔业属于低门槛行业，这就不难解释为什么下降的趋势这么大了。第三产业的晋升概率性别比的下降幅度是最小的，晋升概率性别比在样本期间内的浮动位于 75% —100% 水平之间。因此，从事第一产业的女性面临的晋升阻碍是最严重的。

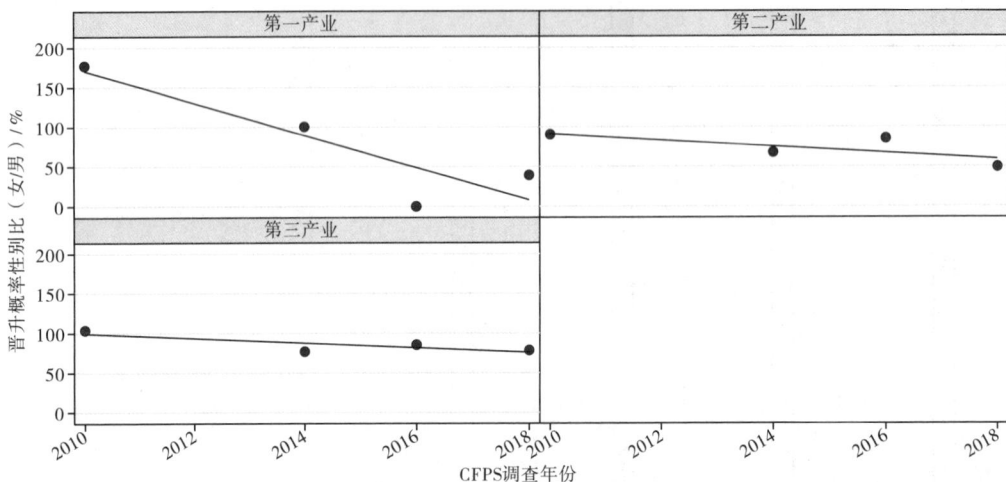

图 4 - 54　第一、二、三产业晋升概率性别差异

数据来源：CFPS 2010、2014、2016、2018 年成人数据。

　　（2）不同受教育程度的各行业和各产业职位晋升性别差异。

　　如图 4 - 55，各行业里，初中及以下学历样本晋升概率性别差异最小的是农、林、牧、渔业，批发和零售业，居民服务和其他服务业；高中及同等学力样本晋升概率性别差异最小的是农、林、牧、渔业，电力、燃气及水的生产和供应业，金融业，居民服务和其他服务业，教育和公共管理与社会组织；大学及以上学历样本晋升概率性别差异最小的是住宿和餐饮业，金融业，房地产业，科学研究、技术服务和地质勘查业，卫生、社会保障和社会福利业。另外，我们可以看到信息传输、计算机服务和软件业的高中及同等学力样本，租赁和商务服务业，金融业的初中及以下学历样本，以及卫生、社会保障和社会福利业与文化、体育和娱乐业的高中及同等学力样本的女性晋升概率远远大于男性。而在所有行业中，大学及以上学历样本的女性晋升概率最多也仅仅是略高于男性，没有非常突出的表现。这说明，在高学历样本中，女性所面临的"玻璃天花板"不仅仅是因为同性的竞争，更是因为高学历能给男性的职位晋升带来更大的促进作用。

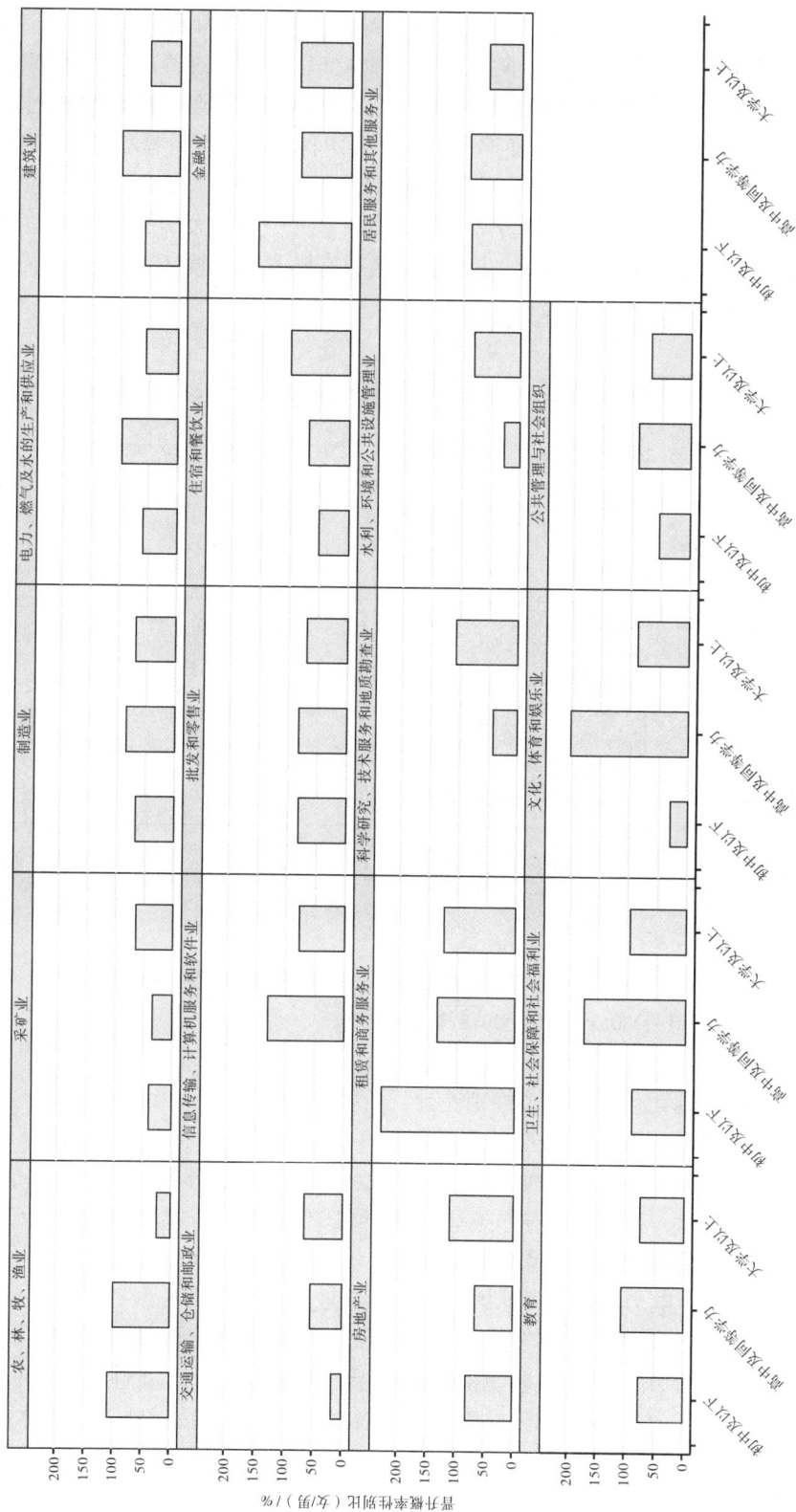

图 4-55 各行业晋升概率性别差异与受教育程度

数据来源：CFPS 2010、2014、2016、2018 年成人数据。

如图 4 - 56，在第一产业中，初中及以下、高中及同等学力的样本晋升概率性别差异很小，并且在所有产业中都是最小的，但大学及以上学历的晋升概率性别比仅仅为 24.0%，是三个产业中性别差异最大的。第二、三产业的初中及以下和高中及同等学力样本晋升概率性别差异随学历的提高而缩小，并且这两种学历的晋升概率性别比数值上很接近，但第二产业的大学及以上学历的样本晋升概率性别比为 62.2%，第三产业的大学及以上学历的样本晋升概率性别比为 82.0%，说明第一、二产业中大学及以上学历的女性面临的"玻璃天花板"现象比第三产业的更严重。从所有样本的受教育程度看，第三产业是职位晋升性别差异最小的。

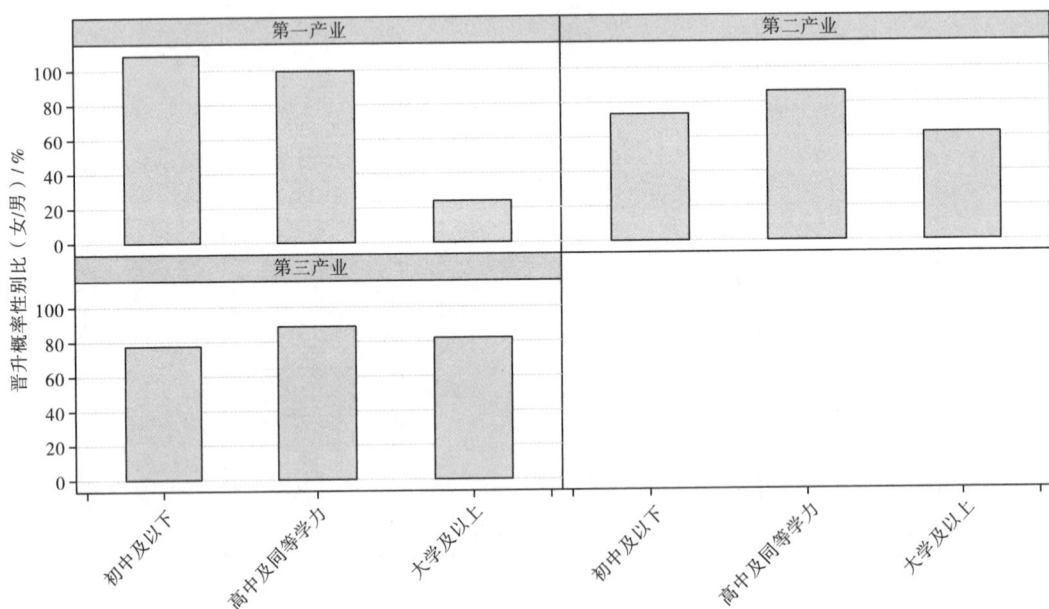

图 4 - 56　第一、二、三产业晋升概率性别差异与受教育程度

数据来源：CFPS 2010、2014、2016、2018 年成人数据。

（3）各地区不同职位晋升类型性别差异。

如图 4 - 57，"行政职务晋升"的晋升概率性别差异最小的行业有建筑业，信息传输、计算机服务和软件业，金融业和教育；"技术职务晋升"的晋升概率性别差异最小的行业有金融业，房地产业，租赁和商务服务业；"两项都有"的晋升概率性别差异最小的行业有批发和零售业，金融业，租赁和商务服务业，居民服务和其他服务业，教育和公共管理与社会组织。另外，电力、燃气及水的生产和供应业，租赁和商务服务业在"行政职务晋升"上，房地产业在"两项都有"上，卫生、社会保障和社会福利业与文化、体育和娱乐业在"技术职务晋升"上，都表现出较高的晋升概率性别比，女性的晋升概率大于男性。如图 4 - 58，"行政职务晋升"在第二产业表现出最小的性别差异，"技术职务晋升"和"两项都有"在第一、二、三产业都表现出一定的性别差异。

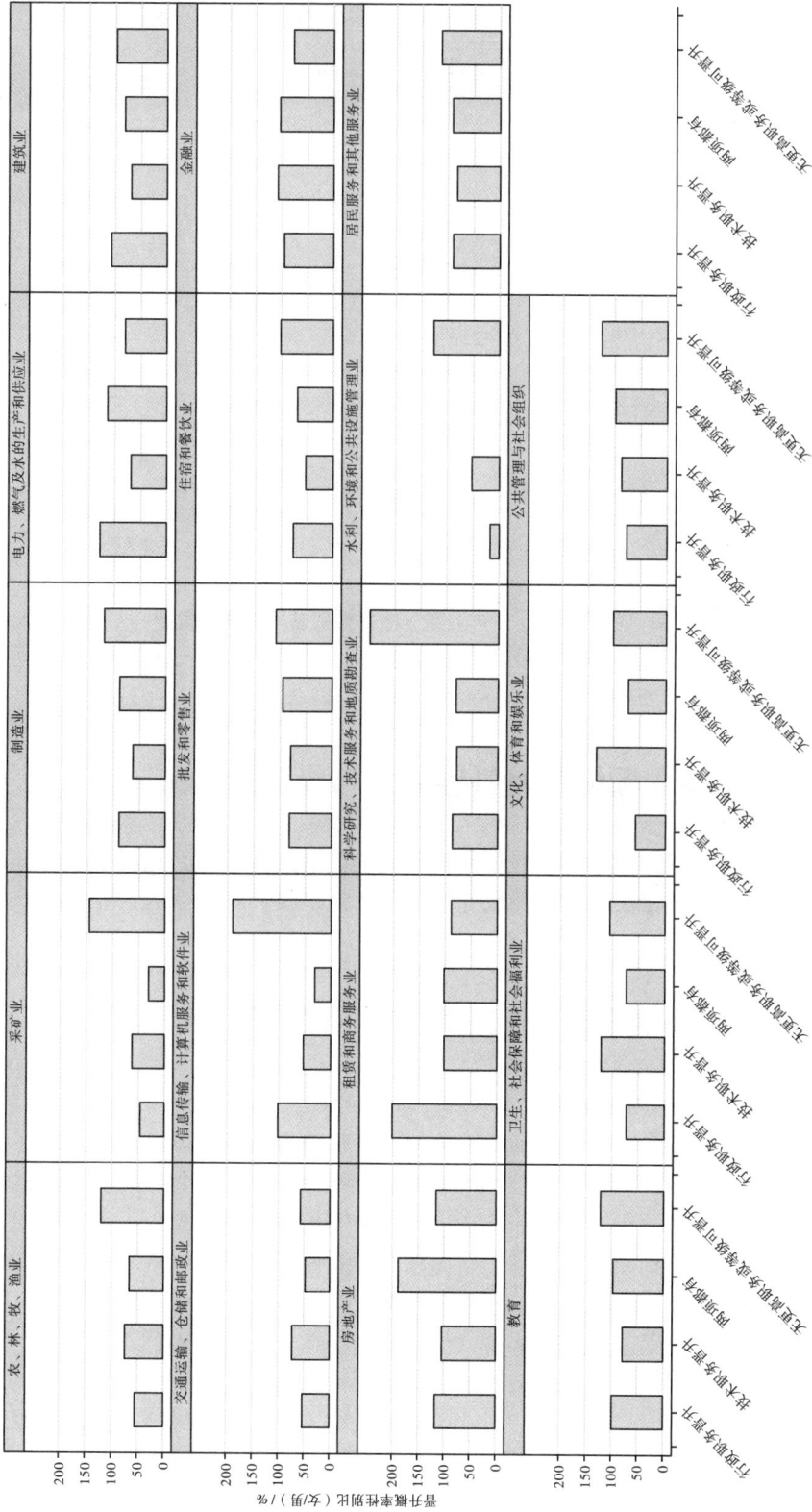

图 4-57 各行业晋升概率性别差异与晋升类型

数据来源：CFPS 2010、2014、2016、2018 年成人数据。

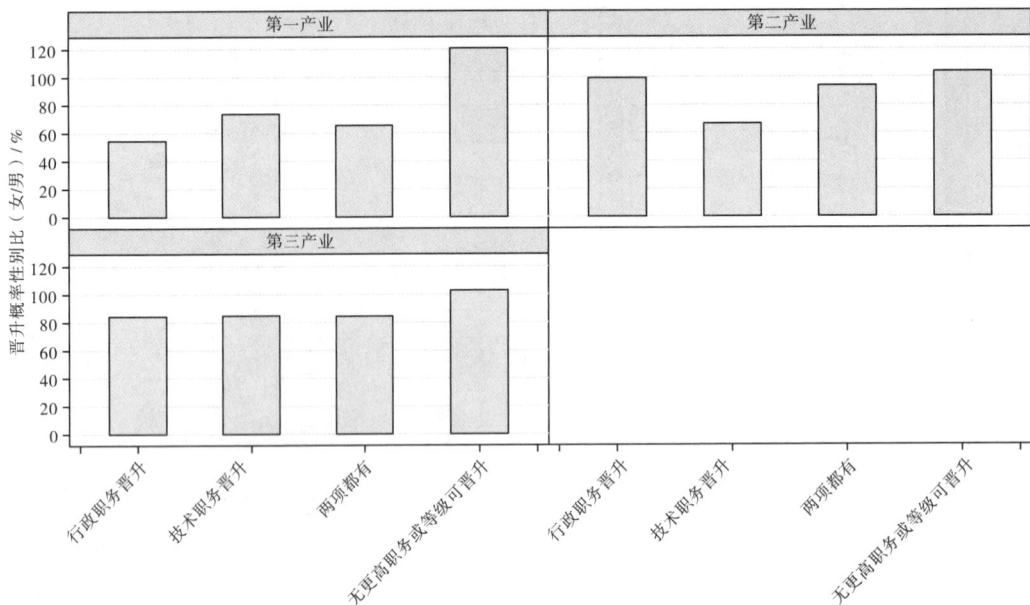

图 4 - 58　第一、二、三产业晋升概率性别差异与晋升类型

数据来源：CFPS 2010、2014、2016、2018 年成人数据。

4.6　职位晋升性别差异与经济的关系

我们着眼于男女在职位晋升方面的差异，做出了以上分析。那么这样的晋升概率性别差异与我国的经济之间又存在怎样的关系呢？这一节中，我们将从个人、企业、产业三个方面进行分析。

4.6.1　职位晋升概率对女性管理者工资的影响

图 4 - 59 中，圆形标记的折线代表 2010—2018 年的女性管理者工资的变化趋势，三角形标记的折线代表晋升概率性别比随时间推移的变化趋势，我们可以观察到，在 2010—2014 年和 2016—2018 年，晋升概率的性别比都是下降的，而这两个时间段对应的女性管理者的工资变化非常缓慢。而在 2014—2016 年，晋升概率性别比经历了上升的过程，即女性和男性的晋升概率性别差异下降了；与此同时，女性管理者工资从 2014 年的 38 619. 4 元上升到 2016 年的 55 631. 4 元，上升速度非常快。可见，晋升概率性别比的上升有利于提升女性管理者的工资水平。这就意味着，如果能缩小在晋升过程中的男女差异，不仅能对女性管理者起到激励作用，而且有利于缩小劳动力市场中的工资性别差异。

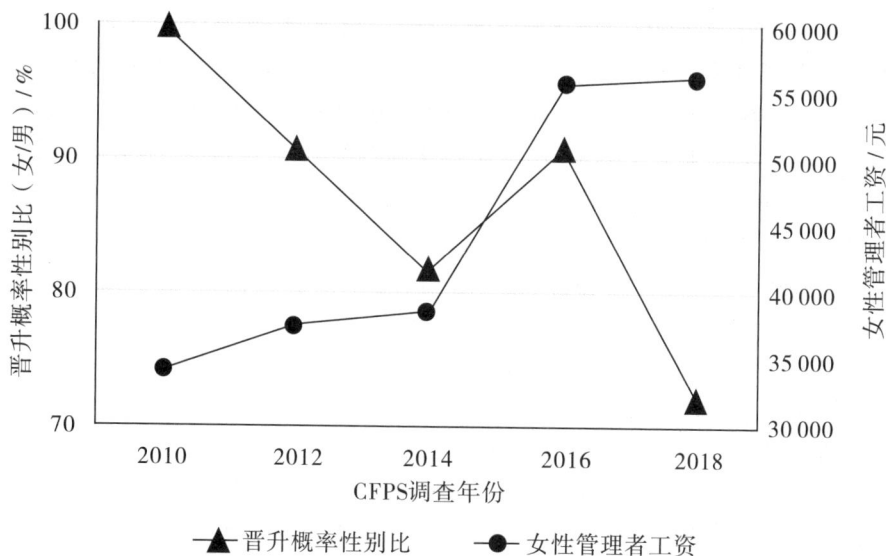

图 4 - 59　**女性管理者工资与晋升概率性别比的关系**

数据来源：CFPS 2010、2014、2016、2018 年成人数据。

4.6.2　职位晋升性别差异对企业的影响

职位晋升性别差异问题最终导致的一个现象是女性在企业高层中的任职比例很小，而女性高管对企业的影响又分为财务绩效、创新绩效、应对风险三个方面。

女性高管比例的上升有利于提高企业的财务绩效。李航星等（2018）以 2012—2016 年所有 A 股上市公司为样本，用固定效应回归模型分析了女性高管与企业财务绩效的关系，发现女性高管的比例与公司的绩效呈正相关关系。美国 Catalyst 公司的调查显示，世界 500 强企业中，女性占管理层比例最高的 88 家公司，其平均净资产回报（ROE）和股本收益（TRS）分别高于女性领导比例最低的 89 家公司的 35% 和 34%。《哈佛商业评论》有一项 28 年的跟踪研究报告，这项报告对《财富》500 强企业中的 215 家企业进行了评估，发现那些高级管理层中女性比例较高的企业显著提升了绩效，利润率高出一般企业 16% 左右，固定资产和股价增长比一般企业高出 69% 左右（康宛竹，2009）。也有报告统计过，女性管理者比男性管理者更有潜力，在女企业家经营的企业中，盈利的企业占比比男企业家经营的企业多 7.8%，而亏损的企业占比比男性企业家经营的企业少 12.1%，这说明女性企业家有更大的潜力帮助企业盈利，减少亏损。

女性高管的比例上升有利于提高企业的创新绩效。任若雪（2020）对女性参与高管团队与企业的创新绩效进行了回归分析，发现女性参与高管团队有利于企业的创新绩效，并对其进行了原因分析：由于男性和女性的思维方式上存在较大差异，男性更加偏好冒险，因此愿意为了创新投资付出更多的成本，而女性对待创新的态度是更加稳健的，她们更可能用更少的成本来得到更多的创新产出。不过女性高管的比例也不是越高越好，在合理的范围内，女性高管的比例越高，对创新绩效的积极作用越大。梁上坤等（2020）以2007—2016 年我国 A 股上市公司为样本，从创新的市场价值、创新产出以及研发的来源三个角度研究了女性高管与企业创新绩效的关系，验证了女性高管的比例增加会抑制企业研发投入水平。在风险越高的时候，这种抑制作用越明显，这有助于避免由于高管的过于自信而一味地增加研发投入而为企业带来重大损失。因为女性高管在看到创新投入可能带来回报的同时，还对可能带来的损失进行反复评估和权衡。研究的结论是：女性高管的比例提升有利于增强创新投入的市场价值，有利于增加创新产出，并且女性高管的比例提升对于创新绩效的提升是来源于内部的增长，而不是通过并购"外购"来获得增加创新产出。另外，梁上坤等还发现，公司董事会中的女性董事比例增加能够通过缓解企业的过度投资现象来减少企业间的研发资源恶性竞争。

女性高管比例的上升还有利于帮助企业规避风险。程惠霞、赵敏（2014）以 2008 年35 家上市商业银行、保险公司、证券公司和金融信托公司作为样本，对女性高管的比例和公司的杠杆率进行了相关性分析和回归分析，验证了女性高管在面对不确定性时，会更加谨慎地做出选择，并且女性高管的比例提升有利于减少公司的杠杆率，对减少组织的风险偏好有积极作用。

4.6.3　职位晋升性别差异与产业结构的关系

第三产业的迅速发展和比重增大是生产力发展和社会进步的必然结果，从劳动力市场的角度看，发展第三产业可以扩大就业，那么第三产业的发展与我国职位晋升概率的性别比又有什么关系呢？如图 4 - 60，三角形标记连成的折线是我国第三产业从 2010 年至2018 年的比重随时间推移而变化的趋势，可以看到第三产业的比重是逐年增长的，2010年第三产业占我国国内生产总值的比重为 44.2%，2018 年第三产业占我国国内生产总值的比重为 53.3%，而晋升概率性别比在样本期间内呈随时间推移而下降的趋势。这说明，在第三产业比重增加的同时，我国职位晋升性别差异在逐渐增大。第三产业中的交通运输、仓储和邮政业，科学研究、技术服务和地质勘查业等都是属于高门槛高收入的行业，在 4.4 节中，我们分析出在这些高门槛行业有着比低门槛行业高的女性管理职位样本占比，但 4.5 节中的分析以及图 4 - 60 都告诉我们，这些行业的晋升概率性别比呈随时间推移而下降的趋势，这说明虽然这些行业中女性管理职位率高，但是女性管理者所处的管理层级并不高，在晋升的过程中仍然存在较严重的"玻璃天花板"现象。从中得到的启示是，我们在发展第三产业的同时，收获了促进就业的红利，但是从性别角度来看，同时扩大了职位晋升性别差异。

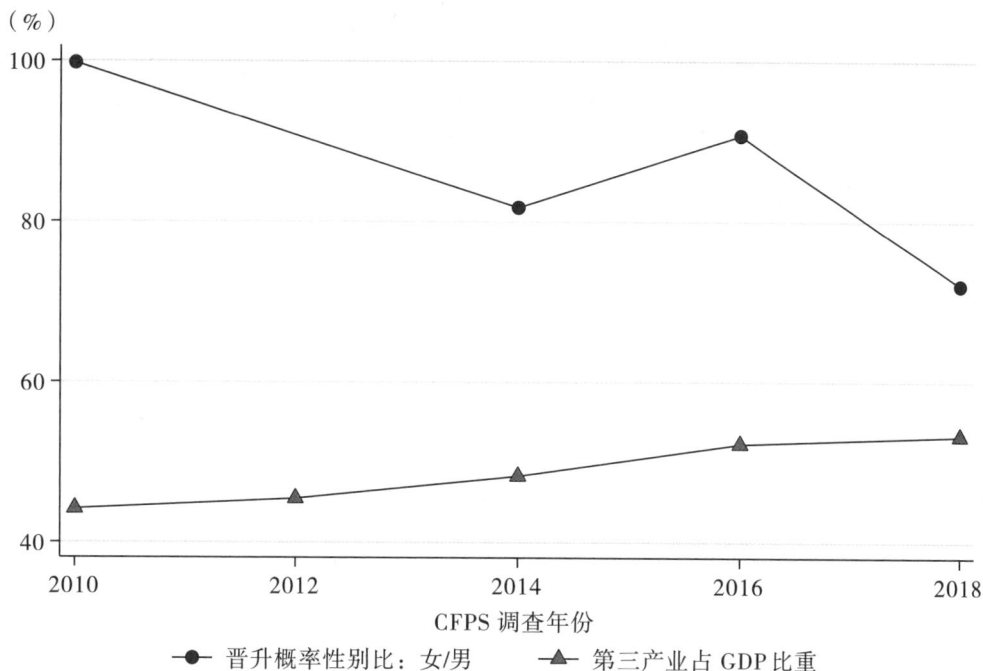

图 4-60   第三产业比重与晋升概率性别比关系

数据来源：CFPS 2010、2014、2016、2018 年成人数据，《中国统计年鉴2020》。

4.7   小结

本章从全国、地区、行业三个维度对全国的职位分布性别差异情况进行了研究和讨论，所借助的工具指标是"管理职位率性别比"和"管理层级性别比"；在此基础上，进一步针对晋升这一动态过程对职位晋升的性别差异进行了研究，所借助的工具是"晋升概率性别比"，并分析了职位晋升性别差异与经济之间的关系，发现了以下规律：

对于全国情况的分析。首先，从时间趋势着手，得出的结论是，我国长期存在管理职位在性别上分布不均的现象。在管理层级上，男性一直高于女性，2012 年的男性管理层级平均为女性的两倍之多。在城乡的对比中，农村管理职位率性别比虽然在逐年上升，但总体水平远低于城市；农村管理层级在趋势上有所下降，且大多数时候低于城市。在不同受教育程度的对比中，发现高中及同等学力的管理职位率性别比最高，其次是大学及以上学历，最后是初中及以下学历；管理层级方面，初中及以下学历样本时间趋势较稳定，其他学历程度起伏较大。其次，对职位分布受年龄影响的关系进行了刻画，发现男性和女性的管理职位样本占比随年龄变化的趋势呈倒"U"形，且女性管理职位率在各年龄上严格低于男性，管理职位率性别比（女/男）小于1，且随年龄增加而下降；管理层级性别比也随年龄增加而下降，性别差异随年龄增加而增大。城乡对比中，城乡管理职位率性别比都随时间推移而下降，农村略低于城市；农村管理人数性别差异随年龄增加逐渐增大，城市则呈现较稳定的趋势。在样本受教育程度的对比中发现，学历越高，管理职位率性别差异越小。

在对各地区的分析中，从时间趋势上看，我国东、中、西部及东北地区普遍存在管理职位率性别差异，且都是女性的管理职位率小于男性。而管理层级方面则不尽相同，有些地区表现出女性下属人数比男性多很多，有些则相反。在对城乡的分析中，发现部分发达地区的城市管理职位率性别差异远小于农村。而不同受教育程度对管理职位率性别差异的影响是正向的还是反向的没有绝对的规律。当从年龄的角度分析时，同样发现各地区都存在较严重的性别差异，同时，绝大多数地区的管理职位率性别差异都是随年龄增长而增加的，因为人的精力和能力会受到身体状况的制约。

在对各行业的分析中，我们不仅针对 19 个行业进行分析，还借助了三次产业分类和相关学者的四类行业分类法辅助分析。在 4.4.1 小节中我们发现，在一些进入门槛低的行业，针对女性的性别差异更高；而对女性来说，属于高门槛高收入的行业的性别差异更小，这种性别差异主要体现在管理人数上，这可能说明女性所属的管理层级平均比男性低；在第一、二、三产业的对比中，第一产业的性别差异在各时间范围内都较大，第二、三产业的管理职位率性别差异较小，时间趋势较稳定，主要的性别差异体现在管理人数上。在 4.4.2 小节中，在城乡维度上，从管理职位率看，低门槛的行业普遍存在较大的性别差异，但城乡差异并不大；而大多数高门槛高收入的行业性别差异较小，但城乡间差异很大；第一产业的性别差异较大，且城乡差异也较大，第二、三产业性别差异较小，城乡差异也较小。在 4.4.3 小节中，在受教育程度维度上，我们发现，在如农、林、牧、渔业等低门槛行业中，受教育程度高有助于女性成为管理者，但在高门槛行业中，学历对女性成为管理者的促进作用并不明显；在第一、二、三产业的对比中发现，第三产业是不同学历性别差异程度最接近的产业，而在其他两个产业中，不同学历的性别存在明显差异。在 4.4.4 小节中，在年龄维度上，进入门槛越低的行业的性别差异随年龄的变化趋势越稳定，而高门槛行业的性别差异随年龄的变化起伏较大；第二、三产业的性别差异有随年龄增长而增大的趋势。

在职位晋升性别差异的分析中，我们从全国、地区和行业这三个维度对职位晋升性别差异情况进行了讨论。在 4.5.1 小节中，得出了我国女性在晋升过程中确实面临"玻璃天花板"现象这一结论；验证了学历可能是有助于突破"玻璃天花板效应"的一个因素，但当学历为大学及以上时，职位晋升性别差异反而更加明显；在三种晋升类型中，"技术职位晋升"上男女差异最大；女性职位晋升概率小于男性表现在大部分年龄阶段，并且晋升概率有随着年龄增长而下降的趋势。在 4.5.2 小节中发现，职位晋升中的性别歧视现象在全国各地区普遍存在，东、中、西部和东北地区的晋升概率性别比随时间推移都有下降趋势，中、西部地区的职位晋升性别歧视水平较低；受教育程度对晋升概率的影响在各地区不尽相同；女性"技术职位晋升"概率偏低在东、中、西部地区和东北地区都有所体现。4.5.3 小节中，结论为绝大部分行业的职位晋升概率性别比的时间趋势都是逐渐下降的，从产业的角度分析亦是如此，其中第三产业的职位晋升性别差异最小；受教育程度对晋升概率的影响在各行业间不尽相同，从受教育程度角度出发，同样得出第三产业的职位晋升性别差异最小；由于各地经济发展水平等因素不同，学历对于女性职位晋升的作用在各地区没有绝对的规律。

　　综上分析，可以确定的是，针对女性晋升的"玻璃天花板"现象在我国范围内是普遍存在的，这种现象的程度因地区、行业不同而不同，但共同的一点是，它都损害了女性的利益，不利于企业的发展，更不利于我国的经济发展。要逐渐缩小职位晋升性别差异，不仅需要人们在思想上的转变，给予女性更多平等竞争的权利和机会，更加需要政策上的引导和支持，让女性有平等晋升的动机和信心。同样，女性自身则需要意识到提高自身能力、学历的重要性，从根源上减少外界对于女性的歧视。辩证法告诉我们，内因是根本，外因是条件，掌握了根本和条件，女性才能打破这块"玻璃天花板"。

5 性别隔离

生活中，提到农业，人们首先想到的是面朝黄土背朝天在田地中耕种的男性农民；提到零售业，人们的第一反应是整理货架商品的超市女性售货员或者便利店的女性收银员；提起幼师、护士，人们通常会认为从事这些职业的是女性；但是提起官员、公司高管、律师，人们却往往首先认为这些人都是男性。长期以来，受到体力、偏好、观念等因素的影响，人们往往会认为一部分行业和职业更加适合男性，而另一些行业和职业更加适合女性，这也符合现实生活中不同性别集中在不同行业和职位上的性别隔离现象。那么，这种性别隔离现象的现状如何？形成原因是什么？又会对女性的综合社会经济地位产生怎样的影响？

性别隔离随着生产力的发展而产生，是社会经济发展到一定阶段的产物。在工业革命之前，性别隔离就已经存在，中国古代所追求的"男耕女织"田园生活反映的就是这种现象。但是那个时候，性别隔离并未引起人们的重视。直到工业化快速发展，社会分工更加专业化，女性和男性在就业机会、职业地位及劳动收入等方面出现了较大的差异，它才开始慢慢引起人们的广泛关注。同时，20世纪60年代在世界范围内开始的第二次女性解放运动，明确地提出了男女就业平等和同工同酬的诉求。至此，性别隔离成为性别差异的热点问题。

经济学和社会学都对性别隔离现象进行了深入的研究，大量的研究结果显示，性别隔离现象普遍存在于各个国家的劳动力市场中，并且将在相当长的一段时间内持续存在。性别隔离最早的研究对象是职业的性别隔离问题，研究者们发现，在劳动力市场上某些职业的从事人员主要是男性，而另一些职业的从事人员则以女性为主，并且这种隔离现象导致了男性与女性的社会经济地位的差异。随着研究的进一步深入，学者们发现性别隔离现象也存在于行业、部门和机构单位之间，以及企业、单位和机构等组织内部的职业岗位分配中。这些领域的性别隔离同样对男性和女性各自的综合社会经济地位、劳动力市场表现产生深远的影响。

尽管我国历史上普遍存在着对女性的歧视，但在新中国成立以后，不仅宪法明确规定"男女平等"原则，而且政府在就业和工资方面也推行性别平等的政策来保护和鼓励女性就业。然而改革开放以来，随着经济制度的转变，企业在劳动工资支付方面逐渐拥有了自主权，收入性别差异问题愈发普遍。收入性别差异的扩大意味着我国性别不平等问题随着经济的发展将会越来越突出。我国妇女在法律上享有与男性同等的就业权利，宪法中更是明确规定了男女"同工同酬"原则。但是，由于我国生产力水平有待进一步提高，男女性在人力资本方面还是呈现出较大的差异，加上封建社会遗留的"重男轻女"等观念影响，男女不平等的阴云依旧笼罩在女性的头顶。其反映在就业上的一个突出表现就是就业人口的职业、行业中的性别隔离，即某一性别聚集在某一个或几个行业以及职业之中，导致职业或者行业的性别分布失衡。为了应对这个问题，我国政府在十八大上首次将男女平等作为基本国策写入报告。一年以后，党的十八届三中全会通过《中共中央关于全面深化改革若干重大问题的决定》，提出要消除包括性别在内的就业歧视。

性别隔离的状况会对女性的综合社会经济地位产生重要的影响。正如笔者在前文所提到的，已有非常多的学者在关注劳动力市场的性别工资差异。根据目前的研究结果，学术界普遍认同职业间和行业间的工资差异是劳动力市场上出现性别工资差异的重要原因。

因此，本部分将从职业和行业两个角度来考察性别隔离，具体包含以下几个问题：我国职业与行业的性别分布现状如何？我国的性别隔离程度如何？怎样有效测度我国性别隔离程度？21 世纪以来我国的职业和行业性别隔离发生了哪些变化，等等。本部分采用的数据资料来自暨南大学社会调查中心提供的 2000 年、2005 年、2010 年、2015 年全国人口抽样数据。

5.1 文献回顾

改革开放以来，我国从计划经济逐步过渡到市场经济，经济制度和经济结构发生了很大的变化，从而使产业和行业的构成、单位部门的构成以及职业的构成也随之产生了相应的变化。上述变化必然对职业以及行业的性别隔离产生影响，从而影响我国女性的综合社会经济地位。

"职业的性别隔离（occupational gender segregation）"由美国学者格罗斯在《职业性别结构的变迁》（1968）一文中提出，它指的是在劳动力市场中不同职业对男性与女性劳动者有着不同的偏好，求职者会因性别而被动地选择或者直接被分配到不同的职业领域，从而导致了在不同性质的职业中性别分布有很大的差异，进而造成男女之间的不平等现象。国内学者林聚任、赵萍（2000）提出职业的性别隔离是指在某一个或几个职业中，某一性别不断集中造成单一性别占有绝对优势的现象。李春玲（2009）认为职业性别隔离是指劳动者在劳动力市场中因性别不同而汇集或者被分派到不同的职业类别，并担任不同性质的工作。

Hakim（1992）以横向与纵向划分，进一步将职业性别隔离分为职业水平隔离和职业垂直隔离。横向水平上的水平性别隔离所研究的是男女两性在不同的职业类别中的分布状态及分布特征。人们常常将部分工作视作"男性的工作"，例如以体力劳动为代表的职业：汽车司机、保安，以及有较高的社会地位和名声、强调专业性的工作，如医生、律师、大学教授等，当女性进入这些工作岗位时会受到较大的阻力。类似的也有一些工作往往被大众认为是"女性的工作"，通常是对体力要求较低的家务劳动或是强调女性温柔细心和善于照顾特点的工作，如护士、教师、接待员以及大多数的服务业。纵向水平上的垂直性别隔离往往指的是在相同的行业领域中，两性中的某一性别始终占据较高级别的职业位置并拥有较高的薪资水平。Anker（1997）就将水平隔离定义为女性和男性分布在不同类型的职位中，而将垂直隔离定义为在同一行业中的女性和男性从事不同的职位。职业水平隔离较为直观地表现了不同职位中男性和女性的就业比例不尽相同；职业垂直隔离则体现在同一职业内劳动者工资具有性别差异。

佟新（2010）对横向水平职业性别隔离的研究显示，女性主导职业和男性主导职业的分割已经存在于我国劳动力市场上。女性往往集中于以低技术含量和低薪资待遇为特点的"低端"职业，处于劳动力市场的边缘位置。这就使得女性主导职业的工资率相较于男性主导职业的工资率处于一个较低的水平，由此而产生了性别工资差异。林聚任等（2000）分析20世纪80年代至90年代山东省人口普查资料，发现随着市场经济化的进行，虽然女性的就业率得以不断提升，但是大部分女性分布在服务、手工等职业领域，女性在党政国家机关与工程建筑等行业中的就职率与男性相比还是有非常大的差距。在整个职业结构中，女性仍然处于边缘的位置。相同的分析结论也出现在谭琳（1995）的研究之中，1990年全国人口普查的数据表明，在社会认可度较高、劳动收入较高的党群组织、国家机关与企事业单位等职业中，男性的聚集程度高于女性，两性在不同职业类别中的聚集程度上有较大的差异。

垂直隔离则是指男性和女性在同一职业中，男性通常处于较高的职位并且薪资收入更加丰厚，女性则往往处于进入门槛和技术水平要求较低的职位，薪资水平较低且不易升迁。即使是同样一份工作，男性与女性也常常面临着同工不同酬的问题，也就是"黏性地板效应"。一些企业仅为女性提供兼职而非全职的工作，或是为相似甚至完全相同的工作内容冠以不同名称，从而设置不同的岗位以宣称事实上相同职位上男女的工作并不相同，因此待遇不一样。在职业晋升方面，女性难以到达"金字塔"式的职业阶梯的上层，在职业发展过程中往往会被设置各种看不见、摸不着的发展障碍，即前文提到的"玻璃天花板"。童梅（2013）研究发现市场化转型加剧了我国职业性别隔离程度，在劳动力市场上，用人单位由于追求利润，往往以各种理由将女性安排在较低层次的工作岗位上。进一步的研究发现，体制外的部门女性进入管理岗位的概率仅仅是男性的52%，即便是在体制内的部门这一概率也只有72%，同时用人单位在女性的职位升迁过程中还会设置诸多障碍。

我国的职业性别隔离研究目前主要集中在以下四个方面：

一是职业性别隔离与职业发展的关系。武中哲（2008）发现由于女性在体制内和体制外的晋升渠道不同，职业性别隔离在体制内外存在差异。颜士梅等（2008）研究了民营企业和外资企业中的职业性别隔离现象，发现底层员工通常会遇到更多雇佣性歧视，但较少感受到"玻璃天花板"。供职于民营企业的女性常常面临"同工不同酬"的问题，而在外资或者合资企业中，职业性别歧视问题更加突出。梁洁（2009）从职业倦怠的角度分析了职业性别隔离，发现女性的职业倦怠程度明显高于男性，而且男性与女性表达职业倦怠的方式也有所不同，同时由于女性往往需要承担更多的家庭责任，其面临的精神压力也会更大。在高等教育方面，俞萍（2010）研究了女大学生的职业发展，提出尽管女大学生已经接受过高等教育，但是想要进入社会地位较高的职业，却需要付出比男性更多的努力。彭巧丽（2011）发现我国法律缺少针对性别隔离的规定，女性的权利不能得到有效保障，从而导致大量女性在面对职业上的性别歧视时往往选择默默忍受或主动离职的消极应对方式，这将会助长更多的歧视行为。我国现行的法律法规对女性平等就业权利的保护还有很多不足之处，这应当受到大家的关注，同时我国相关机构需要进一步完善这一方面的法律法规。

二是职业性别隔离与薪酬收入的关系。在市场分割理论的基础上，学者们探究了职业性别隔离与性别工资之间的关系，并提出了诸多假说，其中"拥挤假说"和"排队假说"受到学界的广泛认可。拥挤假说是由 Fawcett 和 Edgeworth 提出来的，他们认为存在性别工资差异是因为女性受到就业领域的限制，从而只能在某些特定的行业领域工作。由于大量女性聚集在这些特定行业中，此时女性密集行业的女性劳动力供给过多，超过这些行业对女性劳动力的需求，依据供需理论，此时这些行业内的女性工资将会下降。排队理论则认为，面对表现相同的劳动者，不论是招聘还是升职，雇主首先会考虑男性而不是女性，女性处在整个求职和升职队伍的后半段。因此，当高收入行业的岗位先被大量的男性占据时，女性只能被动选择低收入行业，从而形成了男女性别工资的差异。姚先国和谢嗣胜（2006）基于拥挤假说提出职业性别隔离是构成我国城市就业人口性别收入差异的重要因素，并且由于职业性别隔离往往会违背"能岗匹配"原则，使人力资源不能得到充分的利用，从而造成社会福利的损失。吴愈晓、吴晓刚（2009）认为在国有部门内职业性别隔离是造成工资性别差异的决定性因素，而在非国有部门，个体的人力资本才是决定工资差异的主要因素。庄丽红（2009）研究发现男女在人力资本上的差异只能解释性别工资差异中的 37.10%，而工资差异中的 64.10% 则是由"同工不同酬"造成的。叶环宝（2010）与郭凤鸣（2011）的研究结果显示由性别隔离所导致的工资差异占总性别工资差异的四分之三。

三是职业性别隔离与培训教育之间的关系。于伟和胡娇（2005）认为我国义务教育阶段性别不平等主要表现在入学机会的不平等和在校期间受到的教育内容不同两个方面。王俊（2005）在女性主义的基础上采用社会性别分析法对高等教育的学科性别进行了研究，发现男性优越文化存在于高等教育领域，其表现为学科性别。甘开鹏（2006）分析了 1998 年东北林业大学和 2005 年云南大学各专业的分布，指出我国高等教育的学科性别差异正在扩大。吴良平等（2014）发现家庭与社会对不同性别的儿童早期教育有很大的差异，具体在自我认知、未来期望、行为规范以及人际交往等方面，这会对这些儿童日后的职业观念产生影响。

四是职业性别隔离测度的研究。目前研究职业性别隔离测度的方法及结果的学者较多，但是只有少量对我国职业性别隔离测度进行深入的研究。易定红、廖少宏（2005）以城镇单位就业人员为研究对象考察了 1978—2002 年 16 个行业的职业性别隔离程度，得到该时期邓肯指数平均值为 0.183 9，平方根指数平均值为 0.025 3，提出我国职业性别隔离程度总体上处于较低水平，但不同产业内部的职业性别隔离程度表现出较大的差异，同时还将随时间继续扩大。吴愈晓和吴晓刚（2008）利用 1982 年、1990 年及 2000 年人口普查资料，采用 D 指数、Ds 指数和 A 指数对我国 166 种非农职业进行测度，研究结果显示我国非农职业的性别隔离程度在 19 世纪 80 年代总体上呈上升态势，但是在 90 年代却呈下降趋势。造成这种非线性的变化趋势可能是影响职业性别隔离的主要因素在不同的历史阶段有所变化。李春玲（2009）以 73 种职业为划分依据，使用 D 指数和 Ds 指数测度了 1982 年、1990 年、2000 年人口普查资料和 2005 年 1% 人口抽样调查数据，发现改革开放以来我国职业性别隔离水平总体上呈下降趋势，但蓝领、半蓝领职业之间的性别隔离却并未消解。

正如前文所述，学者们最早关注的是职业的性别隔离问题，在随后的进一步研究还发现，在行业、部门和机构单位之间也存在着性别隔离现象。目前，学者们都从职业与行业两个角度来探讨性别歧视，行业性别隔离通常与职业性别隔离放在一起讨论。由于行业性别隔离的研究起步较晚，现在学界对于行业性别隔离仍然缺少一个单独定义，但也有学者在行业性别隔离的概念界定与分类方法上做出了尝试。杨定全、徐枞巍（2012）指出行业性别隔离研究的是不同性别在不同行业间分布的问题，并且把用于测量职业性别隔离的方法拓展到行业性别隔离领域。通过测算1994—2009年我国城镇单位的行业性别隔离程度，发现我国行业间的性别隔离指数正在上升。

根据之前学者的认识以及本书的研究目的，类比职业性别隔离的概念，在本书中我们定义的行业性别隔离是指在劳动力市场中，不同性别的劳动者被分配到不同的行业类别，从而导致在某个行业的某一性别所占比例非常高，而这种行业内性别的集中化会阻碍男性或女性进入该行业以及在行业内的晋升渠道。与职业性别隔离相似，行业性别隔离有两种，水平隔离和垂直隔离。水平隔离是指某些行业中存在对某一性别的进入门槛高，导致某一行业中的性别比例与全部劳动力人口中的男女性别比例不一致；垂直隔离是由于行业内部存在对男性和女性的区别对待，造成在同一行业中男女的职位和薪资水平有所差异。

Field 和 Wolff（1995）是最早一批研究行业的分布失衡对性别收入的影响的学者。他们发现不同性别的劳动者被分配到不同的行业的时候，女性进入营利性行业的可能性常常低于男性，这就造成女性的收入水平低于男性。并且，在行业内部，即使女性与男性的贡献相同，女性获得的报酬也有可能比男性低。因此，性别工资差异的产生是因为女性在进行行业选择时，行业性别隔离使女性难以进入工资相对较高的行业。并且，随着女性不断进入某些行业，整个行业的工资水平将随着女性的集中度增加呈现出下降的趋势（徐林清，2004）。王美艳（2005）将所有行业按照工资由低到高分成四类，发现工资水平更高的行业往往为女性设置更高的行业进入门槛，导致了女性在低收入行业的集中化。不容乐观的是，即使是在相同行业中，女性的工资水平依然偏低。进一步对影响工资水平的因素进行研究，发现性别工资收入差异主要是行业内差异造成的，而造成行业内工资差异的主要原因就是性别歧视。杨钋等（2012）研究发现女大学生在劳动力市场上进行行业选择时并没有感受到对女性的明显歧视，甚至高收入行业更倾向于雇用女性。研究还发现在行业内部，本科生性别工资差异的主要成因是性别歧视，而硕士研究生群体性别工资差异主要归因于个体特征差异。柴国俊、邓国营（2013）使用麦克思的本科毕业生抽样数据，发现接受过高等教育的劳动力性别工资差异很小，这是由于大学毕业生人力资本水平比较接近。但是行业内的性别工资差异占到总性别工资差异的九成以上，想要消除性别歧视仍然任重道远。

吕康银等（2010）发现较高的受教育程度有助于劳动力进入工资水平较高的垄断性行业，但是女性在进入垄断性行业时常常会被要求拥有更高的人力资本，另外一定的工作经验和已婚的婚姻状况有助于女性进入垄断性行业。邓峰、丁小浩（2012）也发现高学历能够增加人们进入收入较高的部门和企业的机会。

　　总的来说，性别隔离主要表现在两个方面：职业性别隔离与行业性别隔离。其中职业性别隔离研究历史较长，理论较为完善；而行业性别隔离研究历史较短，其定义与界定仍有不完善的地方。但是两者仅仅是分别从职业与行业的角度来说明性别隔离，其研究的都是不同性别的分布问题，职业性别隔离与行业性别隔离在分类、来源、理论基础以及应用方面都有很多相通之处，国内的研究者往往不会严格区分这两个概念，而是把两者放在一起讨论。在本部分，我们以职业性别隔离来表示从职业角度研究性别隔离，行业性别隔离表示从行业角度研究性别隔离。但是，所有的理论基础、测度以及原因探讨都是来源于职业性别隔离的研究。如果读者想了解更多的理论知识，可以自己翻阅相应的文献，笔者在此不再赘述。

5.2　行业分布

　　新中国成立后，我国就在法律上规定妇女享有与男性同等的就业权利，但改革开放以后，随着计划经济转向市场经济，在劳动力市场上的性别不平等现象增多，社会上的两性矛盾也愈演愈烈。鉴于此，中共十八大首次将男女平等作为基本国策写入报告，完善法律法规以保障女性权益。就业平等是男女平等最重要的内容，职业与行业性别的分布能够充分体现就业平等水平的高低。性别隔离所研究的是女性和男性在行业与职业分布的失衡状况以及引申出的就业机会、职业收入、职业发展等方面的差异问题，探究其影响因素并提出相应的解决办法。根据辩证法，我们首先必须要清晰掌握我国职业性别分布的规律和特征，才能准确地认识职业性别隔离并且提出相应的解决方案。本节我们将通过分析 2015 年全国人口抽样数据来说明我国的性别隔离现状，在接下来的三节中，我们将使用 2000 年、2005 年、2010 年、2015 年全国人口抽样数据来分析性别隔离的变化趋势。

5.2.1　我国行业维度的性别总体分布状况

　　想要一窥我国行业维度的性别分布规律及特征，首先要从国民经济的行业分类入手。分析行业的性别门类有助于详细了解行业性别隔离，从而加深我们的认识。根据 GB/T 4754—2002，我国的行业被分为 19 种门类，进一步还分为 97 种大类行业，详细行业分类与职业分类请参见人口普查中 2 位行业编码分类和 2 位职业编码分类。

　　根据 2015 年全国人口抽样数据，在除去农业就业人口后调查绘制成图 5-1，其中灰色柱体表示男性，黑框白色柱体表示女性。横轴表示除农业以外的各个行业，纵轴表示某个性别从事该行业的人数占全部调查人口的比例。除农业以外，男性样本分布比例较高的几个行业分别为零售业，房屋和土木工程建筑业，道路运输业，国家机构，教育，批发业，畜牧业，餐饮业，非金属矿物制品业以及煤炭开采和洗选业；男性样本分布比例较低的几个行业分别为其他采矿业，其他金融业，科技推广和应用服务业，体育，人民政协和民主党派，社会工作，社会保障，管道运输业以及国际组织等。女性样本分布比例较高的几个行业分别为零售业，教育，畜牧业，纺织服装、服饰业，餐饮业，国家机构，卫生，纺织业，居民服务业以及批发业；女性样本分布比例较低的几个行业分别为其他采矿业、社会保障、地质勘查业、科技交流和推广服务业、黑色金属矿采选业、体育、人民政协和民主党派、管道运输业以及国际组织。零售业、国家机构、教育、批发业、畜牧业以及餐饮业中的男性和女性样本分布比例均比较高，说明这些行业为男性和女性都提供了较多就业岗位；而其他采矿业、科技交流和推广服务业、体育、人民政协和民主党派、社会保障、管道运输业以及国际组织中的男性和女性样本分布比例均比较低，也就是这些行业为男性和女性提供了较少的就业岗位。

定义性别差异为男性样本分布比例减去女性样本分布比例，如果性别差异为负数，就说明该行业中的女性样本分布比例高于男性样本分布比例，若为正数就说明该行业中的男性样本分布比例高于女性样本分布比例。比较男性和女性样本分布比例，我们发现在 23 个行业的性别差异为负，也就是说这些行业中的女性样本分布比例高于男性样本分布比例；在剩下的 72 个（不包括农业）行业中，男性样本分布比例高于女性样本分布比例。其中，性别差异绝对值较高的 5 个行业分别为房屋和土木工程建筑业、道路运输业、零售业、国家机构以及纺织服装、服饰业，这些行业的某一性别集中度可能较高。房屋和土木工程建筑业、道路运输业、国家机构的性别差异为正，即男性更多地聚集在这些行业；零售业以及纺织服装、服饰业的性别差异为负，也就是女性更多地聚集在这些行业。而这些行业的分布状况与大家在日常生活中印象相一致。

从国民经济行业的性别分布中可以看出，我国的劳动力市场上存在性别隔离，且男性行业的数量要远远多于女性行业，反映了我国男性在国家政治、经济、文化中的优势地位依旧十分明显。而女性所处的行业较为低端，与男性的职业发展仍存在较大的差距，男女平等就业的目标仍然任重道远。

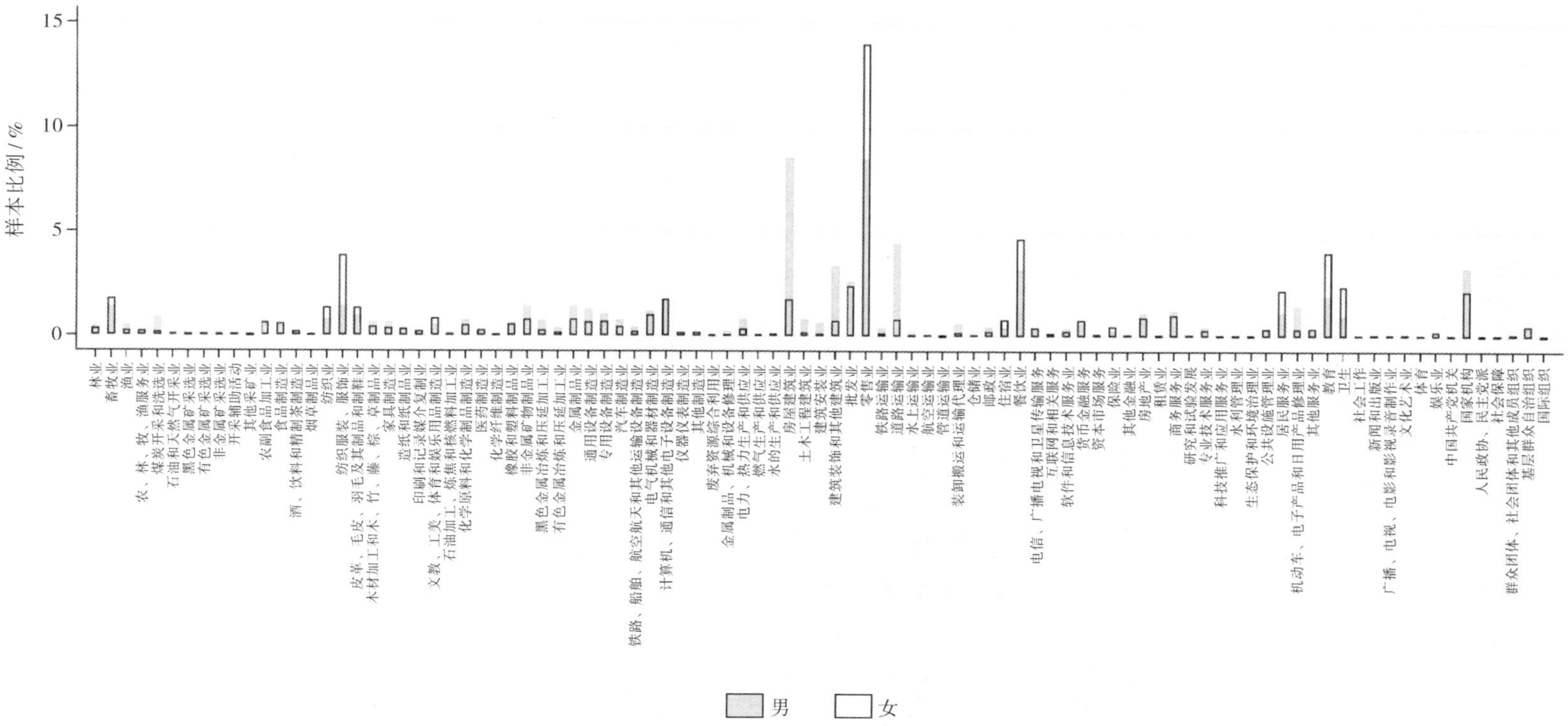

图 5 - 1 劳动力行业分布

数据来源：2015 年全国人口抽样数据。

5.2.2　我国行业维度的性别受教育程度分布状况

　　培训教育对性别隔离来说是一把"双刃剑"，既有可能加重性别隔离，也有可能促使性别隔离消解：一方面，家庭、学校以及社会传统的职业性别教育会向男女灌输不同的职业观念，不断明示或暗示男女都有"更合适"的职业选择，使受教育者产生"男性职业"和"女性职业"的偏见，从而强化职业性别隔离的效应，造成职业性别观念的固化；但另一方面，科学的培训教育可以引导人们消解职业性别隔离，使人们真正树立男女平等的性别观念并付诸日常生活和工作中，从而消除职业性别隔离。

　　在考虑受访对象的受教育程度后，我们根据 2015 年全国人口抽样数据绘制了图 5 - 2。同样的，我们仅仅考察了除农业以外的非农就业人口。其中灰色柱体表示男性，黑框白色柱体表示女性。横轴表示各个非农行业，纵轴表示某个性别从事该行业的人数占全部调查人口的比例。

　　受教育程度在初中及以下的受访者中，男性样本分布比例最高的十个行业分别为房屋建筑业，零售业，道路运输业，建筑装饰和其他建筑业，餐饮业，批发业，畜牧业，纺织服装、服饰业，非金属矿物制品业以及金属制品业；男性样本分布比例最低的十个行业分别为广播、电视、电影和影视录音制作业，资本市场服务，科技推广和应用服务业，研究和试验发展，其他金融业，新闻和出版业，中国共产党机关，社会保障，管道运输业以及人民政协、民主党派。女性样本分布比例最高的十个行业分别为零售业，餐饮业，纺织服装、服饰业，畜牧业，居民服务业，房屋建筑业，批发业，计算机、通信和其他电子设备制造业，皮革、毛皮、羽毛及其制品和制鞋业以及纺织业；女性样本分布比例最低的十个行业分别为研究和试验发展，其他金融业，广播、电视、电影和影视录音制作业，科技推广和应用服务业，水利管理业，其他采矿业，社会保障，中国共产党机关，人民政协、民主党派以及管道运输业。比较男性和女性样本分布比例，我们发现在 25 个行业的性别差异为负，不包括农业的 70 个行业的性别差异为正。其中，性别差异绝对值最高的 5 个行业分别为零售业，纺织服装、服饰业，餐饮业，居民服务业以及纺织业，并且这些行业的性别差异为负，也就是女性更多地聚集在这些行业。

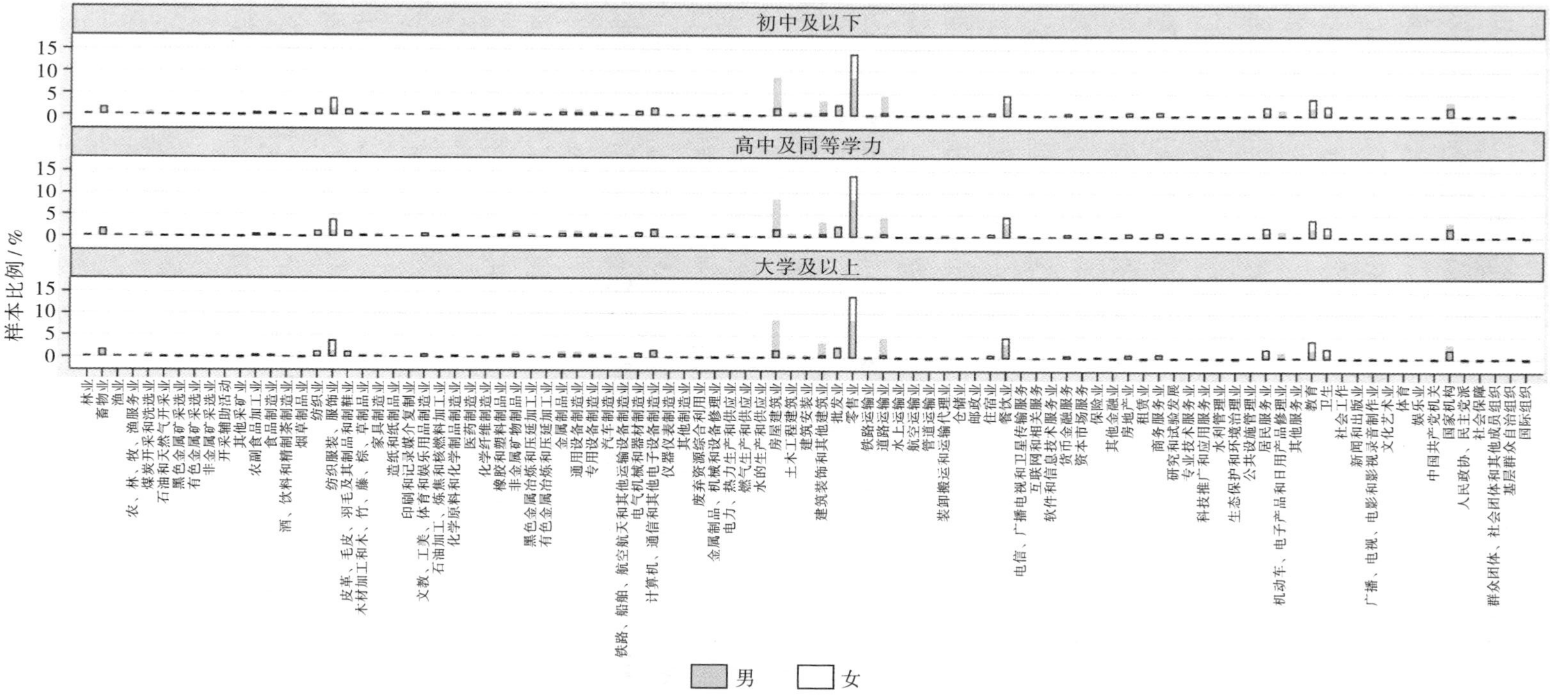

图 5-2 劳动力行业分布与受教育程度

数据来源：2015 年全国人口抽样数据。

受教育程度在高中及同等学力的受访者中，男性样本分布比例最高的十个行业分别为零售业，房屋建筑业，道路运输业，餐饮业，国家机构，批发业，建筑装饰和其他建筑业，计算机、通信和其他电子设备制造业，机动车、电子产品和日用产品修理业以及通用设备制造业；男性样本分布比例最低的十个行业分别为体育，新闻和出版业，废弃资源综合利用业，社会工作，社会保障，其他采矿业，生态保护和环境治理业，人民政协、民主党派，管道运输业以及国际组织。女性样本分布比例最高的十个行业分别为零售业，餐饮业，教育，卫生，批发业，纺织服装、服饰业，居民服务业，计算机、通信和其他电子设备制造业，国家机构以及商务服务业；女性样本分布比例最低的十个行业分别为非金属矿采选业，社会保障，科技推广和应用服务业，中国共产党机关，生态保护和环境治理业，其他采矿业，废弃资源综合利用业，人民政协、民主党派，管道运输业以及国际组织。根据样本的分布比例，有 29 个行业的性别差异为负，除农业外有 66 个行业的性别差异为正。其中，性别差异绝对值最高的 5 个行业分别为零售业，房屋建筑业，道路运输业，教育以及卫生。房屋建筑业和道路运输业的性别差异为正，即男性更多地聚集在这些行业；零售业，教育以及卫生的性别差异为负，即女性更多地聚集在这些行业。

受教育程度在大学及以上学历的受访者中，男性样本分布比例最高的十个行业分别为国家机构，教育，零售业，卫生，批发业，货币金融服务，商务服务业，房屋建筑业，房地产业以及电力、热力生产和供应业；男性样本分布比例最低的十个行业分别为租赁业，生态保护和环境治理业，非金属矿采选业，社会工作，渔业，化学纤维制造业，管道运输业，其他采矿业，废弃资源综合利用业以及国际组织。女性样本分布比例最高的十个行业分别为教育，零售业，国家机构，卫生、货币金融服务，商务服务业，批发业，房地产业，电信、广播电视和卫星传输服务以及餐饮业；女性样本分布比例最低的十个行业分别为有色金属矿采选业、黑色金属矿采选业、租赁业、化学纤维制造业、非金属矿采选业、渔业、其他采矿业、废弃资源综合利用业、管道运输业以及国际组织。可以看到 26 个行业的性别差异为负，69 个非农行业的性别差异为正。其中，性别差异绝对值最高的 5 个行业分别为教育、卫生、国家机构、零售业以及房屋建筑业。国家机构和房屋建筑业的性别差异为正，即男性更多地聚集在这些行业；教育、卫生和零售业的性别差异为负，即女性更多地聚集在这些行业。

对比不同受教育程度的受访者，我们发现随着学历的提升，男性和女性都更多地集中在进入门槛较高的行业。并且，受教育程度较高的男性与女性所集中的行业的重叠度更高，从 6 个行业提高到 8 个行业。不同层次的受教育男性大量聚集在零售业和房屋建筑业，而不同层次的受教育女性大量聚集在零售业、餐饮业和批发业。受教育程度较高的男性更多地集中在国家政治、经济、文化的关键行业。比起同层次的女性，男性仍然具有较大的优势地位。

5.3 行业性别隔离

5.3.1 行业性别隔离系数

性别隔离程度的问题一直是研究者关注的问题，在国际上许多研究者提出了不同的方法对职业性别隔离进行测度。其中影响最大、最早的测度方法是邓肯（Duncan）于1955年提出的邓肯指数，除此以外还有标准化的邓肯指数、卡梅尔—麦克拉克伦指数、关联指数等。本章我们使用邓肯指数，在这里也被称为行业性别隔离系数的测度方法来衡量一个行业的性别隔离程度，其计算公式如下：

$$GS_t = \frac{1}{2} \times \sum_j \mid m_{jt} - f_{ji} \mid$$

其中 m_{jt}（f_{jt}）是年份 t 时行业 j 男性（女性）劳动力人数除以整个劳动力市场上男性（女性）劳动力总人数再乘以100，即男性（女性）劳动力中行业 j 所占百分比。该指数衡量了为彻底消除性别隔离而需要换工作的女性员工比例。因此，若该指标为0则表示劳动力市场中没有行业性别隔离，为100则表示劳动力市场不同性别的劳动力是完全隔离的。这里的行业分类以人口普查中2位行业编码分类。

根据2000、2005、2010、2015年全国人口抽样数据计算出行业性别隔离系数并绘制出图5-3。图中横轴代表年份，圆点为行业性别隔离系数。可以清晰地看出随着时间推移，我国的行业性别隔离系数快速增加，从2000年的16.60增加到2015年的25.40，增加幅度巨大。这说明随着经济体制市场化和经济的快速发展，我国劳动力市场上的性别隔离程度增加，男性与女性在不同行业聚集的分割现象越来越突出。

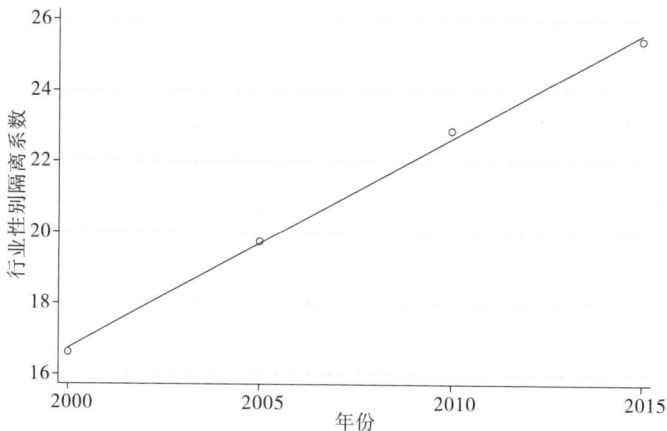

图5-3　行业性别隔离
注：数据来源：2000、2005、2010、2015年全国人口抽样数据。

5.3.2　行业性别隔离与户口类型

我们按照受访者的户口类型将其分为农业户口和非农业户口两组，分别计算他们的行业性别隔离系数，得到图 5-4。能够看到非农业户口的行业性别隔离程度较深，2000、2005、2010、2015 年的行业性别隔离系数一直维持在 25 左右，尽管有所增加，但是增加幅度较不明显；而农业户口的行业性别隔离程度却在加深，从 2000 年的 14.4 提高到 2015 年的 25.4，已经赶上非农业户口的行业性别隔离程度。农业户口的行业性别隔离程度快速上升可能与新生代的农民工有关。

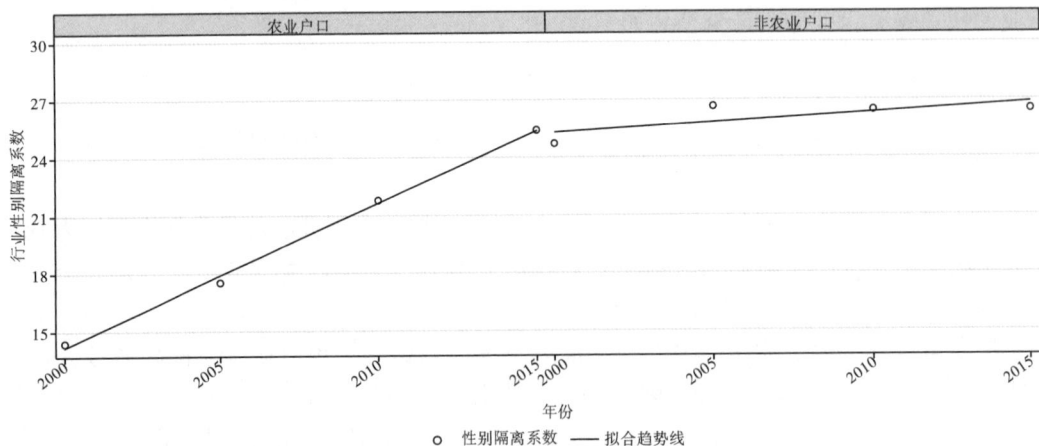

图 5-4　行业性别隔离与户口类型

数据来源：2000、2005、2010、2015 年全国人口抽样数据。

改革开放之前，户籍制度对人员流动有非常多的限制，人们要么被"捆"在某个村庄的田地中，要么在某个街道的厂房里，户籍与工作密切相关。改革开放以后，由于放开了户籍对工作和生活属地的限制，我国出现了大量的流动人口，并且产生了农民工这样一种在我国经济发展浪潮下衍生的特殊群体。农民工是指那些户籍身份仍在农村，保留了农业户口，但生活开支却主要来源于非农产业工作工资收入的劳动者。新生代农民工主要是指 20 世纪 80 年代以后出生的农民工群体，相较于老一代的农民工，新生代农民工普遍具有"三高一低"的特征，即受教育程度高，对职业的期望值高，对物质和精神生活的需求高，但工作耐受力却普遍较低；并且新生代农民工的"土地意识"观念较为薄弱，他们更加渴望能够融入城市生活，在就业的选择与规划上也贴近非农业户口的劳动力。由于我国户籍制度等一系列制度性和社会性因素，在就业市场上确实存在对劳动者的户籍歧视，但随着社会经济的发展和户籍制度的改革，户籍制度的影响可能在逐渐下降。这些因素使得农业户口的行业性别隔离系数快速上升。

5.3.3　行业性别隔离与受教育程度

将受访对象按照受教育程度分成三组，以考察教育对行业性别隔离的影响以及随时间的变化趋势。如图 5 -5 所示，受教育程度为初中及以下组中，2000—2015 年该组的行业性别隔离系数快速增加，由 17.10（2000 年）增加到 26.80（2015 年），说明受教育程度较低的劳动力群体中，行业性别隔离程度正在加深。在高中及同等学力组中，2000—2015 年该组的行业性别隔离系数表现为波动变化，2000、2005、2010、2015 年的行业性别隔离系数分别为 24.80、29.20、26.90、29.20，但是整体上仍然呈现出增长的趋势。在大学及以上组中，2000—2015 年该组的行业性别隔离系数一直处于低位，2000、2005、2010、2015 年的行业性别隔离系数分别为 16.40、18.30、17.10、18.50，呈现出缓慢波动上涨的态势。

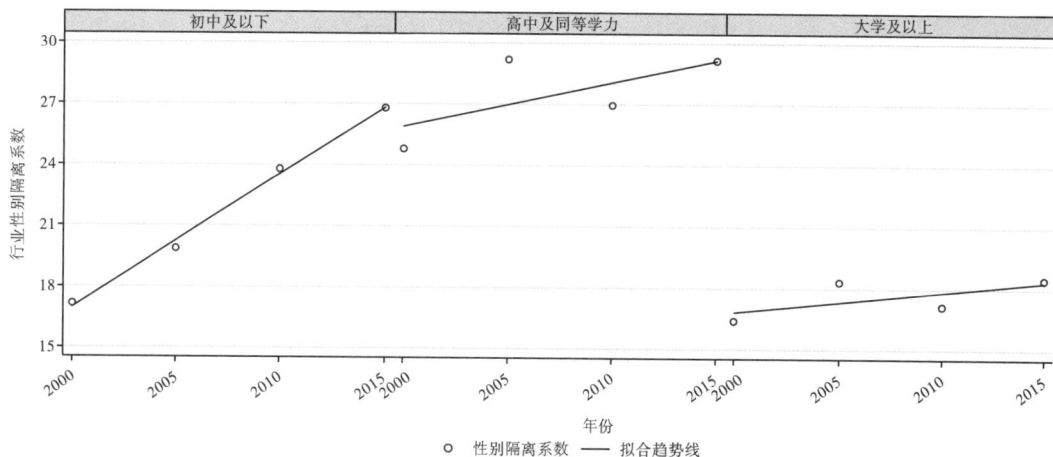

图 5 -5　行业性别隔离与受教育程度

数据来源：2000、2005、2010、2015 年全国人口抽样数据。

三组的行业性别隔离系数都表现出上涨或者波动上涨的趋势，这说明 21 世纪以来我国受教育程度不同的劳动力都普遍面临着行业性别隔离加深的影响，男性和女性越来越多地聚集在各自的行业之中。行业性别隔离现象最突出的是高中及同等学力组，在任何一年里，该组的行业性别隔离系数都是最大的，这可能与我国的职业化教育相关；大学及以上组的性别隔离现象最不明显，这可以归因于大量职业存在学历的进入门槛，从而缓解了受教育程度较高的劳动力的行业性别隔离效应。初中及以下组的行业性别隔离系数增加幅度最大，高中及同等学力组以及大学及以上组较小。

5.3.4　行业性别隔离与年龄

新中国成立以来，我国经济社会发生了巨大的变化。随着社会主义现代化的建设，我国社会发展的各个阶段都有着鲜明的时代特征。不同年龄段的劳动力受到其成长经历以及生活环境的影响，也会表现出不同的特征。

如图5-6，将受访者的年龄限制在18—60岁，根据2015年全国人口抽样数据绘制出各年龄段行业性别隔离系数，横坐标表示年龄。年龄在18—26岁的受访者行业性别隔离系数快速增加，从8.40（18岁）增加到28.70（26岁）；27—47岁的受访者行业性别隔离系数在27上下波动，波动幅度也随着年龄的增大而减小，同时该年龄段的行业性别隔离系数有着缓慢减小的趋势；48—53岁的受访者行业的性别隔离系数再次增加，但是幅度较小，仅从26.90（48岁）增加到32.30（53岁）；年龄大于54岁的受访者行业性别隔离系数随着年龄波动下降，从31.00（54岁）降至29.10（60岁）。

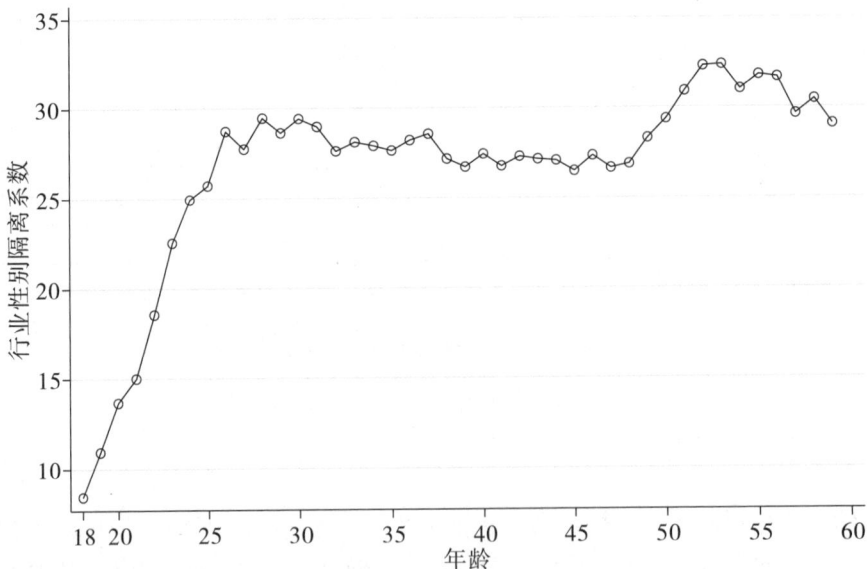

图5-6　各年龄段行业性别隔离

数据来源：2015年全国人口抽样数据。

考虑到我国严格的户籍制度曾经造成城乡劳动力市场二元分割的情况，并且这一制度仍然拥有巨大的影响力，我们有必要考察不同户籍各年龄段行业性别隔离情况。根据受访者的户口类型，我们绘制出图5-7。在农业户口组中，年龄段在18—26岁的受访者行业性别隔离系数快速增加，从9.90（18岁）增加到30.60（26岁）；但当年龄超过27岁后，农业户口组表现出了与整体不同的趋势，27岁及以上年龄段的受访者的行业性别隔离系数呈现出波动减少的趋势，并没有再次增加。而在非农业户口组中，年龄的行业性别隔离系数与整体趋势比较相似，系数先增加再保持，然后在47—52岁的年龄段再次增加后随之减少，并且非农业户口组的行业性别隔离系数第二次增加的幅度（从 47 岁 29.80 增加到 52 岁 44.40）要大于整体的行业性别隔离系数第二次增加的幅度（从 48 岁 26.90 增加到 53 岁 32.30）。这就说明，整体的行业性别隔离系数出现第二次增加的原因就是非农业户口劳动力在 47—53 岁年龄段的行业性别隔离系数要高于其他年龄段。户口类型对行业性别隔离的影响随劳动力年龄的变化而变化，50 岁以上的劳动力行业性别隔离程度受到户口类型的影响巨大。

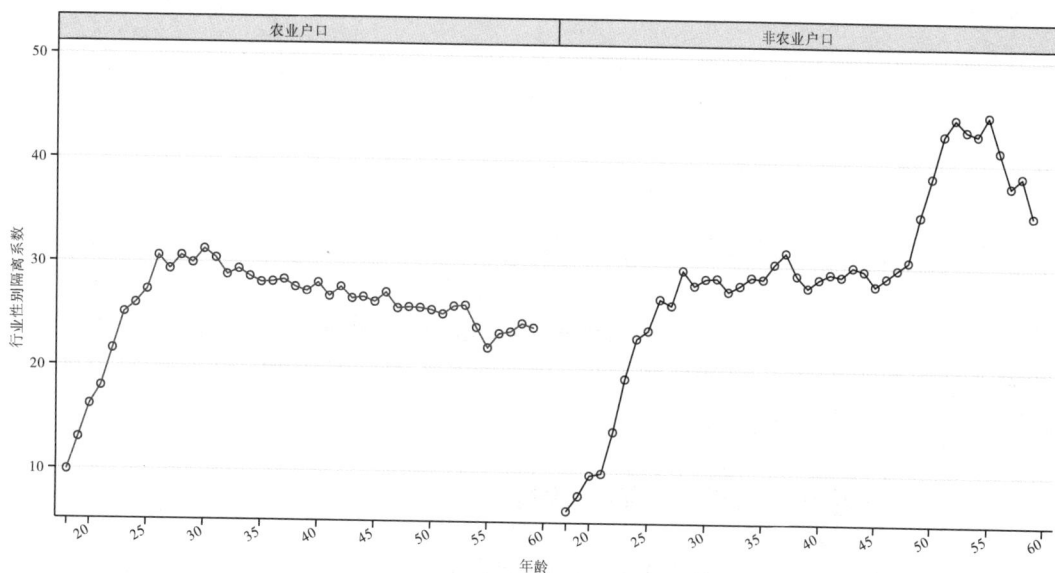

图 5-7　各年龄段行业性别隔离与户口类型

数据来源：2015 年全国人口抽样数据。

将受访者按照受教育程度划分为三组，得到图 5-8 各年龄段行业性别隔离与受教育程度的关系图。受教育程度为初中及以下组中，行业性别隔离系数先随年龄增长快速增加，在 25—30 岁达到最高点，随后缓慢波动减小；高中及同等学力组的行业性别隔离系数经历了从一个较低的水平先快速上升再缓慢下降然后继续上升最后下降的两次上升两次下降过程；大学及以上组的行业性别隔离系数甚至出现了三次上升三次下降过程。在 30—50 岁的年龄段内，高中及同等学力组的行业性别隔离系数一直最大，其次是初中及以下组，大学及以上组的行业性别隔离系数最小。但是在高中及同等学力组和大学及以上组的行业性别隔离系数第二次上升后，初中及以下组的行业性别隔离系数变为最小，而大学及以上组的行业性别隔离系数在第三次上升后成为同年龄段最大。这就说明，整体的行业性别隔离系数出现第二次增加主要是由受教育程度较高的劳动力所引起的。对于 25—55 岁的劳动力，接受高等教育有助于消解行业性别隔离现象，但接受高中及同等学力的培训，如职业技术培训却会加深行业性别隔离；但是对于 55 岁以上的劳动力，随着受教育程度的提高行业性别隔离会加深。

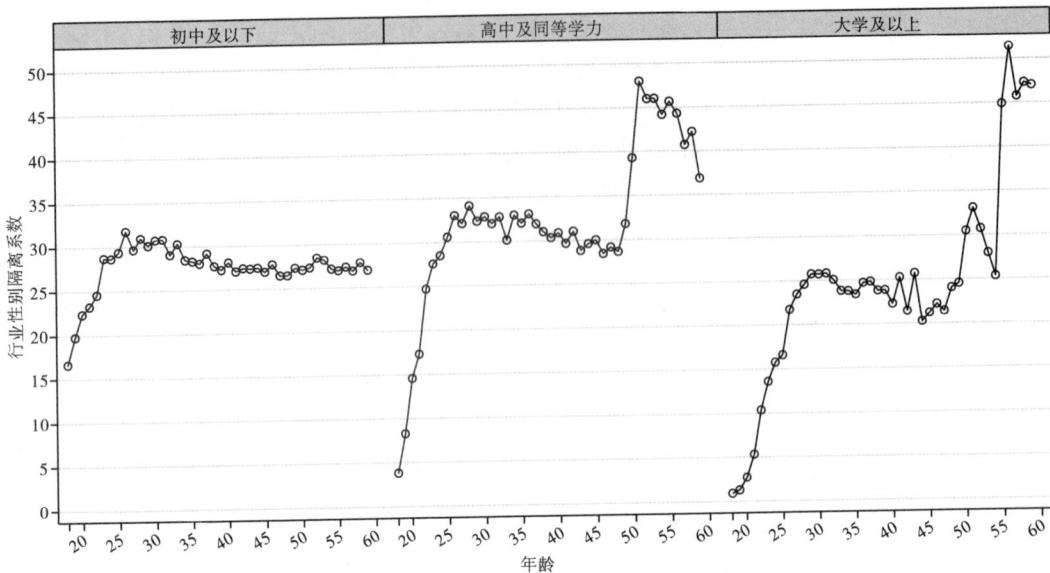

图 5 – 8　各年龄段行业性别隔离与受教育程度

数据来源：2015 年全国人口抽样数据。

5.3.5　各省市的行业性别隔离现状

省、直辖市、自治区是我国重要的一级行政区域，各省区因其自然资源、人口资源、经济资源以及交通资源等存在较大的差异，使得各省区呈现出不完全相同的行业性别分布。使用数据来源为 2000、2005、2010、2015 年全国人口抽样数据绘制成图 5 – 9 至图 5 – 12，对我国 31 个省区（不包括港澳台）的行业性别分布进行探究，以详细了解省区间性别分布的规律和特征。

图 5 – 9 是各个省区在 2000—2015 年的行业性别隔离系数变化情况，反映了劳动者在不同省区的行业性别隔离变化趋势和现状。从图中可以看出在 2000—2015 年，仅有北京、吉林、黑龙江、上海、浙江、福建、西藏、新疆 8 个省区的行业性别隔离系数呈现下降或者保持不变的态势；其余省区的行业性别隔离系数或多或少都有所上升，其中河北、安徽、河南、湖北、重庆、四川和陕西的行业性别隔离系数增长幅度较大，可能是这些地区的经济快速发展导致的。从整体上看，经济较发达省区的行业性别隔离系数较大，如北京、上海、江苏；经济较不发达省区的行业性别隔离系数较小，如西藏。可以看出，行业性别隔离系数与生产力的发展密切相关。

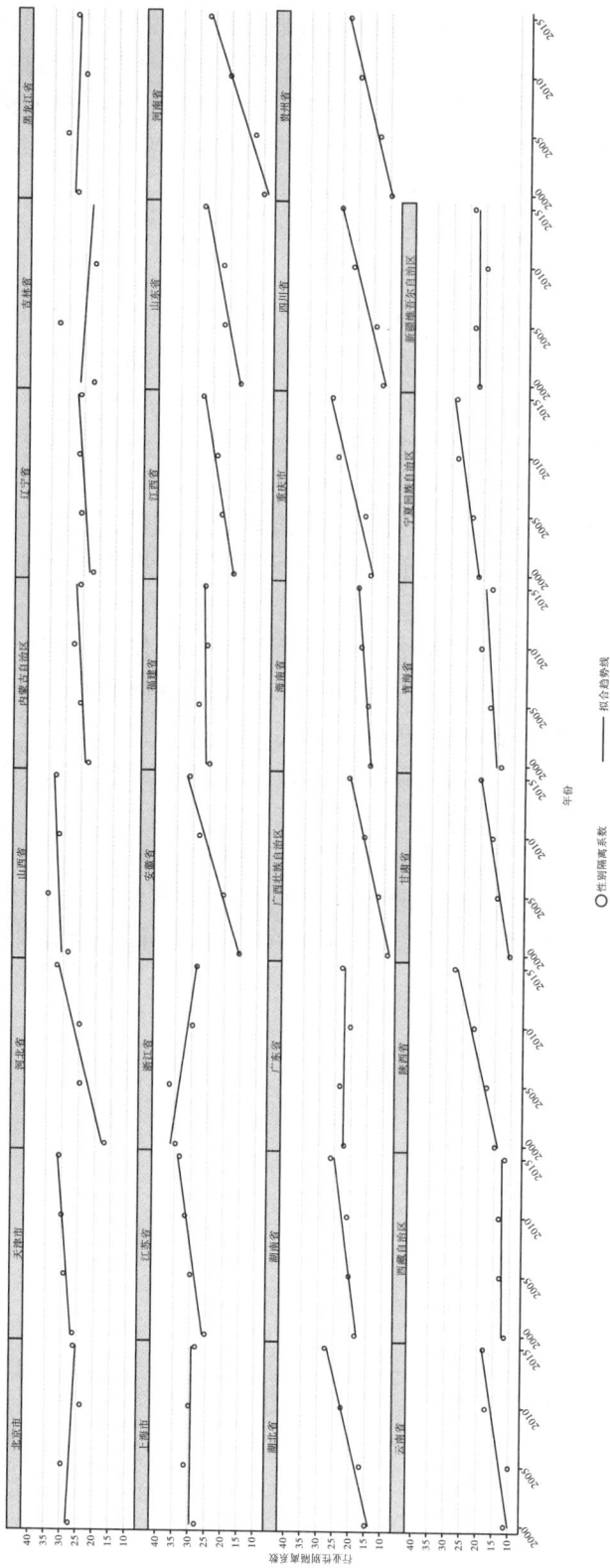

图 5 - 9 各省区行业性别隔离

数据来源：2000、2005、2010、2015 年全国人口抽样数据。

　　图 5 – 10 描述的是 2015 年各个省区农业户口和非农业户口的行业性别隔离系数，反映了各个省区不同户口类型劳动力的行业性别隔离程度。北京、天津、上海、江苏、河南以及重庆 6 个省区的农业户口行业性别隔离系数大于非农业户口，而其他省区则相反。其中，河北、浙江、安徽、福建、山东、湖南和四川 7 个省区的不同户口类型的行业性别隔离系数比较接近。北京、天津、上海和江苏的不同户口类型的行业性别隔离系数差异比较大。可以看到，尽管全国范围内农业户口与非农业户口的行业性别隔离系数十分接近，但是不同省区仍然表现出不同的分布特点。

　　图 5 – 11 描述的是 2015 年各个省区不同受教育程度劳动力的行业性别隔离系数。从整体上看，各个省区的行业性别隔离系数都随着劳动力的受教育程度先上升再下降，但是河北、山西、内蒙古、江苏、浙江、安徽、重庆、四川、青海、宁夏的行业性别隔离系数随着劳动力的受教育程度出现多次上升下降，表现为波动变化。高等教育有利于消解行业性别隔离，但是拥有研究生学历的劳动力在山西、山东、湖北、广东、重庆、贵州、云南、甘肃、青海和宁夏反而面临着行业性别隔离扩大的境况。北京、天津、上海和浙江的行业性别隔离系数最高点出现在小学学历上，其他省区的行业性别隔离系数最高点则出现在初中、普通高中或者中职。

　　如图 5 – 12，行业性别隔离系数在各省区间随年龄的变化其发展趋势不尽相同，因为各地区经济发展速度和水平等因素不同。海南、西藏、青海、宁夏和新疆的散点分布比较相似，呈现出围绕某一数值剧烈波动的形态，但是其行业性别隔离程度要低于经济较为发达的地区；其余省区的散点分布呈现出先随着年龄的增长而快速增长，增长到一定程度之后，继续以更慢的速度增长，然后下降的形态；然而，北京、天津、上海、广东的行业性别隔离系数随着年龄在 18—30 岁以及 50—55 岁两个年龄段出现明显的增加。特别需要注意的是，海南、云南和西藏在各个年龄段的行业性别隔离程度都是最低的，但是江苏、安徽和山西在各个年龄段的行业性别隔离程度却是最高的。这说明除了经济因素，社会风气也会对行业性别隔离产生深远的影响。

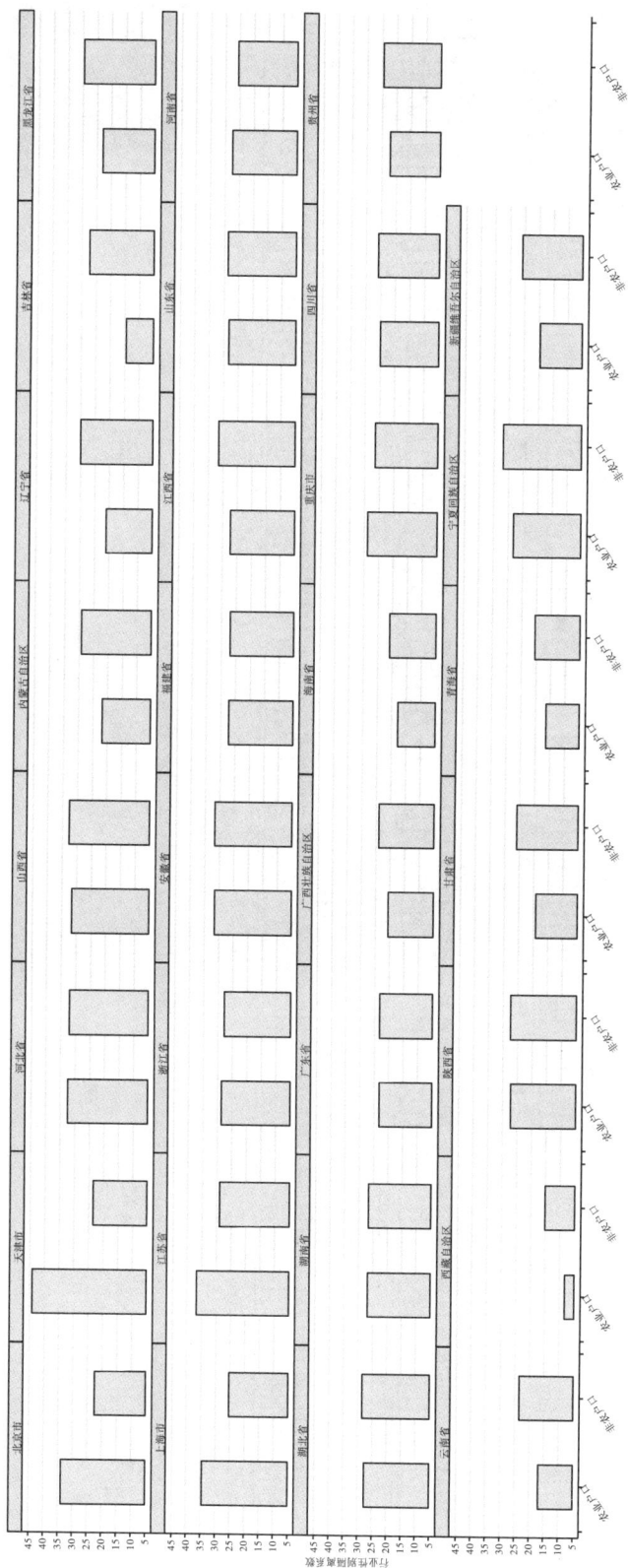

图 5 - 10 各省区行业性别隔离与户口类型

数据来源：2015 年全国人口抽样数据。

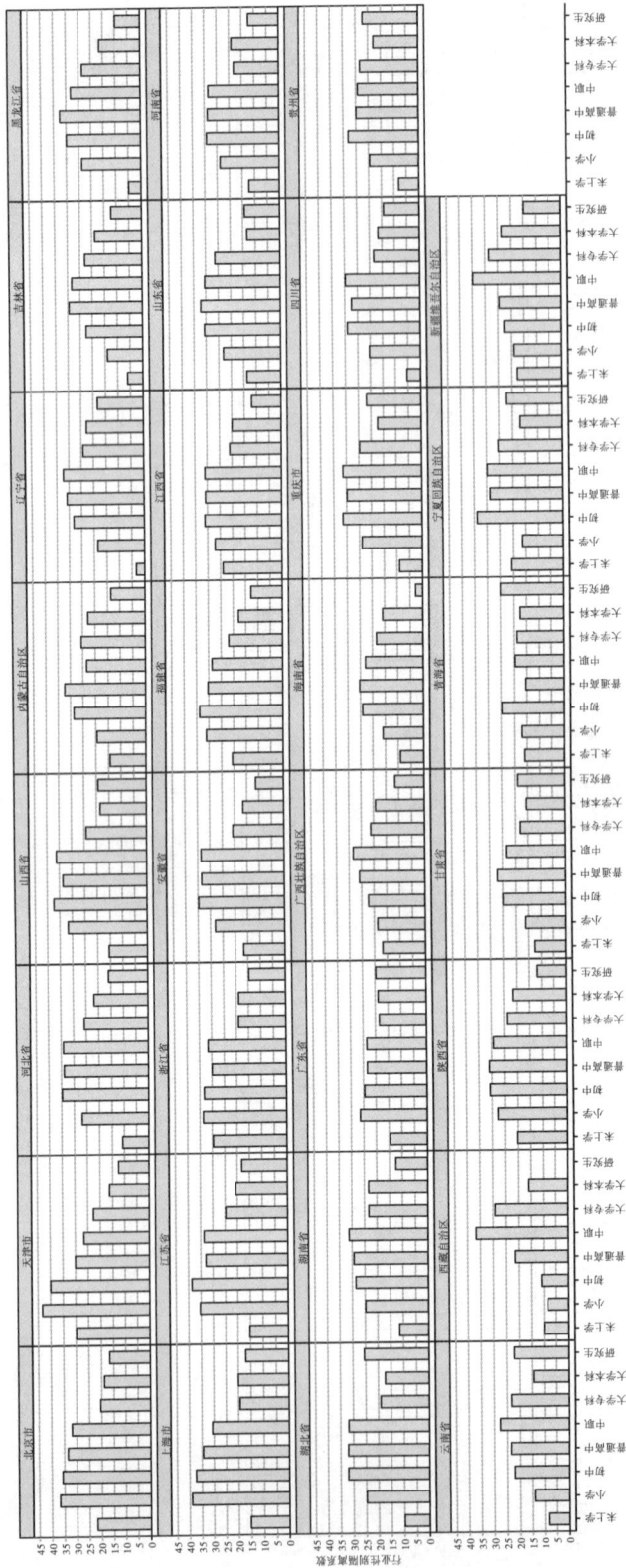

图 5 - 11　各省区行业性别隔离与受教育程度

数据来源：2015 年全国人口抽样数据。

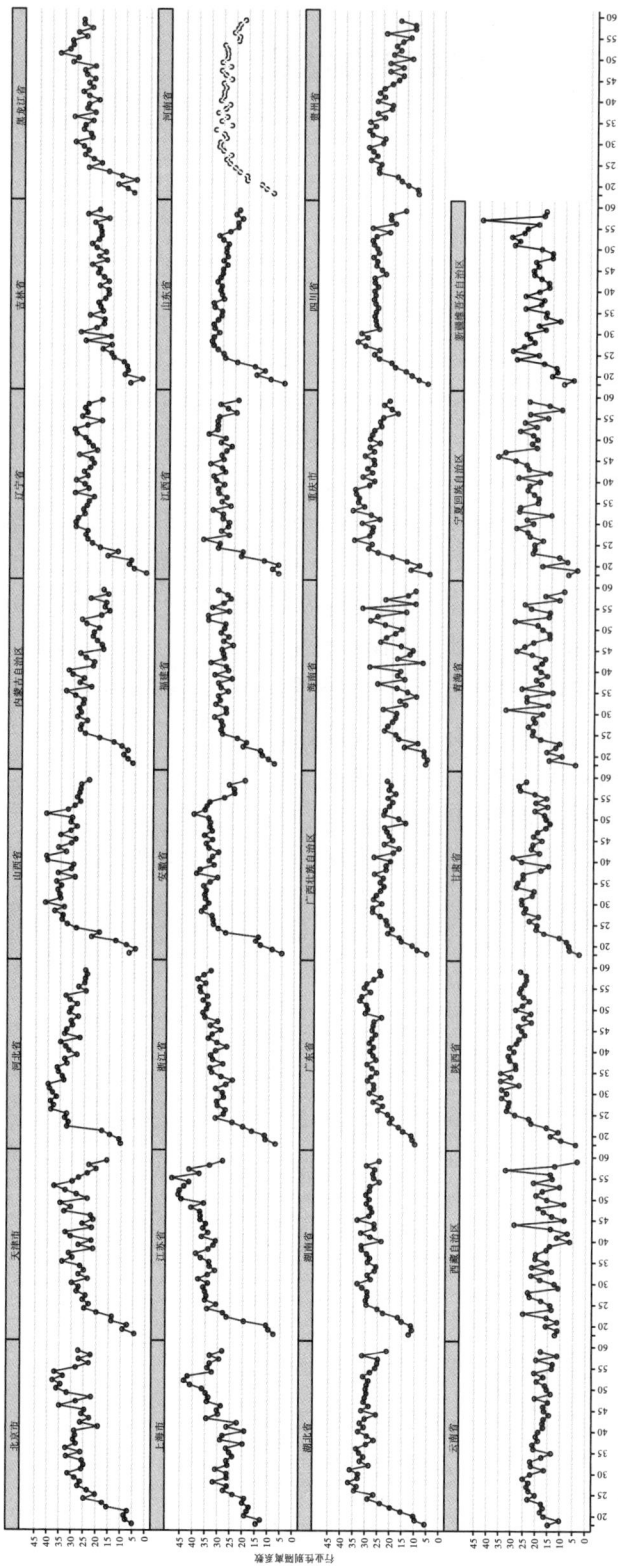

图 5−12　各省区行业性别隔离与年龄

数据来源：2015 年全国人口抽样数据。

5.4 职业性别隔离

5.4.1 职业性别隔离系数

Edward Cross 将"职业隔离"定义为男性和女性所偏好的职业类型的差异，学者们研究出了多种测度职业隔离的方法，其中时间最早、影响最为深远的是 Duncan（1995）的邓肯指数（D 指数），该指数通过计算各职业中女性劳动者和男性劳动者所占比例绝对值之差的一半，来从整体上刻画男性和女性的职业分布。因为该方法最为基础，所以还存在一定的弊端。为了弥补 D 指数中忽视职业规模和时间变化的缺陷，标准化邓肯指数（Ds 指数）应运而生。除此之外，Karmel 和 MacLachian 定义的 Ip 指数指出了导致职业隔离趋势变化的各种原因。为了进行跨国家的比较，Charles 和 Grusky 提出了基于对数乘法模型的关联指数（A 指数）。利用这些方法，可以很好地刻画职业隔离程度。

此处，我们依然使用前文所提及的邓肯指数来衡量一个职业的性别隔离程度。

根据 2000、2005、2010、2015 年全国人口抽样数据计算出职业性别隔离系数并绘制出图 5 – 13。可以清晰地看到 2000—2010 年，我国的职业性别隔离系数快速增加，但在 2010—2015 年职业性别隔离系数陡然下降。职业隔离程度的加深往往伴随着男女就业不平等的现象，这意味着女性在就业市场中处于劣势地位。图 5 – 13 说明尽管在 21 世纪初期，我国曾经经历过职业性别隔离程度加深的时期，但在 2010 年以后，随着一系列保障女性就业的法律法规的推出以及社会风气的转变，职业性别隔离状态快速好转。

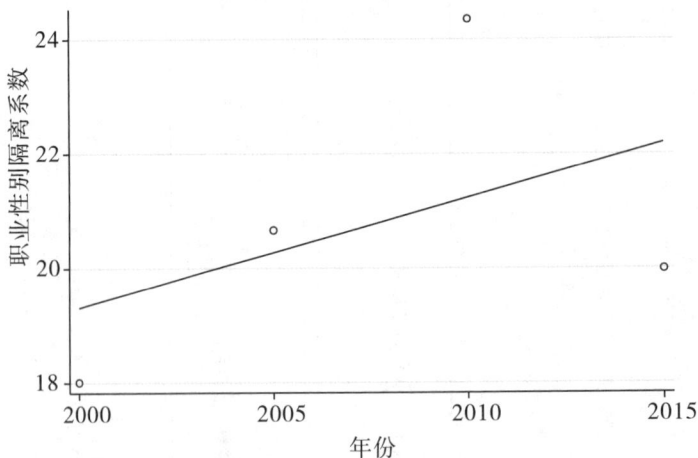

图 5 – 13 职业性别隔离

数据来源：2000、2005、2010、2015 年全国人口抽样数据。

5.4.2　职业性别隔离与户口类型

　　根据受访者的户口类型将他们分为农业户口和非农业户口两组，得到图5-14。从图中可以看到非农业户口的职业性别隔离程度有所缓解，从2000年的30.20逐渐下降到2015年的28.30，非农业户口女性的就业状况处于持续改善之中；然而农业户口的职业性别隔离系数却在快速上升，2000、2005、2010和2015年分别为14.70、17.90、22.60和26.30，尽管一开始职业性别隔离水平较低，但到2015年已经十分逼近非农业户口的职业性别隔离程度，这种变化趋势提醒我们非农业户口的劳动力在充分参与社会分工的同时，也开始面临日益严重的男女不平等问题。

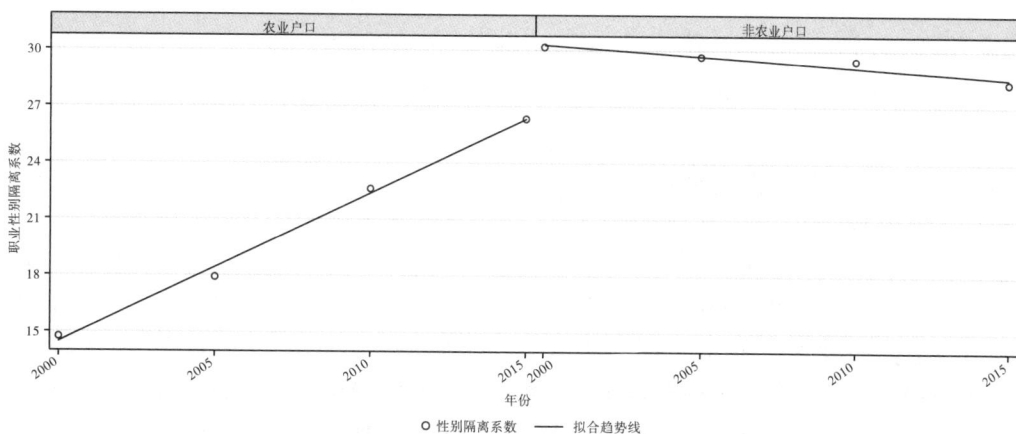

图5-14　职业性别隔离与户口类型

数据来源：2000、2005、2010、2015年全国人口抽样数据。

5.4.3　职业性别隔离与受教育程度

　　根据受访者的受教育程度将他们分为初中及以下组、高中及同等学力组、大学及以上组，得到图5-15。初中及以下组中，从2000—2015年该组的行业性别隔离系数快速增加，由17.50（2000年）增加到27.80（2015年），说明受教育程度较低的劳动力群体中的职业性别隔离程度正在加深，男性和女性的职业分化更明显。高中及同等学力组的职业性别隔离系数保持在31左右，有轻微下降的趋势。而大学及以上组的职业性别隔离系数却呈现出波动下降的趋势，从24.70（2000年）下降到21.50（2015年）。三组中高中及同等学力组的职业性别隔离系数一直保持在一个较高的水平，但是初中及以下和大学及以上两组却表现出截然相反的变化趋势，说明女性接受高等教育能够有效消解职业性别隔离现象，从而缓解男性和女性在劳动力市场上的不平等。

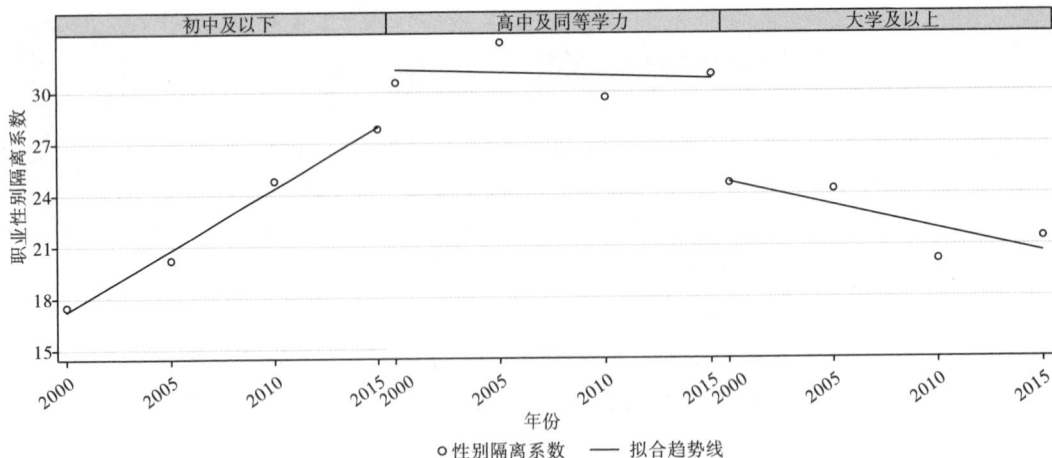

图 5-15　职业性别隔离与受教育程度

数据来源：2000、2005、2010、2015 年全国人口抽样数据。

5.4.4　职业性别隔离与年龄

使用 2015 年全国人口抽样数据，绘制各年龄段职业性别隔离变化趋势曲线，如图 5-16。各年龄段行业性别隔离变化趋势相似，也表现出两次上升两次下降。年龄在 18—28 岁的受访者行业性别隔离系数快速增加，从 8.50（18 岁）增加到 31.60（28 岁）；29—48 岁的受访者行业性别隔离系数缓慢减小；49—52 岁的受访者行业性别隔离系数再次增加，但是幅度较小，仅从 29.60（49 岁）增加到 33.60（52 岁）；年龄大于 53 岁的受访者行业性别隔离系数随着年龄波动下降。

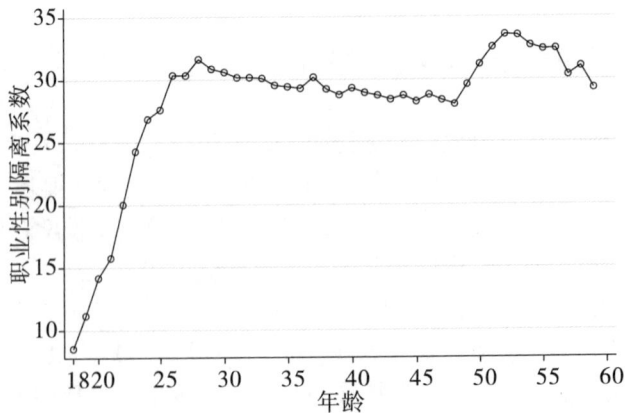

图 5-16　各年龄段职业性别隔离

数据来源：2015 年全国人口抽样数据。

根据受访者的户口类型，我们绘制出图 5 - 17。在农业户口组中，年龄段在 18—28 岁的受访者职业性别隔离系数快速增加，从 10.3（18 岁）增加到 32.6（26 岁）；但 29 岁及以上年龄段的农业户口受访者职业性别隔离系数呈现出波动减少的趋势，并没有再次增加，50—55 岁会有一个较大幅度的下降。非农业户口组中年龄的职业性别隔离系数与整体趋势相类似，先快速上升，再缓慢上升，之后继续快速上升，最后下降，并且非农业户口组的职业性别隔离系数第三次增加的幅度要大于整体的职业性别隔离系数第二次增加的幅度。50 岁左右的农业户口受访者并没有遇到职业性别隔离加重的情况。这说明户口类型对职业性别隔离的影响与劳动力年龄有关，户口类型对 50 岁以上的劳动力的职业性别隔离造成了巨大的影响。

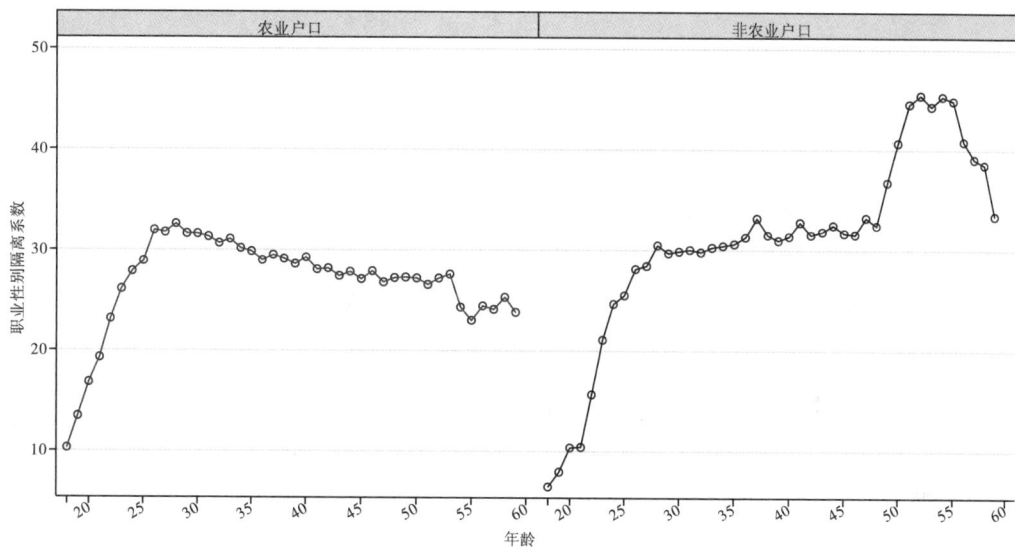

图 5 - 17　各年龄段职业性别隔离与户口类型

数据来源：2015 年全国人口抽样数据。

将受访者按照受教育程度划分为三组，得到图 5 - 18。受教育程度为初中及以下组中，职业性别隔离系数随年龄先快速增加，在 25—30 岁达到最高点，随后缓慢波动减小，保持在 27—31；高中及同等学力与大学及以上两组的职业性别隔离系数分别经历了两次上升两次下降过程和三次上升三次下降过程。在 30—50 岁的年龄段内，高中及同等学力组的职业性别隔离系数一直最大，其次是初中及以下组，大学及以上组的职业性别隔离系数最小。但是在第二次上升后初中及以下组的职业性别隔离系数变为最小，大学及以上组的职业性别隔离系数在第三次上升后成为同年龄段最大的。这就说明，整体的行业性别隔离系数出现第二次增加主要是由受教育水平较高的劳动力所引起的。对于 25—55 岁的劳动力，接受高等教育有助于消解职业性别隔离现象，但接受高中及同等学力的培训，如职业技术培训却会加深职业性别隔离程度；然而对于 55 岁以上的劳动力，随着受教育水平的提升，其职业性别隔离系数会显著增加。

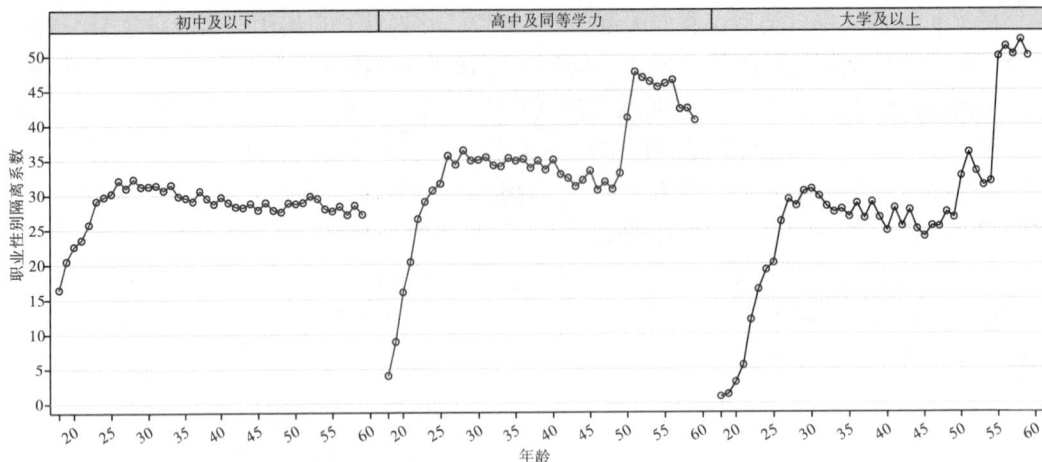

图 5 - 18   各年龄段职业性别隔离与受教育程度

数据来源：2015 年全国人口抽样数据。

5.4.5   各省区的职业性别隔离现状

使用 2000、2005、2010、2015 年全国人口抽样数据制成图 5 - 19 至图 5 - 22，研究我国 31 个省区（不包括港澳台）的职业性别分布，以了解省区间性别分布的规律和特征。

图 5 - 19 是各个省区在 2000—2015 年的职业性别隔离系数变化情况，反映了劳动力在不同省区的职业性别隔离变化趋势与现状。从整体上看，经济较发达省区的职业性别隔离系数较大，如北京、天津、上海、江苏；经济较不发达省区的职业性别隔离系数较小，如云南、西藏。可以看出，职业性别隔离与生产力的发展密切相关。在 2000—2015 年，仅有北京、吉林、黑龙江、上海、浙江、福建、西藏、新疆 8 个省区的职业性别隔离系数呈现下降或者保持不变的态势；其余省区的职业性别隔离系数或多或少都有所上升，其中河北、安徽、河南、湖北、重庆、四川、贵州和陕西的职业性别隔离系数增长幅度较大，与这些地区的经济快速发展相符合。各个省区职业性别隔离系数变化情况与行业性别隔离系数变化情况保持高度一致。

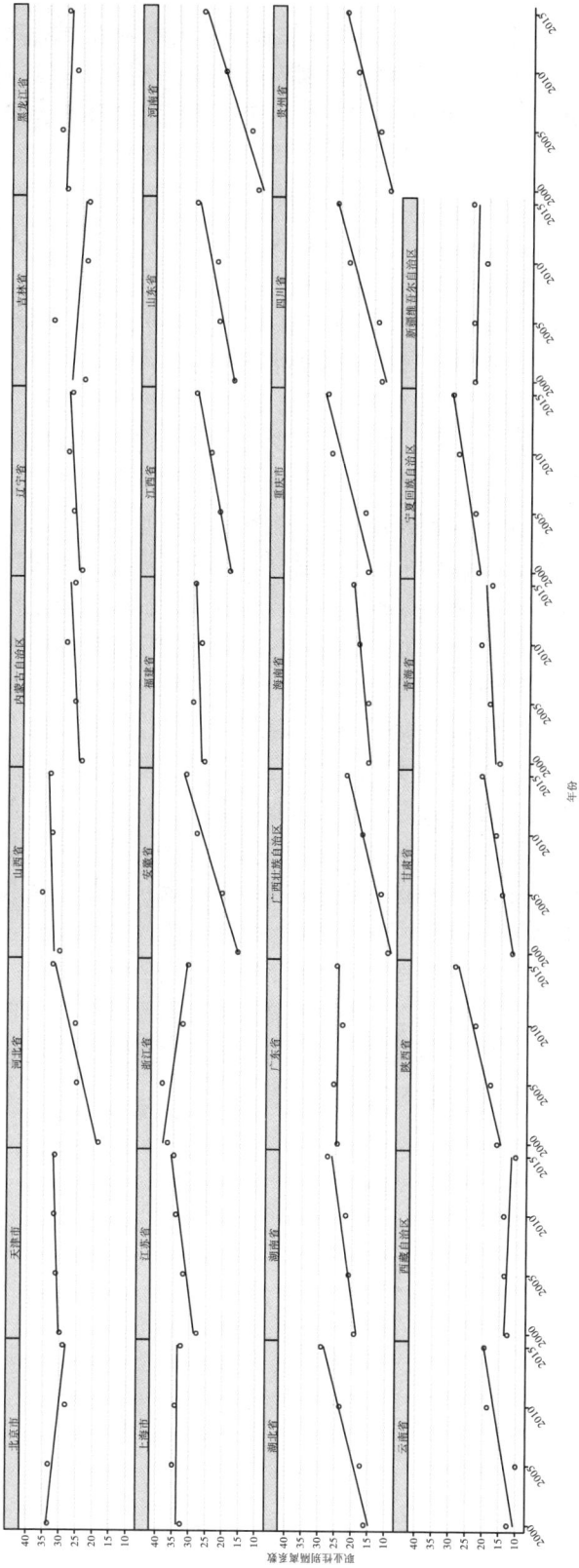

图 5 - 19　各省区职业性别隔离

数据来源：2000、2005、2010、2015 年全国人口抽样数据。

图 5-20 描述的是 2015 年各个省区农业户口和非农业户口的职业性别隔离系数，有助于我们了解各个省区不同户口类型劳动力的职业性别隔离程度。不同于全国范围内不同户口类型劳动力的职业性别隔离程度相似的情况，北京、天津、上海、江苏、河南以及重庆 6 个省区的农业户口职业性别隔离系数大于非农业户口；河北、山西、浙江、安徽、福建、湖北、广东、山东、湖南、四川和陕西 11 个省区的不同户口类型的职业性别隔离系数比较接近；其余省区的非农业户口职业性别隔离系数大于农业户口。北京、天津、上海和吉林的不同户口类型的职业性别隔离系数差异比较大。

图 5-21 描述的是 2015 年各个省区不同受教育程度劳动力的职业性别隔离系数。整体来看，除了天津的职业性别隔离系数随着受教育程度的提高持续减小，各个省区的职业性别隔离系数都随着劳动力受教育程度的提高先上升再下降。山西、内蒙古、浙江、安徽、福建、广东、重庆、四川、青海、云南、青海和宁夏的职业性别隔离系数随着劳动力的受教育程度提高出现多次上升、下降，呈现出一定的波动性。除了天津，北京、上海和浙江的职业性别隔离系数最高点出现在小学学历上，其他省区的职业性别隔离系数最高点则出现在初中、普通高中或者中职。高等教育有利于消解职业性别隔离，是缓解男女就业不平等的重要途径。在大多数省区，接受过高等教育的劳动力所面临的职业性别隔离系数都有明显的下降，但是拥有研究生学历的劳动力在湖北、重庆、四川、贵州、云南、青海和宁夏反而面临着职业性别隔离系数增大的境况。

如图 5-22，由于各地区经济发展速度和水平等因素不同，职业性别隔离系数在各省区间随年龄的变化其发展趋势也不尽相同。海南、西藏、青海、宁夏和新疆的散点分布比较相似，呈现围绕某一数值剧烈波动的形态，但是其职业性别隔离程度还是要低于经济较为发达的地区；浙江的散点分布先随着年龄的增长而快速增长，在达到 30 岁左右时转变为随着年龄缓慢增长；其余省区的散点分布呈现出先随着年龄的增长而快速增长，增长到一定程度之后继续以更慢的速度增长，然后下降；然而，北京、天津、黑龙江、上海、江苏的职业性别隔离系数在 18—30 岁以及 50—55 岁两个年龄段出现明显的上涨。特别需要注意的是，海南、云南和西藏在各个年龄段的职业性别隔离程度都是最低的，但是江苏在各个年龄段的职业性别隔离程度几乎都是最高的。这表示尽管还会受到其他因素的影响，但是经济因素可能是促使职业性别隔离产生的最主要原因。

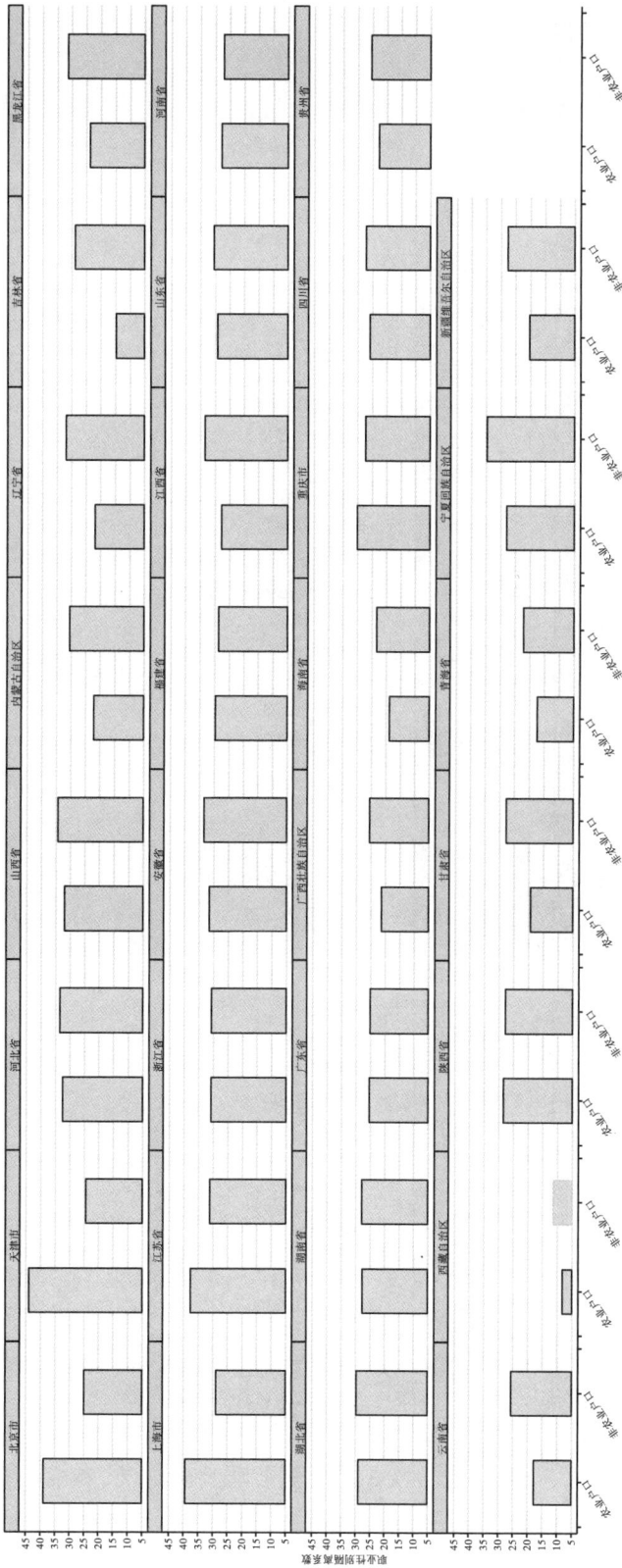

图 5 - 20　各省区职业性别隔离与户口类型

数据来源：2015 年全国人口抽样数据。

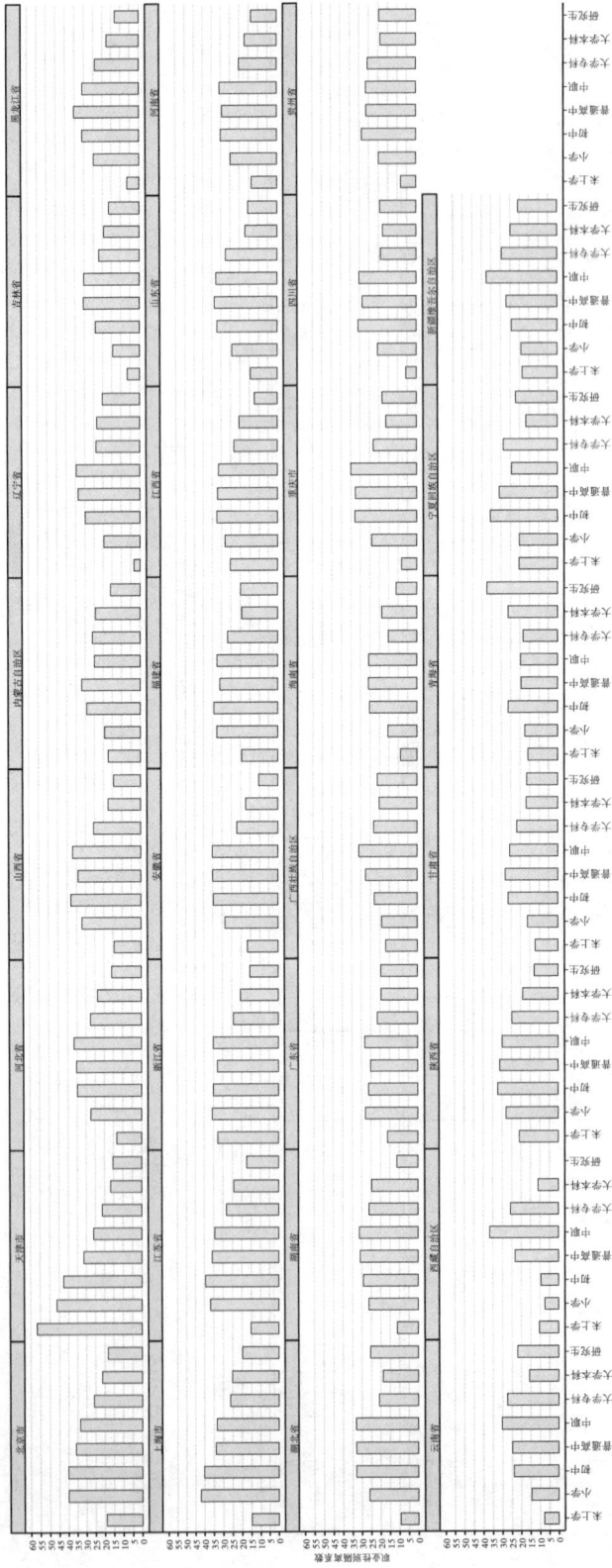

图 5 - 21　各省区职业性别隔离与受教育程度

数据来源：2015 年全国人口抽样数据。

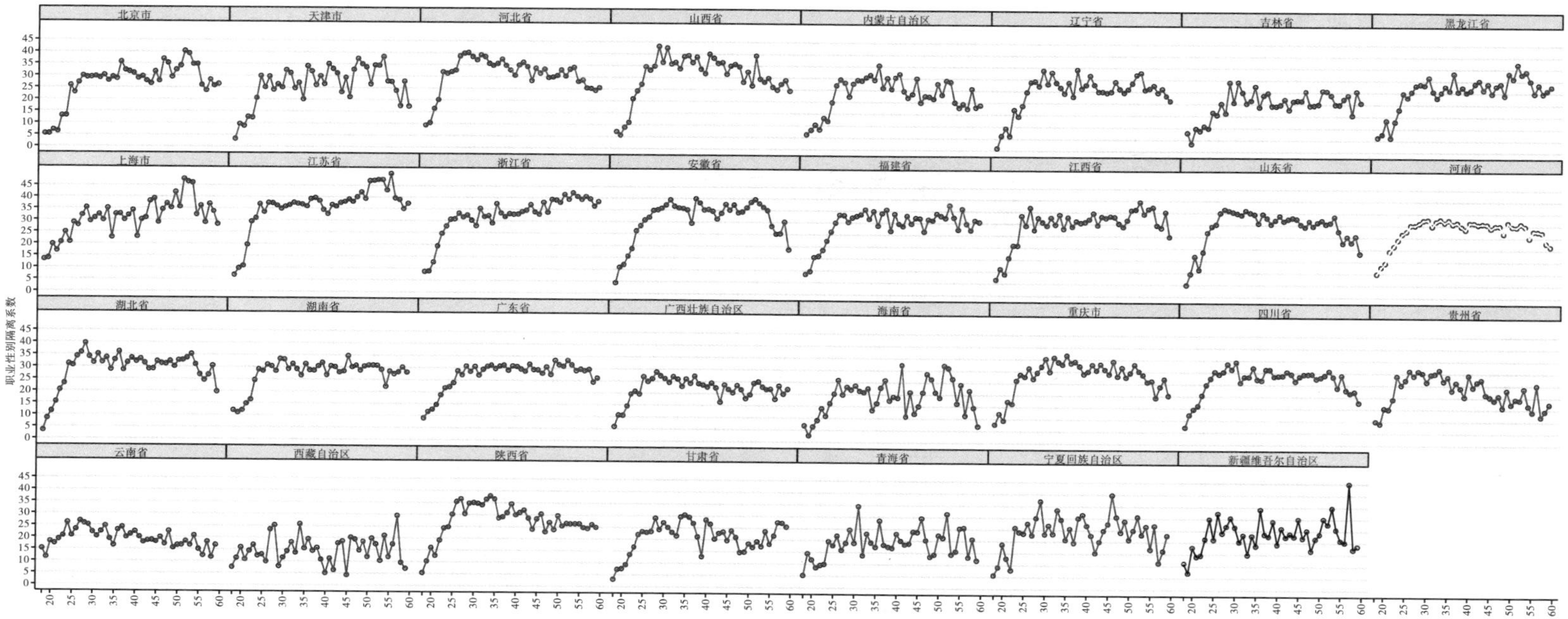

图 5-22 各省区职业性别隔离与年龄

数据来源：2015 年全国人口抽样数据。

5.5 性别隔离的经济影响

行业与职业性别隔离所隔离的不只有女性，男性也可能会遭遇这种隔离的效应，因此我们不能笼统地把行业与职业性别隔离等同于对女性就业的隔离。必须承认的是，由于男性职业要远多于女性职业以及陈旧社会观念的影响，女性往往比男性受到更多的隔离，隔离对女性的影响也更深。但是我们也不应当忽视劳动力市场上确实存在"女性职业"，当男性从事这些职业时也常常会遭受不公正的对待，因此男性和女性都有可能成为性别隔离的受害者。本节我们将主要从职业性别隔离的角度来分析性别隔离的后果。

5.5.1 对收入的影响

不同职业之间的生产效率并不相同，这就导致了不同职业的薪酬水平不完全相同，因此处在职业性别隔离下的女性和男性的收入也会出现相应的差异。卿石松、郑加梅（2013）研究了不同层级岗位中的性别分布，发现一般员工中女性的比例要远高于男性，但是在各级管理职位中男性的比例却超过了女性。对比 2008 年的男女年均收入，女性收入为 17 736 元，仅为男性收入的五分之四。即便处在同一层级的职位上，女性收入依然赶不上男性收入，这一差异在普通员工身上表现得最为突出。该研究还发现，性别隔离能够解释我国 31.51% 的性别收入差异。不同于女性收入较少的情况，也有例如男护士这样的男性从事"女性职业"的事情发生，但是这些男性的收入却并没有低于同职业的女性。我们可以得到结论，被隔离女性收入的下降与职业性别隔离密切相关，但是职业性别隔离却有助于男性获得较高的收入水平。

5.5.2 对职业发展的影响

由于职业性别隔离的现象广泛存在于劳动力市场中，男性和女性在职场以及家庭中分别扮演不同的角色，使得女性和男性职业发展路径表现出不同的特征。受社会文化、现实条件以及生育子女的影响，女性往往不会对自身的职业发展抱有很高的期望。很多女性会首先考虑技术要求较低、压力较小、工作时间更有弹性的职业，从而将更多的时间与精力放在照顾家庭上。部分女性为了家庭甚至选择辞去工作，成为全职主妇。因此，女性的职业发展常常受到家庭的掣肘。廖泉文等将女性职业发展随家庭变化而产生的波动状况概括为"两个高峰和一个低谷"：第一个高峰出现在女性在进入职场到生育小孩前这一时间段，此时的女性年纪尚小，也缺少相应的工作经验和阅历，很少有机会被委以重任，所从事的大多为基础性和辅助性工作；当孩子进入校园或者被委托给他人照顾后，没有了繁重的家务，女性就迎来了自己的第二个高峰，这一时期的女性将度过事业的上升期从而达到事业的高峰；在两个就业高峰之间的低谷期，女性忙于生育和抚养孩子而无力兼顾事业。不同于女性，男性在家庭内部花费的时间和精力都更少，更鲜有为了家庭而选择放弃工作的。社会文化和家庭期望促使男性更多地关注自己的职业，因此男性的职业发展道路比女性更加通畅，能够明确划分成入职、升职和退休三个阶段。

5.5.3　对社会资源配置的影响

当前我国已经进入经济发展新常态，从强调经济发展的"量"转向重视经济发展的"质"，合理调用、分配我国的人力、资本、信息等资源是应对新常态的关键所在。资源配置就是分配各种资源的过程，只有当资源得到合理配置的时候，经济活力才会增强，从而提高经济效益；否则，经济将失去活力，严重时还会阻碍社会的发展。人力资源是社会经济活动中最活跃的关键性资源，一个组织的稳定和快速发展离不开合理配置和科学使用人力资源。职业性别隔离人为地在劳动力市场上将女性和男性分割开来，会扭曲资源配置方向，阻碍人力资源的合理流动，从而降低资源配置效率，增加组织管理成本，违反人力资源管理"能岗匹配"的黄金法则。由于职业性别隔离的存在，当男性从事"女性职业"时，常常会听到社会和家庭传来不理解的声音，对其造成巨大的心理压力，在职业发展道路上也会遇到更多的阻碍。相应的，如果女性想要参与到"男性职业"中，也同样会面临来自各方面更大的压力，职业发展甚至会更加艰难。职业性别隔离不利于人力资源的合理配置，会进一步造成社会生产效率的下降。

5.5.4　对社会公平公正的影响

公平正义是人类文明的重要标志，是衡量一个国家或社会文明发展的标准。职业性别隔离根据职业劳动者分配职业和岗位，与"能者居其位尽其力"的社会规范相悖，不利于男女平等的实现，不利于社会成员公平正义的实现，不利于社会和谐、稳定与发展。性别隔离所导致的就业不平等也会延伸至家庭，使女性在家庭中更加弱势。我国宪法明确规定了男女平等，我国法律保障妇女享有与男性相同的权利，男女的就业平等是实现男女平等的重要基础，意义非凡。职业性别隔离存在的重要原因是职业性别歧视，想要贯彻男女平等的基本国策，就必须消除劳动力市场上歧视劳动者性别的现象。树立社会主义核心价值观，构建和谐社会，确保所有社会群体的全面发展，需要我们重视和治理职业性别隔离。

5.6　小结

本章内容从行业与职业两个角度，研究了全国和各省区劳动力市场的性别隔离现象，并且考察了户口类型、受教育程度和年龄与性别隔离的关系。

首先，我们考察了全国范围内的行业性别分布程度以及受教育水平对行业性别分布程度的影响。可以看到，男性和女性在各个行业的分布不尽相同，男性在零售业、建筑业等需要体力的行业分布较多，而女性则多聚集在零售业、教育、畜牧业等体力要求相对轻松的行业，因此在零售业和建筑业出现了较大的性别差异。考虑到教育对行业性别隔离的影响，随着受教育程度的提高，男性劳动力从建筑业、零售业转向国家机构、教育和卫生，而女性更多地转向教育、国家机构和卫生，尽管接受高等教育能够有效消解行业性别隔离，但是男性更有可能进入国家社会经济的核心行业。

接下来我们使用了邓肯指数测度法来分别测定行业与职业性别隔离系数。行业性别隔离系数呈现出随着时间变化而不断增加的趋势，这可能是 2000—2015 年我国的社会分工不断深化导致的。但职业性别隔离系数却表现为先上升再下降，提示了我国劳动力市场曾经出现过性别歧视现象增加的问题，然而现在已经逐渐减少。

随着市场经济高速发展，人们更加重视社会生活民主化和劳动力的自由流动，对中国现阶段的户籍制度与时代发展相脱节的问题的讨论也越来越多。户籍制度会造成对劳动力市场的人为分割，导致我国出现农民工这一特殊群体。在本章，我们发现非农业户口的行业和职业性别隔离系数随时间变化而出现微小的波动，甚至有所下降；而在同一时间段内，农业户口的行业和职业性别隔离系数随时间的增加却都出现了明显的上升。这表明我国户口类型对劳动力的性别隔离影响越来越小。

性别隔离会随着受教育程度的提高而减少，行业和职业性别隔离系数都表明了这一点。但是行业性别隔离系数在各个学历水平上都呈现出随时间变化而上升的趋势，而职业性别隔离系数却在高中及同等学力或者更高学历上表现出下降的趋势，这说明学历水平较高的劳动力所遭到的男女不平等现象日益改善。

两种性别隔离系数在各个年龄段的分布呈现高度的一致性，都表现为随着年龄的增大先快速上升然后缓慢减小，紧接着一个小幅度的上升后再次减小的两次上升两次下降。从户口类型看，18—50 岁的劳动力性别隔离系数受户口类型的影响较小，50 岁以上的劳动力受影响较大，非农业户口劳动力的性别隔离程度明显高于农业户口劳动力。从受教育程度的角度看，18—50 岁的劳动力性别隔离系数随受教育程度的提高先上升再下降，但是50 岁的劳动力性别隔离系数随受教育程度提高而不断上升。

分省区来看，经济发达地区的行业和职业性别隔离系数较大，经济相对落后地区的行业和职业性别隔离系数较小，2000—2015 年发展比较快的省区性别隔离系数都出现了明显的增大。分户口类型来看，经济发达省区农业户口的行业和职业性别隔离系数大幅度超过非农业户口。分受教育程度来看，我国大多数省区都呈现出性别隔离系数随受教育程度提高先上升再下降的趋势，但也有部分省区出现了拥有研究生学历的劳动力面临性别隔离加剧的境况。尽管有些省区的两种性别隔离系数随年龄变化有非常大的波动，但基本上都表现为随年龄增长先上升再下降趋势，这也提醒年轻的劳动力需要更加仔细地规划职业生涯。

贯彻落实宪法精神，实现男女平等，就必须确保男女在劳动力市场上的平等地位。宣扬和谐的就业理念，重视和积极治理性别隔离，促进我国人力资源合理配置，以实现"能者居其位尽其才"，从而推动我国由人力资源大国向人才资源强国转变。

6 性别差异的原因

  劳动力市场中的性别差异是许多国家和地区在经济社会发展中面临的问题，也是劳动经济学界关注的重点之一。中国劳动力市场收入的性别差异现象主要出现在改革开放之后，由于市场化改革改变了劳动力市场的雇佣结构和政府福利制度，使得性别工资性收入分化现象十分严重，且这种现象阻碍了经济增长效率的提高和社会公平的实现。导致性别差异的原因体现在各个方面，既受根深蒂固的中国传统文化观念的束缚，又有经济体制转型等制度的影响；既存在由男女劳动力个体生理特征不同等内在因素形成的合理差异，又包括由社会观念、市场歧视等外在因素导致的不合理差别。随着中国经济社会的高质量发展和市场化进程的深入，不同因素对性别收入差异的影响也不断变化，深入分析劳动力市场性别差异的成因，不仅为制定政策和实施相关法律提供事实依据，是理论发展的必然趋势，同时也可以引导女性劳动者提升自身素质以增加收入，符合社会现实的必然要求。劳动力性别差异主要表现在劳动参与率、劳动收入、就业分布与职业分割等方面，本章主要对现有研究进行总结，从工作时间、人力资本的差异、家庭分工、性别观念和性别歧视五个方面阐释劳动力市场性别差异的原因，并结合 CFPS 2010 年和 2018 年数据、CGSS 2015 年数据进行具体分析。

6.1 工作时间

  工作时间是衡量劳动者就业质量的一个重要指标，是工作条件的重要维度之一，也是劳动者权利的基本要素之一（齐良书、刘岚，2019）。早在 19 世纪末，社会学的早期奠基者将时间概念区分为工作时间和社会时间，并认为劳动者分配的时间具有双重性的特征：职业活动的结构性和社会生活的对等性（Thoemmes et al.，2020）。工作时间是抽象单调的，具有一定的强制性，且对工作时间的计算越来越严格。而社会生活时间是多变且具体的，有一定的灵活性。两者共同组成劳动者的时间，它们也呈现此消彼长的关系：当劳动者的工作时间增加/减少时，其社会生活时间会减少/增加。

6.1.1 文献回顾

  国内外有大量实证研究证实，过长的工作时间对劳动者福利有负面影响，我国《劳动法》第三十六条规定："国家实行劳动者每日工作时间不超过 8 小时，平均每周工作时间不超过 44 小时的工时制度。"① 这保障了劳动者合理健康的工作状况，避免过劳工作。但在利益最大化的驱使下，企业会充分利用劳动者的工作时间，并制定相关奖惩制度，如全勤奖、加班补贴等，激励员工积极工作，从而延长工作时间。随着科学技术的进步和劳动者人力资本的提高，全社会劳动生产率有了大幅度的提升。根据 2016 年官方数据，我国城镇女性和男性就业人员每周平均工作时间分别为 45.2 小时和 46.8 小时［《中国劳动统计年鉴（2017）》］，这说明不论男女性，工作时间都超出了我国规定的每周标准工作时间长度。

工作时间的长短受到诸多因素影响，如社会经济制度、劳动生产效率和个人人力资本差异（受教育程度、个人习惯、宗教信仰）等。张琪等（2019）利用 2016 年中国劳动力动态调查数据，通过分位数和 WLS 回归分析发现工资激励有利于刺激劳动者增加工作时间，且女性劳动力的工资激励效应比男性高出 28.5%。一方面，科技的进步让高效率的机器替代了手工劳动、交通运输工具和家庭耐用品提供的便捷服务，节约大量时间，劳动者可对节约出来的时间进行再分配；中国技能偏向型信息产业技术的进步提高了生产效率（宋冬林、王林辉、董直庆，2010），互联网的使用将通过技术效应提高劳动生产率从而减少劳动时间（李飚，2019）。另一方面，劳动生产率的提高推动社会经济整体发展，人们生活水平的提高使消费结构发生极大变化，从追求物质生活到更多追求精神满足，劳动者会在工作之余花更多时间在社会生活上。一般来说，人力资本水平越高者，其时间经济价值越高，家务劳动时间少，工作时间越长；从我国的城市居民生活时间分配来看，受教育程度越高、学历越高，以睡眠为代表的生活必需时间和闲暇时间越少，平均工作时间越长（王琪延，2000）。马克思·韦伯认为时间性是一种世界观，"工人世界观的普遍习惯"的存在影响着工人的工作效率和工作时间：新教徒女工将工作视为"神圣职业"，男性工会会员的劳动效率与他们对自己工作的高度评价以及他们作为榜样相关。受到其受教育程度、宗教信仰的影响，他们都认为花费的时间和所获得的回报是相关的，所以会更认真对待工作。

Light 和 Ureta（1990）通过九年的实证数据发现，男性和女性在劳动力市场参与差异中，12% 的工资差距是由于工作时间的差异引起的。由于"男主外，女主内"等传统思想的影响，男性的工作时间和闲暇时间长于女性，而家务劳动时间比女性短。工作时间的差异，反映男女在就业方面的不平等（王琪延，2000），在生活中，女性工作时间比男性要短，且她们的工作类型更可能是兼职工作。互联网的使用能通过增加远程办公、网络兼职、自主创业等通勤时间少、工作时间灵活的就业形式，促进个体尤其是女性的劳动参与（Bloom et al.，2015），且相较于未婚女性来说，已婚已育女性有抚养子女的责任，使其更倾向于选择通勤时间少、工作时间灵活等便于兼顾工作和家庭的"家庭友好型"职业（Hotz et al.，2017）。

我国城乡发展差距大，城乡居民在时间分配上也存在较大差异。齐良书（2012）从 2008 年的调查数据中发现城乡居民生产和工作时间模式存在明显差异：城镇居民参与就业

---

① 国务院关于职工工作时间的规定为每周 40 小时；《劳动法》规定劳动者工作时间每天不超过 8 小时，平均每周不超过 44 小时。

比例高、平均工作时间长；农村居民参与有酬劳动的比例更高、花在有酬劳动上的时间也更长，且农村男女不平等观念较严重。有研究表明，农村女性整体就业比例低于男性，有过工作中断经历的比例高于男性，男性中断工作自身因素影响较大，而女性则受家庭影响更大（李文，2013）。

6.1.2 数据分析

工作时间的差异是我国劳动力性别差异的重要表现，也是主要原因之一。笔者利用CFPS 2010 年成人数据，分别从总体工作小时数、城乡工作小时数、工作小时数与受教育程度以及不同地区工作小时数的性别差异进行具体分析。

图 6-1 显示了 CFPS 2010 年成人工作小时数的分布。从整体来看，我国劳动力工作日的工作小时数集中在 6—10 小时，其劳动群体约占总样本的 70%（其中女性工作日工作小时数在 6—10 小时的约占 69%，男性约占 73%）；从均值来看，男性平均工作小时数为8.47，较女性平均工作小时数长约 1 小时；按《劳动法》规定的每日工作不超过 8 小时的标准，女性工作小于 8 小时的样本比例大于男性，而工作时间大于或等于 8 小时的样本比例小于男性，约有 25% 的女性和 38% 的男性超过标准工作时间，表明女性工作日小时数总体低于男性。

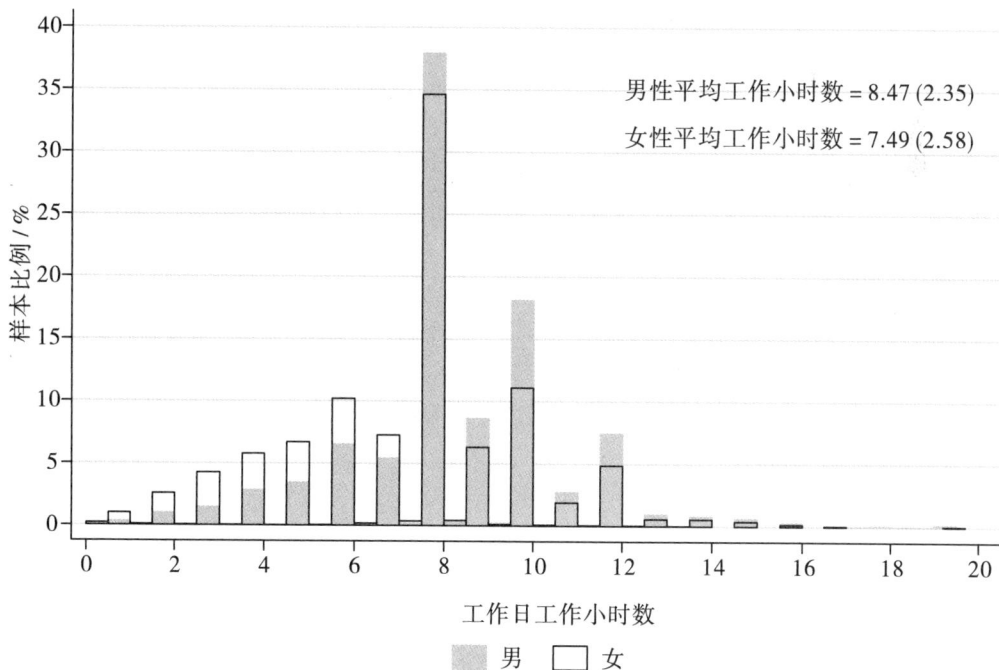

图 6-1 工作小时数分布

数据来源：CFPS 2010 年成人数据。括号中为样本标准差。

　　图6-2展示了工作小时数与城乡分布。从整体来看，城乡男女工作小时数分布与总样本工作小时数相一致：大部分城乡劳动者工作日工作8小时左右，且男性总体工作时间高于女性。分城乡具体分析，农村男女劳动者工作日工作小时数分布较城市男女劳动者更为平均，工作小时数为8小时的农村劳动者占总农村劳动者样本的27%—35%，工作时间小于8小时的样本占比远大于工作时间大于8小时的样本比例，而在城市中，工作8小时的劳动者占比高于农村，达到45%左右，工作时间大于或小于8小时的样本比例相差无几，这反映了城市工作日工作小时数总体高于农村。城乡女性劳动者工作小时数小于8小时的占比较男性劳动者高，而大于等于8小时的劳动者占比低于男性，且这种性别差异在农村表现得更加明显，这说明农村女性劳动者的工作时间更少，主要因为农村大多数"离土不离乡"的乡镇企业将其稀缺的非农就业机会延续"先男后女，先长后幼，先内后外"的传统资源分配方式，导致女性劳动者在家庭照料上花的时间更多。

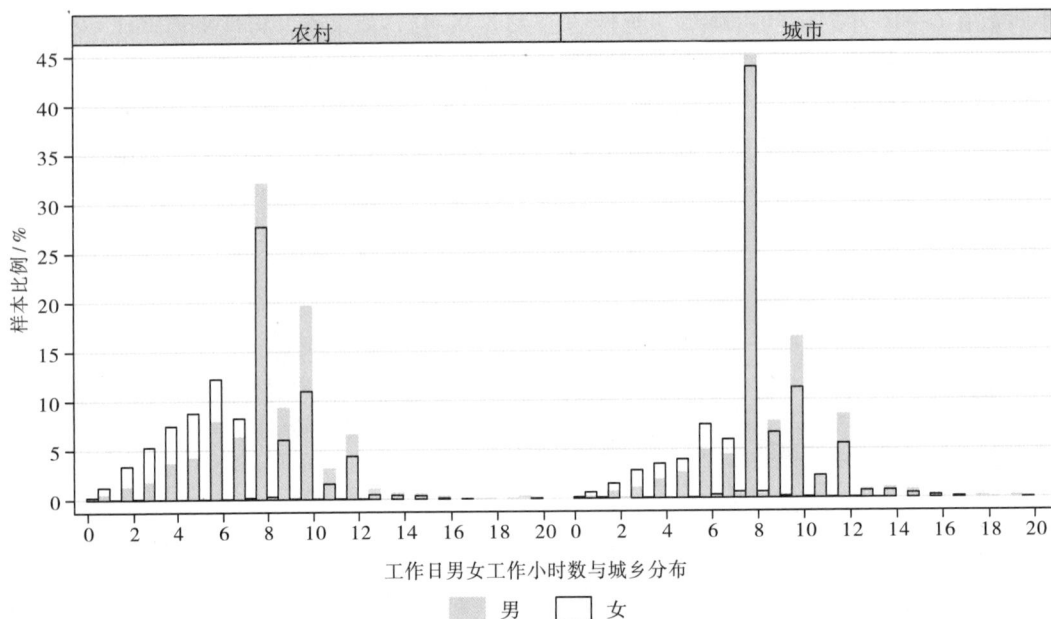

图6-2　工作小时数分布与城乡分类

数据来源：CFPS 2010年成人数据。

　　图6-3为分教育程度看男性与女性的工作小时数差异。总体来看：不论教育程度如何，女性工作小时数总小于男性；随着受教育程度的提升，男女劳动者工作小时数的差异逐渐减小。这说明随着受教育程度的提升，男女工作者的工作时间趋同，有利于劳动力市场公平。从性别具体分析，男性劳动者工作日工作小时数均高于8小时，其工作小时数随受教育程度变化呈现倒"U"形：从初中及以下到高中与同等学力，男性工作小时数增加，从高中与同等学力到大学及以上，男性工作小时数减少；高中与同等学力的男性劳动者工作小时数最高，大学及以上受教育程度男性劳动者工作小时数最低。女性劳动者工作日工作时间均低于8小时，且工作小时数随受教育程度的提高呈现上升趋

势，从初中及以下到高中与同等学力的变化最为明显，这可能源于女性的教育投资回报率高于男性的缘故。

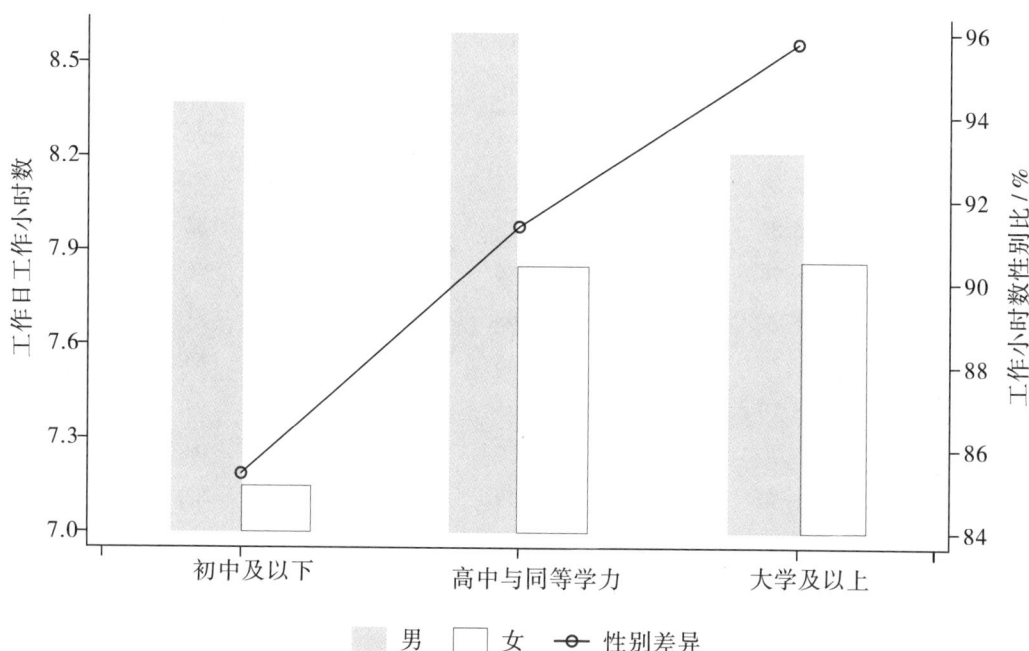

图 6 - 3　工作小时数性别差异与受教育程度

注：柱体为平均工作日工作小时数，对应左侧纵轴；圆圈标注的是工作小时数的性别差异，具体为女性工作日工作小时数除男性工作日工作小时数，对应右侧纵轴。数据来源：CFPS 2010 年成人数据。

表 6 - 1 展示了 2010 年我国不同省区男女工作日工作小时数以及性别差异。从整体来看，我国各省区工作小时数各有不同，但大致都在 8 小时左右；沿海省区工作时间偏长，大部分省区男女性别差异较小；中西部内陆城市工作时间较短，男女性别差异大。具体而言，上海、浙江、江苏、安徽、福建男女劳动者工作小时数均达到 8 小时以上，半数以上的省区男女性别比达到 90%，江西省女性工作时间甚至较男性劳动者长，北京、江苏、浙江的性别比将近 100%，男女劳动者工作时间差别较小；重庆、四川等劳动者工作小时数则低于 8 小时，重庆、河南、山西等男女性别差异大，其中，重庆男性劳动者工作时间较女性长约 1.5 小时。从性别差异具体分析，除江西省外，其他各省市均呈现男性工作小时数高于女性的情况，经济发展程度越高的省区，其工作时间的性别差异越小；除江西、四川、广西和重庆外，其他省区男性劳动者工作小时数均大于 8 小时，福建省男性劳动者平均工作时间高达 9.32 小时，处于全国最高水平；除东南沿海及少数北方省区外，大多数省区女性劳动者的工作小时数低于 8 小时，重庆市女性劳动者平均工作时间只有 5.71 小时。各省区的工作小时数不仅体现了各省区的经济发展水平，也是劳动力市场公平程度的映射：经济发展水平高的省区，劳动者工作时间不一定长，但男女劳动者工作时间的性别差异小。

表6-1 各省区工作小时数及性别差异

省区	工作日平均工作小时数（小时）		性别比（％，女/男）
	男性	女性	
福建	9.32	8.19	87.92
安徽	9.18	8.46	92.20
天津	8.94	8.65	96.79
上海	8.84	8.45	95.52
陕西	8.84	7.25	82.01
河北	8.76	7.56	86.25
黑龙江	8.75	8.03	91.81
辽宁	8.73	7.46	85.50
吉林	8.70	8.25	94.87
浙江	8.70	8.59	98.77
山东	8.56	7.19	83.99
山西	8.53	7.11	83.40
云南	8.43	7.61	90.22
江苏	8.42	8.35	99.22
广东	8.41	7.79	92.60
河南	8.34	6.77	81.22
湖北	8.28	7.79	93.99
甘肃	8.23	7.04	85.56
贵州	8.22	7.30	88.84
北京	8.19	8.07	98.46
湖南	8.16	7.36	90.10
广西	7.95	7.33	92.15
四川	7.93	7.01	88.40
江西	7.89	7.95	100.67
重庆	7.28	5.71	78.48
均值	8.46	7.65	90.36

注：工作小时数的性别差异具体为女性工作日工作小时数除以男性工作日工作小时数。数据来源：CFPS 2010 年成人数据。

6.2 人力资本

Schultz（1961）认为劳动者自身所拥有的工作技能、知识水平和身体机能是其在市场中获得竞争力的重要条件；Mincer（1974）指出人力资本通过各要素影响劳动者的劳动生产率，从而影响其劳动收入；Schultz（1961）将健康涵盖在人力资本概念之中，此后健康和教育被学者认为是人力资本的两个重要组成部分。

6.2.1 文献回顾

（1）健康状况。

广义的健康状况包括影响一个人的预期寿命、体力、活力和生命力的状况，健康状况作为基础性的人力资本，与先天的素质有关，但主要是通过后天投资获得，一个人的健康人力资本会随时间的流逝而贬值，与年龄呈现一种倒"U"形关系（黄昆，2011）。国外学者对健康状况人力资本的研究较早，测量个体健康状况的指标有人体测量指标（BMI）、发病率、日常生活活动和健康个人自评变量等。

现有研究主要从医学、心理学、社会学、经济学等方面探究影响健康状况的因素。男性和女性之间存在着重要的生理差异，导致健康状况存在性别差异，从而影响其在劳动力市场上的表现。研究表明，女性的平均寿命比男性长，且随着经济社会的发展、预期寿命的提高，男女差距逐渐增大（郑真真，2020），但女性的自评健康总是低于男性，健康寿命也不如男性高。这在医学上解释为女性多患慢性病或非致命的急性病，而男性易患的重症疾病大多是致命的，如癌症、心血管疾病等，这种疾病分布的性别差异称为"疾病之冰山"（Verbrugge and Deborah，1987）。除性别外，收入、社会地位和社会资本以及社会医疗卫生建设对健康水平也有重要影响（王曲等，2005；解垩，2013；王甫勤，2012；高俊岭等，2012）。收入对健康的影响有多种途径：绝对收入、收入分配以及相对收入。收入的增长显著改善了人们的心理和生理健康水平。一方面，收入能决定社会医疗卫生资源的获得和使用，Case 等（2004）发现，患有高血压的低收入患者中，75%的患者由于贫困原因放弃治疗；另一方面，高收入人群更倾向于保持健康的生活方式，而良好的生活方式直接影响个人的健康水平。收入分配反映了一个社会的不平等程度，从而影响人们的健康状况。Wilkinson（1986，1994）通过分析 11 个 OECD 国家的截面数据发现，以税后收入和基尼系数来衡量的收入不公与人均期望寿命之间呈现负相关关系，且收入水平越高的国家，收入分配对健康状况的影响超过绝对收入对健康状况的影响；社会资本由社会信用和社团参与等要素构成，社会资本更大程度上影响个人的心理健康状况，而其对健康状况的影响不全是正向的（胡康，2012）。

劳动者的健康状况对加速国家经济发展和促进技术进步有重要的贡献，健康状况影响人力资本的生产形式，进而通过改变生产方式、提高个人生产能力推动国家财富和个人收入的增长。健康状况是社会流动的筛选机制之一，只有健康状况好的人才能获得优势的社会经济地位，从而产生健康不平等的状况。现已有健康人力资本与收入、就业等关系的相关研究。Morgan 等（1962）、Ecob 和 Smith（1999）、Smith（2009）、Bloom 等（2001）和 Jamison 等（2003）发现健康水平对经济增长具有显著的正向影响，这种影响在不发达国家更为显著，Knowles 和 Owen（1997）甚至发现健康对经济增长的影响高于教育；Haan 和 Myck（2009）运用德国面板数据和动态模型研究个人上一期健康状况对其当期劳动参与的影响。国内也有学者借鉴国外的研究思路进行相关研究，刘国恩等（2004）利用 CHNS 中的健康状况自我评估数据探究健康（自我评估的健康状况）与收入的关系，发现健康作为人力资本对个人收入呈现明显的梯度影响关系，即健康的边际生产率随健康状况的提高而提高，且健康经济回报方面，农村人口比城市人口更高，女性比男性的健康经济回报更高；王鹏和刘国恩（2010）利用 CHNS 数据，将健康人力资本引入工资决定模型，发现健康人力资本是影响我国居民工资收入的重要因素，且我国劳动力市场上女性工资明显低于男性；孙项强、冯紫曦（2015）基于江苏省 651 名农村劳动力的调查数据显示，农村劳动力自身健康状况越好，其参与非农业就业概率越高。李文（2013）根据 2010 年第三期中国妇女社会地位调查数据发现农村女性的整体健康状况不如男性，数据显示，农村有 42.5% 和 28.5% 的农村男性自感健康状况"很好"和"较好"，而女性自感健康状况"很好"和"较好"的分别占 34.0% 和 29.5%。

改革开放以来经济迅猛发展，我国的医疗卫生系统不断健全，经济卫生资源总量有所增加，人均寿命提高、孕妇和婴儿的死亡率下降，城乡医疗健康体制和基础设施逐步完善，中国健康状况有所改善，人们愈加重视健康状况，对自身健康投资越来越多，健康资本存量随着经济的增长而提升，这对当前劳动力市场的运行有积极的促进作用。

（2）教育情况。

教育是人力资本最重要的因素之一，人力资本理论认为，教育活动实际上是一种投资，人们对劳动者进行教育和培训最终会体现在劳动者生产技术和生产效率的提升上（倪星，2017）。一个国家的受教育程度体现在教育普及率、教育体制和教育基础设施等方面，教育水平的总体发展为改善民生、提高人力资本水平和促进人的全面发展发挥了重要的作用。个人的受教育程度一般体现在所获得的学历，教育能够给个人带来正效益，这种效益可能体现在未来所获得的高收入，Psacharopoulos 和 Patrino（2004）发现教育投资存在显著的正回报率；也可能体现在未来的婚姻回报[①]，Ono 等（2013）认为教育投资使个人在婚姻市场上更具竞争力和吸引力，使个人为了匹配到更好的对象而有充沛的动力接受教育。

影响受教育程度的因素主要有三方面，分别是国家、社会和个人层面。首先是国家层面的教育体制机制，一国对教育发展的支持决定一国的整体教育水平。我国的教育体制经过五个阶段的改革发展（佘宇，单大圣，2018）：改革开放初期恢复基本教育制度，推动教育体制逐步进入正轨；1985—1992 年在教育领域进行初步探索，颁布《中共中央关于教育体制改革的决定》和《义务教育法》，从教育体制入手进行系统改革，并以法律形式确立九年义务教育；1993 年颁布《中国教育改革和发展纲要》，推进教育发展与现代化发展相一致，普及九年义务教育、完善教育相关法律法规；2003 年促进以公平为重点的教育

[①]　陈建伟（2015）将教育的婚姻回报定义为个人受教育程度对匹配到良好教育水平对象的作用，婚姻市场上受过良好教育的未婚者能够匹配到更优秀的婚配对象。

体制改革；2013 年至今深化教育领域综合改革。一系列的教育体制改革取得了显著成效：新中国成立时，我国的教育水平十分落后，文盲率高达 80%；目前，中国教育普及程度不断扩大，教育发展机制不断健全，教育公平性、包容性和开放性不断增强，国家总体教育水平跻身世界中上行列，为我国受教育者提供了良好的教育环境和氛围。

其次是社会和家庭因素。社会观念、教育基础设施建设作为教育实行的精神和物质基础，从"软件"和"硬件"两方面决定教育发展状况。父母受教育程度和家庭经济状况能决定子女受教育的方式方法，从而影响子女受教育程度。Altonji 和 Dunn（1996）发现受过良好教育的父母可以为子女提供优质的教育，从而决定子女成年后的收入水平等。Schultz（1961）指出，父母的受教育程度能反映社会裙带关系和阶层结构对子女收入的影响。"做得好不如嫁得好""男主外，女主内"等观念，使得社会对女性接受过多教育形成偏见，认为"女子无才便是德"，高学历、高龄单身的是"剩女"等，形成家庭"男性偏好"特征，父母在生育和教育投资方面存在性别偏好（Ben-Porath and Welch，1976）。由此导致女孩在具有多个子女的家庭中处于相对弱势的地位，其教育成就也低于男性，此类家庭更愿意对男性进行更多的人力资本投资。教育不仅作为个人的人力资本积累，还能通过代际传递对子代的人力资本积累发挥重要的作用，即父母的受教育程度直接影响子女受教育程度。Aldashev（2009）的实证研究表明，受过较高教育程度的父母不仅更加重视对教育的投资，而且将对子女进行教育的想法不断进行传递，从而形成了重视教育的传统，最终增强了教育的代际传递。周凌月（2021）通过研究代际收入流动性的现状，发现教育在农村地区的代际传递性比城市更强，也就是说农村的教育代际流动性较低；赵红霞和冯晓妮（2016）利用 CHARLS 2013 年数据，从地区差异的角度进行研究，发现我国教育代际流动向上、向下代际流动率地区差异性显著，折射出社会阶层固化的趋势。

最后是个人个体特征的差异，表现为不同个体之间先天性的学习能力、体质特征差异以及后天所受到的教育水平不同，从而导致个体间所受教育程度不一致。Cardenas 等（2011）通过选取哥伦比亚和瑞典两个国家的 9—12 岁小孩作为样本，发现在跳绳和背单词这两个项目中男孩与女孩表现相差无几。在被迫参加奥数竞赛时，瑞典女孩甚至表现出比男孩更高的学习能力，这说明男女先天的学习能力并无太大差别。但从医学和心理学角度来看，男女性在身体结构上存在差异：大脑结构的差异和性激素的水平影响男女的特定行为技能（Kimura et al.，1999）；男性对竞争和支配地位的态度与睾酮水平较高有关（Archer，2006）；女性的社交能力与关心同情他人的能力与产前睾丸激素水平有关（Baron-Cohen，2003）。由于个体偏好不同，男女性在教育投资的偏好和选择方面也存在差异。Corcoran（1997）经研究发现，男孩学习数学和科学的课程较多，而女孩学习外语和商业艺术的课程较多，且在选择学习领域时，男性和女性的选择受劳动力市场性别分工的影响，某些学习领域的性别差异甚至大于这些领域导向的职业中的性别差异。Paglin 和 Rufo-lo（1990）报告显示大学毕业生平均起薪的性别差异大部分是在具体的大学专业之间，小部分差距在不同专业之间，不同专业之间的工资差异与该专业的平均数学成绩有很强的正向关系。郭跃娇（2019）分析 OECD 及其伙伴国家的数据，发现在 PISA[①] 科学测试中，15 岁的男孩与女孩表现相差无几，甚至在有些国家女孩比男孩表现得更为优异，但对于未来职业，男孩更多设想从事工程和科学方面的职业。事实上，在工程、制造和建筑学习领域与劳动力市场中，男性人数明显多于女性，而在教育领域中，女性人数明显多于男性。

教育作为人力资本最重要的因素之一，对劳动力市场表现起到关键的作用，随着知识经济的发展，教育对个人收入和经济增长的作用越来越显著。蔡小慎和杨蓝英（2014）发现：伴随着城镇化的发展，女性就业率和劳动参与率随受教育程度的提升而提高的趋势更加显著；教育对工资性收入的带动作用明显，随着产业结构转型升级的深入发展，我国的就业结构实现了从农业活动到非农业活动、从传统产业部门到现代产业部门、从生产服务人员到专业技术人员和单位负责人的转变。研究表明，教育是就业能力提高的重要因素，成人学习和教育在个人、组织以及社会经济层面对劳动力市场有重要影响，而性别差异、教育不平等因素和经济市场策略影响成人学习与教育活动在劳动力市场的收益（倪星，2017）。男女劳动者受教育程度差异导致人力资本效应的差异，进而影响性别收入差异。关于学历越高，男女之间的生活时间差和工资差越小的现象，可以解释为人力资本投资的贡献，即教育可以改善男女在家庭和社会生活中的不平等状况。赖德胜（1997）认为女性受教育的机会成本比男性低，女性的教育收益率高于男性教育收益率符合各国一般趋势，进入 21 世纪后，男女性的受教育程度差距持续缩小。陈良焜和鞠高升（2004）研究发现低教育程度的性别收入差异大于高教育水平的性别收入差异。黄志岭和姚先国（2009）指出，教育能提高自身素质水平，从而降低女性在劳动力市场上受到歧视的程度。袁晓燕（2012）利用 CHN 2006 年中成年人的数据，运用 Oaxaca - Blinder 分解方法发现提高女性受教育程度可以确实有效地降低劳动力市场上的性别歧视，从而使得女性的教育回报率高于男性。但也有研究发现，受教育程度越高、成绩越好、学历越高，女性越容易遭受性别歧视（李春玲，2016；葛玉好等，2018）。王永洁（2019）运用 2016 年中国城市劳动力调查数据发现女性受教育年限每增加 1 年，其失业率降低 0.14%，每小时工资会提高 6.23%，受教育年限的提高有利于降低失业率，对女性就业有显著的正向影响。

6.2.2　数据分析

（1）身体健康状况。

BMI（body mass index）是身体质量指数，其计算公式为：BMI = 体重（千克）除以身高（米）的平方。人体测量指标 BMI 作为一个中长期指标，是目前国际上用来衡量个人胖瘦程度以及是否健康的标准之一，客观反映了个人身体健康状况。大量来自发达国家和发展中国家的研究发现，包括 BMI 在内的衡量健康水平的指标，对工资收入水平和劳动

[①]　PISA（Program for International Student Assessment，国际学生评估项目）是一项由经济合作与发展组织（Organization for Economic Co-operation and Development，OECD）统筹的学生能力国际评估计划，主要对接近完成基础教育的 15 岁学生进行评估，测试学生们能否掌握参与社会所需要的知识与技能。

生产率存在明显的影响：Thomas 和 Strauss（1997）发现 BMI 只对男性工资具有正影响，对低教育水平人群的影响更大。图 6-4 反映了 2018 年我国男女性 BMI 分布的性别差异。在样本数据中，BMI 指数均值为 22.70，处于正常健康范围。BMI 指数处于正常范围的群体占比最大，且女性占比大于男性，偏瘦、肥胖和重度肥胖占比较小，女性偏瘦比例大于男性，男性肥胖和重度肥胖比例大于女性，说明女性健康状况客观上优于男性。

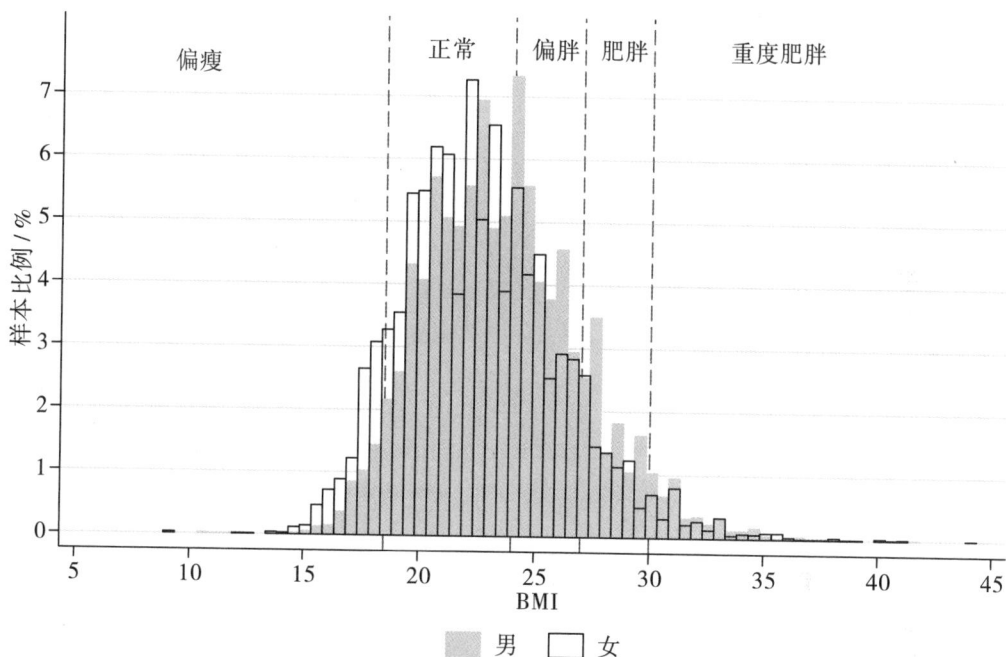

图 6-4 BMI 分布性别差异

注：柱体为 BMI 值对应的样本比例。数据来源：CFPS 2018 年成人数据。

从医学和公共卫生的角度看，自评健康是每个人根据自己对自身的感知来权衡健康状况的指标，是一种多维度量的数据集。自评健康与医学上的客观健康有着密不可分的关系但又相互区别，有研究发现自评健康指标与死亡率、发病率等客观健康测量数据高度关联，因而可以有效地衡量个体的健康水平，自评健康指标在一定程度上综合反映了个人心理和生理两方面的健康状况。CFPS 数据中将健康状况分为"非常健康""一般""比较不健康""不健康""非常不健康"5 个维度。

图 6-5 展示了 2018 年成人自评健康状况的性别差异。整体来看，认为自身健康状况处于"非常健康"和"一般健康"的群体占总样本不到 40%，大多数人认为自己处于不健康状态；其中女性认为自己不健康的比例高于男性，认为自身健康状况良好的比例低于男性，而这一主观结果与实际男女性 BMI 指标客观结果不一致，这说明女性对自身健康状况的心理预期更低，对自身健康状况的评价比男性更消极。王汉青（2009）通过实证研究发现女性健康状况对其劳动参与的影响较男性更为显著，且在自评健康较差时，女性比男性更倾向于选择退出劳动市场。

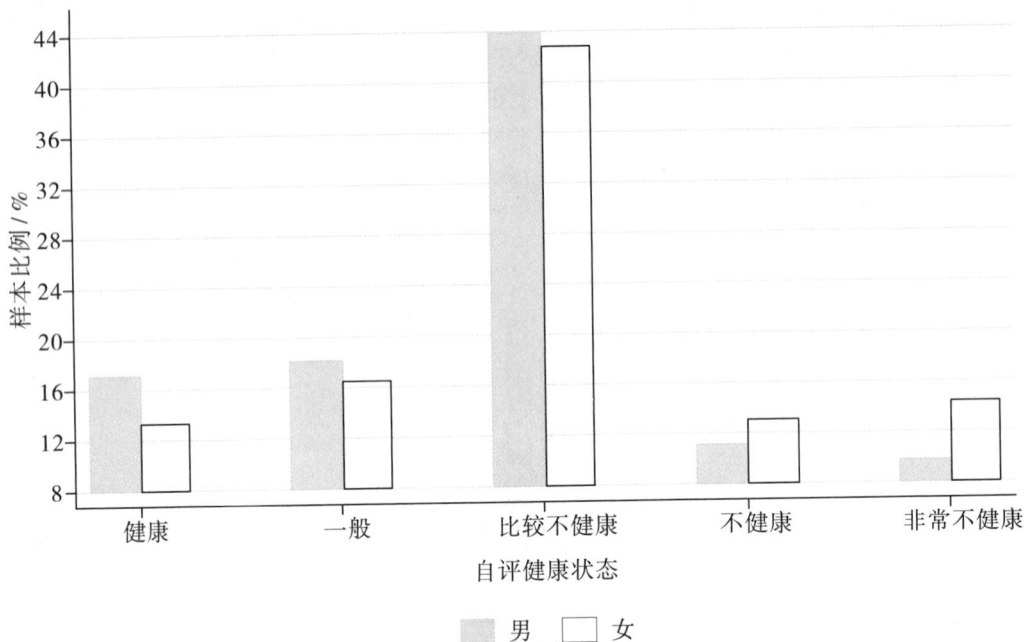

图 6 - 5　自报健康状态性别差异

注：柱体为各健康状态对应的样本比例。数据来源：CFPS 2018 年成人数据。

　　访问者评估健康状态是指在访问过程中访问者对受访者的精神状态做出的评估，与受访者自己的主观健康评价相对，这是一个旁人的主观健康评价变量。访问者评估健康状态是一个离散变量，最小值 1 代表评估健康状态很差，最大值 7 代表评估健康状态很好。图 6 - 6 展示了访问者评估受访者健康状态的性别差异：访问者评估健康状态评分偏高，且男性受访者被评估的健康状况更优于女性受访者，这与自评健康状况中女性对自身健康状况评价更消极的情况相一致；其样本均值为 5.55，位于中间偏上位置，相较于受访者自评健康状态来说，他人对自身的健康状况评估较自评健康状态评估更好，这可能是因为受访时间内访问者对受访者的精神面貌做出的评估有偏误。

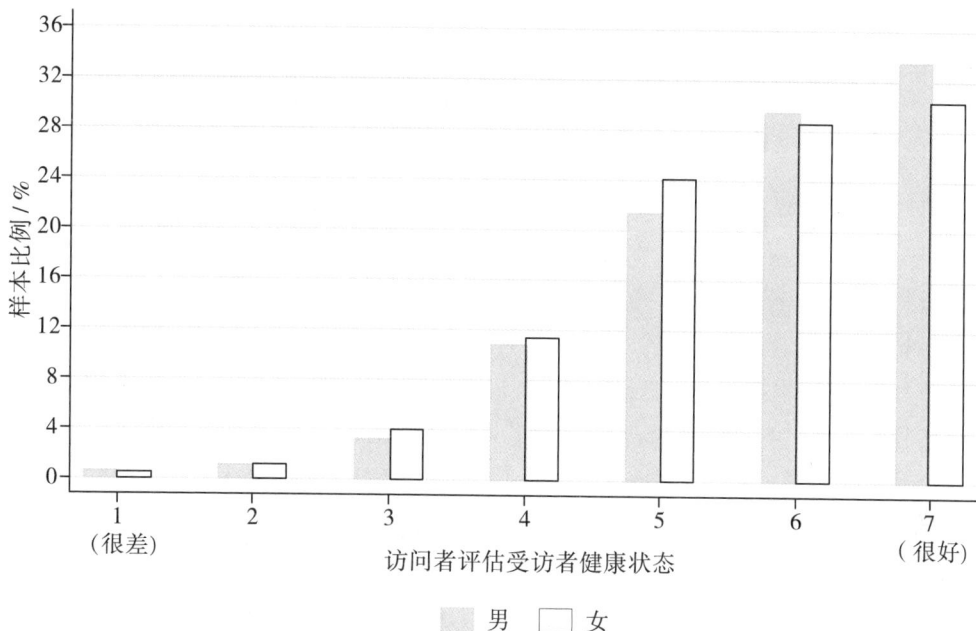

图 6-6 访问者评估健康状态性别差异

数据来源：CFPS 2018 年成人数据。

通过数据分析发现，无论是客观指数衡量或是主观衡量（自身评价和他人评价），生理健康方面确实存在性别差异：女性健康状况客观上优于男性，但女性对自身健康状况心理预期比男性低，健康状况自评和他评的健康状况也更消极。且文献也表明生理健康差异直接影响劳动力市场的表现，如工资收入、就业率及离职率等。

（2）受教育程度。

图 6-7 展示了 2018 年我国受教育程度的性别差异。整体来看，学历在高中及以下的受访群体占大部分，且不论男女性，初中学历的群体占比最高，大专及以上学历的占比约为 20%，说明 2018 年我国受教育程度整体偏低。分性别来看，文盲和半文盲的女性远高于男性，而有受教育经历的男性占比高于、至少等于女性的相应比例，女性受教育程度整体低于男性；高中及以下学历的男女性别差异较大，而大专及以上学历的男女性别差异相差无几。这一现象也映射出几个事实：男女性的教育投入受传统观念等因素的影响形成较大差异，女性获得的教育投资远低于男性；随着受教育程度的提高，男女性受教育程度占比缩小，甚至达到均衡，说明女性的学习能力并不比男性差，女性完全有获得相等教育机会和教育资源的资本。

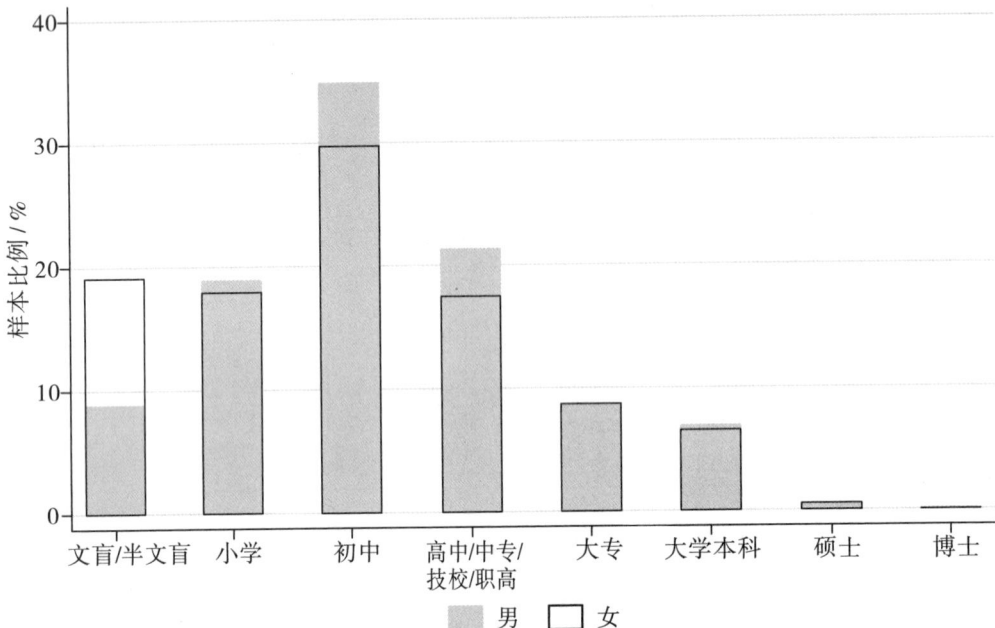

图 6 - 7　受教育程度性别差异

数据来源：CFPS 2018 年成人数据。

　　由于受访者群体年龄跨度较大，分年龄段看受教育程度的性别差异更能体现教育对劳动力市场性别差异的影响。图 6 - 8 展示了 2018 年不同年龄阶段受教育程度的性别差异。从整体来看，越晚出生的一代人的平均受教育程度更高，受教育程度和教育普及率随年龄的增长而降低。改革开放后出生的受访者（年龄在 18—39 岁）文盲/半文盲占比显著减少，高中及以上学历占比显著增加，学历普遍提高。从年龄段来看，40—59 岁受访人群受教育程度总体偏低，学历水平普遍在高中及以下，且女性受教育程度偏低，特别是 50—59 岁人群中，女性文盲/半文盲占比达到 38%；40—49 岁相较于 50—59 岁年龄段的受访者来说，教育普及率有所改善，文盲/半文盲占比减少，小学、初中学历水平占比有所增加，但高中及以上学历水平占比不增反降；18—39 岁人群的受教育程度有大幅度改善，文盲/半文盲和小学学历水平人群占比下降到 10% 以下，而高等教育（大专及以上学历）人群占比明显上升，且随着现代化教育的发展及男女平等观念深入人心，18—29 岁人群中女性小学学历占比较男性低，大专学历占比甚至高于男性。

　　这些事实正如 Cardenas 等（2011）的观点所述，女性的学习能力并不比男性差，因此只要有受教育机会，女性的受教育表现可以得到显著提升。我国在普及免费的义务教育、促进教育城乡均衡发展等方面取得显著成效，极大促进了社会公平，有利于缩小劳动力市场上的性别差异。

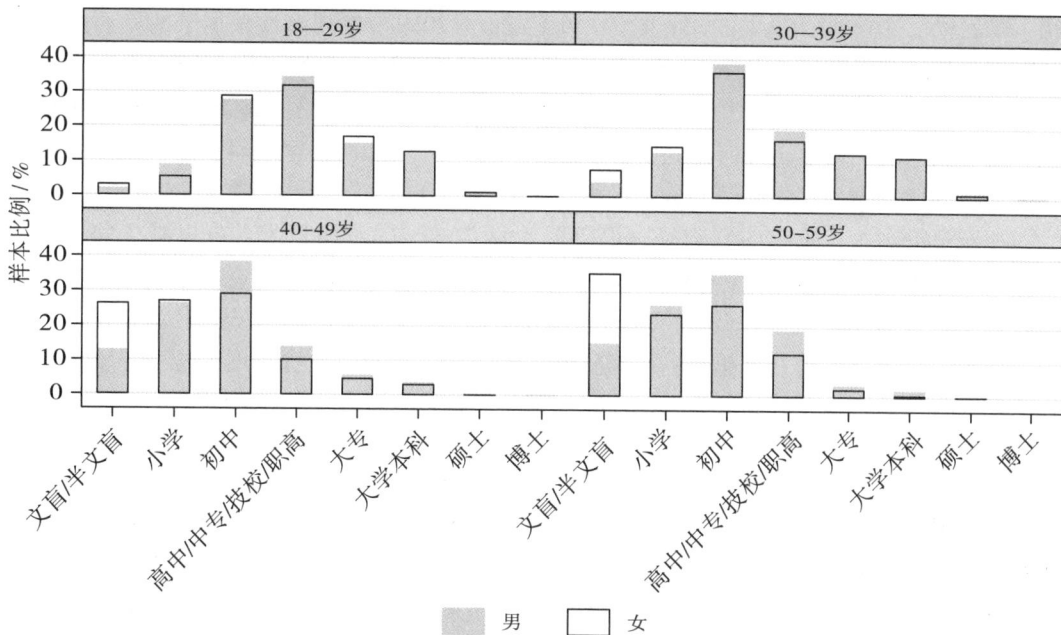

图6-8　受教育程度性别差异与年龄

数据来源：CFPS 2018 年成人数据。

6.3　家庭分工

家务劳动是一种非市场劳动，所以对工作和家务的选择，实质上是人们在有酬的市场劳动和无酬的非市场劳动之间的选择。但是，非市场劳动对社会和家庭来说，又是不可缺少的生产活动。Becker（1991）指出家庭分工是为了最大化家庭效用进行的理性分工。一方面，由于男女性在对待风险、竞争以及社会偏好方面存在差异（Niederle，2016），相较于男性来说，女性更多是风险规避者、更具有社会亲和力。因此，女性更偏向于从事低风险职业，更适合照顾孩子、老人以及病人（袁晓燕、石磊，2017）。另一方面，从经济学角度来看，女性比男性在照料孩子上具有更强的偏好，也能从中获得更大效用。因此，与市场有偿劳动相比，女性更愿意从事家庭无偿劳动，也更愿意花费更多时间和精力在照顾孩子身上。

6.3.1　文献回顾

一个家庭的家务分工受到诸多因素的影响，现有研究大致从相对资源理论、性别观念以及时间可用性理论来解释家务分工。相对资源理论认为，夫妻双方根据自身所拥有的资源在婚姻中进行议价，也就是说，家庭成员经济资源的多寡决定了家务劳动分配，个人拥有的经济资源越多，具有越高的讨价还价的能力，使自己避免或较少分担家务劳动（郑加梅、卿石松，2014）。Rubiano-Matulevich 和 Viollaz（2019）发现女性偏向于时间弹性较大的兼职工作以便于兼顾工作和家庭，这让女性愿意接受收入低的工作方便进入劳动力市场。经济资源的拥有量一般用相对收入或绝对收入来衡量，由于丈夫的时间经济价值较高，相对收入高，而妻子的时间经济价值较低，家务劳动和照料家人属于生产效率低的无偿劳动。因此，女性在家务劳动分工中承担了绝大部分的家务劳动（李文，2013）。

相对资源理论衍生出的"交换—议价"论认为通过提升相对收入可以减少家务时间（Bittman et al.，2003），而女性绝对收入的提高能支持其通过外部购买家务劳动的方式来减轻自身家务劳动负担（Ruijter，2010）。Evertsson 和 Nermo（2007）指出，夫妻双方收入差距越小，家务劳动分配越公平。但随着女性经济地位和受教育程度的提高，女性收入占家庭收入份额增加，其家务劳动时间越少，且工作收入对女性家务劳动时间的影响高于男性。然而，有实证研究表明相对收入增加超出一定范围时，女性的劳动时间反增不减（Brines，1994），这种不能被相对资源理论解释的部分被归类于性别观念。

受传统观念"男主外，女主内"的影响，男女性生理差异逐渐衍生性别角色态度：男性从事市场工作而女性从事家务劳动。这种从小就被既定的"性别角色"影响着家务劳动的分工模式。因此，尽管家务劳动的性别分工存在不平等现象，但大部分家庭都认为这种分工格局是理所当然的（Poortman and Lippe，2009）。杨菊华（2014）利用三次中国妇女社会地位调查的数据发现，婚姻对两性时间分配的作用相反：婚后男性的工作时间增加而女性的家务劳动时间增加，这表明女性在婚后会选择牺牲自己工作学习以及休闲娱乐的时间，来经营婚姻和维持家庭运营，但较高的教育和收入水平能将女性从繁重的家务中解放出来。

性别角色的定义源于性别平等意识，而受教育程度越高，男女的性别平等意识越强，更有利于家务分配的性别平等。大部分学者一致认可，男女性受教育程度提高分别会增加男性家务劳动时间和减少女性家务劳动时间（田童等，2018）。牛建林（2017）对我国妇女社会地位调查研究发现，"女高男低"的受教育程度匹配模式最有利于家务分配的性别平等。时间可用性理论认为家庭成员是根据自身花费在劳动力市场的时间来分配家务劳动时间的（Barnett，1994），劳动者的工作时间越长，其家务劳动时间越短。男性在收入上的优势使得他们在工作上花费更多时间，而女性在结婚后或成为母亲后更擅长家庭内事务和照料小孩，夫妻双方对此协商达成合理的分工分配，使得家庭整体获得效用最大化。这样一来，两性在劳动上的分工便形成了：男性专精于劳动力市场的工作而女性负责家务劳动（Becker，1991）。女性劳动参与率增加，工作时间增加，相应的家务劳动时间减少，有利于促进家务分工的平衡，但作为母亲，女性肩负着哺乳和育儿的责任，会增加女性照顾家人的时间，这也意味着已婚已育并进入劳动力市场的女性面临来自工作和家务的双重压力（杨菊华，2016）。

家务分工能直接影响劳动者在劳动力市场上的工资待遇以及工作表现，男女性在家庭事务分工上的差别也导致其在劳动力市场上表现出性别差异。家务劳动具有工资惩罚效应的作用机制，这种机制体现在家务劳动时间与工资之间存在明显的负相关关系，且家务劳动的惩罚效应对女性更加严重。郑加梅、卿石松（2014）将其解释为门槛效应，即只有像洗衣、做饭、清洁等日常的传统的"女性家务活动"对工资才有负作用，而男性负责的家务劳动可在空闲的非工作时间完成，安排相对灵活，对男性工资的影响不显著。家庭事务分工与女性就业状况紧密相关，生育孩子、照料老人均对城镇已婚中青年女性就业有显著的负面影响，社会再生产和人口再生产的双重职责以及由此带来的角色冲突是制约女性就业的不可忽视的因素（马焱、李龙，2014；杨慧，2017）。研究发现，不论城镇或是农村，已婚女性的劳动参与都受到家务劳动的制约，并且这种制约远大于男性（刘娜、Bruin，2015）。

日常家务和照料家人等日常活动导致女性时间调配不自由，以至于女性更倾向于选择可以灵活安排工作时间、通勤时间短的工作，甚至选择中断劳动力市场上的工作。在"性别—母职双重赋税"下（杨菊华，2019），女性（尤其是母亲）在劳动力市场上的就业机会更少、职场中断概率更高，薪酬也更低。在实践中，女性的家务负担是就业和职位晋升的重要影响因素，不平等的家务分工会形成且加剧劳动力市场的性别歧视。除了家庭内部的日常性劳动，家务还包括抚养子女、照顾家人等情感性劳动，这也是家庭传承延续的重要部分（Heisig，2011）。子女的养育无疑是制约家庭成员尤其是制约女性工作的重要因素，生育和儿童照料不仅加重家庭负担，还使得她们在劳动力市场竞争中处于劣势地位，面临"生"与"升"的艰难抉择，也称之为"生育惩罚"（杨菊华，2016）。子女数量挤占了女性的闲暇时间，大幅增加其家务劳动量，对其工作时间和精力的投入有负面影响，但家庭成员的相互扶持、家庭友好政策①的完善推进能有效缓解女性"工作—家庭"冲突的现象。

我国即将迎来人口老龄化高速度、大范围到来的时期。与此同时，我国的经济社会体制转型升级，单位体制逐渐解体，养老保障责任逐步由国家转嫁到家庭，使得家庭照料家人的负担加重（马炎、李龙，2014）。Bolin（2008）采用欧洲健康、年龄及退休数据分析得出照顾家人活动对男女的劳动参与率有显著的负作用。蒋承和赵晓军（2009）利用2005年中国老年人健康长寿跟踪调查数据也发现了一样的结果。黄枫（2012）运用CHNS面板数据发现与长辈同住的城镇女性从事照料活动使其劳动参与率下降。马炎和李龙（2014）使用第三期中国妇女社会地位调查数据和Logistic回归模型发现照顾老年人使得女性照料者就业概率降低29.60%，而对男性却没有显著影响。

范红丽和陈璐（2015）用中国营养与健康调查2009年数据得出老年照料对女性劳动参与存在替代效应，对女性就业造成负面影响。周春芳（2013）则认为只有高龄老人才会对农村已婚妇女就业产生负面影响。也有研究发现，老年人不会给家庭带来负担反而能减轻家务劳动的压力，苏群、李潇等（2020）利用CHNS数据验证了家庭结构能影响女性的市场参与率，与公婆同住的家庭结构能够为已婚的农村女性提供代际支持，解决大部分家务劳动，使女性有机会参与市场工作。多数农村居民持有"养儿防老"的观念，兄弟姐妹数量越多，照料老人的责任、压力越小，对家庭成员劳动参与率不会产生太大影响（吴燕华，2017）。

---

① 狭义的家庭友好政策主要是指政府和企业为有儿童照料需求的家庭提供的生育假期、照料服务、税收优惠和弹性工作制度等一系列政策安排的总和；广义政策还包括稳定的工作和足额的薪水（当然，家庭友好政策还包括老年赡养）（杨菊华，2016）。

中国经济经过转型发展，还没有完全真正消除体制上的二元制，城乡不论在经济发展还是思想观念上仍存在很大差别。在农村，男女不平等的观念更加根深蒂固，且随着大量农村劳动力进城务工，农村男工女耕、农业女性化的趋势愈加明显，男性因"拥有外出务工的机会，在家庭事务中拥有更大的发言权"（金一虹，2010）。尽管女性在男性缺席的状态下承担了所有农业生产和家庭经营，为家庭创造一定的经济收入，但两性经济权利实则在扩大，女性对家庭做出的贡献也被低估。张锦华和胡军辉（2012）通过研究发现，由于受教育程度偏低、男女平等意识薄弱，农村女性劳动者承担家务的比例要比城镇女性高，城镇家庭内部分工更平衡。牧人等（2014）利用 CHNS 数据研究农村留守妇女的劳动供给、时间安排和健康状况，发现丈夫外出务工的农村留守女性闲暇时间更少，农业劳动与家庭劳动压力更大。

6.3.2　数据分析

家庭分工指男性、女性的家庭事务分配，一般包括家庭卫生打扫、照顾家人等。家务分工反映了一个家庭的男女职责分配，若在家庭事务中花费时间较多，相应的在工作上花费时间会减少。一般来说，我国女性承包大部分家务，而男性则在工作上花费时间较多；城乡男女家务分工也存在差异，农村女性承包的家务更多，花费在家务和照顾家人上的时间比城镇女性更长；且受教育程度越高，劳动者花费在家务的时间越短，男女差异也逐渐缩小。

图 6-9 反映了家务小时数分布的性别差异。整体来看：我国 90% 男女性家务时间每天不超过 4 小时，大部分在 1—2 小时；其中女性平均小时数为 4.38，远高于男性平均小时数 1.58；且男性样本标准差为 1.42，女性样本标准差为 4.18，远大于男性，说明男性劳动时间分布较集中，而女性家务劳动小时数分布更分散、均匀。从样本统计分布来看：男性每天花费在家务上的时间大部分不超过 1 小时；女性家务小时数长于 1.5 小时的比例远高于男性；男女差异随着家务小时数的增加而明显扩大。总结而言，女性家务小时数远高于男性家务小时数，反映了家庭事务分配中，女性是家务劳动的主要承担者，男性则主要负责有酬劳动，即将时间花费在工作上。

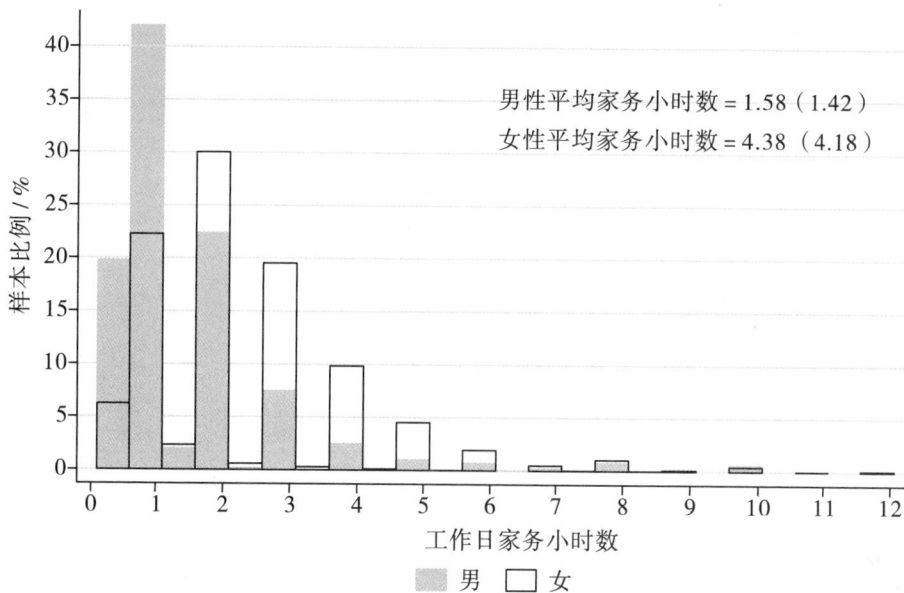

男性平均家务小时数 = 1.58（1.42）
女性平均家务小时数 = 4.38（4.18）

图 6 - 9　家务小时数分布性别差异

数据来源：CFPS 2010 年成人数据。

　　户籍制度建立以来，我国城乡在经济文化发展上都存在一定的差异。图 6 - 10 展示了按城乡分类的家务小时数分布的性别差异，一定程度上能反映经济发展水平对家务劳动的影响。从整体来看，城乡家务的小时数和性别分布与图 6 - 9 基本一致：女性的平均家务小时数整体高于男性，女性仍是家务劳动的主要承担者。分城乡来看，农村男女性从事家务劳动的时间普遍长于城市男女性家务劳动时间。城镇经济较农村更发达，城镇居民的可支配收入更多，能购买一些家务劳动机器，如洗衣机、洗碗机等，一定程度上减少了城镇居民的家务劳动时间（於嘉，2014）。农村家务劳动时间的性别差异较城市更大，这说明在农村"男主外，女主内"的分工更明确，大部分农村女性仍保有传统的性别和家庭观念，导致其对家务劳动的议价能力受到性别认同的限制；而城镇男女性对于家务劳动的态度有所改变，在男女平等观念的宣传推广下，女性对传统性别观念的认同感下降，认为无论在家庭经济或家务劳动分工下，男女都应该承担同等责任和义务。

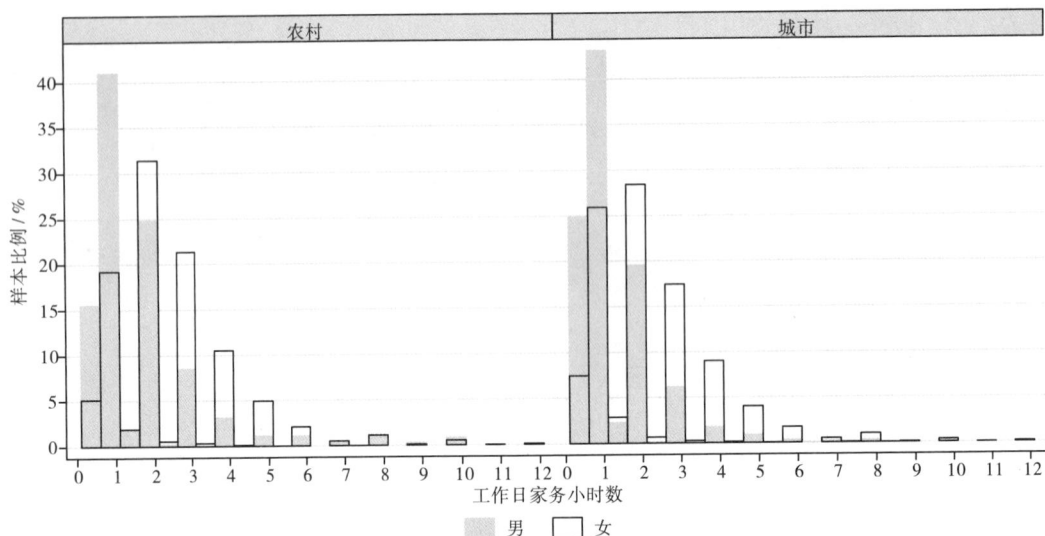

图6-10　家务小时数分布性别差异与城乡分类

数据来源：CFPS 2010 年成人数据。

　　教育是一项重要的人力资本投资，受教育程度的提升有利于劳动者自身素质的提升，也有利于劳动者改变对社会固有观念的看法，大量研究表明教育能将女性劳动者从繁重的家务劳动中解放出来。图6-11 展示了教育对家务小时数性别差异的影响。整体来看，随着受教育程度的提高，男性和女性的工作日家务小时数下降，且学历越高，家务小时数下降得越快。不论学历高低，女性的家务小时数总高于男性，基本上是男性的两倍，但随着教育程度的提高，男女家务小时数性别比有下降的趋势。这说明在家庭分工中，女性仍是家务劳动的主要承担者，但教育使男女平等意识有所深入，使得男女性分担家务劳动时间趋向平衡。

　　照顾家人属于情感型家务劳动，男女性在抚养子女和照料老人上所花的时间一定程度上能反映出两性在家务劳动的分工。图6-12 为照顾家人小时数的性别差异。整体来看，男女性在照料家人上所花费的时间与家务小时数分布大致相同：男女性照顾家人小时数大部分在1—3 小时；男性平均照顾家人时间为1.59 小时，而女性高于男性，具体为2.75 小时；照顾家人小时数超过 2 小时的女性占比远高于男性，且时间越长，男女差异越大。女性份额达到男性 2 倍及以上，这也体现了不论在日常家务或是情感性家务方面，女性都是主要承担者。相较于家务劳动，男女性花费在照顾家人上的时间差距更小，其标准差也更小。这可能是由于与父母、公婆同住，长辈帮家庭承担了部分照料小孩的责任，减少了女性照顾子女的时间。

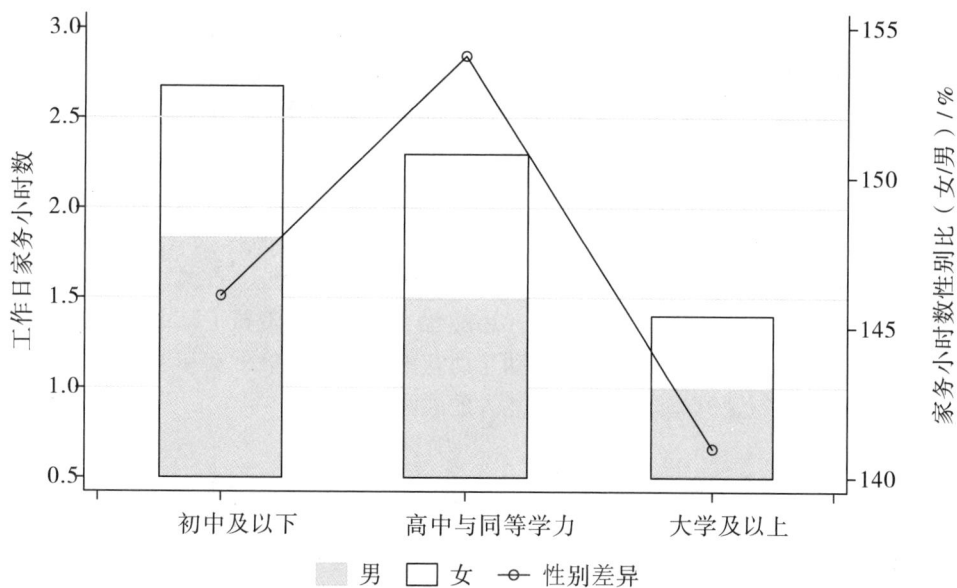

图 6 - 11 家务小时数性别差异与受教育程度

注：柱体为平均工作日家务劳动小时数，对应左侧纵轴；圆点标注的是家务劳动小时数的性别差异，具体为女性工作日家务小时数除以男性工作日家务小时数，对应右侧纵轴。数据来源：CFPS 2010 年成人数据。

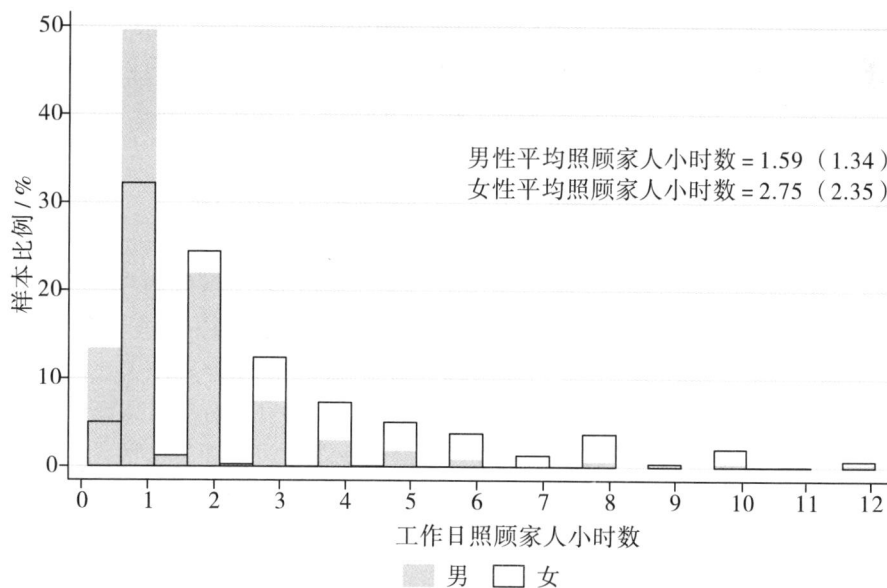

男性平均照顾家人小时数 = 1.59（1.34）
女性平均照顾家人小时数 = 2.75（2.35）

图 6 - 12 照顾家人小时数分布性别差异

数据来源：CFPS 2010 年成人数据。

　　图 6-13 展示了城乡照顾家人小时数分布性别差异。从整体来看，女性照顾家人小时数平均高于男性，说明女性在照顾家人方面承担主要责任；城乡照顾家人小时数分布大体一致，但农村照顾家人小时数大于 2 小时的男女差异比城市男女差异更大，再一次体现了农村传统的"男主外，女主内"家务分配观念更明确，而城镇男女平等观念更为普及。值得一提的是，相较于家务小时数，农村照顾家人小时数整体低于城镇（农村照顾家人小时数短的份额占比高，照顾家人小时数整体超过 4 小时的占比份额较城市低）。造成这一现象的原因可能是农村老人不想给子女增加负担，其闲暇时间更长、自顾能力相对更强，不仅能减轻农村已婚妇女的照顾老人的压力，还能替子女分担"带孩子"的时间，使得农村女性将更多时间分配给无酬的日常家务劳动，而花更少的时间陪子女和老人，而城镇家庭持有的教育观念使得城镇家庭陪伴孩子和老人的时间更长。

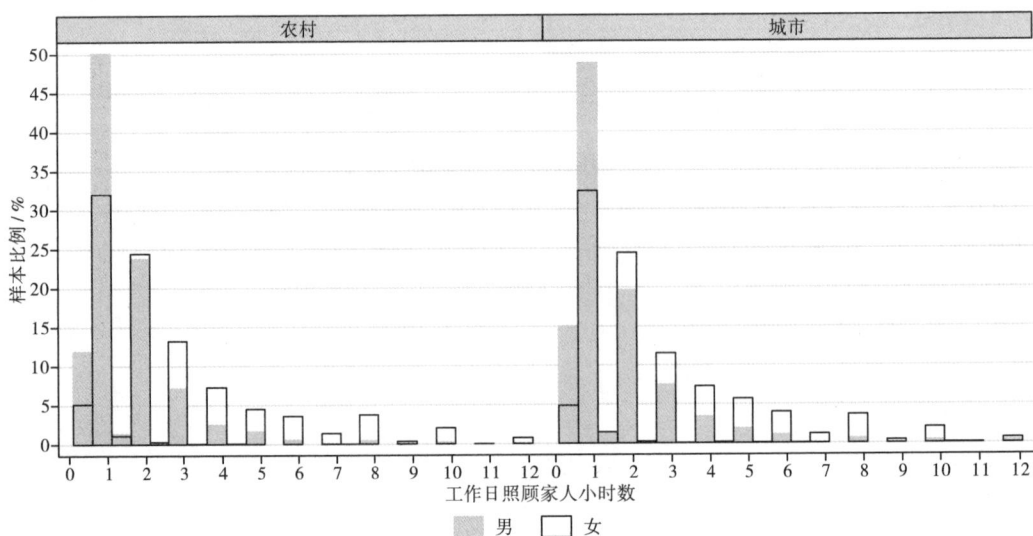

图 6-13　照顾家人小时数分布性别差异与城乡分类

数据来源：CFPS 2010 年成人数据。

　　一般来说，父母的受教育程度会影响甚至决定家庭的经济水平和子女家庭教育方式，使得每个家庭在照料家人方面花费的时间不同。图 6-14 显示了照顾家人小时数性别差异受到受教育程度的影响。从整体上看，随着受教育程度的提升，劳动者照顾家人小时数呈现下降的趋势，但男女性别差异较大，女性照顾家人所花时间远高于男性，说明在家庭照料上，不论受教育程度如何，女性仍是照顾小孩和老人的主力军；但随着受教育程度的提升，女性照顾家人小时数呈现下降的趋势，且学历越高，照顾家人小时数下降越明显，男性照顾家人小时数则随学历的提升经历了先升后降的过程，且与女性一样，大学及以上学历的男性照顾家人小时数较其他学历最少。与家务小时数不同的是，照顾家人小时数的性别差异远高于家务小时数，这是由家务劳动和照顾家人两者的性质决定的，家务劳动属于简单日常性、机械重复的无酬劳动，而照顾家人包括抚养子女和照料老人，要求更细致耐心，更适合女性来完成。

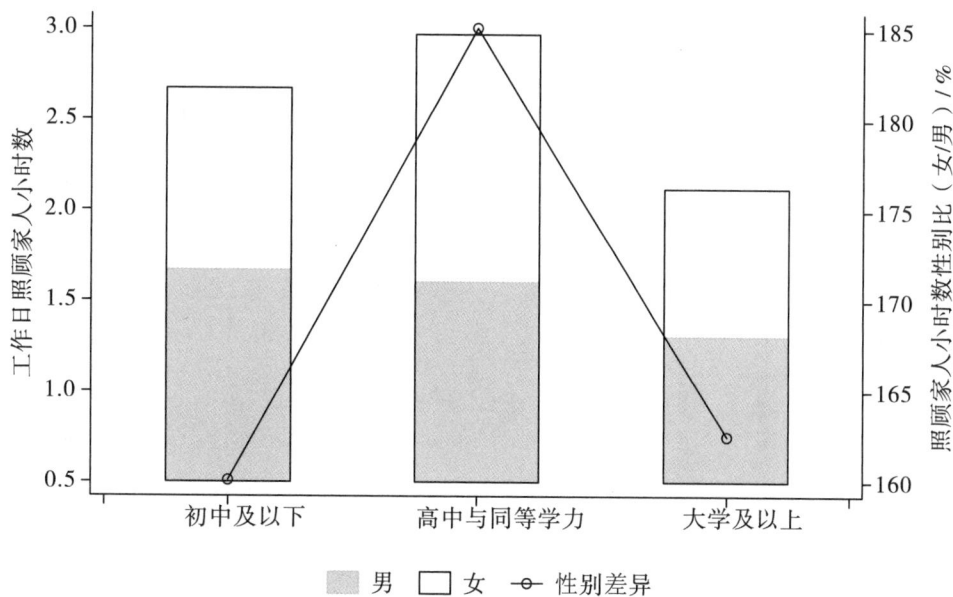

图 6 - 14　照顾家人小时数性别差异与受教育程度

注：柱体为平均工作日照顾家人小时数，对应左侧纵轴；圆点标注的是照顾家人小时数的性别差异，具体为女性工作日照顾家人小时数除以男性工作日照顾家人小时数，对应右侧纵轴。数据来源：CFPS 2010 年成人数据。

通勤是指从家中往返工作地点的过程。一方面，通勤时间反映了劳动者工作类型、工作地点的距离、交通的便捷程度等；另一方面，通勤时间反映了家庭分工决策中的选择，当女性需要分担更多家庭劳动时，她们对通勤时间的容忍度相比于男性更低，进而获取高收入工作的可能性也减小。

图 6 - 15 反映了工作通勤单程时间分布的性别差异。总体来看，男性平均工作通勤单程时间为 20.55 分钟，而女性为 18.04 分钟；大多数劳动者通勤时间在 10—20 分钟。分性别来看，男女工作通勤时间无太大区别，女性通勤时间略低于男性。这意味着，数据确实显示，女性因在家庭分工中承担了主要家庭劳动，从而她们更需要权衡工作与家庭时间，进而对工作通勤时间的要求更为严苛。

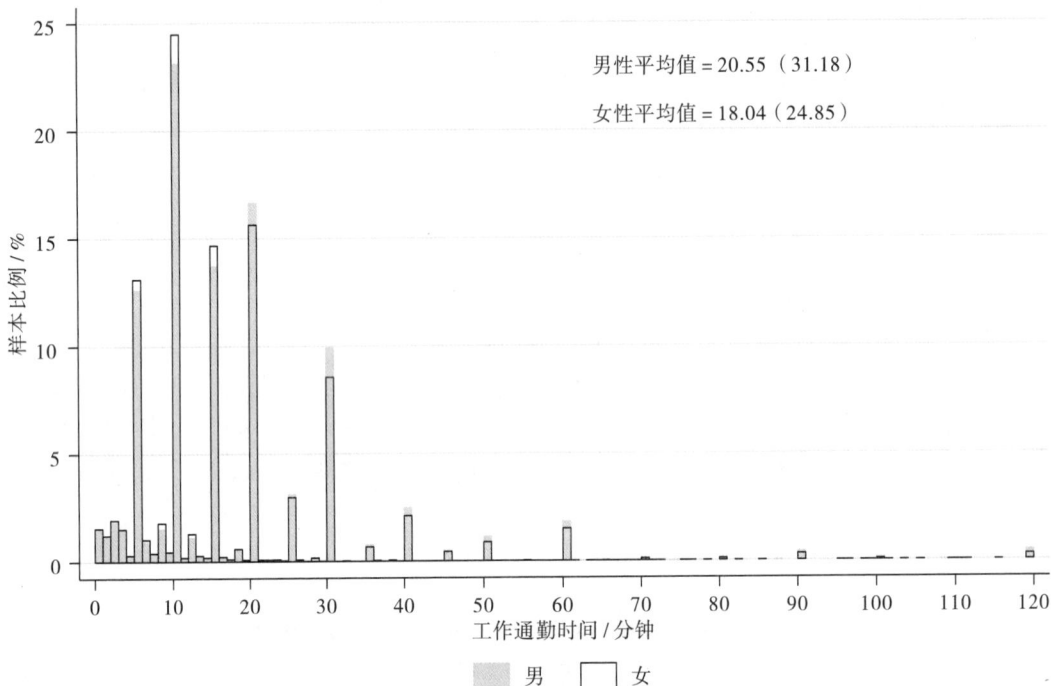

图 6 – 15   工作通勤单程时间分布性别差异

数据来源：2015 年全国人口抽样数据。

如图 6 – 16 和图 6 – 17 所示，从受教育程度来看，小学学历的工作通勤时间最短，而研究生学历的通勤时间最长；随着学历的提高，男女性的工作通勤单程时间呈现先降后增的"U"形趋势，这与孟斌等（2011）的结论一致；且学历越高，通勤时间增长幅度越大。随着学历的提升，男女性在工作上花的时间更多。且不论学历如何，女性的工作通勤单程时间都短于男性。但是，男女性通勤时间上的差异随着学历的提升有所减少，说明高学历的女性在家庭和工作的平衡中，会倾向于将时间投入工作中而减少家务劳动的时间。

如图 6 – 18 和图 6 – 19 所示，从年龄来看，男女性在 23—34 岁的工作通勤时间处于较高的水平；随着年龄的增长，男女性的通勤时间波动减少。这是因为随着年龄的增长，经济状况好转、工作趋向稳定，一定程度上有助于缩短工作通勤时间。一般来说 25 岁之前男女性处于未婚状态，不必考虑家庭分工和照顾家人的责任和义务，此时女性的工作通勤时间与男性相差不大，甚至有女性通勤时间高于男性。女性工作通勤单程时间在 25 岁和 35 岁有较为明显的下降趋势，分别对应女性结婚和生育的年龄段。男性则在 35 岁有明显下降趋势，但随后下降幅度没有女性高。这也映射出家务时间对工作的影响，结婚和生育后，男女性更倾向于通勤时间短的工作，将从工作中分散出一些精力转移到家庭。而工作通勤时间的性别差异呈现波动上升的趋势，女性的工作通勤时间较男性下降得更多，反映出女性随着年龄的增大更倾向于寻找通勤时间少、相对灵活的工作以兼顾家庭和工作。在家务劳动分配中，女性成为家务劳动和照料家人的主要承担者。

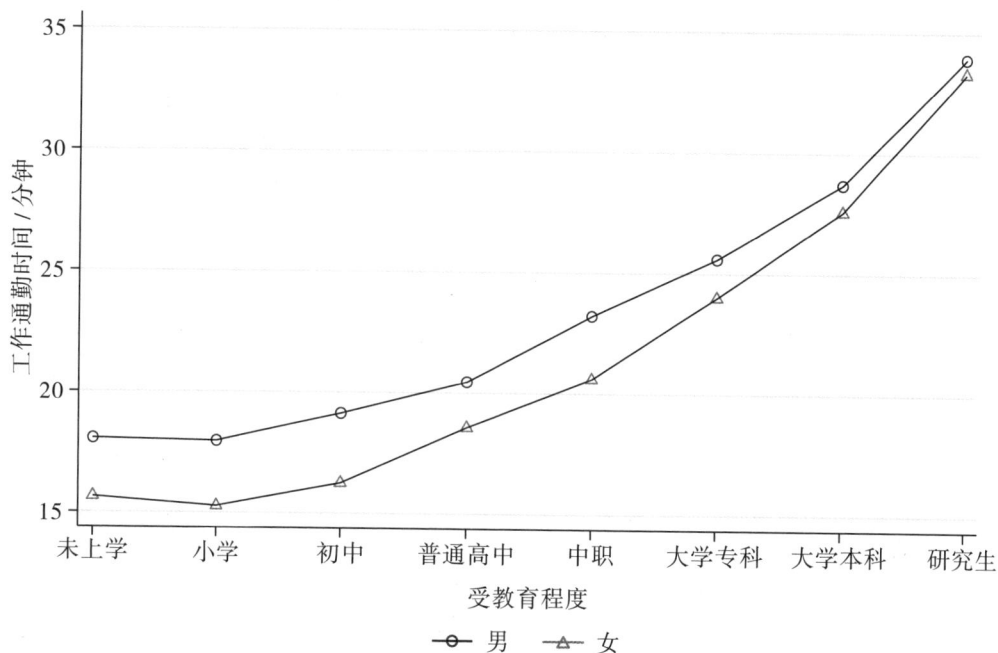

图6-16　工作通勤单程时间与受教育程度

数据来源：2015年全国人口抽样数据。

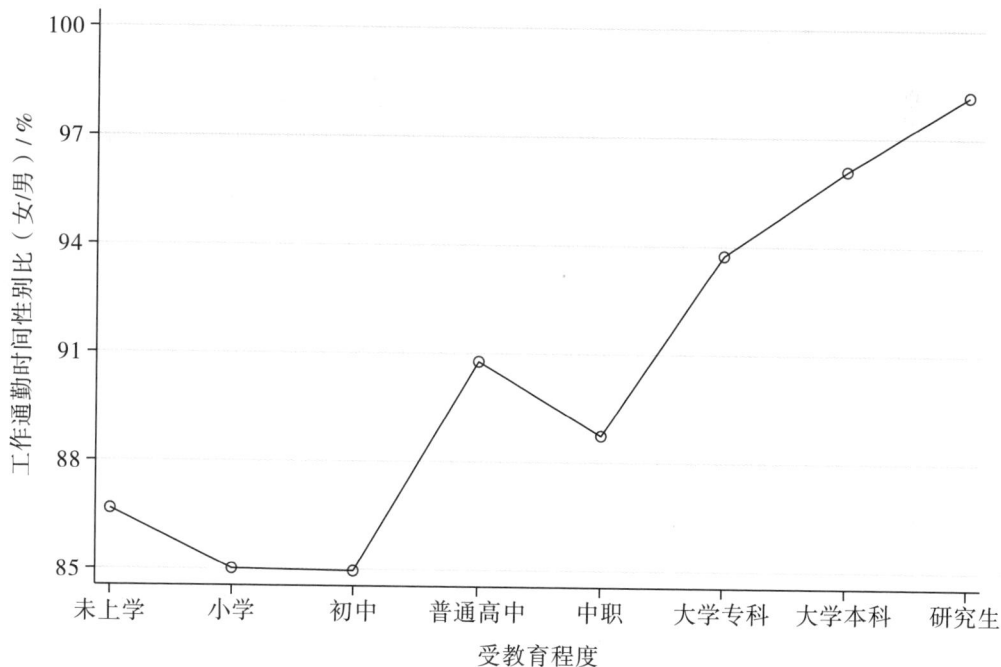

图6-17　工作通勤单程时间性别差异与教育程度

注：工作通勤单程时间性别比具体为女性平均单程通勤时间除以男性平均单程通勤时间，下同。数据来源：2015年全国人口抽样数据。

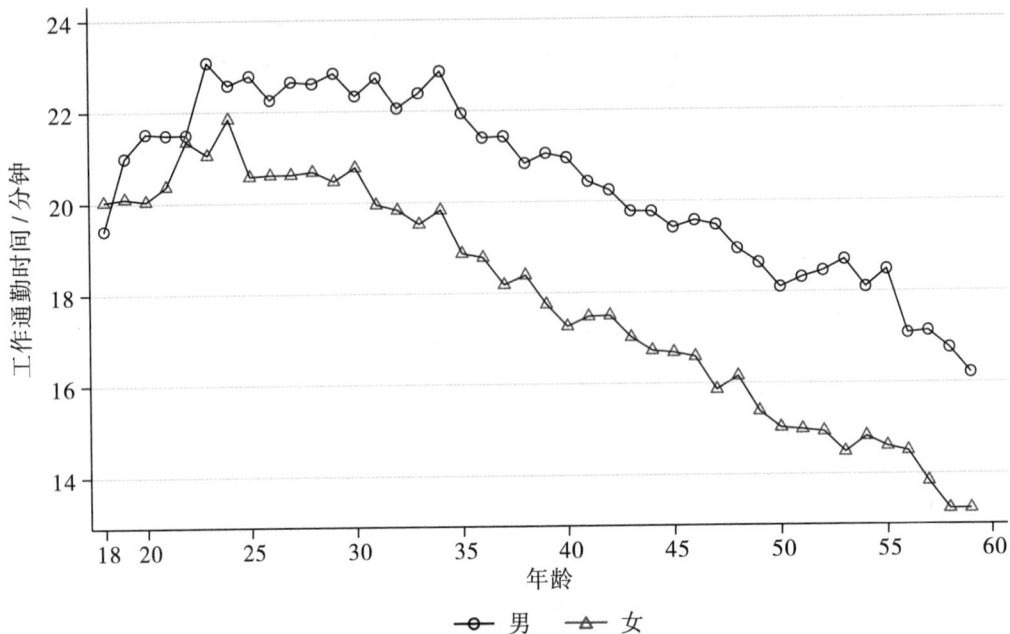

图 6 - 18　工作通勤单程时间与年龄

数据来源：2015 年全国人口抽样数据。

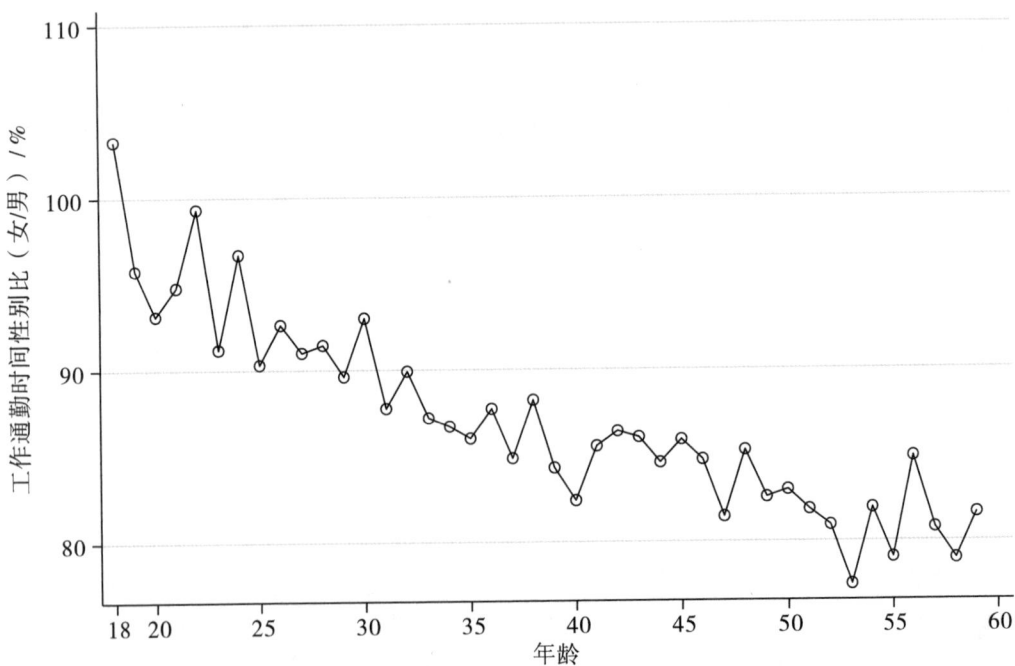

图 6 - 19　工作通勤单程时间性别差异与年龄

数据来源：2015 年全国人口抽样数据。

我国城镇化进程的加快带来了人口集聚、城市规模的扩大以及城市空间结构的重塑（刘清春、李海霞，2018）。汽车保有量越多，人口集聚效应越明显，在出行机动化和城市化双重驱动下，经济越发达的城市交通更拥堵，通勤时间越长；除城市经济发展外，城市规模、分布密度以及公共交通服务水平也影响着通勤时间的长短。表6-2展示了我国各省区工作通勤单程时间。从整体来看，我国各省区在工作通勤上花费的单程时间大致在15—36分钟，男性平均工作通勤单程时间为21.94分钟，女性工作通勤单程时间低于男性，为19.56分钟。工作通勤时间反映了城市经济发展水平、城市规模、交通基础设施建设水平等，男女工作通勤时间的差异也体现了各省区男女性就业状况及在劳动力市场上的性别差异。东部各省区的通勤时间较其他地区长，北京男女工作通勤单程时间均超过35分钟，其次是上海、浙江，这是由城市的经济发展水平决定的，北京作为我国的政治经济中心吸引了大量的外省劳动力。人口密度高、城市空间小、生活成本高、交通拥堵，使得男女性单程通勤时间偏高。且经济发达省区通勤时间男女差异较小，北京的工作通勤单程时间男女持平，天津和上海甚至出现女性通勤时间高于男性通勤时间的现象。这说明受经济发展水平的影响，经济越发达城市女性的劳动参与率更高，男女性的就业待遇较为平等。西部地区各省区的工作通勤单程时间高于中部和东北地区及大部分东部地区，这主要是受城市规模的影响，西部地区各省区呈现地多人少、地貌复杂的特点，增加了通勤长度和难度，相应也延长了工作通勤时间，且西部各省区男性工作通勤单程时间基本上高于女性，这说明男性在工作上花的时间更多，女性更偏向于通勤时间短的工作。

表6-2　各省区工作通勤单程时间及性别差异

省区	工作通勤时间（分钟）		性别差异
	男性	女性	
北京	35.60	35.12	98.65
青海	30.31	24.04	79.31
新疆	28.91	24.54	84.86
上海	28.21	27.70	98.17
西藏	27.08	27.08	100.02
宁夏	24.05	19.13	79.53
广西	23.53	20.58	87.44
甘肃	22.81	19.81	86.86
陕西	22.52	19.25	85.50
四川	22.21	18.57	83.60
河北	22.02	17.32	78.67
天津	21.65	21.95	101.39
重庆	21.38	18.98	88.76
内蒙古	21.16	18.44	87.18

（续上表）

| 省区 | 工作通勤时间（分钟） | | 性别差异 |
	男性	女性	
湖南	20.81	18.60	89.41
江西	20.65	18.24	88.32
江苏	20.60	17.28	83.92
云南	20.17	19.17	95.03
贵州	20.10	18.86	93.80
辽宁	19.86	17.84	89.82
福建	19.73	16.65	84.37
安徽	19.73	16.12	81.70
黑龙江	19.66	18.90	96.18
山西	19.53	17.58	89.98
湖北	19.36	17.24	89.06
河南	19.09	16.63	87.10
吉林	18.95	17.61	92.90
山东	18.61	15.53	83.42
广东	17.60	16.54	93.98
浙江	17.41	15.24	87.55
海南	16.98	15.91	93.71
均值	21.94	19.56	89.04

数据来源：2015 年全国人口抽样数据。

6.4 性别观念

　　性别观念是另一个可用以解释劳动力市场性别差异的重要因素，即人们对于社会分工的男女性别认知可能会影响劳动力市场结果。Altonji 和 Blank（1999）提到，一个地区对待性别的看法可对该地区劳动力市场性别差异产生影响。社会规范（social norms）是指在一个地区中广泛存在，并基于性别差异的价值观、非正式规则以及对行为的共同社会期望。长期以来所形成的社会规范，一方面可能会导致不同工作之间出现职业的性别隔离；另一方面也可能会影响男性和女性自身的劳动力参与决策（Bertrand，2011）。

　　性别观念对女性劳动力市场产生长期且深远的影响。在中国漫长的封建时期，由于封建王朝对儒家思想的推崇，妇女处于弱势地位，她们的主要角色被定义为妻子和母亲，只有得到男性的允许才能参加家庭副业等创收活动（Zhang, et al.，2008）。近代以来，尤其是新中国成立后，政府采取了一系列政策以促进女性就业率的提升。如 1950 年国家婚姻法颁布使得在计划经济时代的女性拥有和男性同等自由参与劳动力市场的权利。由此，男女性别平等这一观念逐渐被广泛接受，并成为一种新的社会规范，进一步保障了女性在劳动力市场的公平参与（蔡昉，1998）。尽管我国在两性平等上取得了很大进展，但并没有改变根本的性别关系。具体来说，家庭内部层面，中国妇女仍负责照顾孩子以及承担更大比例的家务；劳动力市场层面，女性也面临严重的职业隔离。在改革开放后的经济结构调整中，与男性相比，更多女性被解雇，她们中的一部分后来以远比男性低的工资重新获得了工作（Lee，1995；Hong，2000）。即使在今天，大多数中国人仍然接受"男性应专注于事业，女性应专注于家庭"的观念。因此，研究关于性别角色的社会规范以及这种观念如何影响中国劳动力市场性别差异具有重要意义。

6.4.1　文献综述

为解释社会规范的作用，经济学从社会心理学引入了"认同"（identity）的概念。"认同"可以分为两个层次：个体认同（self-identity）与社会认同（social identity）。个体认同（或称自我认同）是指一个人对于自己属于哪一个社会类别的认识，也包括他对于每一个社会类别的群体应该如何行动的明确的观点；而社会认同则更注重于个体受社会影响、个人不断社会化的过程（Bertrand，2011）。Akerlof 和 Kranton（2000）构建了一个基于偏好的性别认同模型，即假设社会存在关于性别的认同。这样的社会认同不仅会影响不同性别的劳动参与率，还会导致男性和女性在不同行业构成比例不同，进而产生职业的性别隔离。此外，由于人们的固有观念认为女性广泛参加的行业所需的资质往往较低，所以男性可能会采取一系列排挤措施阻止女性加入自己主导的行业，从而维护自己的性别身份，这些举动更加使女性不愿意进入男性主导的行业。性别身份认同对女性收入有负面影响，对男性工资收入有正面影响，进而产生并加剧性别的工资差异。

随着时间的推移，不同的国家之间以及一国内的女性劳动力市场不断发生变化。总体上看，性别差异在 20 世纪 90 年代前不断缩小，之后却呈现扩大的趋势（Blau，Kahn，2006）。Fortin（2005）使用了世界价值观调查（world values surveys）的数据，评估了女性的自我意识与她们的劳动力参与、相对收入之间的关系。其研究结果表明：第一，女性充当家庭主妇，男性负责工作养家的社会性观念在不同性别群体间普遍存在，且随时间的变化表现得相当稳定；第二，不同群体对"男尊女卑"的观念的认同度呈下降趋势，并且工作层面推崇平等主义的观念与传统形式的消除歧视是相一致的；第三，Fortin 提出"来自母亲的愧疚"也与女性劳动力的参与密切相关，即母亲更愿意为了照顾孩子而在劳动力市场上妥协。上述三点对于女性在劳动力市场的劣势具有较强的解释力。尽管女性在教育程度方面不断提升，在 20 世纪 90 年代中期前，女性关于性别角色的观念逐渐变得更平等，但是这种变好的趋势在 90 年代中期开始反转（Blau and Kahn，2006）。Fortin（2009）进一步提出艾滋病毒可能是导致性别角色观念转向更为保守的因素之一。Fortin 在 2005 年和 2009 年的论文中都强调了女性自我意识的演变驱动劳动力参与率的变化。但 Charles 等（2009）对这一观点提出了质疑，他们根据男性对性别角色相关问题的回答，构建了一个跨越美国各州的衡量性别歧视的标准。该文基于性别的工资差异以及相对就业差异，发现在一个给定的劳动力市场中，男性对于这些问题的看法与女性相对于男性在该市场中的表现存在很强的相关性，而在控制男性关于性别角色的性别观念之后，他们未能发现女性自身性别观念是对她们在劳动力市场结果的预测。

以上主要阐述了人们对性别的不同看法对该地区劳动力市场性别差异存在影响，接下来本节将具体讨论性别观念如何影响女性和男性在劳动力市场做出选择。Bertrand（2011）总结概括各学者的观点，认为性别认同能够解释心理属性的性别差异，包括人们对于风险、竞争、谈判以及社会偏好等态度的不同将引起劳动力市场结果的不同。①

（1）风险态度（risk attitudes）。

Bonin 等（2007）的研究证明了风险偏好可能是决定收入的一个重要因素。具体来说，不太愿意承担风险的人倾向于选择收入更稳定的职业，这些职业的平均工资也往往较低。大量的实证研究已经证明了男性和女性在风险偏好上存在差异，从而影响了他们在劳动力市场的表现。例如，Croson 和 Gneezy（2009）以及 Eckel 和 Grossman（2008）通过实验比较了男性和女性对高风险赌博的重视程度或在高风险和低风险赌博之间的选择，发现女性比男性更厌恶风险。

（2）对待竞争的态度（attitudes towards competition）。

许多高知名度、高收入的职业往往存在于竞争激烈的环境之中，从事这些充分竞争的职业的劳动者通常分为赢家和输家，赢家将获得不成比例的报酬。已有研究通过对待竞争的不同态度来解释女性在这些职业中所占比例相对较低的现象。Niederle 和 Vesterlund（2007）通过研究男性和女性在男女混合环境下的薪酬选择，发现有接近3/4的男性和1/3的女性选择比赛方案，而且在第一轮实验中表现最好的1/4的女性也比表现最差的1/4的男性更不可能选择比赛补偿。除此之外，Niederle 和 Vesterlund（2007）认为女性对竞争的厌恶可以解释部分的工资性别差异。他们的研究表明在竞争激烈的环境中，女性可能会表现得比男性差，即便是能力较强的女性也倾向于远离这样的环境。

（3）对谈判的态度（attitudes towards negotiation）。

谈判可以被看作是一种有关资源分配的竞争，因此关于竞争中的性别差异和社会偏好中的性别差异的研究与早期关于谈判中性别差异的文献有关。Bowlus 等（2002）从谈判的动机和谈判的表现的角度研究发现，女性在为别人而不是为自己谈判时表现显著提高；而男性无论是为自己还是为他人谈判，他们谈判的表现几乎不受影响。Babcock 等（2006）从学生就业的角度研究发现，超过一半的男性学生通过谈判获得了工作机会，而只有大约10%的女性学生通过谈判获得了工作机会。Säve-Söderbergh（2009）从谈判结果的角度研究发现，控制个人和工作层面的特征后女性提出的工资报价仍然比男性低，而且女性得到的工资也更低。

（4）社会偏好（social preference）。

另一个关于女性在劳动力市场表现不如男性的心理学观点可能与性别间在社会偏好水平上的系统性差异有关。Croson 和 Gneezy（2009）以及 Eckel 和 Grossman（2008）总结了大量关于社会偏好中的性别差异的实验研究，发现女性比男性更有社会意识，这种再分配

---

① 以下内容主要参考 Bertrand（2011）整理而成。

偏好可能会干扰女性在劳动力市场上的经济上的成功。Alesina 和 Giuliano（2011）基于不同国家的调查数据，发现即使在控制大量的个人社会经济特征之后，女性也比男性更倾向于分配。

6.4.2 数据分析

本小节运用了中国综合社会调查（CGSS）2015 年的数据以构建性别观念指标。该调查拥有 5 个与性别价值观有关的问题：

（1）您是否同意男人以事业为重，女人以家庭为重；

（2）您是否同意男性能力天生比女性强；

（3）您是否同意干得好不如嫁得好；

（4）您是否同意在经济不景气时，应该先解雇女性员工；

（5）您是否同意夫妻应该均等分摊家务。

受访者回答结果为"完全同意""比较同意""无所谓""比较不同意"或"完全不同意"。将每个回答转换为对应的得分，分别对应为 1、2、3、4、5 分。特别指出，本节将第五个问题的数值做了一些转换，使其最高分变成最低分，最低分变成最高分，以保持与前四个问题价值观的方向一致。将这些二元的指标在省区层面求均值，得到最终的性别观念指标。本文选取了劳动参与率性别差异和工资收入性别差异以衡量劳动力市场性别差异。

长期以来，男性劳动参与率保持在高位，而女性劳动参与率处于较低水平。图 6 - 20 显示了我国各省区劳动参与率性别差异与性别观念的关系。从上图可以看到，认为"女性应该以家庭为重"的各省区平均得分大多分布在大于 3 分一侧，体现出各省区普遍存在这样的社会认同。通过各观测点的拟合线可以看出，女性社会分工的观念与当地女性劳动参与率呈显著的负相关关系。在得分较高的地区，人们对女性照顾家庭的传统观念更深，这种社会认同致使当地女性更倾向于减少工作并更可能成为家庭主妇，当地劳动参与率性别差异得分较低的地区更少。从拟合直线的平缓程度也能看出这种"女性应以家庭为重"的观念对女性劳动参与率的提升具有较弱的抑制作用。从左下图可以看到，认为"女性能力比男性弱"的观念的各省区平均得分分布落在 3 左右，大部分省区散点落于 3 左侧，体现了在当前社会大部分地区的人们认同女性拥有和男性一样的能力。同时，拟合直线也反映了劳动参与率差异与对女性能力的偏见存在较弱的负相关关系。从右下图可以看到，认为"女性干得好不如嫁得好"的各省区平均得分在 2.8—3.2 密集分布。在得分更高的省区，人们更偏好持有女性应该更依赖丈夫而不是工作的观念，劳动力参与率性别差异相对下降。拟合曲线更突出反映了这样的事实，即随着性别观念得分每增加 0.2 分，劳动力参与率性别差异下降超过 1.8 个百分点。基于上述分析，性别观念，尤其是关于女性应以家庭为主等社会观念，对女性相对劳动参与率产生较大的影响，而对女性工作能力的负面看法对劳动参与率性别差异影响较小。

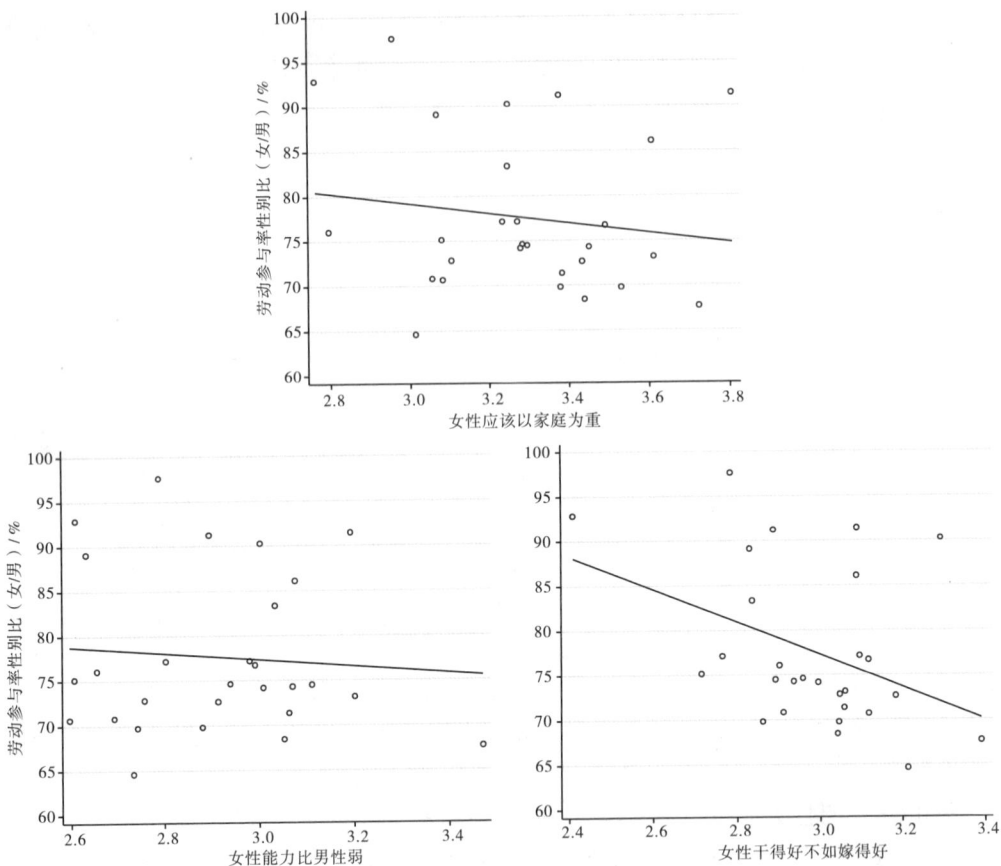

图 6 - 20　劳动参与率性别差异与性别观念

注：劳动参与率性别差异具体是女性劳动参与率除以男性劳动参与率；圆点为各省区观测值，黑色直线为线性关系拟合线。数据来源：CGSS 2015 年数据。

根据 2018 年国际劳动组织（ILO）的数据，目前全球的工资收入性别差异约为 15.6%，而中国的工资收入性别差异达到 17.2%，高于世界平均水平，女性工资水平低于男性。本节将进一步对我国各省区工资收入性别差异与性别观念的关系进行简单分析，如图 6 - 21。首先从性别观念来看，关于"女性应该以家庭为重"的观念，大部分省区平均得分大于 3 分，即这种社会认同是普遍存在的；关于"女性能力比男性弱"和"女性干得好不如嫁得好"的观念，平均得分则在 3 左右两侧，不同地区人们对上述性别观念的认同存在差异；而关于"经济不好时，女性应先被解雇"和"女性应多分摊家务"的观念，各省区平均得分显著小于 3 分，显示了人们对女性在工作、家庭层面中较为平等的态度。从拟合的直线可以看出，各省区女性工资平均收入普遍低于男性，且性别观念得分与工资收入性别比存在负相关关系，即在对女性存在不平等观念的地区，男女平均收入差异相对较大。与劳动参与率性别差异不同，女性应偏向家庭等类似的社会认同对收入的性别差异的影响较小，而对女性能力及女性家务分配的看法对收入的性别差异的影响较大。其中，"女性应多分摊家务"的观念对工资性别差异影响最大。在"男人负债工作，女人照顾家庭"的社会认同下，如果妻子进入劳动力市场参加工作，她们的相对市场收入和对家务劳动的相对贡献之间存在显著的负相关关系。

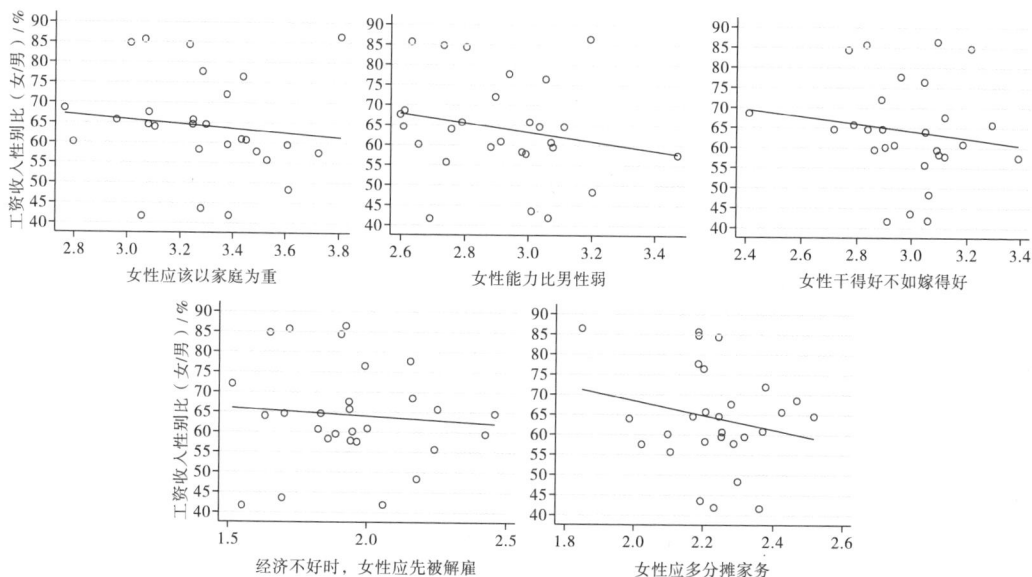

图 6 - 21   工资收入性别差异与性别观念

注：工资收入性别差异具体是女性平均工资收入除以男性平均工资收入；圆点为各省区观测值，黑色直线为线性关系拟合线。数据来源：CGSS 2015 年数据。

此外，本节又通过孔庙数据和市场化指数，从另一个角度分析社会价值观对劳动力市场性别差异的一些影响。其中，孔庙数据即各省区拥有孔庙的数量，代表各地对中国传统价值观念的看法和重视程度。中国传统文化中存在的对女性的歧视可能会影响雇主或经理，驱动他们为女性劳动者开出低于同等人力资本水平的男性劳动者的报酬，从而导致就业和收入层面的性别不平等。而各省区市场化指数评分可以衡量各地区市场化程度，指数越高说明地区市场化程度越高，当地的劳动力市场对女性的性别观念可能会更加平等和包容。

我们分别绘制了劳动力市场性别差异与孔庙数量、市场化的散点图（图 6 - 22）。由图可以看出，孔庙数量在各省区不是均匀分布的，且在孔庙数量较多的省区，不论是劳动参与率性别比还是工资收入性别比，相比孔庙数量较少地区均存在一定的差异。这说明了传统观念对女性在劳动力市场的结果的确存在负面影响，但从平缓的拟合直线或是散点的分布都能看出这种负面作用较弱且不显著。这与上文分析的 CGSS 数据中家庭观念对劳动参与性别差异的影响的结论相一致。相反的，市场化指数能更好地解释劳动力市场的性别差异。具体来讲，在市场化指数更高的地区，劳动参与率性别比明显更高，而工资收入性别比却明显下降。这反映了在市场化程度更高的地区，女性受到不平等的性别观念的影响较弱，女性可以更多地参与劳动力市场，劳动参与率明显增加。与此同时，虽然劳动力市场上女性的供给量增加，但她们与当地男性工资收入的差距不仅没有缩小反而扩大。这种工资收入差距扩大的原因更多地由男女其他的个人特征差异决定，受性别观念的影响较小。随着各地市场化体制改革等的进行，市场化程度的提升可能会进一步扩大劳动力市场的性别差异，而传统观念所能解释的部分会越来越小。

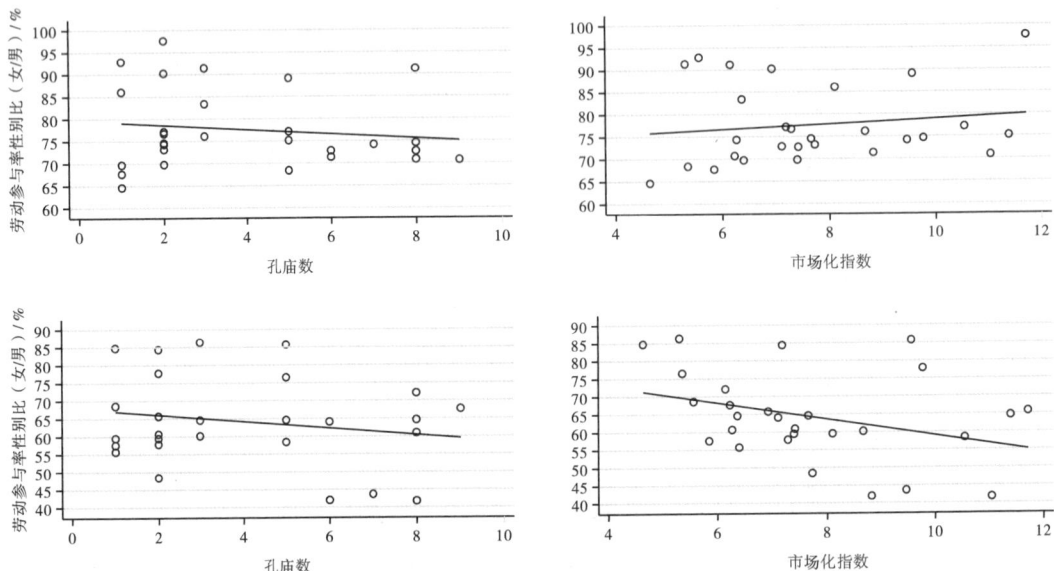

图6-22　劳动力市场性别差异与孔庙数、市场化指数

注：劳动参与率性别比具体是女性劳动参与率除以男性劳动参与率；工资收入性别比具体是女性平均工资收入除以男性平均工资收入；圆点为各省区观测值，黑色直线为线性关系拟合线。数据来源：CGSS 2015年数据。

6.5　性别歧视

劳动力市场歧视，是指具有类似的教育背景、培训经验等，并能够提供同等产出的劳动者受到的不平等待遇，这种待遇与可观察到的非经济性特征有关，如种族、民族或性别等（杨河清，2002）。性别歧视是造成劳动力市场性别差异的重要因素（王永洁，2019）。现有研究表明，无论是我国还是其他国家，不同性别之间依然存在着非常严重的工资差异或就业机会不均等。女性受到的歧视可以具体分为三大类：就业歧视、行业歧视和工资歧视。其中，就业歧视即在同等条件下，选择雇佣男性而排斥女性；行业歧视即在同等条件下，男性集中的行业比女性集中的行业的工资更高；工资歧视即在相同行业里，具有相同条件的男性的工资高于女性（葛玉好等，2011）。

6.5.1　文献综述

Becker（1971）最先将经济学理性分析框架用于研究歧视问题。他建立了一个雇主效用函数，认为企业的效用与劳动者群体相关，然后分别讨论了雇主歧视、雇员歧视和消费者歧视产生的影响。性别歧视表现为企业认为雇佣某些特定劳动者给企业带来的效用相对较低。但是这一模型无法解释劳动力市场长期存在性别歧视。因为没有歧视的雇主能够通过雇佣被歧视的员工并支付更少的劳动报酬，从而比有歧视的雇主获得更高的利润。因此在长期的市场竞争里，劳动力市场要么出现完全的性别隔离，要么只剩下没有歧视性偏好的企业，歧视将会消失。之后的经济学家从解决这一问题出发，进一步发展了歧视理论。当前的歧视经济学理论主要分为两类。第一类是偏好型歧视理论，延续了 Becker 的研究视角，强调劳动力市场歧视源于企业的歧视性偏好；第二类是统计型歧视理论，在解释歧视时强调了信息不对称的作用，认为即使企业不存在歧视性偏好，在对少数群体成员的技能或行为信息了解不完全的情况下，也存在统计性歧视。

（1）偏好型歧视理论。

Becker（1971）将偏好型歧视分为雇主歧视、雇员歧视和消费者歧视。从雇主歧视（employer discrimination）来看，Becker（1971）将其定义为一些雇主对少数群体成员有偏见的情况，并通过建立雇主效用函数发现有歧视的雇主比没有歧视的雇主获得的利润更低。这是由于没有歧视的雇主所雇佣的受歧视员工所需劳动报酬相对更少。从雇员歧视（employee discrimination）来看，未被歧视的员工对会被歧视的员工有偏见，并且不喜欢和他们一起工作。当熟练工人与非熟练工人一起完成工作时，熟练工人会歧视非熟练工人，并要求获得额外的工资，由此产生工资差距。从消费者歧视（consumer discrimination）来看，性别偏见可能存在于雇主根据消费者对员工能力的评估做出晋升决定的情况。

偏好型歧视理论在搜寻匹配的劳动力市场模型中引入 Becker 的雇主效用函数，认为在这样的市场条件下，受歧视的劳动者群体劳动参与率更低，故愿意接受较低的工资或较差的匹配程度的工作。Black（1995）建立了一个基于歧视性偏好的随机搜寻匹配模型，把企业分为只雇佣男性和男女都雇佣两类。女性只有在第二类的企业工作的机会，面临着更低的就业概率，导致其不得不接受较低的工资。但是 Black 的模型要求必须有足够多的具有歧视性偏好的企业，才可以解释不同类别劳动者在长期的收入和就业差别。之后很多研究对该模型进行了拓展。Rosén（1997）通过引入劳动者的差异化特征发现，不同劳动者群体的匹配效率存在差异，黑人劳动者匹配效率更低，找工作更加困难，将面临接受匹配程度低的工作、获得更低工资的情况；Bowlus 和 Eckstein（2002）也认为黑人和白人在生产效率、与企业接触频率和再失业概率等方面的差异性可以很好地解释黑人和白人失业持续时间的差别。而 Mailath 等（2000）则通过引入更为复杂的搜寻过程，发现企业寻找劳动者的搜寻过程存在差异性，这种差异将会显著影响对受歧视群体劳动者的人力资本投资。此外，Lang 等（2005）发现即使是生产率差异较小的劳动者，劳动者工资和就业仍然可能存在较大差异。

（2）统计型歧视理论。

统计型歧视理论强调了劳动力市场信息不对称的影响。这一理论在构建不完全信息劳动力市场模型的基础上，引入了性别、种族等劳动者特征，指出劳动者的生产率是隐藏信息，企业只能根据已知的劳动者特征来预期生产率，并且将对预期结果的差异性产生歧视。统计型歧视理论可以分为甄别歧视理论和理性成见理论两类。甄别歧视理论最早由 Phelps（1972）提出，他认为企业根据劳动者所在群体的期望生产率来预测其个体生产率，并且偏好于雇佣自己更了解的劳动者。但雇主对个人生产力信息的准确性存在差异，如果难以甄别那些受歧视群体的生产率，雇主将偏好于认为整个群体都是低生产率的，由此导致歧视出现。甄别歧视理论有一个重要的前提假设，即不同群体劳动者事前存在异质性。Aigner 和 Cain（1977）最先在不完全信息模型中引入甄别歧视的理论。在工资收入差距方面，Lundberg 和 Startz（1983）基于 Aigner 和 Cain（1977）的模型认为，对于生产率更难甄别的受歧视劳动者群体，出于加大人力资本投资所带来的生产率提升无法带来收入提升的考虑，他们投资人力资本的激励相对较低。Cornell 和 Welch（1996）基于 Aigner 和 Cain（1977）的模型提出，如果可供受歧视群体劳动者发送的信号种类较少，那么他们向雇主或领导发送有效信号的概率和偏好也会相对降低，从而导致工资低于未受歧视的群体。

理性成见理论最早由 Arrow（1973）提出，他认为雇主对不同群体劳动者的生产力具有先入为主的观念，受歧视群体劳动者只有达到更高标准，才能获得与其他群体劳动者同样的工作机会，这种成见会对其人力资本投资产生负向激励，导致雇主成见的自主产生。理性成见理论无须假设不同群体劳动者在事前具有异质性，但是企业成见将导致不同群体劳动者人力资本投资产生差异，于是事后其生产率也就具有了异质性。不同于偏好型歧视理论中非理性偏好的概念，这种成见由于是自主产生的，故称为是理性的。Coate 和 Loury（1993）认为，在种族和性别成见自主产生的情况下，歧视是可能长期存在的。于是，对于女性劳动者群体，即使她们拥有和男性劳动者相同的生产力水平特征指标，企业也存在理性偏见，从而影响女性就业率和工资水平。当女性受到雇主歧视而选择不参与工作或不愿意进行人力资本投资时，这种雇主成见的自主产生，形成反馈效应，使得女性劳动者更符合雇主的偏见印象。在这样的循环中，性别偏见被用来作为歧视的依据，而歧视又加深了偏见的程度（Phelps，1972）。

6.5.2　中国劳动力市场性别歧视分析

性别歧视是我国女性就业问题的重要原因之一，工资的性别差异和职业的性别隔离等歧视现象贯穿女性就业的不同阶段。我国劳动力市场性别歧视问题既有与其他国家的共性，即对女性的不公正待遇，同时也与我国独特的经济体制改革和结构调整相关。前者可以用上述歧视经济学的相关理论予以解释，而后者是基于我国独特的国情而产生的。具体而言，影响我国劳动力市场性别歧视的因素包括传统观念因素、国家再分配制度、市场机制、法律制度等。中国作为一个封建历史悠久的国家，女性长期受到封建伦理道德的约束。直到新中国成立，一系列的法律制度等推动了女性权利的解放。在计划经济时代"低工资高就业"的就业制度帮助下，中国甚至成为劳动力市场性别差异最小的国家之一。但随着经济体制改革的开展，企业为追求自身利润最大化，在雇佣员工方面有更多的考虑：雇佣女性员工比男性员工明显需要更多的自然附着成本，如生育及相关成本、补偿性工资差别、预期劳动生产率、提前退休福利成本等（胡安容，2004）。在劳动力市场供大于求的环境下，性别歧视越来越成为企业的一种理性选择。我国性别歧视产生的前提是劳动力供给远大于需求，性别歧视产生的经济原因是企业在市场上追求利润最大化，劳动力市场性别歧视存在的根本原因是来自传统文化的影响（苏艳明，2006）。

性别歧视的主要影响包括职业的性别隔离和性别工资差异等。所谓的职业隔离是指某一类型的人口群体在某些职业上高度集中，导致这些职业包含的劳动力构成比例与不同人口群体相对于劳动力人口比例不同。职业隔离表现在两个方面，包括横向隔离和纵向隔离（刘德中等，2000）。横向隔离指男女在某一职业中的构成比例与其在全部劳动力人口中的比例不同。Edgeworth（1922）提出的"拥挤假说"认为，女性劳动力拥挤在相对较少的职业部门中，造成这些职业中的劳动力过度供给，这是女性收入低的主要原因。在以女性为主的职业中，女性劳动力供给大于需求，压低这些职业的工资；相反在男性为主的职业中，女性劳动力供给减少，使男性的工资被抬高。纵向隔离指在几乎所有的行业内，女性的晋升相对男性存在劣势。卿石松（2011）利用全国性抽样调查数据考察了职位晋升中的性别差异问题，与职位晋升中的性别歧视理论预期一致，作者的有序回归结果发现女性的晋升能力标准要高于男性，而且能力特征变量对职位晋升的影响也存在性别差异。Zhang（2019）通过公司内部数据研究发现，相比男性劳动者而言，我国女性劳动者在职位晋升中处于劣势地位；男性员工的晋升机会要多于女性员工，并且男性员工的晋升时间要比女性要短，并且女性升职后的薪酬待遇要比男性差。

从整个社会来看，职业隔离最终会导致失业女性化和女性贫穷化。此外，职业的性别隔离也会造成劳动力资源配置扭曲，导致经济总产出减少。Bergmann（1971）首先建立经济模型以计算英国黑人和白人劳动者职业隔离对各自工资收入的影响。Tzannatos（1989）以 Bergmann 的模型为基础，分别研究了英国的性别职业隔离问题并得出了相同的结论，即消除职业隔离能帮助女性在以男性为主的职业中增加30%以上的就业比重，帮助女性在以女性为主的职业中平均收入增加约50%，并且职业隔离的消除对以男性为主的职业平均收入的负面影响较小，只有几个百分点。罗楚亮等（2019）分析《中国劳动统计年鉴》得出，中国从1995年到2013年邓肯指数（邓肯指数能够很好地反映职业的性别隔离程度）总体呈现上升趋势，且在2007年和2013年上升幅度更为明显，这反映了不同行业的性别隔离程度越来越高。

许多研究人员将工资回归中的"无法解释的差距"——在控制了大量个人和工作特征后的工资差异作为歧视的证据。Oaxaca（1973）提出将男女平均工资的差异分解为两大部分：一部分是由男女个人特征不同引起的可观察的部分；另一部分是由于市场歧视带来的性别工资差异，即不可观察的部分。很多学者研究了中国劳动力市场上性别歧视引起的工资差距的问题。如 Gustatsson 和 Li（2000）发现我国的收入性别差异在迅速扩大，从1988年的15.6%上升至1995年的17.50%，人力资本的性别差异并不能解释收入性别差异的扩大，性别歧视可能才是原因。宁光杰（2011）发现在控制了个人因素和职业因素后，女性劳动者平均收入仍比男性劳动者低23.8%。他认为不同性别群体的劳动报酬率的差别造成了收入的差异，这证明了性别歧视的存在，并且女性在劳动报酬率以及就业获得两方面相比男性都受到了更多的歧视。王美艳（2005）也认为歧视对性别之间工资差异的影响很大，而人力资本的差异并不是造成工资差异的主要原因，消除对女性的歧视是缩小工资性别差异的重要途径。

在性别工资差异中，一些研究强调工资差异在不同经济体制中有所不同，其中性别歧视所能解释的部分也不同。Meng（1998）对 20 世纪 80 年代中期中国农村地区乡镇企业的性别工资差异问题进行了对比研究，发现非市场组的乡镇企业中由歧视引起的性别工资差异比例（99.9%）远大于市场组（52.5%）。他认为这种性别工资差异的原因在于：中国传统封建思想在农村的影响比较大；农村地区乡镇企业对于当地女性劳动者具有垄断的优势，使得她们不得不接受较低的工资。Liu 等（2000）的研究发现，从总体的性别工资差异来看，国有企业到集体企业再到私人企业的员工工资差异不断扩大，但歧视所能解释的部分却不断减少。也就是说，随着企业市场化程度的提高，对女性的歧视程度下降，工资差异更能反映不同类别劳动者的人力资本的差别。

在不同收入、不同行业的劳动者群体中，性别歧视导致的性别工资差异不同。葛玉好等（2011）基于分位数回归的反事实分析方法研究了中国城镇地区的性别工资差异问题，不同分位数上女性受到的市场歧视程度不同：高收入群体即位于工资分布顶端的群体的性别工资差异问题较小，而低收入群体即位于工资分布的末端的群体的性别工资差异问题较严重。李实等（2014）使用 CHIP（1995，2002，2007）数据、Oaxaca 分解和分位回归分析了由经济改革导致的劳动力市场结构转变带来的性别工资差异扩大，发现较低人力资源禀赋、较差职业和行业的女性受到了较为严重的歧视。大多数行业内都存在比较严重的性别歧视，其中性别工资差异主要由行业内的歧视性因素构成，基于可观察特征的行业选择对于性别工资差异也具有一定的解释作用，但不可观测因素所导致的行业选择对于女性工资是有利的（罗楚亮等，2019）。

6.6 小结

本章对影响劳动力市场性别差异的因素分为工作时间、人力资本、家庭分工、性别观念和性格歧视五个方面进行概括及阐释。这些因素不仅受到受教育程度、经济发展水平以及城乡差异的影响，不同因素之间还存在相互影响的关系：男女性天生具有的生理禀赋差异是职业分割的原因之一，且不同行业对不同性别劳动者的准入门槛不一；由于性别歧视会造成家庭对男女孩的教育投资不同，导致男女的人力资本形成后天差异，直接影响男女劳动者的工资水平；受到传统思想文化的影响，两性的家庭分工思维也相对固定，使得男女性在家庭和工作时间分配上存在差异，导致其劳动参与率的不同等等。

工作时间是衡量劳动者就业质量的一个重要指标，是工作条件的重要维度之一，男性的工作时间较女性长，城市劳动者工作时间较农村劳动者更长，受教育程度和经济发展水平与工作时间呈现正向递增的关系。健康状况和受教育程度作为重要的人力资本因素对男女性在劳动力市场上的表现有决定性作用，女性的身体状况客观上来说较男性更健康，主观自评健康状况却更消极，导致女性劳动者更容易退出劳动力市场；虽然女性学习能力不比男性差，但两性存在医学、心理学等方面先天差异和后天教育投资的不同，导致其受教育程度不一，进而影响其在劳动力市场的表现。家庭分工体现了家庭男女的资源分配状况，受传统性别观念"男主外，女主内"的影响，女性一般承担了大部分家务劳动和照顾家人的责任，使得女性在面临工作和家庭的平衡中主要选择家庭，而男性主要选择工作，形成劳动力市场上更偏向男性和未婚未育的女性。

　　社会固有的性别观念影响着男女的社会分工以及男女自身的劳动参与决策，从而形成"性别角色"，我国大多数女性劳动力赞同"男人以事业为重，女人以家庭为重"的性别观念，对自身能力也存在消极看法，使得女性劳动力的市场参与率和工资性收入低于男性，而市场化程度的深入对性别观念所造成的劳动力市场性别差异具有缓解作用。受传统思想文化的影响，以及不同职业对劳动者的硬性要求不同，劳动力市场普遍存在性别歧视，即使在男女劳动者具有相同条件的前提下，企业也会更偏向于选择男性或给男性更高的工资，性别歧视无形中直接导致男女性的市场待遇差异。

　　改革开放以来，我国劳动力市场上形成的男女不平等现象已有极大改善，但还有提升的空间。推进经济社会高质量发展、教育体制的改革、城乡统筹发展，健全社会保障体制、提升女性劳动者的地位、树立女性劳动者的自主意识，将有利于缩小劳动力市场性别差异，推动男女平等，促进国家经济健康发展。

7　生育与女性职业生涯

无论劳动力市场性别差异本身，还是导致差异的原因，都与生育有着直接或间接的联系。因此，若要深刻理解劳动力市场性别差异的形成原因，生育是一个无法绕过的话题。

这其中的故事要从职业生涯动态变化的性别差异说起。Bertrand 等（2010）用美国芝加哥大学 MBA 毕业生调查数据展示了男性与女性的职业生涯动态差异。他们发现，作为世界顶级学府的 MBA 毕业生，无论男性还是女性都非常优秀，在毕业时劳动参与率与收入均未表现出显著差异。但随着时间的变化，相对于男性，女性劳动力市场参与率和工作时间不断下降，工作中断时间和兼职比例上升、收入差距扩大。具体而言，毕业当年，女性无工作的比例仅为 5.4%，男性为 2.8%，虽有差异但差异较小；10 年后，女性无工作的比例却高达 16.6%，男性则下降至 1%。刚毕业时，女性 MBA 毕业生中有 89% 的全职工作人员（每年工作 52 周，每周小时数超过 30 小时）、5% 的兼职工作人员（每周小时数小于 30 小时），男性毕业生这两个比例分别为 93% 和 2%，10 年后女性全职人员比例下降至 62%、兼职人员比例上升至 22%，男性全职人员比例则保持为 92%、兼职人员则仅有 4%；10 年后，女性职业生涯平均累计中断时间大约有 1 年，男性则仅为 0.12 年（一个半月左右）；在收入方面，刚毕业时女性平均年收入为 11.5 万美元，男性为 13 万美元，9 年后女性平均年收入为 25 万美元，男性则为 40 万美元。

基于以上事实，我们不禁会问：是什么原因导致男女性群体的收入水平随工作年限延长而逐渐扩大呢？为了回答此问题，Bertrand 等（2010）首先通过计量回归结果得出劳动供给因素（职业生涯中断、累计工作经验和工作小时数）能解释大部分劳动收入性别差异的结论。其次，Bertrand 等（2010）还基于数据统计与分析表明，与长期的工作时间相比，职业生涯的中断时间一般较短，但其所付出的代价却是巨大的，使收入平均意义上下降大约 37 个百分点。显然，职业生涯中断对个人收入具有显著影响，那么又是什么因素导致了女性劳动参与者的职业生涯中断、工作小时数下降呢？作者给出的答案是小孩。与男性相比，有小孩的女性不工作的概率提高了 20%，无小孩的女性不工作的概率则仅高出 3.4%；有小孩的女性每周工作小时数比男性低 23.8%，无小孩的女性与男性的工作小时数差异则仅有 3.3%。当考虑女性配偶收入时，他们还发现高收入配偶会使得有小孩女性退出劳动力市场的概率进一步增加，以及工作小时数显著减小；然而，对于无小孩的女性，她们的劳动供给不会随配偶收入出现显著变化。最后，作者还发现小孩的到来对男性几乎没有影响，不会影响其劳动力参与率和工资收入，也不会影响其工作小时数，但对女性都具有显著的影响，且影响程度随着小孩岁数的增大而增大。

这种职业生涯中断和固定工作时间减少是女性在劳动市场处于劣势的重要原因，这一观点在国际经济学顶级期刊的另一篇文章中也得到了印证：Goldin（2014）用数据证实性别差异的下降与两大因素相关，即职业生涯中断的代价降低和工作时间更加灵活，并预期当公司不对长时间和特定时间工作进行奖励时，薪酬的性别差异将大大减小，甚至可能完全消失。Kleven 等（2019）采用丹麦数据也证实了小孩的到来会对女性的工作时间、劳动参与率和劳动价格（小时工资）等造成影响，进而使得女性劳动者的收入比男性少 20% 左右。不仅如此，他们还指出这种"育儿惩罚"（child penalties）会代际传递，从父母传给女儿，这意味着童年环境对性别身份认同有长期影响。

在获悉生育与育儿对劳动力市场性别差异的重要影响后，另一个重要问题自然浮现：生育与育儿具体是通过什么样的渠道来影响劳动力市场的性别差异，特别是小时工资（工资率）性别差异呢？Kleven 等（2019）给出了可能的解释：女性在成为母亲后会在职业生涯的多个维度（比如岗位、部门、企业等）重新做出选择，相对于有金钱激励的工作，她们一般会选择那些更注重家庭福利的工作。为证实这一猜测，他们将事件分析法应用于丹麦人口数据后发现：在有第一个小孩之前，男性与女性进入管理岗位的概率时间趋势相近，但有第一个小孩后，进入管理岗位的概率性别差异开始随着小孩年龄的增长而不断扩大（女性概率低于男性概率）；此外，在有第一个小孩之前，男性与女性在公共部门工作的概率时间趋势相近，但有第一个小孩后，进入公共部门的女性比例开始缓慢增长，而男性比例则在缓慢下降，男性与女性在公共部门工作的概率之差随小孩年龄增长而不断扩大（男性概率小于女性）；工作中，拥有一个小孩的女性领导的性别差异与进入公共部门的概率表现出类似的趋势。总体而言，Kleven 等（2019）证实生育对收入性别差异，特别是工资率差异的影响渠道是：生育后育儿的劳动成本大部分由女性承担，从而女性会通过减少工作时间和更换工作（放弃以金钱激励为主的工作，换至更注重家庭福利的部门、岗位和企业）来达到这一目的，而小孩对男性则没有这一影响；于是，这些重新选择就直接导致了在有小孩的家庭中，女性的工资和工资率相比于男性均出现了下降。

Chen 等（2021）则用中国数据证实：即使女性不换工作，一直待在同一家公司，生育与养育孩子也会对女性职业生涯造成类似的影响。图 7-1 非常简明地体现了公司内部工资性别差异随小孩出生而出现的变化。在最开始的两年里，虽然男性与女性的平均工资存在 1 000 元左右的差异，但是这一差异在 95% 的置信区间内并不显著，即统计学意义上无法拒绝等于零。随着时间线的推进，当员工进入结婚状态，工资收入开始出现显著差异，且该差异随时间推移而不断扩大。显然，生育会让女性工资出现一个断崖式下降，但其又会在小孩半岁左右恢复；此后，工资性别差异随着小孩年龄的增长继续扩大。此外，该图还包含了以下信息：在公司内部劳动力市场中，生育导致的职业中断确实会让女性工资出现短暂性下跌，但这部分下跌可以随着女性回归职场迅速回归至原位，因此生育并非工资性别差异的主要来源；工资性别差异从小孩成长期开始扩大，生小孩前工资性别差异仅为 2 000 元左右，至小孩 12 岁该性别差异可扩大至 6 000—8 000 元，是原来差异的 3—4 倍。

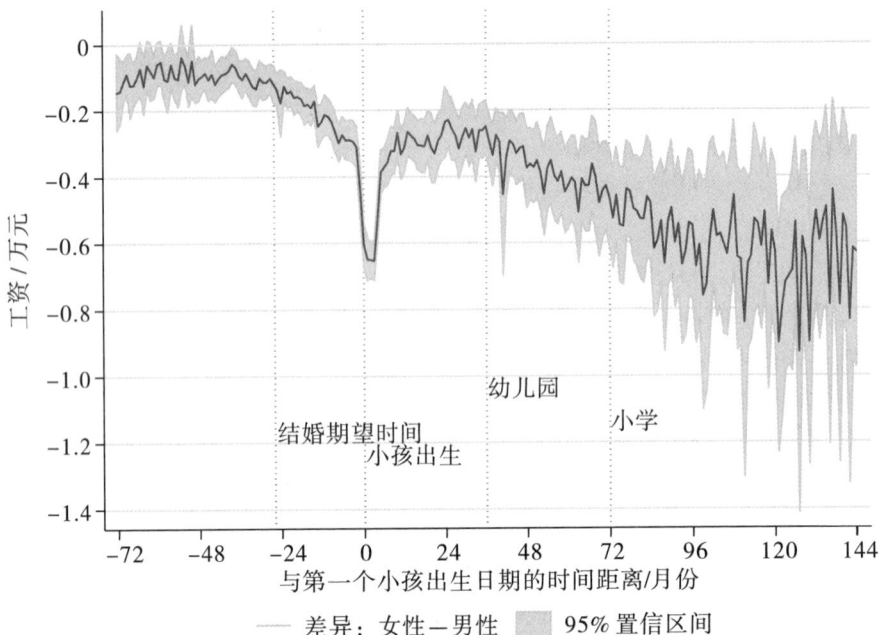

图 7 - 1　育儿与工资性别差异

注：该图横轴为第一个小孩出生的时间线，以月份为单位；纵轴为月工资性别差异（女性工资减去男性工资），单位为万元。图中黑色实线为工资性别差异，灰色阴影为 95% 置信水平下的置信区间。图片来源：Chen, Zhang and Zhou（2021）。

Chen 等（2021）也给出了工资性别差异趋势的可能解释。他们发现生育期女性工资的断崖式下跌主要来自请产假所引起的工作时间空缺，而后续性别差异的不断扩大则来自基本工资性别差异的不断扩大；与此同时，他们还发现，除在生育与哺乳期间外，男性与女性工作表现并没有显著差异。基本工资主要由工作岗位决定，这表明在小孩成长过程中，男性与女性工作岗位在不断发生变化。作者确实也给出了工作岗位变化的直接证据：在生育期与哺乳期（小孩 10 个月之前）女性晋升概率显著下降，导致后期女性与男性职级差距越来越大；有小孩后，女性相比于男性，更少参加公司的内部培训，更不可能出现内部换岗位的平行流动，却更可能出现在容易请假的部门。这就意味着，生育带来的职业生涯中断虽然短暂，但它的影响却是长期的：它会使得女性在怀孕与哺乳期大约两年时间内的晋升步伐跟不上男性，从而后续与男性职级差距越来越大；除此之外，相比于男性，有小孩的女性由于投入到工作上的精力有限，且人力资本投资会更少，因此不太可能抓住有挑战性的工作机会，通常会维持既有岗位或更愿意在对家庭生活更友善的部门。

以上文献研究已充分证明生育会通过特定渠道来影响劳动力市场工资收入的性别差异，更值得关心的问题是如何缓解职业女性的这种生育困境？上述分析表明生育给职业女性带来的影响主要来自两个方面：生育期职业生涯的中断和育儿期时间的重新分配。首先，在生育期职业生涯中断方面，生育由女性完成是由生理特征所决定，因此生育期造成的职业生涯中断是必然的。一方面，从企业角度出发，短期而言，此职业生涯中断期间女性并没有为企业贡献生产力，企业似乎无须为此付出劳动成本；但长期而言，确保员工职业生涯中断期间的福利，将有利于培养员工对企业的忠诚度，从而为企业节约劳动力搜寻成本与培训成本，甚至可以为企业吸引优秀员工、激励员工生产力，进而提高长期劳动力生产率。另一方面，从整个社会的角度出发，造成职业生涯中断的原因——生育——是家庭生活的重要部分，女性的生育期福利不仅影响自己，还影响着整个家庭，甚至从多个方面直接关系着整个社会的总体效用水平。倘若生育期女性的福利无法得到保证，这将造成整个社会的效用损失。当企业短视，且不考虑女性生育期福利损失存在的外部性时，市场便会失灵；此时，为提高市场长期效率和社会福利水平，政府便开始介入，产假制度应运而生。具体而言，产假制度是指政府为维护女性在生育期的合法权益而设立的合法休假制度，它还规定了职业女性在休产假期间，用人单位不得降低其工资、辞退或者以其他形式解除劳动合同。

产假制度的宗旨相同，但各国的具体细则不尽相同。表7-1列出了各代表性国家和地区的产假制度安排。从表中可以看出：各个国家和地区对母亲带薪产假有普遍共识，不同的是各个国家和地区对产假天数的规定。例如，中国香港母亲带薪产假天数仅有70天，英国母亲带薪产假天数则长达273天。另外，从性别差异角度来看，一方面，虽然大部分国家和地区法律也规定父亲可带薪休陪产假，但依然有31.25%的国家和地区对此无任何法律政策，而母亲无薪产假的比例仅为12.50%；另一方面，父亲的陪产假天数非常短，一般不到母亲产假天数的10%。不仅如此，父亲与母亲带薪产假的薪酬支付来源也往往不同：在表7-1列出的国家和地区中，母亲带薪产假期间68.75%的薪酬来源于政府，18.75%由政府和雇主共同支付；父亲带薪产假期间仅有31.25%的薪酬来源于政府，31.25%为雇主，6.25%为政府和雇主共同支付。

表7-1 代表性国家和地区的产假制度

	法律是否明令规定母亲带薪/不带薪产假?	母亲带薪产假天数	母亲无薪产假天数	法律是否明令规定父亲带薪/不带薪陪产假?	父亲带薪陪产假天数	父亲无薪陪产假天数
中国内地	是	98	0	是	7—30	0
中国香港	是	70	0	是	5	0
日本	是	98	0	否		
韩国	是	90	0	是	3	2
新加坡	是	112	0	是	14	0
英国	是	273	0	是	10	0
瑞典	是	0	98	是	10	0
瑞士	是	98	14	否		
丹麦	是	126	0	是	10	0

（续上表）

	法律是否明令规定母亲带薪/不带薪产假？	母亲带薪产假天数	母亲无薪产假天数	法律是否明令规定父亲带薪/不带薪陪产假？	父亲带薪陪产假天数	父亲无薪陪产假天数
法国	是	112	0	是	11	0
德国	是	98	0	否		
希腊	是	119	0	是	2	0
意大利	是	150	0	是	2	0
加拿大	是	105—126	14	否		
美国	否			否		
墨西哥	是	84	0	是	5	0

　　产假制度极大降低了职业生涯中断期间女性失业与工资下降的风险，缓解了女性生育导致的职业生涯中断的短期影响，在产假结束后，女性职业生涯能立马恢复到产前状态。但是，产假制度并没有缓解女性职业生涯中断的长期影响：中断期间晋升的停滞导致后期工作职级一直落后于男性，甚至产假制度的某些细节改革正在强化这种长期负面影响，比如延长产假时间。延长产假时间的需求源于我国人口结构的重大变化。目前我国人口呈现老龄化与低生育率趋势，而人口是一个国家和地区发展的根本。面对严峻的人口问题，党的十九大报告指出：我国要实施健康中国战略，加强人口发展战略研究，促进生育政策和相关经济社会政策配套衔接。近十年来，我国计划生育政策不断放宽，从双独二孩政策（2011 年 11 月）到单独二孩政策（2013 年 11 月）再到全面二孩政策（2016 年 1 月）。尽管政府政策持续放宽，但预测的婴儿潮并未出现。2016 年我国正式实施全面二孩政策，有人口专家预测该政策的实施会带来第四波婴儿潮，人口出生数将增长至 4 995 万人，但事实上当年人口出生数仅有 1 786 万，2017 年也只有 1 723 万人，两年人口出生数总和都未达到人口专家预期值。2018 年出生人口甚至开始出现大幅度下降，降至 1 523 万人，2019年则继续下降至 1 465 万人。

表 7 - 2　我国 2010—2019 年出生人口

年份	新人生人口数（万人）	人口出生率（‰）	人口自然增长率（‰）
2010	1 588	11.90	4.79
2011	1 604	11.93	4.79
2012	1 635	12.10	4.95
2013	1 640	12.08	4.92
2014	1 687	12.37	5.21
2015	1 655	12.07	4.96

（续上表）

年份	新人生人口数（万人）	人口出生率（‰）	人口自然增长率（‰）
2016	1 786	12.95	5.86
2017	1 723	12.43	5.32
2018	1 523	10.94	3.81
2019	1 465	10.48	3.34

数据来源：国家统计局。

显然，目前我国出生人口数低迷的主要原因已经不再是计划生育政策，而是家庭生育意愿。影响家庭生育意愿的决定因素较多，其中育儿成本是重要决定因素之一。育儿成本不仅包括经济成本，还包括机会成本，其中职业生涯中断所带来的长期影响就是女性生育机会成本的重要部分。延长产假的初衷是为了缓解育儿时间与工作时间的冲突，目的在于提高生育意愿。但是，与此同时，产假的延长会直接导致女性职业生涯中断时间延长，增加职场女性生育机会成本，从而与提高生育意愿的目的背道而驰。那么，是否存在一种较好的政策，不仅可缓解家庭育儿时间与工作时间冲突，还能不增加职场女性机会成本呢？笔者认为2021年初由上海市妇联拟提交的提案或许是个不错的尝试，其核心内容是："建议增设夫妻共用育儿假，强制男性休假不少于育儿假的1/3。"该政策增加了育儿时间，同时并没有完全以女性工作时间为代价。一方面，育儿时间与工作时间的冲突并不是女性单边的问题，这是一个家庭问题，由此产生的成本不应只由女性承担；另一方面，职业生涯中断之所以会长期影响性别差异，是因为女性有必然中断而对照组男性没有。另外，这种共用育儿假和男性强制休假制度，或许还能间接缓解我国离婚率持续上升的问题。随着我国经济的不断发展，女性实现了社会与经济地位的大幅提升，此时，传统家庭分工要求（女性承担大部分家庭劳动成本，而男性只需要做好自己的职场工作）就成为家庭矛盾的重要爆发点之一。而这一政策刚好可以缓解这一矛盾。

小孩成长阶段的家庭劳动时间分配也是劳动力市场性别差异产生的重要渠道。如上文所述，劳动力市场的性别差异主要根源在于：女性在生产后，更倾向于减少工作时间和寻求更注重家庭福利而非金钱激励的工作（Kleven et al.，2019）；即便不更换工作，在同一家公司，女性在生产后因更多地考虑家庭生活，会放弃公司培训机会、公司内部流动机会等（Chen et al.，2021）。造成这些选择的根本原因在于：目前大部分家庭的家庭劳动成本，特别是照顾小孩的劳动成本，主要由女性承担。图7-2描述了2010年我国代表性家庭中照顾小孩的主要群体的样本比例情况。从图中可看到：在中国家庭中，照顾小孩的任务主要由祖辈和母亲承担。具体来说，上小学前，祖辈和母亲承担主要照顾责任的家庭比例分别在50%和40%左右，而在上小学后，母亲承担主要照顾责任的家庭比例逐渐上升，至小孩12岁时该比例逼近80%，祖辈则随小孩年龄的增长逐渐淡出小孩的生活；与此同时，父亲承担照顾小孩主要责任的家庭比例非常低，在小孩上小学前，这一比例接近于零，即便是上学后该比例有所上升，但比例依然很小，最高也仅有10%左右。

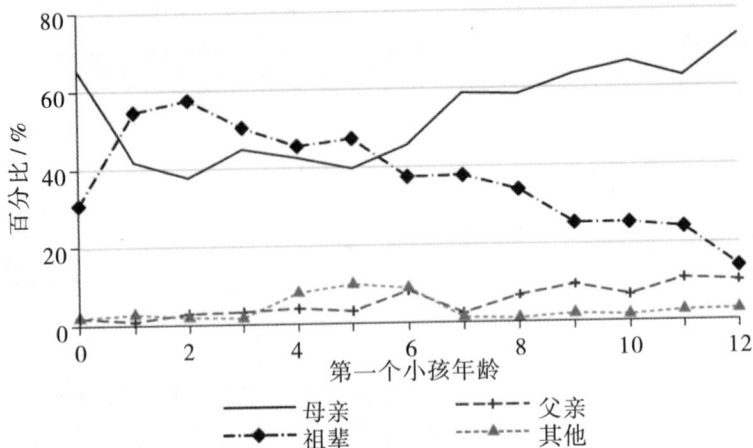

图 7 - 2   家庭中照顾小孩主要群体

注：图来自于 Chen，Zhang and Zhou（2021）的 2018 年工作论文版本。横轴为家中第一个小孩的年龄，纵轴为样本比例。黑色实线为小孩主要由母亲照顾的家庭比例，虚线加十字标记为小孩主要由父亲照顾的家庭比例，虚线加菱形标记为小孩主要由祖辈（爷爷奶奶或外公外婆）照顾的家庭比例，虚线加三角标记为小孩主要由其他人照顾的家庭比例。数据来源：CFPS 2010 年成人数据。

在经济学理性人假设下，将家庭看成一个整体，在预算约束下最大化家庭效用，除去产期与哺乳期，由谁来承担照顾小孩的责任应根据父母各自的机会成本来决定。如果母亲照顾小孩的机会成本较低，则主要由母亲照顾；相反，照顾小孩的责任由父亲来承担。育儿时间的机会成本高低主要由个人劳动收入决定。这就意味着，如果图 7 - 2 是家庭的理性决策结果，我们应该在家庭的父母工资收入数据中看到相应的结果。图 7 - 3 为家庭中父母工资收入对比情况。在家庭理性决策假设下，与图 7 - 2 相符的事实有：①在学前年龄小孩的样本中，父亲工资收入大于母亲的家庭比例大约在 40%，与母亲承担照顾小孩主要责任的家庭比例大致相同；②在小学年龄小孩的样本中，母亲工资收入大于父亲的家庭比例大约在 10%，与父亲承担照顾小孩主要责任的家庭比例大致相同。与此同时，与图 7 - 2 不相符的事实有：①在学前年龄小孩的样本中，母亲工资收入大于父亲的家庭比例虽然有 10% 左右，但父亲承担照顾小孩主要责任的家庭比例却接近于零；②在小学年龄小孩的样本中，父亲工资收入大于母亲的家庭样本比例并未随小孩年龄的增长而上升，且该比例数值（30%—40%）也远低于母亲承担照顾小孩主要责任的家庭比例（60%—75%）。

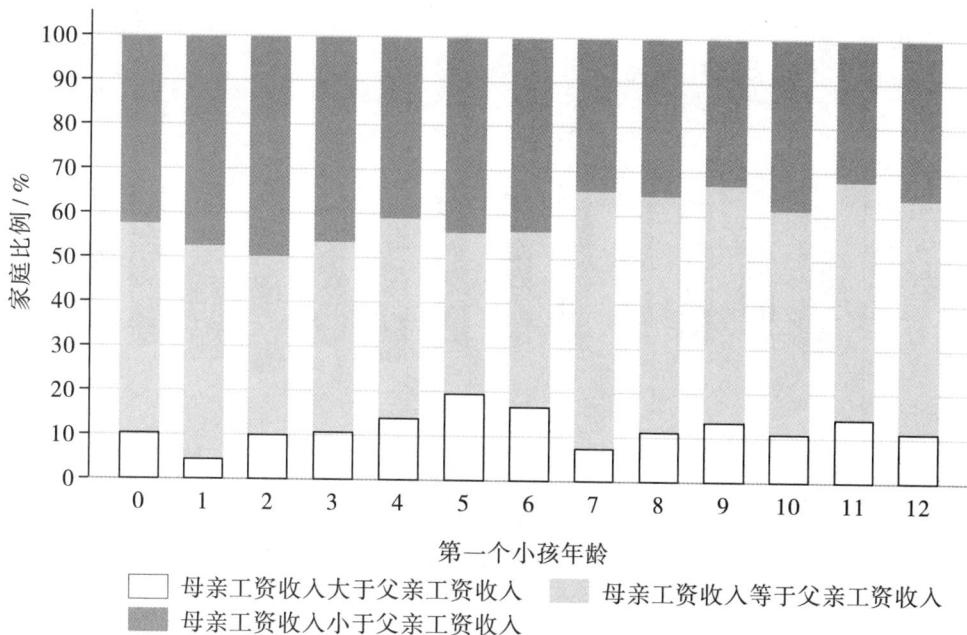

图 7-3 家庭中父母工资收入对比情况

数据来源：CFPS 2010 年成人数据。

图 7-2 与图 7-3 看似存在矛盾点，对矛盾点的可能解释是：家庭理性决策过程中，时间预算约束需考虑祖辈时间的加入；小孩学前阶段，当父母亲育儿机会成本相等时，家庭育儿责任主要由祖辈承担；当母亲育儿机会成本大于父亲机会成本时，家庭育儿主要责任也由祖辈承担。小孩上学阶段，当父母亲育儿机会成本相同时，祖辈因年龄增长逐渐退出小孩的生活，其育儿责任由母亲代替。简而言之，当祖辈有时间供给时，男性无论机会成本高与低均无须担心家庭劳动分工问题，而女性在机会成本低时还需在工作时间与家庭劳动时间之间做出选择；当祖辈时间供给逐渐减少时，如果女性与男性面临选择冲突（机会成本相同），很大可能让步的是女性。

显然这样的家庭劳动分工对于女性而言极不公平。这种不公平性主要体现在：一方面，在家庭理性决策过程中，当无其他劳动供给增援且父母亲机会成本相同时，父母亲应该都有一半的可能性来承担照顾小孩的责任，而不是仅由母亲代替祖辈提供家庭劳动供给；另一方面，当祖辈对该家庭有劳动供给时，应该同概率补偿父母亲的家庭劳动时间，而不是单方面补偿父亲家庭劳动时间。这种家庭分工的不公平程度在图 7-3 可能被低估，原因在于个人工资收入已经是家庭劳动分工后的结果。因此，在图 7-4 中，衡量个人机会成本的变量被换成家庭分工前的变量——个人教育年限。图中结果显示：父亲机会成本高于母亲机会成本的家庭比例大概在 30%—40%，父亲机会成本低于母亲机会成本的家庭比例大概在 20%—30%。这就意味着，家庭分工的不公平性不仅体现在祖辈一般只补偿男性家庭劳动时间，以及当女性与男性机会成本相同时大概率默认由女性承担家庭劳动，还体现在，即使女性机会成本高于男性，家庭分工决策中也可能仅由女性来承担家庭劳动。

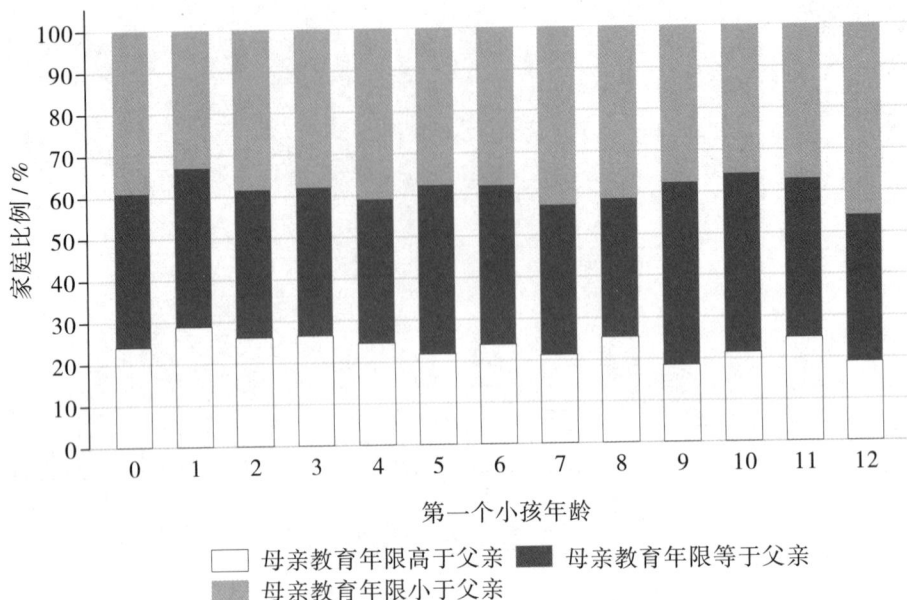

图 7 - 4　家庭中父母教育年限对比情况

数据来源：CFPS 2010 年成人数据。

　　根据图 7 - 2、图 7 - 3 和图 7 - 4 可知，个人机会成本是家庭照顾小孩决策的重要决定因素，但依然有许多家庭的劳动分工并不依赖于个人机会成本。在这些家庭中，无论女性的个人机会成本是高于还是低于男性，女性承担照顾小孩的主要责任成为家庭的必然决策，这些家庭并没有给那些女性太多选择余地。那么，又是什么因素导致了这样一种结果呢？家庭、朋友圈，甚至是整个社会对性别的价值判断是非常重要的一个因素。在我国传统观念中，不管是基于性别偏好性歧视还是统计性歧视，女性被认为在家庭劳动中具有比较优势，甚至女性被认为应将重心更多地放在家庭上而不是工作中。这种传统的思想观念在今天依然大范围存在。如图 7 - 5 所示。在针对该问题（您是否同意男人以事业为重、女人以家庭为重）的问卷调查中，调查对象为 18—60 岁群体，其中有 42% 的人比较同意，完全同意的比例也占到了 13% 左右。在男性被调查者中，比较同意与完全同意的人比例较高，占 60% 左右；即使在女性被调查者中，认为男性以事业重而女性应该以家庭为重的人也高达 50% 以上。

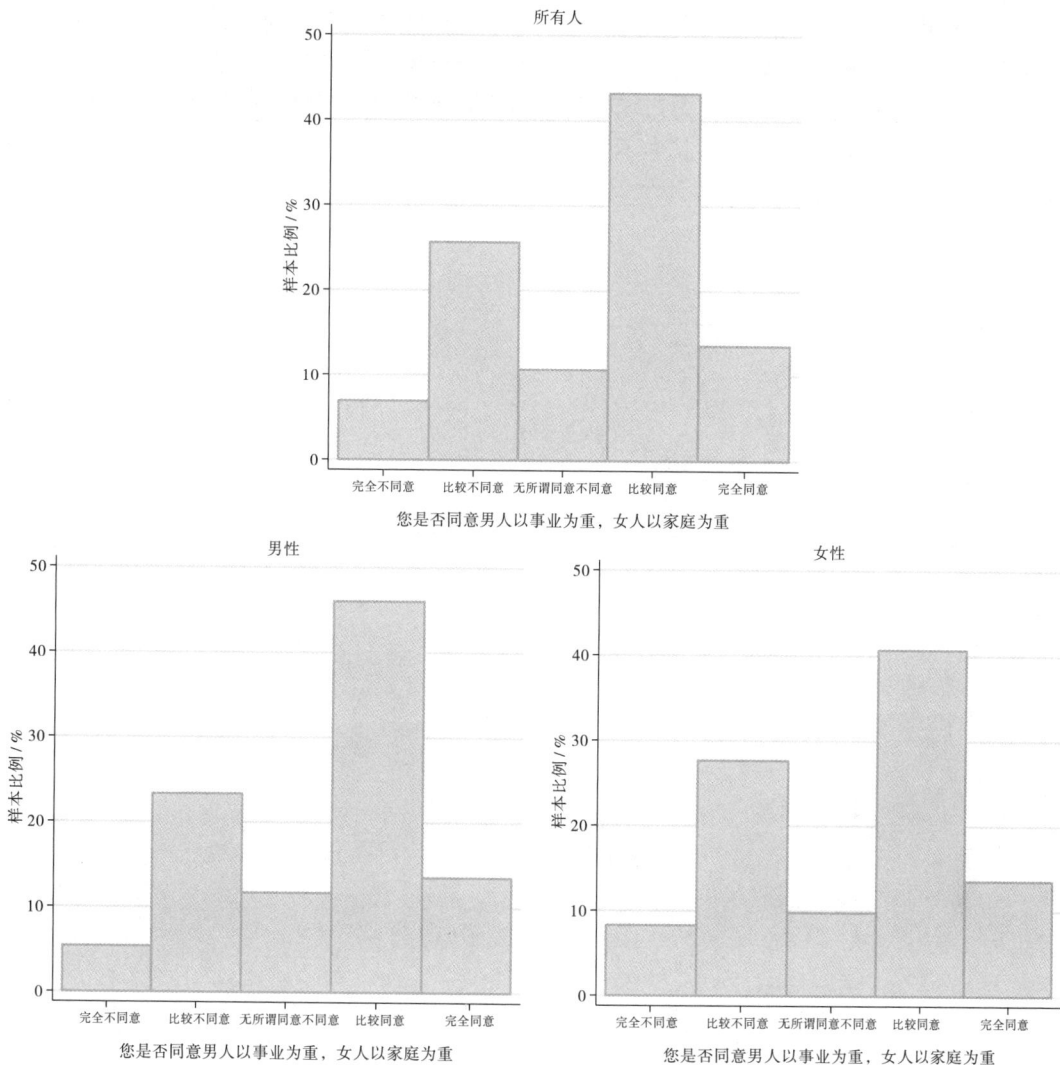

图 7-5　性别价值观分布

数据来源：CGSS 2015 年数据。

在这种传统舆论环境中，当女性与男性机会成本相同时，女性默认成为家庭劳务的主要承担者，而不是男女各一半的概率；甚至在女性机会成本大于男性时，女性依然在舆论压力下（来自自己对性别价值的认知、家庭和社会对性别价值的认同）承担家庭劳动的主要责任。事实上，即便是在那些看上去是依个人机会成本做决策的家庭，也可能是这种传统性别价值观的产物。这是因为，在婚姻匹配市场上，在女性应该以家庭为重的舆论压力下，男性更愿意找一个机会成本比自己低的妻子，而女性则更愿意找一个机会成本比自己高的丈夫，从而将后面的家庭分工决策冲突降至最低。

总而言之，育儿期劳动力市场中性别差异扩大源自家庭分工（女性更可能放弃工作时间去承担家庭劳动的主要责任），而这种家庭分工很大程度上取决于家庭、社会对女性价值的判断。因此，想改善这种因素带来的劳动力市场性别差异，市场与政府都是难以奏效的，这需要我们每一个人的努力，改变从个人到家庭到整个社会的观念，当传统性别观念不再盛行，当社会舆论对女性不再有条条框框的道德绑架，家庭分工才能在真正意义上取决于家庭中个体自主意愿，劳动力市场性别差异也将因此大大下降。不仅如此，此时劳动力市场上即使还存在性别差异，其中不公平性也会显著降低，由不公平性所引起的社会矛盾、家庭冲突也将大幅下降。

8 新冠肺炎疫情与劳动力市场性别差异

新型冠状病毒肺炎（以下简称"新冠肺炎"）疫情是自新中国成立以来传播范围最广、防控难度最大的一次重大突发公共卫生事件。自 2019 年末以来，新冠肺炎疫情在全球范围持续爆发，据世界卫生组织公布的数据显示，截至 2021 年 1 月底，全球累计确诊病例已经超过 1 亿例，我国累计确诊病例超过 10 万人，疫情防控形势不容乐观。我国各级政府迅速做出响应，各省、市、自治区封锁交通、学校延迟开学、企业停工停产。虽然疫情防控工作卓有成效，但是在短、中期内，疫情对于全球供应链和经济增长造成严重打击，对我国经济运行也造成一定的负面影响。据国家统计局公布数据显示，2020 年第一季度 GDP 增长 −6.8%，全年 GDP 增长 2.3%，均创近 10 年新低水平。目前，我国大部分地区疫情形势得到控制，但仍有部分地区存在疫情输入甚至扩散的风险，经济完全恢复仍需要一定时间。

疫情对于经济冲击直接反映在劳动力市场中。据国家统计局公布数据显示，2020 年 2 月中国城镇失业率突破 6%，之后逐月下降，2020 年 12 月回归到 5.2%，与上年同期即疫情前最后一个月持平，全年失业率维持在 5.6%。虽然疫情形势好转，复产复工稳步推进，但全面复工并不意味着就业的恢复。目前来看，境外疫情扩散蔓延势头并未得到有效遏制，未来疫情形势仍具有较大的不确定性。疫情将持续影响我国的劳动力市场，一方面拉长了就业的恢复周期，另一方面也加大了就业搜寻难度。疫情的蔓延以及针对疫情所采取的一系列政策将会引起一个重要问题，即这次经济冲击将会对不同性别劳动力市场产生何种影响。过去几十年中，尽管中国劳动力市场性别平等问题已经得到了改善，但劳动参与率的性别差异和工资收入的性别差异仍不可忽视，且女性群体对于承受劳动力市场冲击的抗风险能力普遍较低。因此本章将通过对近期国内外研究的归纳综述，从工作时间、行业、人力资本、家庭分工、性别观念等角度来阐述这场危机对女性在劳动力市场造成的额外打击。

8.1 新冠肺炎疫情对劳动力市场的破坏性影响

新冠肺炎疫情对中国经济和劳动力市场的影响表现出明显的阶段性特征，大致可分为三个阶段（都阳，2020）。第一阶段从 2020 年 1 月 23 日武汉"封城"到 2 月 2 日春节假期结束，疫情对经济和劳动力市场的影响主要体现在需求端服务行业的冲击。第二阶段从 2020 年 2 月 3 日春节假期结束到 3 月 12 日 WHO 宣布新冠肺炎疫情构成全球性大流行，疫情在中国各地全面扩散的同时各国疫情开始广泛传播，对中国第二、第三产业的需求侧和供给侧均产生严重负面影响。第三阶段自 2020 年 3 月 12 日 WHO 宣布新冠肺炎全球大流行至今，疫情在中国逐步缓解，中国逐步开始复产复工，同时国外疫情的爆发引起了需求萎缩，对国内相关产业带来新的影响。这场全球性的公共卫生危机从两方面深刻地影响了劳动力市场的需求。一方面，为了抑制疫情进一步传播，各国先后都采取了"封锁"以及"保持社交距离"等必要措施，很多员工减少了工作时间或改为在家远程工作，就业不充分现象突出（Brynjolfsson et al.，2020；Yasenov，2020）。另一方面，经济衰退导致很多公司缩小经营规模甚至直接破产，这也意味着员工工作时间更短或面临失业的困境（Adams-Prassl et al.，2020；Béland et al.，2020）。

　　疫情的扩散对各行业和企业的冲击存在明显差异性和不均衡性（张平等，2020）。屈小博（2020）基于中国各行业复工情况的调查发现，相比其他行业，建筑业、住宿和餐饮业的复工率最低，相关行业人员失业风险最大；租赁和商业服务业、批发和零售业以及文化、体育和娱乐业复工进度也较为缓慢；教育、科学研究和技术服务业等从业人员的复工率虽然不高，但这类从业人员大多隶属于公共部门，收入有所保障，民营机构的从业人员则受到较大影响。Adams-Prassl等（2020）认为不同行业受疫情影响的差异取决于这些工作能在家远程完成的比例。出于疫情防控要求的考虑，越来越多企业调整工作模式，更多员工选择居家线上工作。但这对劳动者的人力资本水平提出了更高的要求，仍有许多行业无法采取该种模式。因此，低技能劳动者在疫情冲击中表现更为脆弱。

8.2　新冠肺炎疫情对劳动力市场性别差异的影响

　　疫情对劳动力市场产生了严重的负面影响，不同群体的工作时间、劳动参与率以及工资水平都显著下降（蔡昉，2020）。研究结果表明，新冠肺炎疫情对不同性别群体的影响并不是相同的。"常规"的经济衰退对女性就业的影响更严重，但因疫情防控措施升级而引起的学校、服务行业等"非必要行业"的暂时性关闭可能对女性就业份额高的部门产生很大影响（Alon，2020）。很多学者基于男性和女性的就业状况、工作时间和工作安排（工作地点）在疫情前后的变化，来分析疫情对不同国家、同一国家的不同阶段劳动力市场性别差异的影响，发现与男性相比，女性更有可能转变为失业、工作时间大量减少或是在家工作（Adams-Prassl et al.，2020；Collins et al.，2020）。例如 Couch 等（2020）使用 CPS 数据发现，25—55 岁所有女性就业人口比例的下降幅度大于同年龄段男性群体。因此本小节将从工作时间、行业、人力资本、家庭劳动分工、性别观念等角度出发，试图解释新冠肺炎疫情对劳动力市场性别差异的影响。

8.2.1　工作时间

　　疫情导致就业人员实际工作时间减少，不同性别劳动者群体工作时间的损失不同。Collins 等（2020）研究得出，从 2020 年 2 月到 2020 年 4 月持续就业的已婚夫妇中男性和女性工作时间都有明显下降，与男性相比，女性的工作时间下降幅度更大。屈小博等（2020）也提出类似结论，他们发现中国的女性劳动者受到疫情影响更大，复工进度较慢，在 3 月末正常上班的比例仅为 55%，与男性劳动者的就业率差距从 2 月末的 3% 扩大到 13%，女性失业的比例相对男性更高，并且更倾向于采取灵活上班的形式。不仅如此，在女性群体中，不同家庭状况的女性劳动者受疫情的影响程度也不尽相同。Couch 等（2020）指出，受疫情影响前，没有孩子的女性平均工作时间最长，其次是有 14—17 岁孩子的女性，有 6—13 岁孩子的女性，以及有 0—5 岁孩子的女性。受疫情影响，有 0—5 岁孩子的女性损失的工作时间最多。Deryugina 等（2021）进一步对全球的女性学者进行调查，发现有孩子的女性学者尤其是有学龄前孩子的女性学者相比于男性减少了更多的研究时间，从而在学术界处于更不利的地位。

很多研究从家庭孩子需要额外的照顾和教育需求的角度来考虑疫情对于不同性别劳动力工作时间的影响。Couch 等（2020）通过构建三重差分模型得出结论：在疫情期间，50% 以上有学龄小孩的女性劳动者的失业率增加是由于学校关闭，产生额外的照顾和教育小孩的需求。在控制了性别对工作相关的其他变量的影响后，疫情导致的男性和女性工作时间减少的差距可以解释为：疫情期间学校和托儿所等关闭，新增了家庭照护以及家庭教育的需求，育儿责任的不公平分配使得女性牺牲更多必要的工作时间以照顾孩子（Alon et al.，2020；Ma et al.，2020）。这进一步扭曲了大多数家庭现有的育儿责任的分配。如果考虑到在家照看孩子的父母需要同时顾及育儿和工作，导致工作效率降低，那么女性会失去更多的工作时间。在没有灵活的工作安排情况下，可能会出现配偶的一方暂时辞职以照顾孩子，而根据目前的家庭分工，女性辞职的可能性更大。

8.2.2　行业

行业受疫情影响的严重程度取决于两个因素：第一个因素是该行业的需求是否受到保持社交距离的影响；第二个因素是该行业的工作性质是否允许远程办公（Alon et al.，2020）。分行业来看，住宿餐饮业、旅游业、文化娱乐业、交通运输业的就业受到的冲击最大，就业岗位的损失都在百万甚至数百万个以上。根据招商银行 2020 年 4 月小微企业调研报告显示，住宿餐饮、文娱体育和教育行业三个行业内计划裁员 10% 以上的企业占比分别达 61.7%、57.1%、53.5%，三个行业计划降薪 10% 以上的企业占比分别达 54%、56%、58%。上述三个行业 2018 年的城镇就业人数超过 7 184 万人，在城镇就业人数中占比超过 16.5%。即使在 3 月后经济逐渐复苏的阶段，这些行业受疫情打击产生的需求萎缩也很难弥补。从 GDP 增长来看，2020 年第二季度我国第一产业增加值同比增速已恢复至疫情前水平，第二产业增加值同比增速较疫情前小幅下滑，第三产业增加值同比增速较疫情前水平仍有较大差距。

前文图 5-1 已展示了劳动力的行业分布情况，其中在农业、零售业、纺织服装和服饰业、教育、餐饮业、卫生、居民服务业、纺织业、住宿业、皮革及其制品和制鞋业等行业中，女性样本就业分布比例高于男性。女性劳动者在受疫情影响最严重的服务型行业，如零售、餐饮、住宿和教育等行业的就业比例相比男性更高，因此这也是导致总体失业率的性别差异扩大（Couch et al.，2020）的重要原因。中国还存在如纺织、皮革等劳动密集型行业，此类行业受上下游供应链受损和消费者需求下降的冲击，对劳动力需求也在逐步下降。这些行业的劳动者大多自身人力资本水平较低，且女性就业的比例显著高于男性，只能被动地接受工作安排的变化并获得收入，因此她们面临失业、降薪等冲击的风险较大。因此，性别的职业隔离带来的劳动力市场的扭曲加深了疫情对女性劳动者就业率的负面冲击。但从收入角度看，数据显示没有失业的女性与同行业男性相比并没有遭受更大程度的工资水平的下降（Adams-Prassl et al.，2020）。此外，受疫情影响，一些特殊行业如从事卫生和社会工作的劳动者的工作时间和收入增加。但是，在这些行业中女性从业者倾向于从事低技能、低收入的工作，与男性劳动者性别收入差异较大（张玉杰，2020）。

受疫情影响，非正式就业者，尤其是对于其中的女性劳动者，下岗失业的风险最大。在非全职工作的行业中大部分灵活就业者为女性群体，由于此类行业受疫情冲击较大，因此她们失业风险也相对较大，并且失业后在供给远大于需求的劳动力市场也更难重新找到工作。调查数据显示，受新冠肺炎疫情冲击最大的几个行业，如住宿餐饮业、交通运输业、文化娱乐业中，非全职就业人员的比例分别达到26.3%、28.4%和10%（高文书，2020）。据统计，危机之前全球有42%的女性在这些行业中非正式就业，而男性的这一比例为32%（张玉杰等，2020）。考虑到上述行业中民营企业、小微企业较多，女性实际面临的就业压力或将更大。我国城镇劳动者中，有相当一部人是从事自雇、临时性工作等灵活就业，尤其是很多下岗失业工人大多数选择在私营、个体单位就业。他们本身工资较正式员工更低，有些甚至没有纳入社会保障体系，下岗带来的生活风险也较大。

8.2.3　人力资本

新冠肺炎疫情期间，为了应对疫情，人力资源和社会保障部、全国总工会等部门在2020年2月7日联合下发《关于做好新型冠状病毒感染肺炎疫情防控期间稳定劳动关系支持企业复工复产的意见》，明确企业可以安排职工"通过电话、网络等灵活的工作方式在家上班""灵活安排工作时间"，采取"灵活用工"方式复工复产。随后，各级地方政府和各类企业也纷纷制定不同形式的弹性工作安排政策。在线会议、远程办公等成为疫情期间大多数行业的主流工作方式，这对劳动者的人力资本水平有更高要求。在同一个行业内，不同劳动者受疫情影响程度与传统意义上的人力资本因素如受教育程度、技能特征、经验等传统的人力资本因素相关，疫情以及隔离措施又放大了对劳动者从事远程办公的能力的要求。这些因素之间存在正向关联，接受过高等教育的员工平均工作技能更高，对企业有更强的不可替代性。

由于女性劳动者群体平均受教育年限低于男性劳动者，而较低的受教育年限将不利于就业（王永洁，2019），所以女性将面临更高的失业风险。Adams-Prassl等（2020）研究发现，美国和英国的女性劳动者以及未接受过高等教育的劳动者失业风险更高。尽管疫情下通过远程办公能在一定程度上缩小劳动力性别差异（Couch et al.，2020），但这种差异却难以完全消除（Collins et al.，2020）。

8.2.4　家庭劳动分工

新冠肺炎疫情和封锁措施除了对女性就业产生直接的负面影响外，还可能对家庭劳动分工产生积极的长期影响。劳动力市场的意外中断可能会使人们重新组织家庭内的劳动分工，进而引起性别关系在家庭和社会层面上发生转变（Alon et al.，2020）。当今劳动力市场上的不平等很大程度上与家庭内劳动分工的不平等有关。近年来，我国女性的劳动参与率不断提高，双薪家庭比例不断增加。同时，中国父母重视对孩子的教育，花在培养孩子的时间不减反增，尤其是接受高等教育的父母用于照顾儿童的时间更多（Moro-Egido et al.，2012）。虽然女性在劳动力市场的表现逐渐接近男性，但突出的问题是女性继续承担了更高比例的家庭劳动，包括家务、照顾孩子和老人等。

本次疫情让男性和女性同时在家，不论是在家工作或是失业，许多父亲开始承担起更多照顾孩子和家务劳动的责任。短期内就业关系的变化会立即影响到家庭，使受影响的家庭更有机会从事家庭劳动（Reichelt et al.，2020）。考虑到远程办公等趋势的流行，女性和男性在家办公能力的不断提升对疫情结束以后的家庭劳动分工也有影响。Alon 等（2020）比较了可以在家工作的父母和不能在家工作的父母照顾孩子的时间，发现在控制其他因素条件下，工作灵活性的增加有利于劳动者兼顾工作和照顾家庭的需求。许多劳动者将从额外增加的灵活性中获益，更好地平衡工作和家庭。这种变化同时有利于男性和女性员工，但鉴于目前母亲承担更多家庭劳动的责任，工作灵活性的提高以及丈夫承担更高比例的家庭劳动，会对女性在未来劳动力市场上的帮助更大。

8.2.5　性别观念

影响性别观念的潜在机制包括影响性别角色态度的家庭劳动分工的改变（Corrigall and Konrad，2007）以及对待失业的不同心理反应（Forret et al.，2010）等。与以往危机相比，新冠肺炎疫情增加了女性照顾孩子等家庭劳动的责任，女性劳动者也更多选择在家工作，工作时间和就业率方面的损失均大于男性劳动者。家庭劳动分工会影响对待性别角色的态度，这些态度的改变带来社会规范的变化。虽然从短期来看，女性在这轮危机中遭受的影响更大，但从长期来看，男性在家时间的增加以及灵活工作的普及，对女性在家庭观念实现男女平等可能有一定的正面影响。

在经济复苏时期，工作岗位对于劳动者来说仍然稀缺，女性就业复苏的难度相比男性更大，这会进一步降低社会对女性的劳动供给意愿，使女性回归到照顾家庭的传统角色中。就业关系和性别角色态度相互影响，更传统的社会分工会导致更传统的性别角色观念，而更传统的性别观念会加大新冠肺炎危机对劳动力市场性别差异的影响，更多失业女性由于封锁措施、家庭工作的增加以及寻找工作的困难转变为非经济活动人口。

性别观念的变化可能会适应现实的经济状况（Smith-Lovin，1978），疫情产生的就业关系的变化也会改变人们关于不同性别群体参与工作以及家庭分工的态度（Reichelt et al.，2020）。Reichelt 等（2020）基于对美国、德国和新加坡经历失业的家庭的调查来研究这种转变与性别角色态度的关系。发现疫情开始前，在夫妻双方同时有工作的家庭里，如果男性受疫情影响而失业而其伴侣仍有工作，则表现出更平等的性别角色态度；如果女性受疫情影响而失业而其伴侣仍有工作，则表现出更传统的性别角色态度。

8.2.6　性别歧视

疫情暴发恰逢中国春节期间，大批企业前后经历了停产以及劳动力延期返岗，复工复产率较低。在国内疫情稳定后，企业面临订单损失和刚性成本的压力，倾向于减少用工需求来降低成本。由于雇佣女性员工比男性员工明显需支付更多的自然附着成本（胡安容，2004），且女性的平均人力资本低于男性，因此当企业为降低损失而选择裁员时，女性的失业风险显著增加。女性不仅在封锁时期就业人数减少更多，而且就业复苏的难度也更大。因此，本次危机可能使女性在劳动力市场中取得的成果化为乌有，并使女性从事无薪照护工作的占比进一步加大。以往的危机显示，女性失去工作时，她们更多地从事家庭劳动。当工作机会较少时，由于性别歧视，同等条件的男性能够获得工作机会，而女性求职者通常被拒绝。

疫情放大了由性别的职业隔离引起的劳动力市场不平等现象。从横向来看，女性集中的行业受疫情影响更严重，服务型和劳动密集型等行业的女性劳动者很难通过远程办公方式完成大部分的工作；从纵向来看，女性劳动者相比男性劳动者更多地处于行业的边缘职位，灵活就业、兼职等非正常工作比例更高，受冲击也更大。市场歧视对于工资分布末端的性别工资差异的影响较大，对工资分布顶端的性别工资差异的影响较小（葛玉好等，2011）。职业领域存在性别的刻板印象，男性更多地成为管理者，而女性更多地被分配在服务性岗位，职业角色定位限制了就业的空间，也扩大了疫情影响下不同性别劳动者的差异。管理者更大比例的工作可以通过远程办公完成，而大多数服务性岗位的工作无法通过远程来完成，因此增加了女性的失业风险。

8.3　小结

综合来看，新冠肺炎疫情以及政府的封锁措施等扩大了劳动力市场的性别差异。疫情总体上对劳动力市场产生了严重的破坏作用，不同群体的工作时间、人力资本、工资收入等均有显著下降，但其对女性劳动者群体的影响更显著。第一，居家隔离带来了家庭劳动尤其是照顾和教育孩子的额外需求，家庭劳动的不平等分配使得女性不得不减少必要的工作时间，也减少了失业女性重新寻找工作的机会。第二，受疫情冲击，女性就业比例更高的服务型和劳动密集型等行业受到的影响更严重，尤其对于这些行业内非全职工作的女性来说，失业和工资降低的风险更大。第三，疫情突出了包括受教育程度、远程工作能力等人力资本的重要性，女性平均人力资本低于男性，在遇到危机时的抗风险能力更弱。提高受教育程度以及远程办公能力等可减小女性在劳动力市场的性别差异。第四，就业关系的变化会促进家庭和社会层面上关于性别观念的变化，从而对劳动力市场性别差异产生长期影响。男性在家时间的增加以及灵活工作方式的普及对男女平等可能有一定的正面影响；但女性失业的增加以及家庭劳动分工不成比例的增加可能会引起传统的社会性别分工观念的回归。第五，劳动力市场上的性别歧视加大了女性失业的风险和重新就业的难度，进而可能降低女性的就业意愿。

参考文献

［1］蔡昉：《二元劳动力市场条件下的就业体制转换》，《中国社会科学》1998年第2期。

［2］蔡昉：《疫情冲击下，关于经济应对政策的五个特征化事实》，《中国金融四十人论坛工作论文》，2020年。

［3］蔡禾、吴小平：《社会变迁与职业的性别不平等》，《管理世界》2002年第9期。

［4］蔡小慎、杨蓝英：《城镇化背景下受教育程度对女性就业状况的影响》，《现代教育管理》2014年第8期。

［5］曹永福、宋月萍：《城乡、区域二重分割下我国流动人口工资性别差异研究》，《经济与管理评论》2014年第5期。

［6］柴国俊：《市场化改革中的大学毕业生工资性别差异及歧视》，《南方经济》2011年第3期。

［7］柴国俊、邓国营：《大学毕业生性别工资差异与行业隔离》，《妇女研究论丛》2013年第1期。

［8］陈贵富：《人力资本、产业结构和我国城镇劳动参与、就业形态》，《人口学刊》2016年第1期。

［9］陈国强、罗楚亮：《劳动生产率与工资决定的性别差距——来自我国工业企业数据的经验研究》，《经济学动态》2016年第8期。

［10］陈建宝、段景辉：《中国工资性别差异的分位数回归分析》，《数量经济技术经济研究》2009年第10期。

［11］陈良焜、鞠高升：《教育明瑟收益率性别差异的实证分析》，《北京大学教育评论》2004年第3期。

［12］陈璐、范红丽、赵娜等：《家庭老年照料对女性劳动就业的影响研究》，《经济研究》2016年第3期。

［13］陈梅、周申、郑妍妍：《中国城镇劳动力的工资性别差距测度、分解与影响因素分析》，《当代经济科学》2018年第6期。

［14］陈志霞、祝丽怜、陈颖：《组织性别偏见对女性职业发展的影响》，《工业工程与管理》2012年第3期。

［15］程诚、王奕轩、边燕杰：《中国劳动力市场中的收入性别差异：一个社会资本的解释》，《人口研究》2015年第2期。

［16］程惠霞、赵敏：《高层管理者女性比例对组织风险偏好的影响——基于我国上市金融机构的实证研究》，《软科学》2014年第6期。

［17］迟巍：《中国城市收入性别差距研究》，《统计研究》2008年第8期。

[18] 邓峰、丁小浩：《人力资本、劳动力市场分割与收入性别差距》，《社会学研究》2012 年第 5 期。

[19] 都阳：《新冠肺炎"大流行"下的劳动力市场反应与政策》，《劳动经济研究》2020 年第 2 期。

[20] 杜凤莲、张胤钰、董晓媛：《儿童照料方式对中国城镇女性劳动参与率的影响》，《世界经济文汇》2018 年第 3 期。

[21] 杜育红、孙志军：《中国欠发达地区的教育、收入与劳动力市场经历——基于内蒙古赤峰市城镇地区的研究》，《管理世界》2003 年第 9 期。

[22] 范红丽、陈璐：《替代效应还是收入效应？——家庭老年照料对女性劳动参与率的影响》，《人口与经济》2015 年第 1 期。

[23] 冯其云、朱彤，《贸易开放与女性劳动参与率——基于省级面板数据的经验研究》，《南开经济研究》2013 年第 4 期。

[24] 甘开鹏：《平等与隔离：关于女性高等教育的现状分析》，《辽宁教育研究》2006 年第 9 期。

[25] 高俊岭、贾英男、武晓宇等：《工作场所社会资本与健康关系的探索性研究》，《中国健康教育》2012 年第 10 期。

[26] 葛玉好、邓佳盟、张帅：《大学生就业存在性别歧视吗？——基于虚拟配对简历的方法》，《经济学（季刊）》2018 年第 4 期。

[27] 葛玉好：《部门选择对工资性别差距的影响：1988—2001 年》，《经济学（季刊）》2007 年第 2 期。

[28] 葛玉好、曾湘泉：《市场歧视对城镇地区工资性别差距的影响》，《经济研究》2011 年第 6 期。

[29] 郭凤鸣：《中国城镇劳动力市场中性别工资差异的经验研究》，吉林大学博士学位论文，2011 年。

[30] 郭凤鸣、张世伟：《教育与工资性别歧视》，《教育与经济》2012 年第 3 期。

[31] 郭跃娇：《不同学习领域的性别差异和劳动力市场结果是什么?》，《华东师范大学学报（教育科学版）》2019 年第 2 期。

[32] 郝娟：《低生育率背景下女性劳动参与水平、特点及变动趋势》，《陕西师范大学学报（哲学社会科学版）》2015 年第 1 期。

[33] 胡安荣：《企业拒绝女大学生的经济学分析——贝克尔歧视理论的拓展和运用》，《南京人口管理干部学院学报》2004 年第 3 期。

[34] 胡康：《社会资本对城乡居民健康的影响》，《云南民族大学学报（哲学社会科学版）》2012 年第 5 期。

[35] 黄枫：《人口老龄化视角下家庭照料与城镇女性就业关系研究》，《财经研究》2012 年第 9 期。

[36] 黄昆：《浅析健康人力资本》，《企业导报》2011 年第 4 期。

[37] 黄志岭、姚先国：《教育回报率的性别差异研究》，《世界经济》2009 年第 7 期。

[38] 蒋承、赵晓军：《中国老年照料的机会成本研究》，《管理世界》2009 年第

10 期。

［39］解垩:《中国贫困及收入不平等变动的因素贡献率: 1989—2011》,《中国人口科学》2013 年第 5 期。

［40］金一虹:《流动的父权:流动农民家庭的变迁》,《中国社会科学》2010 年第 4 期。

［41］康宛竹:《中国上市公司高层性别失衡问题研究》,《华南师范大学学报(社会科学版)》2014 年第 2 期。

［42］康宛竹:《中国上市公司女性高层任职状况调查研究》,《妇女研究论丛》2007 年第 4 期。

［43］康宛竹:《管理者性别刻板印象影响研究》,《学术研究》2009 年第 11 期。

［44］赖德胜:《教育扩展与收入不平等》,《经济研究》1997 年第 10 期。

［45］蓝嘉俊、方颖:《稳就业视角下的性别身份认同规范与工资性别差距》,《南京社会科学》2020 年第 6 期。

［46］雷文妮、张山:《贸易开放降低了就业性别歧视吗?——基于跨国面板数据的研究》,《浙江社会科学》2016 年第 2 期。

［47］李飚:《互联网使用、技能异质性与劳动收入》,《北京工商大学学报(社会科学版)》2019 年第 5 期。

［48］李春玲:《"男孩危机""剩女现象"与"女大学生就业难"——教育领域性别比例逆转带来的社会性挑战》,《妇女研究论丛》2016 年第 2 期。

［49］李春玲:《中国职业性别隔离的现状及变化趋势》,《江苏社会科学》2009 年第 3 期。

［50］李春玲、李实:《市场竞争还是性别歧视——收入性别差异扩大趋势及其原因解释》,《社会学研究》2008 年第 2 期。

［51］李航星、黄越、徐莉婷:《女性高管对企业绩效的影响研究——基于代理成本的中介作用》,《企业改革与管理》2018 年第 20 期。

［52］李宏兵、蔡宏波、王永进:《市场潜能加剧了性别工资不平等吗?》,《数量经济技术经济研究》2014 年第 1 期。

［53］李实、宋锦、刘小川:《中国城镇职工工资性别差距的演变》,《管理世界》2014 年第 3 期。

［54］李实、马欣欣:《中国城镇职工的工资性别差异与职业分割的经验分析》,《中国人口科学》2006 年第 5 期。

［55］李文:《中国农村居民经济地位的性别差异分析》,《中华女子学院学报》2013 年第 3 期。

［56］李晓宁:《城镇劳动力市场上的工资性别差异问题研究》,《统计与信息论坛》2008 年第 9 期。

［57］李晓宁:《职业分割、性别歧视与工资差距》,《财经科学》2008 年第 2 期。

［58］李勇辉、李小琴、陈华帅:《流而不工、迁而再守——子女随迁对女性就业的影响研究》,《经济科学》2018 年第 3 期。

［59］梁洁：《职业倦怠现象的性别分析》，《西安电子科技大学学报（社会科学版）》2009 年第 1 期。

［60］梁上坤、闫珍丽、徐灿宇：《女性高管与公司创新——来自中国上市公司的经验证据》，《财务研究》2020 年第 3 期。

［61］林聚任、赵萍：《行业与职业中的性别隔离状况分析——以山东省为例》，《妇女研究论丛》2000 年第 4 期。

［62］刘伯红：《半边天要顶破"玻璃天花板"——中外女性参政的进展与对策》，《中国行政管理》2003 年第 3 期。

［63］刘德中、牛变秀：《中国的职业性别隔离与女性就业》，《妇女研究论丛》2000 年第 4 期。

［64］刘国恩、William H. Dow、傅正泓等：《中国的健康人力资本与收入增长》，《经济学（季刊）》2004 年第 4 期。

［65］刘娜、Anne de Bruin：《家庭收入变化、夫妻间时间利用与性别平等》，《世界经济》2015 年第 11 期。

［66］刘清春、李海霞、马交国：《我国城市通勤出行的影响因素研究——基于 50 个大中城市的再检验》，《山东工商学院学报》2018 年第 5 期。

［67］刘世敏、刘淼：《女性职业发展中的"玻璃天花板"效应》，《东岳论丛》2015 年第 4 期。

［68］刘望保、闫小培、方远平等：《广州市过剩通勤的相关特征及其形成机制》，《地理学报》2008 年第 10 期。

［69］刘翔英、陆明涛：《劳动收入差异、婚姻风险与基于家庭的社会保障》，《学海》2020 年第 2 期。

［70］刘泽云：《女性教育收益率为何高于男性？——基于工资性别歧视的分析》，《经济科学》2008 年第 2 期。

［71］刘志林、张艳、柴彦威：《中国大城市职住分离现象及其特征——以北京市为例》，《城市发展研究》2009 年第 9 期。

［72］卢海阳、钱文荣、马志雄：《家庭式迁移女性农民工劳动供给行为研究》，《统计与信息论坛》2013 年第 9 期。

［73］陆卫群、杨慧勤、赵列：《婚姻挤压背景下农村大龄未婚男青年主观幸福感的调查研究》，《人口与社会》2019 年第 3 期。

［74］罗楚亮、滕阳川、李利英：《行业结构、性别歧视与性别工资差距》，《管理世界》2019 年第 8 期。

［75］罗俊峰、苗迎春：《生育孩子数对女性劳动参与率的影响——基于 2014 年流动人口动态监测数据》，《调研世界》2018 年第 12 期。

［76］吕康银、王文静、张丽：《行业工资的性别差异研究》，《山东社会科学》2010 年第 6 期。

［77］马超、顾海、李佳佳：《中国劳动力市场上的工资性别差异变化研究——来自面板分位数回归分解方法的证据》，《世界经济文汇》2013 年第 2 期。

［78］马焱、李龙：《照料老年父母对城镇已婚中青年女性就业的影响》，《人口与经济》2014 年第 2 期。

［79］蒙克：《"就业—生育"关系转变和双薪型家庭政策的兴起——从发达国家经验看我国"二孩"时代家庭政策》，《社会学研究》2017 年第 5 期。

［80］孟斌、郑丽敏、于慧丽：《北京城市居民通勤时间变化及影响因素》，《地理科学进展》2011 年第 10 期。

［81］牧人、Dominique van de Walle：《留守妇女的劳动供给、时间安排和健康状况》，《劳动经济研究》2014 年第 2 期。

［82］倪星：《成人学习与教育对劳动力市场的影响及其影响因素的分析》，《职教通讯》2017 年第 10 期。

［83］宁光杰：《中国的工资性别差距及其分解——性别歧视在多大程度上存在?》，《世界经济文汇》2011 年第 2 期。

［84］牛建林：《夫妻教育匹配对男性平等分担家务的影响》，《人口与经济》2017 年第 2 期。

［85］彭竞：《高等教育回报率与工资的性别差异》，《人口与经济》2011 年第 4 期。

［86］彭巧丽：《论职业晋升中的性别歧视》，西南财经大学硕士学位论文，2011 年。

［87］亓寿伟、刘智强：《"天花板效应"还是"地板效应"——探讨国有与非国有部门工资性别差异的分布与成因》，《数量经济技术经济研究》2009 年第 11 期。

［88］齐海源：《家庭结构视角下新生代农民工劳动参与影响因素》，《当代青年研究》2014 年第 3 期。

［89］齐良书、安新莉、董晓媛：《从时间利用统计看我国居民的有酬劳动》，《统计研究》2012 年第 4 期。

［90］齐良书、刘岚：《中国劳动力市场上的工作时间及其户籍差距》，《经济学家》2019 年第 11 期。

［91］秦广强：《职业晋升中的性别不平等——基于 CGSS 2006 数据的分析》，《社会学评论》2014 年第 3 期。

［92］卿石松：《工作特征对工资性别差距的作用》，《经济评论》2011 年第 6 期。

［93］卿石松：《职位晋升中的性别歧视》，《管理世界》2011 年第 11 期。

［94］卿石松、郑加梅：《职位性别隔离与收入分层》，《南方人口》2013 年第 6 期。

［95］屈小博、程杰：《新冠肺炎疫情对劳动力市场的影响及政策反应》，《河北师范大学学报（哲学社会科学版）》2020 年第 4 期。

［96］任若雪：《女性参与高管团队对上市公司创新绩效的影响研究》，云南财经大学硕士学位论文，2020 年。

［97］佘宇、单大圣：《中国教育体制改革及其未来发展趋势》，《管理世界》2018 年第 10 期。

［98］沈洋洋：《我国职业晋升中性别歧视研究》，上海交通大学硕士学位论文，2016 年。

［99］沈之菲：《超载"玻璃天花板"——21 世纪女性的职业选择》，《教育与职业》

1999 年第 2 期。

[100] 生云龙：《从教师结构看女性教师职业发展中的"玻璃天花板"》，《妇女研究论丛》2009 年第 1 期。

[101] 宋冬林、王林辉、董直庆：《技能偏向型技术进步存在吗？——来自中国的经验证据》，《经济研究》2010 年第 5 期。

[102] 宋月萍：《职业流动中的性别差异：审视中国城市劳动力市场》，《经济学（季刊）》2007 年第 2 期。

[103] 苏群、李潇、常雪：《家庭劳动、家庭结构与农村已婚女性劳动参与——基于 CHNS 的面板数据分析》，《农林经济管理学报》2020 年第 2 期。

[104] 苏艳明、曾春媛：《我国劳动力市场性别歧视现状及原因分析》，《当代经济》2006 年第 3 期。

[105] 孙顶强、冯紫曦：《健康对我国农村家庭非农就业的影响：效率效应与配置效应——以江苏省灌南县和新沂市为例》，《农业经济问题》2015 年第 8 期。

[106] 孙秋霜：《女性就业歧视及其改进的对策研究》，东北财经大学硕士学位论文，2018 年。

[107] 谭琳、卜文波：《中国在业人口职业、行业性别隔离状况及其成因》，《妇女研究论丛》1995 年第 1 期。

[108] 唐晓嗣：《我国劳动者非工作时间现状的分析》，《全国商情（理论研究）》2009 年第 23 期。

[109] 田童、王琪延、韦佳佳：《家务劳动中的性别差异研究》，《调研世界》2018 年第 11 期。

[110] 田艳芳、李熙、彭璧玉：《中国城镇劳动力市场工资性别差异研究》，《南方人口》2009 年第 1 期。

[111] 佟孟华、于建玲：《中国城镇劳动力市场工资性别差异分解——基于 CGSS 2010 数据的研究》，《财经问题研究》2017 年第 1 期。

[112] 佟新：《劳动力市场、性别和社会分层》，《妇女研究论丛》2010 年第 5 期。

[113] 童梅、王宏波：《市场转型与职业性别垂直隔离》，《社会》2013 年第 6 期。

[114] 王存同、余姣：《"玻璃天花板"效应：职业晋升中的性别差异》，《妇女研究论丛》2013 年第 6 期。

[115] 王甫勤：《社会经济地位、生活方式与健康不平等》，《社会》2012 年第 2 期。

[116] 王贵东：《二孩政策及延迟退休下的中国人口结构测算：2015—2050 年》，《人口与发展》2019 年第 4 期。

[117] 王汉青：《健康对劳动力市场表现影响》，复旦大学硕士学位论文，2009 年。

[118] 王欢：《江苏人口老龄化进程中劳动力供给趋势》，《中国统计》2015 年第 1 期。

[119] 王欢、黄健元、王薇：《人口结构转变、产业及就业结构调整背景下劳动力供求关系分析》，《人口与经济》2014 年第 2 期。

[120] 王靖雯、魏思琦：《"婚姻法司法解释三"对女性劳动力供给的影响》，《经济

学动态》2016 年第 7 期。

［121］王静文：《我国生育率的变动对劳动参与率影响分析》，《统计与决策》2019 年第 1 期。

［122］王俊：《论高等教育中学科专业的性别隔离》，《高等教育研究》2005 年第 7 期。

［123］王临风、余玲铮、金钊：《性别失衡、婚姻挤压与个体劳动参与》，《劳动经济研究》2018 年第 3 期。

［124］王美艳：《中国城市劳动力市场上的工资性别差异》，《经济研究》2005 年第 12 期。

［125］王鹏、刘国恩：《健康人力资本与性别工资差异》，《南方经济》2010 年第 9 期。

［126］王琪延：《中国城市居民生活时间分配分析》，《社会学研究》2000 年第 4 期。

［127］王曲、刘民权：《健康的价值及若干决定因素：文献综述》，《经济学（季刊）》2005 年第 4 期。

［128］王湘红、曾耀、孙文凯：《行业分割对工资性别差异的影响——基于 CGSS 数据的实证分析》，《经济学动态》2016 年第 1 期。

［129］王永洁：《劳动力市场性别差异与女性赋权——基于 2016 年中国城市劳动力调查数据的分析》，《人口与经济》2019 年第 1 期。

［130］王玥、王丹、张文晓：《亚洲女性收入对生育率影响的国际比较研究——基于劳动参与率、受教育程度、就业方式的视角》，《西北人口》2016 年第 2 期。

［131］魏洪英：《东北地区人口流出及其对经济发展的影响研究》，吉林大学博士学位论文，2018 年。

［132］魏下海、曹晖、吴春秀：《生产线升级与企业内工资性别差距的收敛》，《经济研究》2018 年第 2 期。

［133］吴良平、龙开义、刘向权：《从早期家庭教育中的性别差异看职业性别隔离——对哈尔滨市 400 余名独生子女家长的调查》，《太原师范学院学报（社会科学版）》2014 年第 1 期。

［134］吴群锋：《进口竞争缓解了制造业性别工资歧视吗》，《国际贸易问题》2017 年第 4 期。

［135］吴燕华、刘波、李金昌：《家庭老年照料对女性就业影响的异质性》，《人口与经济》2017 年第 5 期。

［136］吴愈晓、吴晓刚：《1982—2000：我国非农职业的性别隔离研究》，《社会》2008 年第 6 期。

［137］吴愈晓、吴晓刚：《城镇的职业性别隔离与收入分层》，《社会学研究》2009 年第 4 期。

［138］武中哲：《职业地位的性别差异与形成机制——体制内与体制外的比较》，《上海行政学院学报》2008 年第 4 期。

［139］武中哲：《制度变革背景下国有企业女性职业地位获得——以 J 市 H、L 两厂

为例》，《妇女研究论丛》2009 年第 2 期。

［140］席艳乐、于江曼、向鹏飞：《中间品、最终品贸易与中国性别就业差异的实证研究》，《山西财经大学学报》2014 年第 3 期。

［141］席艳乐、陈小鸿：《贸易自由化与中国性别就业差异》，《现代财经（天津财经大学学报）》2014 年第 7 期。

［142］夏庆杰、孙祁祥、庄晨：《中国经济转型时期工资性别差异分析》，《社会科学战线》2015 年第 10 期。

［143］谢佳慧：《住房资产、住房负债对女性劳动参与的影响——兼论房产属性的作用》，《南方人口》2019 年第 6 期。

［144］徐林清：《女性就业的行业——工资倾向与性别歧视》，《妇女研究论丛》2004 年第 2 期。

［145］闫琦、孟大虎、孙永强：《教育、教育扩展与工资性别差异——一个文献综述》，《教育经济评论》2017 年第 6 期。

［146］颜士梅、颜士之、张曼：《企业人力资源开发中性别歧视的表现形式——基于内容分析的访谈研究》，《管理世界》2008 年第 11 期。

［147］杨波、徐伟：《中国转型时期劳动力市场的区域差异研究》，《求索》2007 年第 12 期。

［148］杨定全：《我国职业性别隔离测度研究》，合肥工业大学博士学位论文，2015 年。

［149］杨定全、徐枞巍：《我国行业性别隔离的测度及趋势研究》，《中国人力资源开发》2012 年第 2 期。

［150］杨河清：《劳动经济学》，中国人民大学出版社，2002 年。

［151］杨慧：《全面二孩政策下生育对城镇女性就业的影响机理研究》，《人口与经济》2017 年第 4 期。

［152］杨慧：《新世纪女性行业结构与性别隔离——基于对第三期中国妇女社会地位调查数据分析》，《2013 年中国社会学年会"性别发展与美丽中国建设"论坛论文集》2013 年。

［153］杨慧、张子杨：《40 年来中国行业性别构成变化趋势——平等还是隔离？》，《人口与经济》2019 年第 4 期。

［154］杨锦英、马良、方峥等：《中国城镇地区工资性别差异问题新探——基于无条件分位数回归和再次分解方法》，《政治经济学评论》2016 年第 1 期。

［155］杨菊华：《健全托幼服务推动女性工作与家庭平衡》，《妇女研究论丛》2016 年第 2 期。

［156］杨菊华：《时间利用的性别差异——1990—2010 年的变动趋势与特点分析》，《人口与经济》2014 年第 5 期。

［157］杨菊华：《性别—母职双重赋税与劳动力市场参与的性别差异》，《人口研究》2019 年第 1 期。

［158］杨钋、程飞：《教育、行业分割与性别收入差异——基于中国大学生就业调查

的分析》，《北京大学教育评论》2012 年第 3 期。

　　［159］杨伟国、陈玉杰：《职位隔离对高管薪酬性别差异的影响》，《经济理论与经济管理》2014 年第 12 期。

　　［160］姚先国、黄志岭：《职业分割及其对工资性别差异的影响——基于 2002 年中国城镇调查队数据》，《重庆大学学报（社会科学版）》2008 年第 2 期。

　　［161］姚先国、谭岚：《家庭收入与中国城镇已婚妇女劳动参与决策分析》，《经济研究》2005 年第 7 期。

　　［162］姚先国、谢嗣胜：《职业隔离的经济效应——对我国城市就业人口职业性别歧视的分析》，《浙江大学学报（人文社会科学版）》2006 年第 2 期。

　　［163］叶环宝：《职业隔离对性别工资差异的影响——基于 2000 年的 chns 数据》，《中国集体经济》2010 年第 13 期。

　　［164］易定红、廖步宏：《中国产业职业性别隔离的检验与分析》，《中国人口科学》2005 年第 4 期。

　　［165］于伟、胡娇：《我国义务教育阶段中的性别不平等问题研究》，《东北师大学报》2005 年第 5 期。

　　［166］俞萍：《女大学生就业性别歧视现象及其对策研究》，安徽大学硕士学位论文，2009 年。

　　［167］於嘉：《性别观念、现代化与女性的家务劳动时间》，《社会》2014 年第 2 期。

　　［168］袁霓：《对中国经济发展阶段的探讨——从刘易斯曲线、人口红利、库兹涅茨曲线角度出发》，《技术经济与管理研究》2012 年第 9 期。

　　［169］袁晓燕、石磊：《受教育程度对女性劳动时间配置的影响研究》，《上海经济研究》2017 年第 6 期。

　　［170］张丹丹：《市场化与工资性别差异研究》，《中国人口科学》2004 年第 1 期。

　　［171］张海峰：《全面二孩政策下中国儿童照料可及性研究——国际经验借鉴》，《人口与经济》2018 年第 3 期。

　　［172］张锦华、胡军辉：《城乡差别对中国居民家庭时间配置的影响——以家务劳动时间为例》，《中国人口科学》2012 年第 6 期。

　　［173］张抗私、谷晶双：《生育对女性就业的影响研究》，《人口与经济》2020 年第 5 期。

　　［174］张抗私、刘翠花：《大学毕业生工资性别差异的实证研究》，《经济与管理研究》2017 年第 9 期。

　　［175］张鹏飞：《全面二孩政策、人口老龄化与劳动力供给》，《经济经纬》2019 年第 3 期。

　　［176］张平、杨耀武：《疫情冲击下增长路径偏移与支持政策——基于对企业非均衡冲击的分析》，《经济学动态》2020 年第 3 期。

　　［177］张琪、吴传琦：《工资水平对劳动力工作时间投入影响的性别差异——基于 CLDS（2016）数据的实证分析》，《人口与经济》2019 年第 4 期。

　　［178］张青根、沈红：《教育能缓解收入性别差距吗?》，《复旦教育论坛》2016 年第

4 期。

[179] 张世伟、贾朋、周闯:《城市中农村迁移家庭的劳动供给行为分析》,《中国人口·资源与环境》2011 年第 8 期。

[180] 张世伟、郭凤鸣:《分位数上的性别工资歧视——基于东北城市劳动力市场的经验研究》,《中国人口科学》2009 年第 6 期。

[181] 张营:《试析中国女性职业发展中的"玻璃天花板效应"》,《中华女子学院山东分院学报》2009 年第 3 期。

[182] 张玉杰、丁赛尔:《国际劳工组织发布〈新冠肺炎疫情和劳动世界:最新评估和分析(第五版)〉》,《中国劳动》2020 年第 3 期。

[183] 赵红霞、冯晓妮:《我国教育代际流动性及地区差异的比较研究——基于CHARLS 2013 数据分析》,《中国青年研究》2016 年第 8 期。

[184] 赵宁、李永杰:《贸易全球化对女性劳动参与率的影响》,《中国人口科学》2015 年第 4 期。

[185] 赵婷:《配偶收入对女性劳动参与的影响》,《经济与管理研究》2019 年第 4 期。

[186] 赵炜、沈妍辉:《劳动社会学对工作时间的分析研究》,《社会治理》2020 年第 6 期。

[187] 郑加梅、卿石松:《家务分工与性别收入差距:基于文献的研究》,《妇女研究论丛》2014 年第 1 期。

[188] 郑美琴、王雅鹏:《试论城镇女性的教育与劳动参与之间的关系》,《经济评论》2006 年第 6 期。

[189] 郑真真:《从人口数据看妇女地位变迁:健康、教育和就业》,《山东女子学院学报》2020 年第 4 期。

[190] 周春芳:《儿童看护、老人照料与农村已婚女性非农就业》,《农业技术经济》2013 年第 11 期。

[191] 周春芳、苏群:《二元结构下我国城镇劳动力市场中的工资性别差异研究》,《南方经济》2018 年第 7 期。

[192] 周建、吕星赢、杜蕊等:《企业生命周期、女性董事人力资本与公司绩效》,《预测》2017 年第 3 期。

[193] 周凌月:《教育人力资本代际传递对收入流动性的影响》,《老字号品牌营销》2021 年第 1 期。

[194] 周潇君、施国庆,黄健元:《人口转变、产业与就业结构调整视角下劳动力供求关系预测——以宁夏回族自治区为例》,《干旱区资源与环境》2016 年第 11 期。

[195] 朱斌、徐良玉:《市场转型背景下收入性别差距的变迁》,《青年研究》2020 年第 2 期。

[196] 朱嘉伟:《中国上市公司女性董事与女性高管研究》,湖南大学硕士学位论文,2019 年。

[197] 庄丽红:《职业隔离与城镇男女工资性别歧视的实证分析》,浙江大学硕士学

位论文，2009 年。

［198］Jens Thoemmes、赵炜、沈妍辉：《劳动社会学对工作时间的分析研究》，《社会治理》2020 年第 6 期。

［199］AASSVE A, FUOCHI G, MENCARINI L. Desperate housework：relative resources, time availability, economic dependency, and gender ideology across Europe. Journal of family , 2014, 35（8）.

［200］ADAMS-PRASSL A, BONEVA T, GOLIN M, et al. Inequality in the impact of the coronavirus shock：evidence from real time surveys. Journal of public economics, 2020（189）.

［201］AIGNER D J, CAIN G G. Statistical theory of discrimination in labor markets. Industrial and labor relations review, 1977（30）.

［202］AKERLOF G A, KRANTON R E. Economics and identity. The quarterly journal of economics, 2000, 115（3）.

［203］ALÁEZ-ALLER R, LONGÁS-GARCÍA J C, ULLIBARRI-ARCE M. Visualising gender wage differences in the European Union. Gender, work and organization, 2011（18）.

［204］ALDASHEV G, KIRCHSTEIGER G, SEBALD A. Decision-making procedures：a general theory and its field experimental test. Cepr discussion papers, 2009.

［205］ALESINA A, GIULIANO P. Preferences for redistribution. Handbook of social economics, 2011（1）.

［206］ALON T, DOEPKE M, OLMSTEAD-RUMSEY J, et al. The impact of COVID-19 on gender equality. National bureau of economic research, working paper 26947, 2020.

［207］ALTONJI J G, BLANK R M. Race and gender in the labor market. Handbook of labor economics, 1999（3）.

［208］ALTONJI J G, DUNN T A. Using siblings to estimate the effect of school quality on wages. The review of economics and statistics, 1996, 78（4）.

［209］ANKER R. Theories of occupational segregation by sex：an overview. International labour review, 1997, 136（3）.

［210］ARCHER J. Testosterone and human aggression：an evaluation of the challenge hypothesis. Neuroscience & biobehavioral reviews, 2006, 30（3）.

［211］ARROW K. The theory of discrimination, discrimination in labor markets. Princeton − New Jersey, 1973.

［212］AUDREY L, URETA M. Early-career work experience and gender wage differentials. Audrey light, 1995, 13（1）.

［213］BABCOCK L, GELFAND M, SMALL D. Gender differences in the propensity to initiate negotiations. In DE CREMER D, ZEELENBERG M, MURNIGHAN J K（Eds.）. Social psychology and economics. Lawrence erlbaum associates publishers, 2006.

［214］BÁRCENA-MARTÍN E, BUDRÍA S, MORO-EGIDO A I. Skill mismatches and wages among European university graduates. Applied economics letters, 2012, 19（15）.

［215］BARNETT R C. Home-to-work spillover revisited：a study of full-time employed women in dual-earner couples. Journal of marriage & the family, 1994, 56 (3).

[216] BARON-COHEN S. The extreme male brain theory of autism. Trends in cognitive sciences, 2002, 6 (6)

[217] BECKER G S. The economics of discrimination. University of Chicago press, 1957.

[218] BECKER G S. The economics of discrimination: 2nd edition. University of Chicago press, 1971.

[219] BECKER G S. A treatise on the family, enlarged edition. Harvard university press, 1991.

[220] BÉland L-P, BRODEUR A, WRIGHT T. The short-term economic consequences of COVID-19: exposure to disease, remote work and government response. IZA discussion paper No. 13159, 2020.

[221] BEN-PORATH Y, WELCH F. Do sex preferences really matter? . The quarterly journal of economics, 1976, 90 (2).

[222] BERGMANN B R. The effect on white incomes of discrimination in employment. Journal of political economy, 1971, 79 (2).

[223] BERTRAND M. New perspectives on gender. Handbook of labor economics, 2011, 4 (17).

[224] BERTRAND M, GOLDIN C, KATZ L F. Dynamics of the gender gap for young professionals in the financial and corporate sectors. American economic journal: applied economics, 2010, 2 (3).

[225] BITTMAN M, ENGLAND P, SAYER L, et al. When does gender trump money? bargaining and time in household work. American journal of sociology, 2003, 109 (1).

[226] BLACK D A. Discrimination in an equilibrium search model. Journal of labor economics, 1995 (13).

[227] BLAU F D. KAHN L M. The US gender pay gap in the 1990s: slowing convergence. Industrial and labor relations review, 2006 (60).

[228] BLAU F D, KAHN L M. Gender differences in pay. Journal of economic perspectives, 2000, 14 (4).

[229] BLOOM D E, CANNING D, SEVILLA J. The effect of health on economic growth: theory and evidence. NBER working papers 8587, 2001.

[230] BLOOM N, LIANG J, ROBERTS J, et al. Does working from home work? Evidence from a Chinese experiment. The quarterly journal of economics, 2015, 130 (1).

[231] BOLIN K, LINDGREN B, LUNDBORG P. Your next of kin or your own career? Caring and working among the 50 + of Europe. Journal of health economics, 2008, 27 (3).

[232] BONIN H, DOHMEN T, FALK A, et al. Cross sectional earnings risk and occupational sorting: the role of risk attitudes. Labour economics, 2007, 14 (6).

[233] BOOTH A L, FRANCESCONI M, FRANK J. A sticky floors model of promotion, pay, and gender. European economic review, 2003, 47 (2).

［234］ BOWLUS A J, ECKSTEIN Z. Discrimination and skill differences in an equilibrium search model. International economic Review, 2002 (43).

［235］ BREDEMEIER C, JUESSEN F, WINKLER R. Mancessions, fiscal policy, and the gender composition of employment. Economics letters, 2017 (158).

［236］ BRINES J. Economic dependency, gender, and the division of labor at home. American journal of sociology, 1994.

［237］ BRYNJOLFSSON E, HORTON J J, OZIMEK A, et al. COVID-19 and remote work: an early look at us data. NBER working paper 27344, 2020.

［238］ CARDENAS J-C, DREBER A, ESSEN E V, et al. Cooperation for reputation: wasteful contributions as costly signals in public goods. Journal of economic behavior and organization, 2011, 8 (3).

［239］ CASE A, ROUX I L, MENENDEZ A. Medical compliance and income-health gradients. The American economic review, 2004, 94 (2).

［240］ CHARLES K K, GURYAN J, PAN J. Sexism and women's labor market outcomes. Unpublished manuscript, booth school of business, University of Chicago, 2009.

［241］ CHEN Y, ZHANG H, ZHOU L-A. Motherhood and gender wage differentials within a Chinese firm. Economic development and cultural change, forthcoming, 2019.

［242］ CHI W, LI B. Glass ceiling or sticky floor? Examining the gender earnings differential across the earnings distribution in urban China, 1987 - 2004. Journal of comparative economics, 2021 (36).

［243］ COATE S, LOURY G C. Will affirmative-action policies eliminate negative stereotypes? . American economic review, 1993, 83 (5).

［244］ COLLINS C, LANDIVAR L C, RUPPANNER L, et al. COVID-19 and the gender gap in work hours. Gender, work & organization, 2020 (28).

［245］ CORCORAN W R, BROWN M B, CASELLA F A. Event-based quality criteria training. Transactions of the American nuclear society , 1997 (77).

［246］ CORNELL B, WELCH I. Culture, information, and screening discrimination. Journal of political economy, 1996, 104 (3).

［247］ CORRIGALL E A, KONRAD A M. Gender role attitudes and careers: a longitudinal study. Sex roles, 2007, 56 (11 - 12).

［248］ CORTES P, PAN J. When time binds: substitutes for household production, returns to working long hours, and the skilled gender wage gap. Journal of labor economics, 2019, 37 (2).

［249］ COUCH K A, FAIRLIE R W, XU H. Gender and the COVID-19 labor market downturn. Stanford institute for economic policy research (SIEPR), Working Paper 20 - 037, 2020.

［250］ CROSON R, GNEEZY U. Gender differences in preferences. Journal of economic literature, 2009, 47 (2).

［251］DERYUGINA T, SHURCHKOV O, STEARNS J E. COVID-19 disruptions dispro-portionately affect female academics. National bureau of economic research working paper No. w28360, 2021.

［252］ECKEL C C, GROSSMAN P J. Differences in the economic decisions of men and women: experimental evidence. Handbook of experimental economics results, 2008 (1).

［253］ECKEL C, GROSSMAN P. Men, women and risk aversion: experimental evidence. Handbook of experimental economics, 2008 (1).

［254］ECOB R, SMITH G D. Income and health: what is the nature of the relationship? . Science & medicine, 1999 (48).

［255］EDGEWORTH, F Y. Equal pay to men and women for equal work. The economic journal, 1922, 32 (128).

［256］EVERTSSON M, NERMO M. Changing resources and the division of housework: a longitudinal study of swedish couples. European sociological review, 2007, 23 (4).

［257］FIELDS J, WOLFF E N. Interindustry wage differentials and the gender wage gap. Industrial & labor relations review, 1995, 49 (1).

［258］FORRET M L, SULLIVAN S E, MAINIERO L A. Gender role differences in reac-tions to unemployment: exploring psychological mobility and boundaryless careers. Review of eco-nomics of the household, 2010, 31 (5).

［259］FORTIN N M. Gender role attitudes and women's labour market outcomes across OECD countries. Oxford review of economic policy, 2005, 21 (3).

［260］FORTIN N M. Gender role attitudes and women's labor market participation: opting-out, AIDS, and the persistent appeal of housewifery. Annals of economics and statistics, 2015.

［261］GALLEN Y, LESNER R V, VEJLIN R. The labor market gender gap in Denmark: sorting out the past 30 years. Labour economics, 2019 (56).

［262］GELFAND M, STAYN H. Gender differences in the propensity to initiate negotia-tions. Social psychology and economics, 2013.

［263］GOLDIN C. A pollution theory of discrimination: male and female differences in occupations and earnings. NBER working paper No. 8985, 2002 (115).

［264］GOLDIN C. A grand gender convergence: its last chapter. American economic review, 2014, 104 (4).

［265］GROSS E. Plus Ca Change... ? The sexual structure of occupations over time. Social problems, 1968, 16 (2).

［266］GUSTAFSSON B, LI S. Economic transformation and the gender earnings gap in urban China. Journal of population economics, 2000, 13 (2).

［267］HAAN P, MYCK M. Dynamics of health and labor market risks. Journal of health economics, 2009, 20 (6).

［268］HAKIM C. Explaining trends in occupational segregation: the measurement, causes, and consequences of the sexual division of labour. European sociological review, 1992, 8 (2).

［269］HEISIG J P. Who does more housework: rich or poor?: a comparison of 33 countries. American sociological review, 2011, 76 (1).

［270］HILDEBRAND V, VAN KERM P. Income inequality and self-rated health status: evidence from the European community household panel. Demography, 2009, 46 (4).

［271］HOTZ V J, JOHANSSON P, KARIMI A. Parenthood, family friendly workplaces, and the gender gaps in early work careers. NBER working papers, 2017.

［272］INMAN P L. Women's career development at the glass ceiling. New directions for adult and continuing education, 1998 (80).

［273］JAMISON D T, LAU L J. Health's contribution to economic growth in an environment of partially endogenous technical progress. DCPP working paper 10, 2003.

［274］KIMURA K, MINEMATSU K, YASAKA M, et al. The duration of symptoms in transient ischemic attack. Neurology, 1999, 52 (5)

［275］KLEVEN H, LANDAIS C, SØGAARD J E. Children and gender inequality: evidence from Denmark. American economic journal: applied economics, 2019, 11 (4).

［276］KNOWLES S, OWEN P D. Education and health in an effective-labour empirical growth model. Economic record, 1997, 73 (223).

［277］LANG K, MANOVE M, DICKENS W. Racial discrimination in labor markets with posted wage offers. American economic review, 2005 (95).

［278］LEE C K. Engendering the world of labor: women workers, labor markets, and production politics in the south China economic miracle. American sociological review, 1995 (60).

［279］LIGH A, URETA M. Gender difference in wages and job turnover among. American economic review, 1990, 80 (2).

［280］LIU P-W, MENG X, ZHANG J-S. Sectoral gender wage differences and discrimination in the transitional Chinese economy. Journal of population economics, 2000, 13 (2).

［281］LUNDBERG S J, STARTZ R. Private discrimination and social intervention in competitive labor markets. American economic review, 1983 (73).

［282］MAILATH G J, LARRY S, SHAKED A. Endogenous inequality in Integrated labor markets with two-sided search. American economic review, 2000 (90).

［283］MAURER-FAZIO M, HUGHES J. The effects of market liberalization on the relative earnings of Chinese women. Journal of comparative economics, 2002 (30).

［284］MENG X. Male-female wage determination and gender wage discrimination in China's rural industrial sector. Labor economics, 1998 (5).

［285］MOHANTY S S, BISHT M, MOHAPATRA P. Gender wage gap among salaried workers in india: results of a principal component analysis of state level statistics. Economic affairs, 2014, 59 (2).

［286］MORGAN J N, MARTIN D H, COHEN W J, et al. Income and welfare in the United States, 1962.

［287］MORO-EGIDO A I. Changing trends of mothers'active and passive childcare times. Journal of family and economic issues, 2012（1）.

［288］NIEDERLE M, LISE V. Do women shy away from competition? Do men compete too much? . Quarterly journal of economics, 2007, 122（3）.

［289］NIEDERLE M, LISE V. Gender and competition. Annual review of economics, 2011.

［290］OAXACA R. Male-female wage differentials in urban labor markets. International economic review, 1973.

［291］OLE S. The CEO gender pay gap in the tourism industry-evidence from Norway. Tourism management, 2006.

［292］ONO T, LAFORTUNE G, SCHOENSTEIN M. Health workforce planning in OECD countries: a review of 26 projection models from 18 countries. Oecd health working papers, 2013.

［293］PAGLIN M, RUFOLO A M. Heterogeneous human capital, occupational choice, and male-female earnings differences. Journal of labor economics, 1990, 8（1）.

［294］PHELPS E S. The statistical theory of racism and sexism. American economic review, 1972.

［295］POORTMAN A-R, LIPPE T V D. Attitudes toward housework and child care and the gendered division of labor. Journal of marriage and family, 2009（71）.

［296］PSACHAROPOULOS G, PATRINOS H A. Returns to investment in education: a further update. Education economics, 2004, 12（2）.

［297］REICHELT M, MAKOVI K, SARGSYAN A. The impact of COVID-19 on gender inequality in the labor market and gender-role attitudes. European societies, 2020.

［298］ROSÉN Å. An equilibrium search-matching model of discrimination. European economic review, 1997（41）.

［299］ROZELLE S, DONG X-Y, ZHANG L-X, et al. Gender wage gaps in post-reform rural China. Pacific economic review, 2002, 7（1）.

［300］RUBIANO-MATULEVICH E, VIOLLAZ M. Gender differences in time use: allocating time between the market and the household. The world bank, 2019.

［301］RUIJTER T E D. Earnings and expenditures on household services in married and cohabiting unions. Journal of marriage & family, 2010, 70（3）.

［302］SÄVE-SÖDERBERGH J. Are women asking for low wages? Gender differences in competitive bargaining strategies and ensuing bargaining success, 2009.

［303］SCHULTZ T W. Investment in human capital. American economic review, 1961（51）.

［304］SHURCHKOV O, ECKEL C C. Gender differences in behavioral traits and labor market outcomes. Oxford University Press, 2018.

［305］SKALPE O. The CEO gender pay gap in the tourism industry-evidence from Norway. Tourism management, 2006, 28（3）.

[306] SMITH J P. The impact of childhood health on adult labor market outcomes. Review of economics and statistics, 2009, 91 (3).

[307] SMITH-LOVIN L, TICKAMYER A R. Nonrecursive models of labor force participation, fertility behavior and sex role attitudes. American sociological review, 1978.

[308] THOMAS D, STRAUSS J. Health and wages: evidence on men and women in urban Brazil. Journal of econometrics, 1997, 77 (1).

[309] TREAS J, RUIJTER E D. Earnings and expenditures on household services in married and cohabiting unions. Journal of marriage & family, 2010, 70 (3).

[400] VERBRUGGE L M, DEBORAH L. Sex differentials in health and mortality. Women & Health, 1987, 12 (2).

[401] WILKINSON R G. Class and health: research and longitudinal data. Tavistock, 1986.

[402] WILKINSON R G. The epidemiological transition: from material scarcity to social disadvantage?. Daedalus, 1994, 123 (4).

[403] WRIGHT E O, BAXTER J. The glass ceiling hypothesis: a reply to critics. Gender and society, 2000, 14 (6).

[404] WU Y-X, ZHOU D-Y, Women's labor force participation in urban China, 1990 – 2010. Chinese sociological review, 2015.

[405] YASENOV V I. Who can work from home?. IPL working paper series 20, 2020.

[406] ZHANG H. Gender difference in promotions: new evidence from the internal labor market in China. Applied economics, 2019, 51 (56).

[407] ZHANG J, HAN J, LIU P-W, et al. Trends in the gender earnings differential in urban China, 1988 – 2004. Industrial and labor relations review, 2008, 61 (2).

[408] ZUO J-P, BIAN Y-J. Gendered resources, division of housework, and perceived fairness. A case in urban China. Journal of marriage and family, 2001, 63 (4).